高职高专国际贸易类
专业系列教材

# 国际商务礼仪

## （第2版）

王　艳　王彦群　俞利华　主　编

胡宇琛　吴晓路　叶　赪　段　鹏　屠献芳
张静敏　祝万青　曾　虹　戴秋花　副主编

電子工業出版社
Publishing House of Electronics Industry
北京 · BEIJING

**图书在版编目（CIP）数据**

国际商务礼仪 / 王艳，王彦群，俞利华主编. —2 版. —北京：电子工业出版社，2022.1
ISBN 978-7-121-42532-5

Ⅰ. ①国… Ⅱ. ①王… ②王… ③俞… Ⅲ. ①国际商务－礼仪－高等学校－教材 Ⅳ. ①F718

中国版本图书馆 CIP 数据核字（2021）第 265396 号

责任编辑：刘淑丽
印　　刷：北京天宇星印刷厂
装　　订：北京天宇星印刷厂
出版发行：电子工业出版社
　　　　　北京市海淀区万寿路 173 信箱　　邮编：100036
开　　本：787×1092　1/16　印张：17.75　字数：432 千字　彩插：4
版　　次：2017 年 9 月第 1 版
　　　　　2022 年 1 月第 2 版
印　　次：2025 年 6 月第 8 次印刷
定　　价：58.00 元

凡所购买电子工业出版社图书有缺损问题，请向购买书店调换。若书店售缺，请与本社发行部联系，联系及邮购电话：（010）88254888，88258888。
质量投诉请发邮件至 zlts@phei.com.cn，盗版侵权举报请发邮件至 dbqq@phei.com.cn。
本书咨询联系方式：（010）88254182，liusl@phei.com.cn。

# 第 2 版前言

随着中国经济进入“双循环”时期，商业竞争日趋激烈，贸易形势瞬息万变，对从事国际商务活动的外贸人士提出了更大的挑战。外贸人士只有更深入地了解不同国家客户的风俗习惯、谈判风格、礼仪禁忌，才能相互尊重、增进交流。在国际商务场合中，外贸人士应注重自己的仪容、仪表、体态、言谈，时时刻刻注意维护自身形象，掌握涉外礼仪知识，精通业务技能，熟知各国礼仪禁忌，遵循国际商业惯例，规避不合礼仪的言行，从而使自己在国际商务活动中游刃有余。

本书在第 1 版的基础上对内容做了精选，在商务人士形象塑造、商务人士社交礼仪、国际商务谈判礼仪、国际商务宴请礼仪、国际商务书信礼仪、国际会展服务礼仪、跨境电商沟通礼仪、主要贸易伙伴商务礼仪与禁忌、外贸人士求职面试礼仪等章节中增加了新的案例和英文表述，旨在协助外贸人员提高外贸业务的处理能力和英文表达水平，便于其和实际外贸业务接轨。编写时，尽可能做到注重实践应用，注重培养学生分析问题和解决问题的思路。

本书遵循贴合实际、与时俱进的原则，不仅适用于商务类、外贸类专业的在校学生，也能为在职的外贸人士提供很好的借鉴作用。第 2 版教材由嘉兴职业技术学院、广东科学技术职业学院、浙江万里学院、广东工贸职业技术学院、浙江工业职业技术学院等多所高校和焦点商学院、嘉兴火狮电子商务有限公司等多家企业的老师合作修订而成。嘉兴职业技术学院俞利华老师对教材中所涉及的英文表述进行了全面把关。各章节编者如下：引言部分由嘉兴职业技术学院胡宇琛、王艳老师修订；学习情景一由嘉兴职业技术学院王艳老师修订；学习情景二由浙江工业职业技术学院吴晓路老师、广东工贸职业技术学院叶赪老师修订；学习情景三由焦点商学院高级培训师、贸易顾问段鹏老师修订；学习情景四由广东科学技术职业学院原中国南方航空公司乘务长王彦群老师修订；学习情景五由嘉兴职业技术学院屠献芳老师修订；学习情景六由焦点商学院高级培训师、贸易顾问张静敏老师修订；学习情景七由嘉兴职业技术学院王艳老师、嘉兴火狮电子商务有限公司祝万青总经理修订；学习情景八由嘉兴职业技术学院曾虹老师修订；学习情景九由浙江万里学院戴秋花老师修订；全书最后由嘉兴职业技术学院王艳老师统稿。

同时，也感谢嘉兴职业技术学院诸位同事及兄弟院校和相关企业的鼎力相助。

由于编者水平有限，教材中难免存在疏漏与不妥之处，敬请读者批评指正，以便在以后修订时完善。

王　艳

2021年8月

# 目　录

# 引言

# 国际商务礼仪概述

## 开篇语

随着国际贸易形势的不断变化，涉外活动中的不确定因素也急剧增多，不同的语言、生活模式、宗教信仰、礼仪习俗等都将直接或间接地影响外贸活动的开展。学习与运用国际商务礼仪，不仅能在涉外活动中塑造良好的个人形象、企业形象，增进与国外客户的交流与沟通，熟悉国外的风俗习惯与禁忌，尊重各国的文化与谈判风格，更能使外贸人士在国际交往活动中游刃有余。

### 知识目标

- 了解礼仪的概念与起源。
- 了解国际商务礼仪的概念。
- 掌握国际商务礼仪的重要性。
- 掌握国际商务活动中要遵循的国际惯例。

### 能力目标

- 能够注重个人商务形象与企业形象。
- 能够在外贸业务中正确使用国际惯例。
- 尊重国际商务活动中各国的文化和习俗。

## 情景引例

中国某外贸企业与日本一家公司洽谈出口服装事宜。白天，中日双方就各自关心的问题进行了充分的沟通，达成了比较统一的意见，决定第二天正式签约。晚上，中方提出在某五星级大酒店宴请日本客人。在晚宴中，中方频频劝酒以尽地主之谊，这时服务员上了一道新菜，中方领导立马热情地给日本客人介绍："请尝下这家的特色菜——霸王别姬。"日本客人刚想落筷，突然停了下来，脸色显示出一丝不快并停止了用餐。令人不解的是，之后的晚宴日方半小时就草草结束，匆匆离去，第二天的签约之事也没有再次提起。

事后中方了解到：日方之所以提前离席，是因为中方点菜不当。原来，中方点的那道特色菜是用动物内脏和整只鸡一起烹饪的菜肴。日本是一个不吃动物内脏和鸡头的国家。在日方眼里，中方不尊重日方的饮食习惯，那中方对接下来的合作也不会有很大的诚意，因此就没有必要和中方签约了。本该作为合作双方情感交流重头戏的宴请却因为一碟小菜导致整个团队的数月努力付诸东流。

在全球化经济形势下，国际商务礼仪在国际商务活动中扮演着重要的角色，学习国际商务礼仪可以在商务活动中减少失误和因文化差异而引起的误会和摩擦，赢得更多的商机。

## 知识准备

### 一、礼仪的起源与发展

礼仪在现代社会生活中一直处于至关重要的地位，是人们生活中必不可缺的一部分，也是社会精神文明的象征。它促进社会进步、创造良好的社会风尚，对国际间友好往来起到了桥梁的作用。随着我国经济的发展，对外活动也日益增多，在国际交往中遵循一定的礼仪规范，树立良好的企业形象，能够为企业事业的发展打开新的局面。

#### （一）礼仪的含义

礼仪是人内在的文化、艺术、道德、思想素质的外在表现形式。凡是把人内心待人接物的尊敬之意，以令人愉快的方式，通过美好的仪表形式、规范的言谈举止表达出来，就是礼仪。礼仪是指人们在各种社会交往过程中，为了表示互相尊重而形成并共同遵守的行为规范与准则。具体体现为礼貌、礼节、仪表、仪式等。

礼貌是指人们在语言行为乃至仪表等方面对他人表示尊重与友好的行为规范。它反映了一个人的文化层次和文明程度，同时也反映了一个时代的风尚和道德水平。礼貌可以是礼貌的语言、礼貌的动作和礼貌的表情。礼貌的语言要求人们在待人接物时不讲粗话和脏话，使用文明用语，说话和气；礼貌的动作要求人们在待人接物中大方得体，文明有礼；礼貌的表情要求人们在人际交往中用友好和善的表情来拉近人与人之间的距离。中国素有“礼仪之邦”之称，人际交往讲究礼貌，虽然礼貌都是一些细枝末节的小事，但是从中往往可以窥探出一个人的内心世界和道德水平。

礼节是人们交往过程中用于表达尊重和友好的礼仪行为的惯用形式。它通常是以互致问候、握手、鞠躬、拥抱等形式与交往对象进行沟通，是礼貌的外在表现。例如，公司外贸人士通过对来访客人主动打招呼，招呼入座并倒茶等一系列约定俗成的动作来表达对客人的尊重。

礼貌和礼节是相互联系、相辅相成的。礼貌和礼节的本质都是要求对人的尊重，是个人素养的外在表现。礼貌是表示准确的语言和行为的规范，礼节是表示尊重的惯用形式和具体要求。懂得礼貌但是不知道如何表达，在人际交往中往往会被误解，甚至陷入尴尬的境地。同样，懂得礼节但不懂礼貌，往往让人感觉缺乏诚意。因此，礼貌和礼节是发自内心的，它们是人们内在和外显的协调统一。

仪表是指人的外表，包括容貌、着装、姿态、风度和个人卫生等方面。郭沫若曾说过：“衣裳是文化的表征，衣裳是思想的形象。”服装原本就是一种文明、一种艺术、一种文化，它作为一种特殊的语言向人们表述着自己。例如，我们在接待客人的时候，凌乱的头发、褶皱的衣角无一不在暗示着对方，我们的诚意是有待商榷的。可见，仪表之美是一个人的内心美和外在美的和谐统一，同时也表现了对他人的尊重，反映了一个民族的习俗和社会风尚。

仪式是一种正规、隆重的礼的秩序形式，即人们在社会交往中或在组织开展各项活动的过程中，需要举办的各种程序化、规范化的活动，如开幕仪式、闭幕仪式、签字仪式、剪彩仪式、欢迎仪式等。

由此可见，礼貌、礼节、仪表、仪式等都属于礼仪表现的基本形式，虽然它们具有不同的概念，但彼此之间相互联系、密不可分。讲究礼仪，就要借助具体的礼节，在外表上注重自身的仪容、仪表、仪态和风度，遵循一定的礼仪程序，以表达对交往对象的尊敬和友好。孔子说："不学礼，无以立。"人们以礼塑造个人形象，以礼相互交往，以礼沟通感情，以礼赢得和平共处。一个有着良好素养的人，必定是懂礼的人。

### （二）礼仪的起源和发展历程

礼仪究竟起源于何时？对此，人们进行了种种的研究和论述。现代人类学、考古学的研究成果表明，礼仪作为一种文化现象，主要起源于古代的祭祀活动。由于当时生产力低下，人类无法解释日月星辰、四季更替、风雨雷电及灾害瘟疫的流行，于是产生了原始的崇拜。礼，又可以写成繁体的"禮"，它是由甲骨文和篆体演变而来的。我们可以看到，甲骨文的"豊"的字形，就像一个豆形器皿中装满了玉串。古人用最美好、最贵重的玉石去敬拜神灵，表示对上天或神灵的敬意，这就是最早的"礼"。这些祭祀活动在历史发展中逐步完善了相应的规范和制度，正式成为祭祀礼仪。随着人类对自然和社会各种关系认识的逐步深入，人们将事神致福活动中的一系列行为，从内容和形式上加以扩展至各种人际交往活动，将最初的祭祀之礼延伸到社会各个领域的各种礼仪。

另外，研究也表明，礼仪源于人类自然的社会生活。在人类生活中，为了和大自然抗争，人类以群居的形式相互依存，这种群居的生活使人类必须妥善处理人与人之间的关系，这就产生了最初的礼。例如，现代的握手礼，就可以追溯到早期的人类社会。那时，人们在外出时为了生存总是会带上石器或棍棒来抵御外敌，当彼此要表示友好时，就将手展示给对方看，表示自己没有携带武器，同时相互击掌以示友好，久而久之就演变为现代的握手礼。因此，礼仪是在人类交往活动过程中逐渐形成的，是人类社会文明和进步的重要表现。

从礼仪的历史发展来看，它随着人类社会的发展逐步演变，主要经历了以下 5 个阶段。

#### 1. 礼仪的起源时期

大约在公元前 21 世纪之前，也就是夏朝以前，出现了早期的礼仪萌芽。从目前出土的考古资料中不难发现，这一时期的祭祀、婚姻礼仪等已经有了雏形。我们可以看到，距今 1.8 万年前的北京周口店山顶洞人，他们用一些动物的牙齿或石头磨成的珠子作为装饰品挂在脖子上。而且，他们在去世的族人身边撒上赤铁矿粉，举行原始的宗教仪式，这就是中国发现最早的葬仪。进入新石器时代，人类不仅能够制作精细的磨光石器，而且开始从事农耕和畜牧生产，在之后的数千年的岁月里，原始礼仪渐具雏形。例如，在西安出土的半坡遗址中，发现了距今 5 000 年前的半坡人的公共墓地。在墓地中，墓坑排列有序，死者的身份有所区别，有带殉葬品的仰身葬，还有无殉葬品的俯身葬等。可以看到，在那个时代，人们已经注意到尊卑有序、男女有别。

**2. 礼仪的形成时期**

大约在公元前21世纪到公元前771年，进入夏、商、西周三代后，社会生产力得到更大的发展，人类进入奴隶社会。统治阶级为了巩固自己的统治地位，制定了比较完备的国家礼仪制度——一整套涉及社会生活各方面的礼仪规范和行为标准——“五礼”。古代的礼制典籍也大多在这个时期得以撰写。西周出现了中国历史上第一部记载了“礼”的书籍——《周礼》。它是一部通过官制来表达治国方案的著作，内容极为丰富，涉及社会生活的所有方面。它和后来的《仪礼》《礼记》统称为“三礼”，是当时各种礼制的总和。《周礼》偏重政治制度，《仪礼》偏重行为规范，《礼记》偏重对礼的各个分支做出的符合统治阶级需要的理论说明。“三礼”涵盖了中国古代礼仪的主要内容，是我国礼仪方面的经典之作。它标志着在这个时期礼仪的内涵已经由单纯的祭祀天地鬼神的形式，转变为全面制约人们行为的制度。

**3. 礼仪的变革时期**

春秋战国时期，也是我国从奴隶社会向封建社会转型的时期，西周时期建立起来的“三礼”被废而不行，新的统治阶级需要符合自己礼仪和巩固社会地位的新礼制。这个时期出现了孔子、孟子、荀子等思想巨人，他们系统地阐述了礼的起源和本质，对社会等级秩序重新进行了划分和界定，把礼仪理论提高到一个与这个时代相适应的新高度。

**4. 礼仪的强化和衰退时期**

在秦汉到清末时期，礼仪的重要特点就是尊君抑臣、尊夫抑妇、尊夫抑子、尊神抑人。西汉的思想家董仲舒提出，要用仁义道德去教化人民，他把孔子的儒家思想概括为“三纲五常”，“三纲”即“君为臣纲，父为子纲，夫为妻纲”；“五常”即仁、义、礼、智、信。以三纲五常为主题的礼仪被统治阶级所利用，成为束缚人们行为的工具。在这漫长的历史演变中，礼仪一方面作为一种无形的力量制约着人们的行为，另一方面又逐步变成妨碍人类个性自由发展、阻挠人类平等交往、窒息思想自由的精神枷锁。

**5. 现代礼仪时期**

辛亥革命吹响了反帝、反封建的号角，西方的文化大量传入中国，孙中山先生破旧立新，用三民主义代替了君权、宗法制度，倡导自由平等，改易陋俗，对传统礼仪进行了全面的抨击。废除祭孔读经、剪辫子、禁缠足，民主、自由、平等的观念深入人心，为现代礼仪的产生创造了条件。

新中国成立以后，社会生活进入全新的时代，确立了男女平等的新型社会关系，礼仪从形式到内容都发生了巨大的变革。尊老爱幼、以诚待人、先人后己、礼尚往来、讲究信义的中华传统礼仪精华得到了继承和发扬。尤其是1978年以后，从全面推行文明礼貌到树行业新风，各行各业纷纷出台行业服务礼仪规范，进行岗位培训，全社会掀起了讲文明、重礼仪的新风尚。

随着我国对外交流活动的日益增多，礼仪的内容和形式都在不断地发生变革，不断适应社会发展的需要。

## 二、国际商务礼仪的原则与重要性

国际商务礼仪是指人们在国际商务活动中，对交往对象表示尊重与友好的行为规范。国际商务礼仪是人们在国际交往中应该遵守的“交通规则”，它是一种世界语。国际交往强调“求同存异”与“遵守惯例”。随着世界经济一体化的深度发展，国际经济贸易的开展在一定程度上影响着一个国家和地区的经济前景。随着国际商务活动越来越频繁，学习国际商务礼仪也变得越来越重要。

### （一）国际商务礼仪的原则

**1. 尊重原则**

礼仪的核心是尊重。在国际商务交往中，人与人是平等的，无论职务高低、民族大小、种族强弱，都没有贵贱之分，强调要以尊重为本。在商务活动中，不但要自尊，更要尊重他人。国际商务活动中，掌握规范的言语、行为举止是外贸人士必备的基本素质。例如，在参加商务活动前要注意自己的形象、体味和姿态，以干净、整洁、大方的形象示人，不吃葱、蒜等味重的食品，不大声喧哗，坐有坐相，站有站相。用规范的行为举止和礼貌用语表达对对方的尊重和交往的诚意。

在国际交往中外贸人士尊重对方，并非对国外客户一味谦虚、低三下四，因为个人的言行举止代表着国家、代表着民族，决定了国外客户对你的企业和国家的评价。

**2. 遵守原则**

礼仪究其来源是人们为了维护社会生活的正常稳定而共同遵循的道德行为规范，是人们在长期生活中逐渐形成的，以风俗习惯传承下来。“十里不同风，百里不同俗”，外贸人士会接触到世界上各个民族和地区的人，他们有各自的宗教、语言、风俗和习惯，形成了各自不同的文化。这就要求外贸人士必须具备跨文化意识，要做到入乡随俗，入门问“禁”，自觉尊重并遵守他国的礼仪习俗，这是增进双方理解和沟通的最有效的原则。

**3. 宽容自律原则**

“严于律己，宽以待人”是中国人的传统美德，同时它也是在国际交往中必须遵循的原则。自律要求能够做到自我约束、自我要求、自我控制。它要求外贸人士在商务活动中，自觉摒弃不良习气，自我磨炼，将良好的礼仪规范转化为个人修养的一部分。宽容要求能够多换位思考，遇事能够多容忍、多体谅、多理解。只有宽容自律才能获得对方的理解，排除跨文化交流中的障碍，从而顺利开展工作。

**4. 真诚原则**

在买方市场的今天，产品、价格已不足以打动客户，而外贸人士真实诚信的人格魅力却在国际交往中发挥着越来越重要的作用。“互联网+”时代，国外的客户通过网络就能搜索到商品的图片和介绍，要想万里之外的客户相信你和你的产品，必须真诚待人，才能赢得更多的客户，获得长期的利益。众所周知，与国外客户交往不是一个短期行为，应该着眼未来，恪守真诚待人的原则。

**5. 适度原则**

外贸人士在运用国际商务礼仪时，需要把握交流沟通的尺度，注意谈吐和举止的适度。既要遵守各种礼仪规范，使自己的行为符合商务规范、国际惯例和行业规则，又要避免行为举止卑躬屈膝、轻浮谄媚，因此要把握好各种场合、环境下的交往感情尺度。礼仪虽然有一定的规则程序，但它并不是呆板、僵硬的。在国际商务活动中，既要彬彬有礼、热情大方，又要维护好企业和国家的形象。

### （二）国际商务礼仪的重要性

随着经济的快速发展，国际商务活动日益增多，国际商务礼仪作为商务活动的融合剂，对交易的成功发挥着重要的作用。良好的涉外礼仪是商务活动中不可缺少的素质，也是影响商务活动取得成功的重要因素。

**1. 国际商务礼仪有助于规范人们的行为**

国际商务礼仪最基本的功能是规范人们的行为。商务礼仪可以指导人们在商务活动中的行为和思维习惯，通过人们的言行举止，通过人们处理各种关系所遵循的原则与态度，树立遵纪守法、遵守社会公德的良好形象。同时也可以帮助外贸人士不断规范自己的行为，加强自身修养，更好地开展业务。作为直接对外开展贸易活动的外贸人士，更加有必要提高自身礼仪水平，营造和谐的商务环境，这还有助于加深国际间的交流，为国家经济建设贡献力量。

**2. 国际商务礼仪有助于塑造个人和企业的良好形象**

运用国际商务礼仪，在塑造个人良好形象的同时也间接影响了企业的形象。遵循国际商务礼仪规范的好坏，一方面是个人文化修养、交际能力的外在表现；另一方面对于企业来讲，展示了企业的软实力，集中体现了企业的文明程度、管理水平、员工整体素质。个人在内外接待、公务洽谈、迎来送往等工作中讲究礼仪规范，就会树立起良好的个人形象；而一个企业的员工讲究礼仪，同时也会间接塑造企业形象。在市场竞争激烈的今天，除了需要过硬的产品质量、细致周到的服务外，形象的竞争不容忽视。一个信用良好、形象优良的企业更加容易获得客户的信任和支持，实现企业的可持续发展。所以，外贸人士注重礼仪，既是个人和企业良好素质的体现，也是树立和巩固良好形象的需要，这不仅仅是时代的要求，更是提升竞争力的现实所需。在国际贸易中，商务礼仪反映着员工的素质，更折射出所属企业的文化水平和经营方针。员工的一举一动，时刻代表着公司的形象，更代表着国家的实力和形象。

**3. 国际商务礼仪有助于改善人际交往，增进感情**

国际商务礼仪涉及的是不同组织、不同国家的人与人之间的交流，所以在交流的过程中会涉及很多礼仪形式。但从根本上来讲，它还是人与人之间的交流交往，遵循的仍然是文明友爱的交流形式。国际商务交往涉及多个国家和地区之间的贸易活动，交往双方的文化背景、思想、情感、观点和态度都有极大的不同。这使沟通对贸易双方来讲，不是一件很容易的事。如果不讲礼仪，粗俗不堪，就容易产生感情排斥，造成人际关系紧张，影响商务活动的顺利开展；而良好的商务礼仪会使双方互相吸引，增进感情，从而建立良好的人际关系，增进彼此间的了解和信任，促使商务交往取得成功。

因此，对于企业来讲，掌握一定的国际商务礼仪不仅可以塑造企业形象，提高顾客的满意度和美誉度，还可以提升在合作伙伴和客户心中的印象，促进企业间的沟通与合作，消除不必要的误会和障碍，最终达到提升企业经济效益和社会效益的目的。

## 三、国际商务礼仪与国际惯例

所谓“国际惯例”，是指在国际交往中逐渐形成的，最先被一些国家反复使用，后来为各国接受并承认其法律效力的习惯做法和先例。一般包括国际外交惯例和国际商务惯例。

在国际商务活动日益频繁的今天，外贸企业的成败不仅与公司的产品、价格、服务有关，而且与不同国家的法律法规、人文习俗、国际惯例也息息相关。熟知国际贸易惯例，了解贸易对象的文化风俗，能够帮助赢得客户的尊重和欣赏，有助于合作的达成。

### （一）尊重他国风俗习惯

现在，世界上有 200 多个国家和地区，有数不胜数的民族，几十亿人口，而礼仪和习俗因人因地而异，不同的国家、不同的民族，有不同的风俗习惯。作为一名外贸业务员必须尊重对方国家的风俗习惯，尽量站在对方的角度来看待问题，善解人意，才会获得对方的合作和支持，取得令人满意的结果。例如，伊斯兰国家的人不吃猪肉，日本人宴请没有相互敬酒的习惯。在宴请外商的时候必须事前充分了解对方在衣食住行、言谈举止等方面的讲究和禁忌。在国际商务交往中，尊重外国友人特有的习俗，将增进中外双方的理解和沟通，有助于更好地表达亲善友好之意。

### （二）重视中西方文化差异

中西有别。西方人崇尚个性独立，重视隐私。例如，美国人在商务交往中，讲究效率，对拖延、低效率的商务对象会表露出不满的情绪。社交场合，美国人不会对朋友的汽车、房产说三道四，但是在商务谈判中，他们会直接抱怨你的产品和价格。

西方人讲究务实和效率。例如，美国人在商务谈判中，喜欢把每个细节都法律化，用法律用语起草合同。他们与新结交的朋友做生意并不太顾虑，会因为你的一份邮件、一个广告与你建立关系，但是他们不会因为你是老客户而给你价格等方面的照顾。西方人将责任和义务分得很清楚，责任尽力去做到，义务则按照实际情况决定，强调个人拥有的自由，追求个人利益。

### （三）学会“求同存异”

在国际商务谈判中，谈判双方之间会存在商业习俗、法律制度、文化背景的差异和利益上的分歧，但也蕴藏着共同的目标和利益。所以，在国际商务活动中，“求同存异”才会使得交易双方相互理解，才会赢得国际商务谈判的双赢。

### （四）遵循国际贸易惯例

目前，在国际贸易领域常见的国际贸易惯例主要有以下几种。

**1. 国际贸易术语方面**

（1）国际商会制定的《2010 年国际贸易术语解释通则》。

（2）国际法协会制定的《1932 年华沙—牛津规则》。

（3）美国全国对外贸易协会制定的《1941 年美国对外贸易定义修正本》。

**2. 国际货款的收付方面**

（1）国际商会制定的《跟单信用证统一惯例》（国际商会第 600 号出版物）。

（2）国际商会制定的《托收统一规则》（1995年修订本、国际商会第522号出版物）。

**3. 运输与保险方面**

（1）英国伦敦保险协会制定的《伦敦保险协会货物保险条款》。

（2）中国人民保险集团股份有限公司制定的《国际货物运输保险条款》。

（3）国际海事委员会制定的《约克—安特卫普规则》。

**4. 国际仲裁方面**

联合国国际贸易法委员会制定的《联合国国际贸易法委员会仲裁规则》。

关于国际条约、国际惯例和国内立法的关系，不同法律制度有不同的规定。在许多国家，国际条约有自动生效和非自动生效之分。国际惯例多与当事人约定有关，与国内法律或国际条约无关。在当事人的约定与其采用的国际惯例矛盾时，法院将根据当事人的意图予以解决。

## 任务实施

**判断题**

（1）一般而言，个人学历、职业经历应视为个人隐私，需要有意识地回避。（　　）

（2）宗教信仰应该视为个人隐私，需要有意识地回避。（　　）

（3）现代国际商务礼仪是在英美文化的影响下形成的。（　　）

（4）在国际商务活动中，通用的语言是中文。（　　）

（5）在国际商务活动中，外贸人士不注意礼仪规范只是业务员个人的事，与企业和国家无关。（　　）

（6）外贸业务员在国际贸易活动中应该遵循的核心人际交往原则是尊重隐私原则。（　　）

（7）礼仪属于社会公德规范的范畴，具有非强制性。（　　）

（8）在与西方人交往中，无须过分地谦虚和客套。（　　）

（9）礼貌和礼节是同一个概念范畴，都属于礼仪的表现形式。（　　）

（10）女士优先体现的是男士的大度。（　　）

## 实训演练

### 一、课堂讨论

请各小组拍摄一组能反映礼仪内涵的照片，并在课堂上向同学们展示、介绍这组照片，同时各小组讨论礼仪的内涵是什么。

### 二、案例分析

一家从事纺织品业务的外贸公司于2017年第一次去迪拜开商品展销会，他们带去了适合中东市场的畅销面料，准备在这次展销会上收获更多的客户。展销会上果然来了不少客户，但是销售员小王抱怨来的客户不是体味重就是浑身涂了浓香，让她一天昏昏沉沉不能很好地工作。第二天，她看到客户过来就捂着鼻子和客户交流，午后她就直接戴上口罩，并让其他同事也一起戴上。之后，他们发现其他展位的人络绎不绝，但是来他们展位咨询的客户寥寥无几，无论他们用多么吸引人的促销方法都不见客户增加，最后只好一无所获地回国。

思考与讨论：

（1）为什么畅销的面料和吸引人的促销方法却没有起作用呢？

（2）在国际商务交往中，我们应该注意哪些原则？

# 01 学习情景一 商务人士形象塑造

## 开篇语

外贸人士的个人形象对于展现自身良好工作态度、增添自尊自信、获取他人尊重、塑造良好企业形象都有着至关重要的作用。那么，作为一名准外贸人士，你是否知道在与客户面谈或参加外贸展会时，除了商品外，你自己也在被审视、被展览？你的举手投足、衣着打扮、仪容仪态都会在短短三至五秒钟之内给客户留下第一印象。你知道你的外在形象会说话吗？你是专业干练、平易近人、彬彬有礼，还是枯燥冷漠、呆板木讷？学会有效地管理自己的形象，能够带来意想不到的效果，助你走向成功。

## 学习子情景一　面部分析与设计

### 知识目标

- 了解基本化妆礼仪。
- 熟悉不同类型化妆品的作用与使用方法。
- 掌握眉形设计、脸部结构比例、脸型判断的方法与技巧。
- 掌握外贸职业妆容打造的基本步骤。

### 能力目标

- 能够选择适合自己的洁面用品与化妆用品。
- 学会使用各种化妆用品用具。
- 学会脸部结构分析。
- 能运用一般的化妆技巧，打造适合自己身份、特点、职业、职位的妆容。

### 情景引例

某外贸公司接待国外客户时，派出一名外贸新人进行商务接待。这位外贸新人的接待工作做得非常到位，但是她面无血色，显得无精打采。客户看到她就心情欠佳，仔细观察后才发现这位接待员没化淡妆，在商务接待室的灯光照射下更显得病态十足。客户对把自己的单子交给这样一位业务人员深感犹豫：外贸工作强度那么大，她能承受得了吗？

在职场，化淡妆是非常重要的。一个精致的妆容不仅可以提升自己的自信，也会给别人留下良好的印象，更会为你的工作能力加分。

## 知识准备

### 一、职业妆容的重要性

**1. 工作越忙越要“妆”**

工作越是忙乱，你的脸色可能越差，就越需要用化妆来修饰。你的老板和客户会为你的工作成果埋单，却不会为你的坏脸色买单。所以，为了你的长远的职业形象，请一定从你的时间表里给自己的容颜挤出几分钟时间。

**2. 职位越高越要“妆”**

英国著名的形象公司 CMB 的一项研究显示：在公司中身居高位的女性，形象和气质对于成功的作用很关键。今天，越来越多的女性高管人员都非常善于把优雅动人的女性风姿融入自己的整体职场形象，化妆自然也被她们所青睐。

**3. 心情越糟越要“妆”**

有关研究证实，化妆是改善女性情绪的绝佳妙方。化妆之后，人们大都会感到身心愉快，远离犹豫和烦恼。每次尝试新的妆容，使用新的色彩，你都会发现自己原来可以有这么多不同的面貌。新形象帮你找回自信，使你的心情豁然开朗。

**4. 越是陌生越要“妆”**

谁知道你会不会在下一个拐角处遇上自己成长历程中的贵人呢？在今天这样一个高速流转、来去匆匆的人际环境里，如果你不能让一个陌生人的眼光在你脸上停留 5 秒钟，你就没有机会让别人产生去了解你内心的兴趣。得体的妆容，是收集注意力的聚光镜，能帮你赢得最大化的“第一印象分”。

**5. 年纪越大越要“妆”**

有位哲人说过，美丽是女人追求一生的事业。为美而“妆”，固然有着某些功利的目的，但最终是为了愉悦自己。当你不再需要为何人为何事化妆的时候，你依然能在一个阳光明媚的清晨，在化妆台前给自己一份美丽的心情。此时的你，知道美是人生终极的价值，你创造美，享受美，只为自己。

**6. 男士也要“妆”**

从事外贸的男士应该懂得修饰的重要性：穿着干净得体只是一个方面，而保养肌肤、护理头发不仅仅是让别人看着顺眼或感觉好这么简单，还会让你在职场上信心百倍。

### 二、面部结构与七种脸型分析

每个人都有自己的面部特征，如果要定制适合自己的妆容，打造适合自己的发型，首先要学会分析自己的面部结构和脸型。

#### （一）面部结构分析

要化好妆容，首先要掌握好面部五官的比例、轮廓与线条，通过化妆手法来适度修饰和美化人物面部。另外，还应掌握肌肉、骨骼和脂肪与脸部结构的密切关系。

**1. 面部的比例**

面部结构的标准比例关系，即脸部的黄金比例，指三庭五眼，人的五官比例只要在这个范围内，就能给人一种视觉上的平衡感。

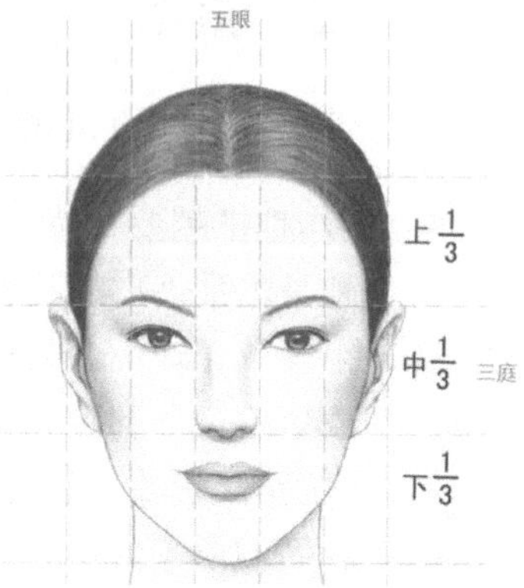


（1）面部五官整体的标准比例。所谓三庭即从人的发际线到眉骨、从眉骨到鼻尖、从鼻尖到下巴的三个距离正好相等，各为1/3；五眼即正常人的两只眼睛之间的距离正好是一只眼睛的宽度，外眼角到发际线又是一只眼的距离。如果两眼之间的距离小于一只眼睛的宽度，会给人紧张、阴沉的感觉；大于一只眼的距离，则会给人以缺少心机的感觉。

（2）五官标准位置和比例。眉毛的标准位置在额头发际线至鼻底中分线上，眉头和内眼角在同一垂直线上，眉峰在整个眉毛从眉头到眉尾的2/3处，眉尾在鼻翼与眼尾的延长线上，眉尾应平齐或略高于眉头的水平线，眉梢在鼻翼至外眼角连线的延长线上为长眉，眉梢在嘴角至外眼角连线上为短眉，如果眉毛的长度长于或短于上述这两个尺度，化妆时就要适当地调整。鼻子在脸部的中庭位置。鼻翼部位的宽度应等于一只眼的宽度。眼的标准位置应在额头发际线和嘴角水平线连接线的1/2处，两眼之间的距离等于一只眼的宽度，眼尾应略高于内眼角的水平线；唇在下庭的中央部位，下唇底线应在鼻底至下颚底线的平分线处；唇的宽度应在两眼瞳孔内侧的下垂线稍内侧；上唇和下唇厚度的比一般为1∶1.5，性感唇的上下比例为2∶2，即等于1∶1；唇峰的位置一般在从唇凹到唇角的1/3处，唇峰离得越近显得越年轻，反之则越成熟。

（3）侧面的轮廓。标准的侧面轮廓是鼻尖、上唇和下巴均在同一条延长线上。

**2. 面部的结构**

化妆造型一般是对人物的脸部施以矫正和美化的技法，其重要的依据是头部骨骼结构。

（1）骨骼。头部骨骼由头盖骨、颊骨、鼻骨、下颚骨等骨骼构成，大体可分为脑的头盖骨和脸的颜面骨两大类。

① 脑的头盖骨：由前头骨、头顶骨、后头骨、侧头骨构成。因人种的不同，头盖骨的构造也不同，但其特征不会因年龄关系而有所差异。

② 脸的颜面骨：由颊骨、鼻骨、下颌骨、上颌骨构成。颜面骨会因年龄增大而出现变化。

（2）轮廓。脸部的轮廓会受额头、眉骨、太阳穴、颧骨、下颚等部位的影响，形成各种不同的脸型。

① 额头形状：由前头骨的形状与头发发际的外形决定。同时，额头的宽窄度、凹凸度也会影响人的外貌。

② 下颌形状：下颌骨是决定全脸的均衡度和脸下半部轮廓的重要因素。例如，下颚消瘦，会给人以纤细、瘦弱、高雅的感觉；下颚带棱角，则给人以意志坚强、充满活力的感觉。

（3）肌肉。脸部肌肉分为表情肌和咀嚼肌。表情是控制颜面动作的肌肉，它的反复运动会产生表情纹。化妆时要掌握好对方的习惯性表情，如微笑时，口腔肌、笑肌和颧骨肌整个被牵动往上收缩，所以描唇形时嘴角不妨稍微上扬，这样更能表现出自然的美感。

（4）脂肪。脂肪给人脸部以丰腴感，尤其是在颊骨下方的凹陷处的颊部脂肪，会使脸颊呈现丰腴或消瘦的不同感觉。

① 脂肪量多：稚气、年轻、天真烂漫、温柔、沉稳，女性和儿童多半属于此种类型。

② 脂肪量少：成熟、野性、冷峻，成熟男性多半属于此种类型。

**（二）七种典型脸型的特征**

生活中没有完全一模一样的两张脸，因此就要了解每种不同的脸型。脸型由额头、太阳穴、双颊和下颌构成，一般而言，大致可分为以下七种。

**1. 鹅蛋脸（椭圆脸）**

特征：整体脸部宽度适中，从额部、面颊到下巴线条修长秀气，脸型如倒置的鹅蛋。鹅蛋脸被视为最理想的脸型，也是化妆师用来矫正其他脸型的依据。

**2. 圆形脸（“O”形脸）**

特征：从正面看，脸短颊圆，颧骨结构不明显，外轮廓从整体上看似圆形。圆形脸给人以可爱、明朗活泼和平易近人的印象，看上去会比实际年龄小。

**3. 田字脸（方形脸）**

特征：方形脸的宽度与长度相近，下颚突出方正，与圆形脸不同之处在于下颚横宽，线条平直、有力。方形脸给人以坚毅、刚强、堂堂正正的印象。

**4. 由字脸（三角形脸）**

特征：此种脸型额头窄、两腮宽、整体脸型成梨形，除天生腮部较宽大以外，多见于胖人和年过四十的人。由字脸给人以富态、稳重、威严的印象。

**5. 申字脸（菱形脸）**

特征：申字脸的人面部一般较为清瘦、颧骨突出、尖下颚、额头发际线较窄、面部较有立体感、脸上无赘肉，显得机敏、理智，给人以冷漠、清高的印象。

**6. 甲字脸（瓜子脸）**

特征：额头宽阔，下颚线呈瘦削状，下巴既窄又尖，是一种现代美人脸。发际线大都呈水平状，有些人在额头发际处会有“美人尖”。

**7. 长形脸**

特征：此种脸型宽度较窄，显得瘦削而长，发际线近水平且额头高，面颊线条较直，颚部突出，棱角分明。

脸型虽然分成很多种，但一般人的脸型通常是两种脸型的混合型。比如倒三角形脸的特征是眼睛、眉毛、额头部分比较宽，从脸蛋开始窄下去，下巴比较尖。这种脸型就仿佛是圆形脸和瓜子脸的混合。因此想要将一个人的脸型硬归类于某一种类型并不太容易。所以在观察脸型时，可先根据脸部标准形态美的比例进行分析，再配合脸部轮廓的特征来设计妆面。

## 三、工作妆容设计步骤

“淡妆”即淡雅的妆饰，淡妆的基础是良好的皮肤。淡妆的化妆步骤分为：眉毛、腮红、睫毛膏、眼影、唇彩。如果要达到好的淡妆效果，除唇彩、睫毛膏之外，只能任选其一做详细刻画，其余从简。对于职场女性来说，过于浓烈夸张的妆容不太适合，而淡妆最为得体。那么，外贸女性适合怎样的妆容呢？请按照下面的步骤打造大方妆容。

清爽而又自然的眉毛、分明却又丝毫不显过重的睫毛、淡淡而又极具气色的腮红，以及赋予唇部生命力的唇蜜，是打造白领女性妆容的主要元素。下图分别为化妆前后的效果。

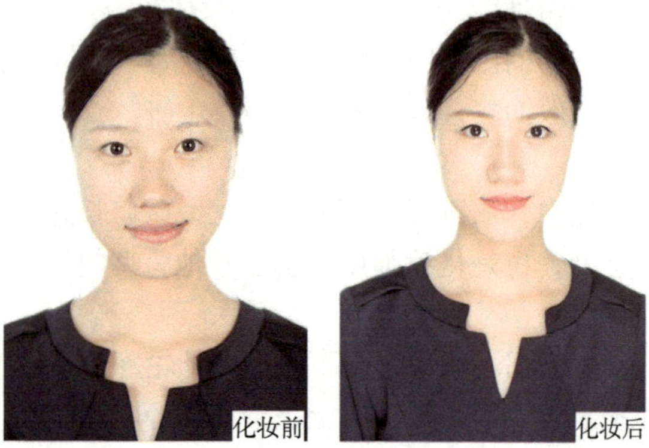


首先，刮掉眉毛旁边的细小杂毛，柳叶细眉的时代已经过去了，现在以自然为美。

用 BB 霜在手背上先试用下是否符合自己的肤色，然后再在脸上薄薄地打上一层就好了，用平头刷以画圈的方式来上，会让妆感自然清透。

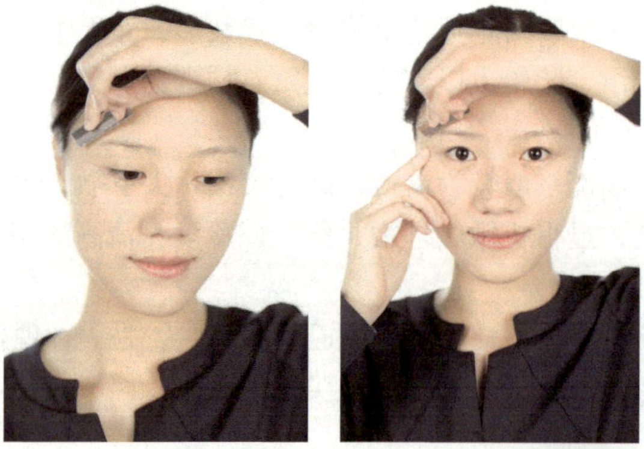

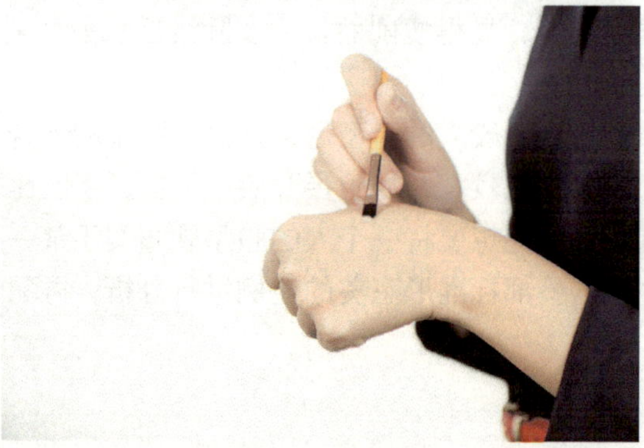

然后，调和双色眼袋霜，用遮瑕刷顺着皮肤的纹理刷上。涂抹均匀以后，用三角海绵按压，会更持久贴合皮肤。

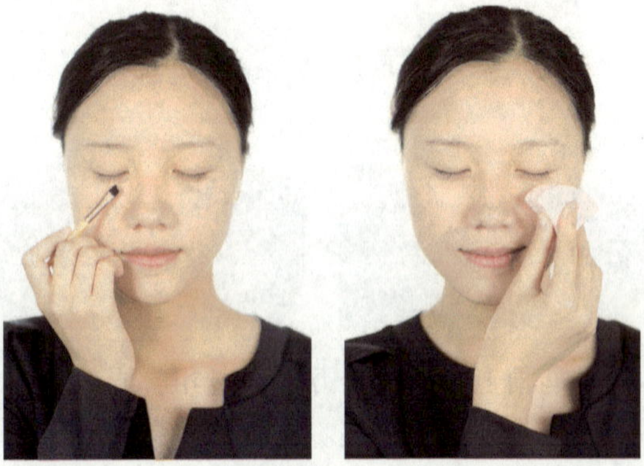

对于眉毛的处理，如前所述，自然是王道。用扁头眉笔勾出形状后，接着用眉粉顺着眉毛的生长方向横扫，最后用小型眉刷把眉毛刷得更自然。

接下来，就是眼影了，此处用到的是大地色系的眼影，它是非常百搭的颜色，也是任何东方人都适合的。

用最浅色的眼影作为眼窝的打底，若是想更自然，范围可以小一点。用红棕色眼影扫在双眼皮褶痕以下的地方，用墨绿色眼影压在眼线处。之后，再次用红棕色眼影以圆圈的方式扫在眼尾以加深双眼皮折痕以下的区域。

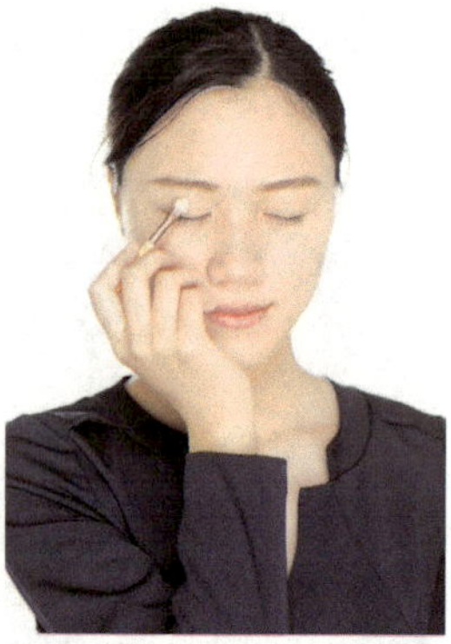

用自然不易晕染的眼线笔画上眼线，千万不要过粗，眼线不一定越粗越显眼大。过粗过浓的眼线反而让眼部的妆容看起来不清爽。此处眼线笔用到的是闪银黑色，比较自然。为了能让眼部的轮廓看起来更显眼大而又自然不做作，我们用扁平头的眉笔画眼线，下眼线画至 1/3 处即可。夹翘睫毛也是必需的。

接着，再涂上纤长的睫毛膏，使睫毛根根分明。之后，再贴上万用打底款的睫毛，一层就可以，这样使得眼部更加有神，更加迷人。

此时，再用红棕色眼影画上整条下眼线，用墨绿色眼影画至下眼线 1/3 的位置。收尾时，别忘记刷下睫毛。

接下来，用我们的修容盘，白色提亮，深色修容。最后刷上腮红，使整个人看起来气色好又有元气。涂上唇蜜，让嘴唇饱满。

至此，大功告成，外贸职业白领女性的妆容就是要突出自然而又有干练风。

## 四、化妆的其他注意事项

### （一）忌在公共场合整理自己的仪容

女性当着他人的面化妆或补妆都是非常不雅观的行为。在就餐时，即便是只有女性在座，在餐桌上补妆也是极为不礼貌的。在办公室时，也不能在自己的座位上补妆，哪怕是简单的扑粉底。应该等到休息时间到化妆室或洗手间去补妆。补妆的动作要快，几分钟内解决问题，否则长时间占据洗手间内的台子和面池，会影响他人使用，同样是让仪态失分的地方。

### （二）不可随意使用他人的化妆品，即使是关系很亲密的朋友

每个人的化妆盒都具有隐私性，隐藏着各自的喜好和习性，随便使用他人的化妆品，等于侵入他人最隐秘的私人空间，是非常不礼貌的行为。而且，直接接触皮肤的化妆品、化妆用具最易带上个人细菌，出于对健康的考虑，也不应使用他人的化妆品，以免造成感染性皮炎。

### （三）不能让自己的化妆工具脏、乱

要使用清洁的化妆用品。所携带的化妆用品应该有条理地放在化妆包内，以便从容地取出使用。如果女性的化妆包里乱七八糟，取出的粉刷、粉饼、唇刷、眉刷等化妆工具都是脏兮兮的，一则使用起来有碍健康，二则透露出化妆包的主人作风粗俗、生活品质不高，

缺少起码的化妆常识。

## 任务实施

### 一、准备工作

基本化妆品：妆前乳、粉底、散粉、眼影、眼线笔、眉笔、唇彩、腮红、双修粉、眉粉、睫毛胶、睫毛膏。

基本化妆步骤：妆前乳—打底—定妆—画上、下眼影—画上、下眼线—夹睫毛—贴假睫毛—补眼线—画眉—涂睫毛膏—打腮红—高光、暗影、修容—唇彩。

### 二、操作过程

根据如下表所示的具体评估标准，女士为自己打造一个清新淡雅的适合外贸人士的妆容，男士观摩并点评。

| 考评项目 | 考核内容及评估标准 | 分值（分） | 自评 | 他评 |
|---|---|---|---|---|
| 准备工作 | ◆工具的摆放及工具的清洁度等<br>A. 工具摆放得很整齐，工具非常干净<br>B. 工具摆放得不整齐，工具不干净 | 4 | | |
| | ◆动作规范<br>A. 站位正确，手势运用正确<br>B. 站位不正确，手势运用不正确 | 6 | | |
| 操作过程 | ◆粉底颜色与肤色的搭配及矫正<br>A. 基础色、提亮色、阴影色位置非常准确，过渡自然<br>B. 基础色、提亮色、阴影色位置准确，过渡不够自然<br>C. 基础色、提亮色、阴影色位置不准确，过渡有结块现象 | 30 | | |

续表

| 考评项目 | 考核内容及评估标准 | 分值（分） | 自评 | 他评 |
|---|---|---|---|---|

| | | | | |
|---|---|---|---|---|
| 操作过程 | ◆**五官修饰**<br>A. 五官修饰非常合理<br>B. 五官修饰合理<br>C. 五官修饰不合理 | 40 | | |
| 整体效果 | ◆**整体妆容搭配**<br>A. 整体妆容搭配非常协调<br>B. 整体妆容搭配一般协调<br>C. 整体妆容搭配不协调 | 20 | | |

### 温馨贴士

基本的修眉和眼妆的技巧和顺序

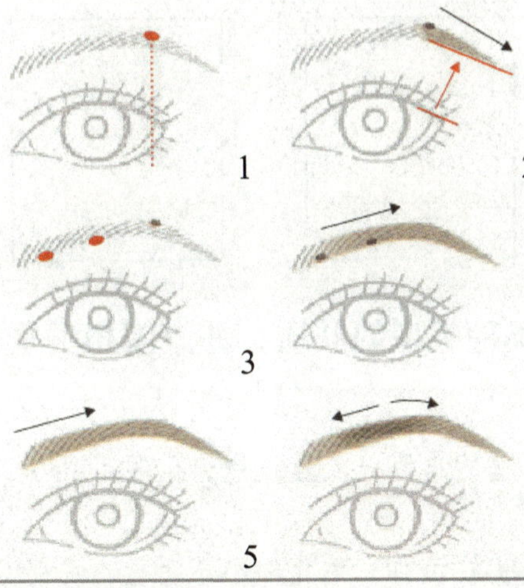


### 小知识：各种颜色眼影的作用

棕色：易于肤色协调，大方自然，不是很精彩，但不易出错，属于中性色调眼影。

淡红色：柔和、妩媚，强调眼睛明净可爱，属于明亮色调眼影，不过不适合眼睛稍肿的女性。

紫色：具有神秘感，可增加眼部媚态、高贵、冷傲感，适于皮肤较白的女性，肤色黄、黑色慎用，属于对比色深色调眼影。

蓝色：可做装饰色彩，只做点缀，不做大面积使用，属于对比色、跳跃色眼影。

黄色：可做装饰色彩，较易适用，属于明亮色调眼影。

绿色：表现年轻、朝气、清新感，适于小面积点涂，属于跳跃色、中性色眼影。

## 实训演练

### 一、请根据不同脸型设计不同的眉形

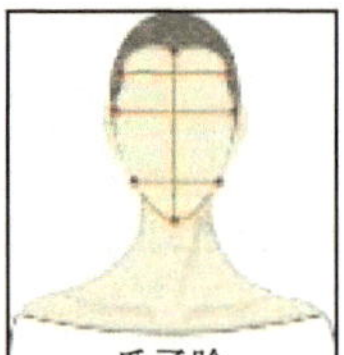
瓜子脸

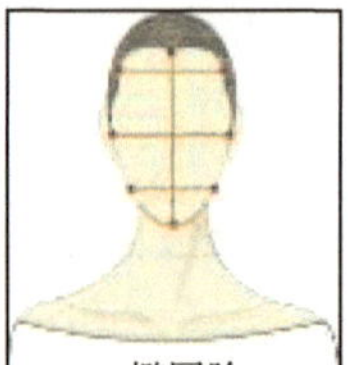
椭圆脸

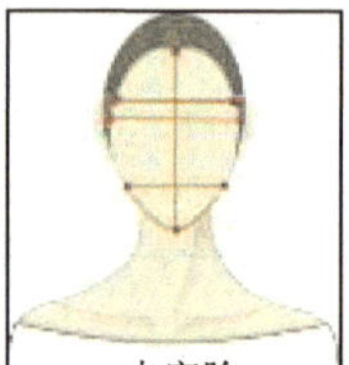
申字脸

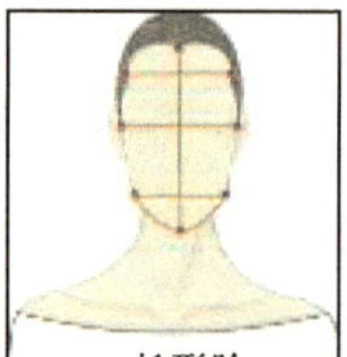
长形脸

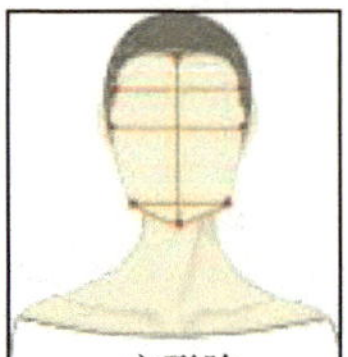
方形脸

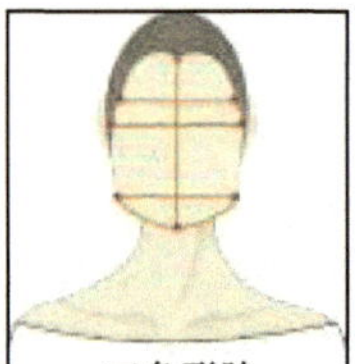
三角形脸

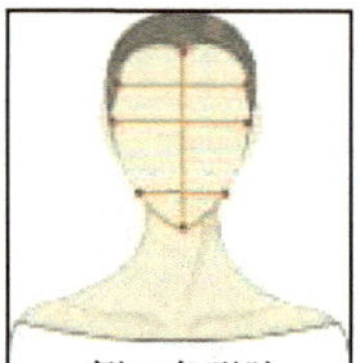
倒三角形脸

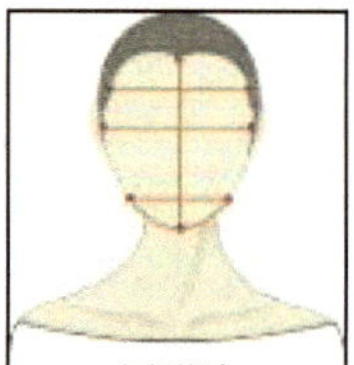
圆形脸

### 二、判断自己属于哪种类型的肤质，并查阅相关资料后确定适合自己的洁面用品

（1）中性皮肤：中性皮肤的皮脂分泌量适中，皮肤毛孔小，既不干也不油，红润有弹性，是健康理想的肤质。

（2）干性皮肤：干性皮肤较白皙，毛孔细小不明显，皮脂分泌量少，比较干燥，容易产生小细纹，对外界刺激比较敏感。

（3）油性皮肤：油性皮肤肤色较深，毛孔粗大，皮脂分泌量多，易产生粉刺，但不易起皱纹，对外界刺激不敏感。

（4）混合性皮肤：混合性皮肤兼有油性皮肤和干性皮肤的特征，一般面部的 T 形区（前额、鼻、口周、下巴）呈油性状态，眼部及两颊呈干性状态。

（5）敏感性皮肤：敏感性皮肤皮质层较薄，对外界刺激很敏感。当受到外界刺激时，会出现局部微红、红肿，甚至出现高于皮肤的疱、块及刺痒等症状，所以这类肤质需要特别护理。

## 学习子情景二　服饰分析与搭配

### 知识目标

- 了解不同类型的体型。
- 掌握脸型、发型与服装搭配的关系。

- 理解色彩在服装搭配中的重要作用。
- 掌握不同的丝巾搭配方式与领带的不同系法。

### 能力目标

- 学会判断自己的体型。
- 能根据自己的脸型与发型选择适合自己的服饰。
- 能够运用色彩学的知识，为自己挑选一套符合商务场合的职业着装。
- 在商务场合能运用丝巾或领带为自己的着装做适当的点缀。

## 情景引例

一般来说，在职场上衣着花哨、追求名牌、过分时髦或古板老成，都会显得很不合群。曾经有位外国客户来参观某外贸生产型企业，工厂里的一位中年女士接待了他，那位女士的着装令人印象十分深刻，简单的发髻，朴素的着装，服装类似20世纪80年代时期的风格。当时，外国客户过来是想了解下目前流行服饰的打样情况，看到这位女士后就皱了皱眉头，后来订单也没有谈成。事情过了一段时间，经了解后才知道，客户觉得工厂员工的服饰款式都相当滞后，而且也没有穿统一的工装，就对该企业留下了不好的印象。他认为这样的企业不懂创新，订单交给他们做很不放心。

## 知识准备

### 一、体型的分类及特点

#### （一）“X”形

这种体型俗称“沙漏形”，又叫匀称的体型。尤其对女性来说，这是经典的、理想的、标准的体型。匀称的体型是指身体各部分的长短、粗细合乎一定的比例，易给人以协调、和谐、美感的体型。其特征是以细腰平分上下身，胸与臀几近等宽。由于匀称的体型是标准的体型，故这样的人体曲线优美，无论穿哪种款、色的服饰都恰到好处。即使穿上最“大胆”的时装色彩也能显得不出格，世界上那些高级时装设计师就是以他们为假想对象来进行创作的，这样的腰型往往具有浪漫、活泼、高雅的风度。“X”形体型的人，若穿着“X”款的服饰，会显得高贵典雅、仪态万千。这种造型生动活泼，寓庄重于浪漫之中，备受人们的喜爱。

#### （二）“V”形

对于男子来说，这是最标准、最健美的体型。这种倒三角形的着装，可轻易地显示男士的潇洒、健美风度。然而，“V”形体型对于女性来说，并不是一个优美的体型。虽然这是一种女性感特别强的体型，但这种体型肩部宽、胸部大、过于丰满，会使人显得矮些，使臀部与大腿相形见“瘦”，上身有一种沉重感。所以大多数这种类型的女性都不太满意自己的这种形象，总希望通过着装来改变现状，使自己显得高一些、轻盈一些。因此，这种体型的人选择服饰时，上衣最好用暗灰色调或冷色调，使上身在视觉上显得小些，也可以利用饰物色彩强调来表现腰、臀和腿，避免别人的注意力集中到上部；上衣不宜选择艳色、暖色或亮色，也不宜选择前胸部有绣花、贴袋之类的色彩装饰。

### （三）“A”形

这种体型俗称“梨子形”。一般是小胸或胸部较平，窄肩，腰部较细，有的腹部突出，臀部过于丰满，大腿粗壮，下身重量相对集中，这样在整体上使下部显得沉重。这种体型如果发胖，其重量将大部分集中于臀部和大腿。为此，服饰色彩的选用原则与“V”形体型的人大致相反。这类体型的人下身可选用线条柔和、质地厚薄均匀、色彩纯实偏深的长裙，上下身服饰色彩反差不宜过小，并扎上一条窄的皮带，这样就能避免别人视线下引，造成视觉体型上匀称之效果；或者下裙用较暗、单一色调（或深蓝裙子），配以色彩明亮、鲜艳的有膨胀感的上衣（如浅粉色上衣），就能达到收缩臀部而扩大胸部的视错效果，再加上领线处可挂大饰物以转移视线，就会显得体型优美丰满。

### （四）“H”形

这种体型的特征是，上下一般粗，腰身线条起伏不明显，整体上缺少“三围”的曲线变化。这类体型的人着装可以通过颈围、臀部和下摆线上的色彩细节来转移对腰线注意的视线。同时，也可采用色彩对比较强的直向条纹的连衣裙，再加一根深色宽皮带，由对比强烈的直向线条造成的视觉差与深色的宽皮带造成的凝聚感，消除没有腰身的感觉，从而给人以有修养、洒脱、轻盈之感。在“H”形体型的人中，肥胖型的人胸围、腰围、臀围等横向宽度都较大，因而服饰长度也必须相应地增加。全身细长的服饰色彩能改变肥胖笨拙的视觉体态，给人以丰满、成熟、洒脱的印象。尤其不宜在腰线处使用跳跃、强烈的色彩，以减少对腰部注意的视线。

### （五）体型过于肥胖

这种体型不宜穿色彩太艳丽或大花纹、横纹等服饰，这样会导致体型向横宽错视方面发展。肥胖体型的人适宜穿深色、冷色小花纹、直线纹服饰以显清瘦一些。色彩上忌上身深下身浅，这样会增加人体的不稳定感。冬天，不宜穿浅色外衣；夏天，不宜穿暖色、艳色或太浅的裤子，因为它会使胖人显得更胖。款式上切忌繁复，要力求简洁明了。过厚面料会使人显得更胖，而过薄布料也易暴露出肥胖的体型。

### （六）体型偏瘦

这种体型宜穿浅色横纹或大方格、圆圈等图案的服饰，以视觉错觉来增加体型的横宽感。同时，可选用红、橙、黄等暖色的服饰，使之看上去或健壮一些、或丰满一些、或更匀称一些。不宜选择单一性冷色、暗色的服饰色彩。

### （七）体型过于矮小

体型过于矮小的人，尽量少穿或不穿色彩过重或纯黑色的服饰，免得在视觉上造成缩小的感觉。不要穿那些鲜艳大花图案和宽格条的服饰，应该挑选素净色和长条纹服饰。体型过于矮小的人，在色彩搭配上要掌握两个基本要领：一是服饰色调以温和者为佳，极度深色与极度浅色都不好；二是上装的色要相近，搭配属同一色系，反差太大、对比强烈都不好。此外，个子较矮的人若配上亮度大的鞋、帽，反而显得更矮。这是因为“两头扩大”“中间收缩”的缘故。如果身着灰色服饰，配上一顶色彩亮度大的帽子，可显得高一些。

#### （八）体型偏大

这里所说的“体型偏大”，指的是高度与宽度都超过标准体型的人。这种体型不宜穿着颜色浅且鲜艳的服饰，而且最好免去大花格布，而代之以小花隐纹面料，主要是避免造成扩张感，以免使形体在视觉上显得更大。

#### （九）其他

**1. 胸部偏小的女性**

此种体态，除应选用质地轻薄、飘垂和宽松的上衣外，衣服色调宜淡不宜深、宜暖不宜冷，也不宜穿紧身衣。上装若用鲜艳色调、轻松色调的图案来装饰，可使胸部显得丰满些。

**2. 胸部过于丰满的女性**

此种体态，宜穿宽松式上装和深色、冷色且单一的色彩，这样可使胸部显小些，而且上装款式不宜繁复，以避免视觉停留。

**3. “水桶腰”**

“水桶腰”应尽量选择无腰线设计的裙装，如娃娃裙、直线条裙及茧形裙，它们都能很好地遮盖腰部的赘肉。如果选择分身搭配，则可在上身穿着“A”字形剪裁的上衣，或者选择泡泡袖上衣，并搭配深色宽腰带。上衣尽量避免大印花，纯色和小碎花较有视觉收缩的效果。

**4. 肩膀宽厚**

肩膀宽厚者往往会被冠以“女泰山”的称号，要想重新回到柔美一族，借助印花雪纺是最有效的方法。飘逸的质料能够最大限度地柔化身体曲线，再结合一点视觉上的收缩手法，“女泰山”也能变得风情万种。建议：宽肩的女性不适合泡泡袖的印花装，膨胀的袖子会令倒三角的体型更加突出；应尽量选择“A”字形裙摆或强调下半身印花的设计，避免人们的视线停留在上半身。

### 二、发型、脸型与服装搭配

#### （一）发型与服装

**1. 女士长直发**

长直发女生在选择衣服的时候可以在衣服领口做一些小文章，选择领口是荷叶边或蕾丝边的衣服，衬托自己的清新和自然，或者选择有蝴蝶结的装饰来弥补自己直发所造成的视觉单调。长直发可以变换的发型有很多，每种发型都能为你带来新的气息。不过，这还是需要通过得体的服装搭配来让你更好地展现气质。一些具有垂感的服饰能让你显得更优雅有型，增添你的干练气息。

**2. 女士波波头**

波波头女生适合走韩风路线，像连衣裙、雪纺衫都很合适，裙子加上小腰带，铅笔裤配上各种款式的T恤衫，学生风造型的衬衫配上背带牛仔短裤都是经典的搭配，用大蝴蝶结来装饰就显得更加可爱了。

**3. 女士利落短发**

越来越多的女性选择短发，那种干练、清爽，甚至带一点点帅气的短发让许多女性都十分喜爱。利落短发的女性，可以选择黑色西服来衬托自己的帅气，再配上高跟鞋，增添性感的魅力。对于职业女性来说，白色衬衫是必备之物，这样看上去不仅干练，也十分凸显女性的独立。

**4. 女士长卷发**

长卷发给人以高贵、优雅、成熟的感觉，但是长卷发也会让女士显得老气，所以在服饰搭配上，就要下一些功夫。长卷发的女生可以选择短款的韩版上衣、铅笔裤、高跟短靴，将老气转化成可爱；也可在头上戴只发箍，让发型不至于那么死板，让整个人焕发出一种生动、活泼的感觉。

**5. 女士丸子头**

丸子头的式样有很多，大多都是在马尾辫的基础上，把头发拧成一股，盘成一个圆盘状，用黑色的发夹固定。丸子头既可以彰显女孩子可爱的一面，也可以在出席晚会时作为盘发，显出高贵气质。梳丸子头的女生可以用黑白格子衬衫，随意地搭配出休闲甜美的感觉；可以用条纹衫搭配街头味厚重的高筒运动鞋，同样有休闲的效果；可以用黑白花雪纺上衣，内搭简单白色 T 恤衫，让自己的装扮更加有层次感；可以穿轻薄的雪纺料马甲，柔软的材质让人倍感清新；还可以用长 T 恤衫配九分裤来搭出休闲味。

**6. 男士发型**

男士发型统一的标准就是干净整洁，并且要注意经常修饰、修理，头发不应过长。一般认为，男士前部的头发不要遮住自己的眉毛，侧部的头发不要盖住自己的耳朵，不要留过厚或过长的鬓角，后部的头发不要长过西装衬衫领子的上部，这是对男士发型的统一要求。此外，商务男士不宜烫发、染发。

### （二）脸型、颈长与服装

**1. 鹅蛋脸**

在选择服装的时候，人的脸型和五官也有一定的参考作用。鹅蛋脸五官比较柔和，所以选择服装的时候就尽量不要选择过于硬朗的。这种脸型的人一般都属于自然型的，一些柔和的服装穿着都会比较彰显气质。过于硬朗的服装，如工装裤、中型的牛仔外套、朋克的机车夹克，都不太适合。

刘诗诗和汤唯都是比较古典的鹅蛋形脸，她们的五官也都比较柔和。相对而言，刘诗诗的脸型更加柔和，所以她的衣服颜色都以柔和的浅色调为主，衣服上的花形图案也比较柔和，不会有太强烈的对比色和太大的图案。而汤唯现在走国际路线，所以有时候衣服的颜色对比会强烈一些，纯度也会高一些。

**2. 杏仁脸**

杏仁脸，菱形脸的别称，额头比较窄，所以在做发型的时候最好有刘海。到眉毛长度的刘海能够弥补额头太窄的缺陷。杏仁形脸穿“V”形领会让脸部看着柔和一些。

#### 3. 方形脸

方形脸会给人刚毅的感觉，在选择服装的时候不要选择同样方形或有角度的领型。圆形领会适当地让方形脸显得柔和一点。这类脸型的人适合穿“V”形或勺形领的衣服，不宜穿方形领的衣服。女士不要佩戴宽大的耳环，如果再搭配上方领衣服，那就把方形脸相当于又放大了，反而放大了缺点。

#### 4. 长形脸

长形脸适合穿圆领口的衣服，也可以穿高领口、马球衫或戴帽子的上衣，但是不适合穿与脸型相同的“V”形领口和开得低的领子。

#### 5. 圆形脸

圆形脸的人适合穿“V”形领或翻领衣服，不适合穿圆领的衣服，也不宜穿带有帽子的衣服。女士可佩戴耳坠或小耳环搭配。

## 三、服装色彩与色彩搭配

### （一）原色、间色和复色

#### 1. 原色

红、黄、蓝这三种颜色被称为三原色，它们是任何其他色彩不能调配出来的颜色。

#### 2. 间色

两个原色相调和产生出间色。例如，红+黄=橙、红+蓝=紫、黄+蓝=绿，橙色、紫色、绿色就是间色。

#### 3. 复色

一种原色与一种或两种间色相调和，或者两种间色相调和产生的颜色就是复色。例如，黄+橙=橙黄、橙+绿=棕（黄灰），橙黄色、棕（黄灰）色就叫复色。

### （二）色相、纯度和明度

色彩分为无彩色系和有彩色系（简称彩色系）两大类。无彩色系是指白色、黑色和由白、黑色调和形成的各种深浅不同的灰色。彩色系是指红、橙、黄、绿、青、蓝、紫等颜色。

彩色系的颜色具有三个基本属性：色相、纯度、明度。

#### 1. 色相

色彩的色相是色彩的最大特征，它是指能够比较确切地表示某种颜色色别的名称。色彩的成分越多，色彩的色相越不鲜明。

#### 2. 纯度

色彩的纯度是指色彩的纯净程度。它表示颜色中所含有色成分的比例，比例越大，色彩越纯；比例越小，则色彩的纯度也越小。

#### 3. 明度

色彩的明度是指色彩的明亮程度。各种有色物体由于它们反射光量的区别就产生颜色的明暗强弱。色彩的明度有两种情况：一是同一色相不同明度；二是各种颜色的不同明度。

### （三）色彩的膨胀与收缩、前进与后退

当一个人穿着相同款式、相同材料、不同色彩的两套服装，在同一环境中时，给人的感觉却有所不同。例如，一个人在同一环境中，穿红色服装时，感觉离我们较近，体积大；穿蓝色服装时，感觉离我们较远，体积小。当一个人穿着高纯度的服装时，比穿着低纯度的服装时给人的感觉较近，而且体积也比穿低纯度的服装时大。在色彩的比较中，给人以比实际距离近的感觉的色彩叫前进色；给人以比实际距离远的感觉的色彩叫后退色。给人以比实际体积大的感觉的色彩叫膨胀色；给人以比实际体积小的感觉的色彩叫收缩色。为什么会产生以上的感觉呢？其原因是各种不同波长的光，通过晶状体，聚焦点不完全在一个平面上，因此视网膜上的影像的清晰度就有区别。色彩的膨胀收缩感不仅与波长有关，还与明度有关。从生理学上讲，人眼晶状体的调节，对于距离的变化是非常紧密和灵敏的。但是它总是有限度的，对于波长微小的差异无法正确调节，这就造成了波长的暖色和冷色。而暖色在视网膜上形成内侧映像，波长短的冷色则在视网膜外侧映像，从而产生暖色好像前进，冷色好像后退的感觉。

从色相反面比较，波长较长的色相，如红、橙、黄给人以前进、膨胀之感；波长较短的色相，如蓝、蓝绿、蓝紫给人以后退、收缩之感。

从明度反面比较，明度高而亮的色彩有前进、膨胀的感觉；明度低而黑暗的色彩有后退、收缩的感觉。但环境变化也会导致人的感觉产生变化。

从纯度反面比较，高纯度的鲜艳色彩有前进、膨胀的感觉；低纯度的灰浊色彩有后退、收缩的感觉，并受明度高低所左右。

### （四）主色调与点缀色

服装色彩的主色调是指在服装多个配色中占据主要面积的颜色；点缀色是指在色彩组合中占据面积较小、视觉效果比较醒目的颜色。主色调和点缀色形成对比，主次分明，富有变化，产生一种韵律美。色彩的地位是按其所占据的面积大小来决定的。色彩占据的面积越大，在配色中的地位越重要，起主导作用。无论用几种颜色来组合，首先要考虑用什么颜色做主体色调。如果各种颜色面积平均分配，服装色彩之间互相排斥，就会显得凌乱，尤其是用补色或对比色时，色彩的无序状态就更加明显，主色调就不存在了。

点缀色是相对主体色而言的，一般情况下，它比较鲜艳饱和，有画龙点睛的效果。在进行服装配色时，如果色调非常艳丽、明亮，可以考虑采用点缀色，如一套红色套装以黑色纽扣做点缀。如果色调比较沉闷，色彩形象不那么鲜明时，可用点缀色来调解整套服装的气氛，如一套蓝灰色的服装，可用白色或黑色做点缀，也可以通过亮丽的装饰品来强调服装整体配色的效果，起到画龙点睛的作用，达到美化服装的目的。点缀色无论多么鲜艳或多么灰浊，只要它不超过一定的面积，是无法改变服装主体色彩形象的。例如，白色套装，局部用黑色来点缀。但是，如果在套装上又是绣花，又是镶拼，又是印字，点缀的东西达到一定程度以后，白色的主体地位就会动摇。当然，服装配色有时出于某种目的，并不一定要分清主体色与点缀色。有时，各种颜色相混杂，通过空间混合也会产生良好的色彩效果。点缀色也经常出现在服饰配件及面料花色的设计中，如黑色的皮包常使用色泽较亮的金属扣做点缀，暗暗的底色上则出现艳丽色彩的点缀。点缀色占据的面积越小，在配

色中的地位越次要，起到陪衬、点缀的作用。

（五）服装色彩搭配

服装色彩是服装感观的第一印象，它有极强的吸引力，若想让其在着装上得到淋漓尽致的发挥，必须充分了解色彩的特性。恰到好处地运用色彩的两种观感，不但可以修正、掩饰身材的不足，而且能强调、突出你的优点。例如，对于上轻下重的形体，宜选用深色轻软的面料做成裙或裤，以此在视觉上削弱下肢的粗壮感；身材高大丰满的女性，在选择搭配外衣时，亦适合用深色。这条规律对大多数人适用，除非你身体完美无缺，不需要以此来遮掩什么。总的来说，服装的色彩搭配分为以下两大类。

**1. 对比色搭配**

（1）强烈色配合。强烈色配合是指两个相隔较远的颜色相配，如黄色与紫色、红色与青绿色，这种配色比较强烈。在进行服饰色彩搭配时应先衡量一下，你是为了突出哪个部分的衣饰。不要把沉重的色彩，如深褐色、深紫色与黑色搭配，这样会和黑色呈现“抢色”的后果，令整套服装没有重点，而且服装的整体表现也会显得很沉重、昏暗无色。

（2）补色配合。补色配合是指两个相对的颜色的配合，如红与绿、青与橙、黑与白等。补色相配能形成鲜明的对比，有时会收到较好的效果，如黑白搭配是永远的经典。

**2. 近似色相配**

近似色相配是指两个比较接近的颜色相配，如红色与橙红或紫红相配、黄色与草绿色或橙黄色相配等。不是每个人穿绿色都能穿得很好看，绿色和嫩黄的搭配，给人一种春天的感觉，整体非常素雅，淑女味道从不经意间流露出来。

职业女性穿着职业女装活动的场所是办公室，低彩度可使工作其中的人专心致志，平心静气地处理各种问题，营造沉静的气氛。职业女装穿着的环境多在室内、有限的空间里，人们总希望获得更多的私人空间，穿着低纯度的色彩会增加人与人之间的距离，减少拥挤感。纯度低的颜色更容易与其他颜色相互协调，这使得人与人之间增加了和谐亲切之感，从而有助于形成协同合作的格局。另外，可以利用低纯度色彩易于搭配的特点，将有限的衣物搭配出丰富的组合。同时，低纯度给人以谦逊、宽容、成熟之感，借用这种色彩语言，职业女性更易受到他人的重视和信赖。

（1）白色的搭配原则。白色可与任何颜色搭配，但要搭配得巧妙，也需费一番心思。白色下装配带条纹的淡黄色上衣，是柔和色的最佳组合；下身着象牙白长裤，上身穿淡紫色西装，配以纯白色衬衣，不失为一种成功的配色，可充分显示自我个性；象牙白长裤与淡色休闲衫配穿，也是一种成功的组合；白色百褶裙配淡粉红色毛衣，给人以温柔飘逸的感觉。红白搭配是大胆的结合：上身着白色休闲衫，下身穿红色窄裙，显得热情潇洒。在强烈对比下，白色的分量越重，看起来越柔和。

（2）褐色的搭配原则。褐色与白色搭配，给人一种清纯的感觉。金褐色及膝裙与大领衬衫搭配，可体现短裙的魅力，增添优雅气息；选用保守素雅的栗子色面料做外套，配以红色毛衣、红色围巾，鲜明生动，俏丽无比；褐色毛衣配褐色格子长裤，可体现雅致和成熟；褐色厚毛衣配褐色棉布裙，通过二者的质感差异，表现出穿着者的特有个性。

（3）蓝色的搭配原则。在所有颜色中，蓝色服装最容易与其他颜色搭配。不管是近似于黑色的蓝色，还是深蓝色，都比较容易搭配，而且蓝色具有紧缩身材的效果，极富魅力。

生动的蓝色搭配红色，使人显得妩媚、俏丽，但应注意蓝红比例适当；近似黑色的蓝色合体外套，配白衬衣，再系上领结，出席一些正式场合，会使人显得神秘且不失浪漫；曲线鲜明的蓝色外套和及膝的蓝色裙子搭配，再以白衬衣、白袜子、白鞋点缀，会透出一种轻盈的妩媚气息；上身穿蓝色外套和蓝色背心，下身配细条纹灰色长裤，呈现出一派素雅的风格，因为流行的细条纹和柔和蓝灰之间的强烈对比，增添优雅的气质；蓝色外套配灰色褶裙，是一种略带保守的组合，但这种组合再配以葡萄酒色衬衫和花格袜，显露出一种自我个性，从而使整体风格变得明快起来；蓝色与淡紫色搭配，给人一种微妙的感觉；蓝色长裙配白衬衫是一种非常普通的打扮，如能穿上一件高雅的淡紫色的小外套，便会平添几分成熟的都市味儿；上身穿淡紫色毛衣，下身配深蓝色窄裙，即使没有花哨的图案，也可在自然之中流露出成熟的韵味。

（4）黑色的搭配原则。黑色是百搭百配的色彩，无论与什么色彩放在一起，都会别有一番风情，和米色搭配也不例外。上衣可以是夏季的黑色印花 T 恤衫，下装换上米色的纯棉含莱卡的及膝 A 字裙，脚上穿着白底彩色条纹的平底休闲鞋子，整个人看起来格外舒适，还充满着阳光的气息。其实，不穿裙子也可以，换上一条米色纯棉的休闲裤，最好是低腰微喇叭的裤形，脚上还是那双休闲鞋，依然前卫，青春逼人。

（5）米色的搭配原则。用米色穿出一丝严谨的味道来，也不难。一件浅米色的高领短袖毛衫，配上一条黑色的精致西裤，穿上闪着光泽的黑色的尖头中跟鞋子，将一位职业女性的专业感觉烘托得恰到好处。如果想要一种干练、强势的感觉，那就选择一套黑色条纹的精致西装套裙，配上一款米色的高档手袋，既有主管风范又不失女性优雅。

## 四、仪表礼仪及主要饰品搭配

### （一）仪表礼仪

仪表是指一个人的外表，它包括人的形体、容貌、健康状况、姿态、举止、服饰、风度等方面，是人举止风度的外在体现。仪表不整洁是不礼貌的行为，也是对自己不尊重的表现。狭义的仪表礼仪主要是指服饰礼仪。服饰包括服装和饰品。服饰是一种文化、一种文明，是一个人的身份、气质、内在素质的无言介绍信。它是仪表美的重要因素，对一个人的第一印象常常来源于衣着打扮。

**1. 着装的协调**

首先，穿着要和年龄相协调，要符合年龄特征。少年的服装可以色彩鲜艳、活泼可爱；青年的穿着可以色彩丰富、造型时尚；中年人则应往成熟的韵味上去装扮自己；老年人的穿着则应干净、稳重。其次，穿着要和形体相协调，应尽量掩盖自己的缺点。身材比较胖的人应多选择冷色调、暗色调、直条的服装；身材偏瘦的人应多选择亮色调、横条的、格子的、大花的服装。最后，穿着要和职业相协调。有些职业对着装有一定的要求，如商务着装应典雅、庄重、保守、规范。

**2. 着装的“TPO”原则**

穿着要符合“TPO”原则。TPO 原则是指人们的穿着打扮要兼顾时间（Time）、地点（Place）、场合（Occasion）并与之相适应，这是世界通行的着装打扮的最基本的原则。

（1）与时间相适应。着装要富有时代特色，把握时代主流，既不太超前，也不能滞后。

同时还要合乎季节，不能冬衣夏穿和夏衣冬穿。

（2）与地点相适应。不同国家、不同地区所处的地理位置、自然条件及生活习俗各有不同，着装也应有所区别。特定的环境应配以与之相适应、相协调的服饰。

（3）与场合相适应。这主要是指在上班、社交、休闲等不同场合应有不同的着装。上班时间着装应遵循端庄、整洁、稳重、美观、和谐的原则，能给人以愉悦感和庄重感。正式社交场合，着装宜庄重大方，不宜过于浮华。参加晚会或喜庆场合，服饰则可明亮、艳丽。参加殡葬仪式则要求以深色、素色为主，忌穿新潮的时装或鲜艳的服装，以免与现场悲哀、肃穆的气氛不协调。节假日休闲时间着装应随意、轻便些，西装革履则显得拘谨而不适宜。家庭生活中，着休闲装、便装更益于与家人之间沟通感情，营造轻松、愉悦、温馨的氛围。

**3. 男士商务着装**

西装是目前国际上最流行的正统服装，也是现代社交活动中最得体的服装。穿着西装时首先需要注意“三一律”。它强调的是色彩的搭配问题，即要求男性在正式场合露面时，应当使自己的公文包与鞋子、腰带色彩相同或相近，并首选黑色。在重要会议和会谈、庄重的仪式及正式宴请等场合，男士一般以西装为正装。一套完整的西装包括上衣、西裤、衬衫、领带、腰带、皮鞋和袜子。

（1）西服。西服有两件套、三件套之分，正式场合应穿同质、同色的深色毛料套装。两件套西服在正式场合不能脱下外衣。按习俗，西服里面不能加毛背心或毛衣。在我国，至多也只能加一件 V 字领羊毛衣，否则显得十分臃肿，以致破坏西服的线条美。西服上衣衣长应刚好到臀部下缘或差不多到手自然下垂后的大拇指尖端的位置，肩宽以探出肩角 2 厘米左右为宜，袖长到手掌虎口处。胸围以系上纽扣后，衣服与腹部之间可以容下一个拳头大小为宜。西裤裤线清晰笔直，裤脚前面盖住鞋面中央，后至鞋跟中央。穿着西装时需要注意：西服衣兜里不能放任何物品；袖口商标要摘除；单排扣西装如果有两粒扣则扣上不扣下，如果三粒扣则扣上面两粒或扣中间一粒；双排扣西装，则全扣。

（2）衬衫。长袖衬衫是搭配西装的唯一选择，颜色以白色或淡蓝色为宜。衬衫领子要挺括；衬衫下摆要塞在裤腰内，系好领扣和袖扣；衬衫领口和袖口要长于西服上装领口和袖口 1~2 厘米；衬衫里面的内衣领口和袖口不能外露。如果西服本身是有条纹的，应搭配纯色的衬衫；如果西服是纯色的，则衬衫可以带有简单的条纹或图案。不打领带时，衬衣第一个扣子要解开，不要穿太旧或起球的衬衣。商界男士在自己的办公室里，可以暂时脱掉西装上衣，直接穿着长袖衬衫、打着领带。但是，如果以这种形象外出办事，就有失体统了。不穿西装上衣，而直接穿着长袖衬衫、打着领带去参加正式活动，是不合乎礼仪规范的。

（3）领带。好的领带，应当是用真丝或羊毛制作而成的。以涤纶制成的领带售价较低，有时也可以选用。除此之外，用棉、麻、绒、皮、革、塑料、珍珠等制成的领带，在商务活动中不宜佩戴。在商务活动中，蓝色、灰色、棕色、黑色等单色领带都是十分理想的选择。要注意领带的颜色不要浅于衬衣，尤其不要黑衬衣配白领带。领带图案以规则几何图案（条纹、圆点、方格等）或纯色为宜。系领带时领结要饱满，与衬衫领口吻合要紧，领带下摆应在上下皮带扣边缘的中间。穿毛衣或马甲时，领带应放在毛衣、马甲的里面，即贴住衬衣。

（4）腰带。腰带以黑色牛皮为宜，不可扎其他颜色的腰带。腰带扣要选择金属质色，不要太花，也不能太旧，而且要保证安全牢靠。对于腰围较大的男士，可改用吊带将裤子固定住。

（5）皮鞋。与西装配套的鞋子，只能选择皮鞋。一般来说，牛皮鞋与西装最为般配。羊皮鞋、猪皮鞋则不甚合适，磨砂皮鞋、翻皮皮鞋大都属于休闲色彩皮鞋，也不太适合与西装相配套。最适合与西装套装配套的皮鞋色彩，只有黑色一种。就连棕色皮鞋，往往也会大受排斥。商界男士在正式场合所穿的皮鞋，应当没有任何图案、装饰。打孔皮鞋、绣花皮鞋、拼图皮鞋、带有文字或金属扣的皮鞋等，均不应予以考虑。皮鞋的款式，应当庄重而正统。根据这一要求，系带皮鞋是最佳之选。各类无带皮鞋，如船形皮鞋、盖式皮鞋、拉锁皮鞋等，都不符合这一要求。

（6）袜子。与西装、皮鞋相配套的袜子，以深色、单色为宜，并且最好是黑色的。切忌黑皮鞋配白袜子，也不要穿过分刺眼的彩袜、花袜或其他浅色的袜子。发光、发亮的袜子则绝对不要穿。袜口应适当高些，应以坐下跷起腿后不露出皮肤为准。

**4. 女士商务着装**

商务交往的正式场合，女性着装最佳为套裙，尤其在与外商进行商务交往时必须是套裙。西装套裙的穿着要得体，首先要使上装与裙子的色调统一而稳重，具有成熟感。对女士着装的要求是“三不露”：一是不露肩，在商务场合，不能穿吊带裙，也不能穿无袖的上衣；二是不露膝，即裙子不能太短；三是不露脚趾，在工作的场合，不能穿露脚趾的凉鞋。

（1）衬衫。衬衫面料要轻薄而柔软，如真丝、麻纱、府绸、涤棉等。色彩上以单色为最佳。除白色之外，其他色彩如与所穿套裙的色彩不相互排斥，也可采用。衬衫上最好不要有图案。衬衫下摆必须掖入裙腰之内，不得任其悬垂于外，或者将其在腰间打结。衬衫纽扣要一一系好。除最上端的一粒纽扣按惯例允许不系外，其他纽扣均不得随意解开。

（2）鞋。与套裙配套的鞋子应该是皮鞋，并以黑色的牛皮鞋为最好。和套裙同一色彩的皮鞋也可以选择。式样应该是高跟、半高跟的皮鞋。穿布鞋、旅游鞋、凉鞋都显得不相适宜。

（3）袜子。通常情况下，用来和套裙配套的袜子是高筒袜或连裤袜，颜色以单色为宜，有肉色、黑色、浅灰、浅棕等几种常规选择。袜口要没入裙内，不可暴露于外。袜子应当完好无损。

（4）提包。女士用的提包不一定是皮包，但必须质地好、庄重，并与服装相配。不能拎纸袋或塑料袋，不能背双肩背包，更不要只拿一个化妆包。

（5）发型要求。商务场合的女士发型，要求长不过肩，最长的长度只能到达肩膀，太长的话，一定要盘起头发或梳成发髻，忌披肩长发。

（6）套裙穿着的禁忌。

① 忌穿着黑色皮裙。商务场合不能穿黑色皮裙，否则让人啼笑皆非。与外国人打交道，尤其与欧美国家，绝对不可以穿黑色皮裙。

② 忌裙、鞋、袜不配套。不能将健美裤、九分裤等裤装当成长袜穿，不能将袜口暴露于裙外。

③ 忌光脚。光脚不正式，且暴露脚上瑕疵。在国际交往中穿套裙不穿袜子会被认为是卖弄风骚，展示性感。

④ 忌三截腿。三截腿又叫"恶性分割"，是指女性在穿半截裙的时候，袜子和裙子中间露一段腿肚子，结果导致裙子一截、袜子一截、腿肚子一截。这种穿法会使腿显得又粗又短，在国外被视为无教养的妇女的基本特征。

**5. 饰品**

饰品的选择和佩戴也能体现一个人的内在涵养和素质。在职场中一般不应该佩戴饰品，如佩戴则必须"少而精"，不能超过三件。饰品的特点是体积较小，装饰效果明显，有利于表现整体形象，饰品应与自己的体形、脸形、发型、肤色、年龄、气质、服装等相协调。同时戴 2~3 件饰品时，色彩应一致。下面介绍几种主要饰品。

（1）项链。在工作中，一般允许女性服务人员佩戴项链，所戴项链不应多于一条。注意项链不能太长，因为太长的项链容易被其他物品钩住而影响工作效率。而男性服务人员通常在其工作岗位上不宜佩戴项链，即使佩戴的话，也只能将其藏于衣服内，不能显露在外。

（2）耳环和耳钉。与耳环相比，耳钉小巧而含蓄，也比较庄重。职场人员在工作岗位上，不宜佩戴耳环。但一般情况下，允许佩戴耳钉。但不允许男性服务人员佩戴耳环和耳钉。

（3）戒指。戒指一般讲究戴于左手，最好一枚，最多两枚。佩戴两枚时，应戴在左手两个相连手指或两只手对应手指。一般情况下，大拇指不戴戒指。

### （二）丝巾搭配

**1. 丝巾搭配通用法则**

（1）素色衣服搭配素色丝巾。此类情况可采用同色系对比搭配法，如黑色连衣裙配中性色系丝巾，整体感强，但搭配不慎会造成整体色彩黯淡；也可以采用不同色系的对比色搭配法；另外，采用相同颜色、不同质感的搭配方式也很协调。

（2）素色衣服搭配印花丝巾。此类情况最根本的指导原则是丝巾上至少要有一个颜色和衣服的色彩相同。衣服和丝巾上都有印花时，搭配的花色要有"主""副"之分。如果衣服和丝巾都是有方向性的印花，则丝巾的印花应避免和衣服的印花重复出现，同时也要避免和衣服的条纹、格子同方向。简单条纹或格子的衣服比较适合无方向性的印花丝巾。

（3）印花衣服搭配素色丝巾。此类情况可挑选衣服印花上的某一个颜色为丝巾色，或者选择衣服上最明显的一个颜色，用这个颜色的对比色去挑选适合的丝巾。两种方法效果都不错。

**2. 丝巾与脖颈的搭配**

拥有修长颈部的人非常幸运，各种丝巾的系法尽可以大胆尝试。例如，脖子较长的人很适合“绑”丝巾，什么样的绑法看起来都很美丽；脖子较短的人，对于丝巾的花色、质地和系法就要比较挑剔才行。建议挑选薄一点的布料，不要将颈部遮盖太多；不要将丝巾结系在脖子中央，要尽量绑低一点，形成V字形，视觉上延长颈部；花色过杂或图案过大的丝巾也会使颈部看起来更短。另外，丝巾打出来的效果要和身材成比例，娇小玲珑的人应避免太大、太厚重的丝巾。

**3. 肤色与围巾的搭配**

（1）肤色偏黄。脸色发黄的人宜戴浅黄、粉红、中灰、浅灰蓝等浅色柔和的围巾，不宜选用深红、深紫、黄、墨绿等色。

（2）肤色偏黑。肤色偏黑的人，不宜选用深红、深紫、深灰、黑色等暗色调的围巾，而以淡灰、湖蓝、玫瑰红等颜色为佳。

（3）肤色白皙。皮肤白皙的人选择范围较广，用深灰、大红等深色可进一步突出白净，淡黄、粉红等浅色则可用来彰显柔和。

**4. 围巾与身材的搭配**

（1）凹胸、平胸、胸围偏小者：这类人选购的围巾质地应稍具蓬松感，图案选横端提花的大花形格局，采用对称悬垂搭前胸围系法。提花大花形图案正好在两乳峰部位，可使胸部显得丰满。

（2）胸围偏大体胖者：可选深色调，如纯蓝、深藏青、褐咖啡色，再绕脖一圈，两端等长搭垂前后身，可显俊俏。

（3）窄肩瘦削者：应选小朵花形，格局简朴、素雅，色彩稍微别致的为宜。少女可以大红为主色调，中年妇女配紫红主色调为佳。紫酱红主色调的围巾小伙子也可沿用。男性一般以浅咖啡色等中暖色系为主，以增加活泼感，弥补窄削感。

（4）溜肩者：应该选戴一条加长型素色调围巾。围巾长度最好与身高等长为宜，如1.70米的个子，围巾也应选1.70米或更长些。采用将围巾两端不绕脖圈对称悬垂前胸系法，视觉上可使肩部显得匀称得体。

（5）宽肩者：宽肩对男性来说是优点，对女性来说却是缺点。现代女性服饰潮流中女青年青睐的蝙蝠袖宽肩上装，视觉上扩大了肩部，此时系一条花形呈竖直形图案的纵条纹围巾可使肩部产生缩小感。色彩以文静、素雅为基调，如天蓝、米黄、湖绿、橙红色调。

### （三）领带搭配

领带作为男性的经典正装配饰，成为外贸精英男士衣橱里出现频率最高的饰物。领带是男士衣橱中必不可少的“角色”，也是男士衣着品位的体现。那么，如何挑选合适的领带呢？生活中，有很多男士会遇到各种关于如何挑选服装服饰的问题，首先我们来了解下领带的分类。

**1. 从领带的宽度细分，分为“宽版商务型”“窄版时尚型”“超窄休闲型”**

“宽版商务型”“窄版时尚型”“超窄休闲型”，宽度分别为 10~12 厘米、6~8 厘米、3~6 厘米。

（1）“宽版商务型”一般适用于商务外交、商务谈判、上班等正式场合，给人感觉比较低调大气、沉稳；适合的年龄段在 35~65 岁，一般国家领导人都带这一种，还有上了年纪的男士，比较钟爱于这一宽度的领带。

（2）“窄版时尚型”比较适合现在的年青一代，适合 18~35 岁这一年龄段。它的特点是时尚活跃、不显呆板，也是目前市场上比较流行的一种款式，适用于年轻人上班、面试、参加宴会、结婚典礼等场合。

（3）“超窄休闲型”是 “90 后”比较喜欢的款式，它可以随意搭配，使人看上去比较自由、洒脱。

**2. 从领带的材质上细分，分为羊毛领带、桑蚕丝领带、涤丝领带**

就档次来说，羊毛和桑蚕丝质地的领带属于中高档类，而涤丝、纯化纤料子档次自然要低一些，但是它们有一个优点就是价格便宜、便于打理。怎么去分辨领带是不是真丝的呢？这要“一看，二摸，三观察”。一看：轻轻使领带弯曲，看在灯光或阳光下领带的光泽是否闪亮，这个光泽度是真丝领带的基本特性。二摸：用手去摸一摸领带的表面是否光滑如丝，颜色是否光鲜亮丽。这里要注意的一点是，有些真丝领带织法纹路比较复杂，摸起来会有一点点阻力，这是属于织法纹路所造成的。三观察：观察领带吊牌的成分标识，以及领带背面窄端标有成分的小标，这个一般不会有假，因为国家监管纺织产品比较严格。

## 任务实施

### 一、针对外贸人士的着装，演练三种适合职业女性的丝巾系法

**打法一：标致的清香茉莉结**

**步骤一：**将丝巾对折，使两端对齐，然后扭转成麻花状。

**步骤二：**将麻花状的丝巾围在脖子上，两端稍微分开。

**步骤三：**将丝巾的两端分别打结后，穿过另一头的环内。

**步骤四：**调整角度，将丝巾展开成漂亮的形状。

白色系是都市女性上班最常穿的色彩。几乎所有的上班族都能穿出这样的装扮，但要怎样穿才能比别人显得更“出色”呢？想要穿出优雅味道，脖子间的风情少不了，小小点缀就能成就一个清新派佳人，在办公室里散发淡淡的茉莉香。

时尚解析：操作丝巾结成花状系在颈侧，不仅使脸庞增色，造型也更具立体感，达到画龙点睛的效果。建议最好选用质地柔软的浅色调丝巾，将丝巾系得稍斜一点效果会更好。

**打法二：清新的麻花结**

**步骤一：**双手握住丝巾的两端，将丝巾拧成麻绳状。两头稍微留一段不要拧。

**步骤二：**将麻花状的丝巾围在脖子上，绕 2~3 圈使两端位于同一侧。两端交叉在一

起，把放在上面的一端拉长，然后将长的一端从短的一端的下面穿过，系成一个平结。

**步骤三：**把打好的平结整理整齐即可。

一般脖子长的女孩子都不敢穿圆领的衣服，觉得会显得脖子更长。其实只要加上一条小小的丝巾，长脖子的你也一样可以穿上漂亮的圆领衣服，并且让你变得清新又充满古典魅力。不过这种系法对丝巾的损伤比较大，建议不要拿太昂贵的丝巾系麻花结。

时尚解析：将围在颈间的丝巾卷得很细，能营造出一种更为休闲的感觉。搭配圆领上衣，简单又富有设计感。不过由于丝巾会绕成麻绳状，在绕的过程中要用力绕紧一点，将丝巾缩小面积，不然会使脖子变得较粗。小心，这款丝巾不适合脖子太短或梨形脸（也称三角形脸）的女生。

#### 打法三：标致的百折花结

**步骤一：**将丝巾折成风琴状百褶长带围在颈上。

**步骤二：**打两次活结即成一个平结；也可以用别针把两端固定起来。

**步骤三：**将平结调至适当位置，整理成花朵形状。

白色吊带长裙俊逸标致，可是总觉得缺少点什么。没错，就是丝巾！一朵灿艳的百折花结，让你全身散发清纯的气味。什么样的丝巾适合这种打法呢？最好选用质地富有张力的丝巾，可以保证系后的丝巾领结外形标致。用带有镶边的丝巾，更能突出此种系法所特有的富有层次的丝巾褶。搭配与花边颜色相近的长裙，更显娇柔甜蜜。

时尚解析：方巾折叠的宽度可按照颈部比例而定，太宽的话导致整条丝巾失去均衡感。搭配圆领时，可以将带有休闲风格的衣领演绎得更加华美。与方领的搭配，会让你看上去充满女人味。搭配套装最好选用尺寸稍大一些的丝巾，看起来感觉更加协调，使丝巾的两端垂在前面，增添丝巾褶的垂感。要记住，这种系法不适合脖子太短或梨形脸（也称三角形脸）的女生。

## 二、针对外贸人士的着装，演练其中一种适合职业男士的领带系法（请自行查找其具体打法）

现在普遍使用同时也是最基本的领带打法有四种，分别为平结（The Plain Knot）、半温莎结（The Half Windsor）、温莎结（The Windsor）、普瑞特结（The Pratt）。前三种是最传统的领带打法，人们已使用了很久，普瑞特结则是近期的一种系领带方法，它在1989年始为公众知晓。

### （一）平结

（1）开始时领带的大领放在右边，小领放在左边。

（2）把大领跨在小领之上，形成三个区域（左、右、中）。

（3）把大领从小领之下由左翻到右。

（4）把大领翻出，从右到左。

（5）把大领翻到领带结之下，到达中区域。

（6）把大领穿过前面的圈，并束紧领带结。

（7）一只手轻拉着小领前端，另一只手把领带结移至衣领的中心。

### （二）半温莎结

半温莎结正装衬衫大多领口宽大，在风格上沿袭多年来正装剪裁的传统，以大开口西装V领配搭宽领衬衫，此种打领带方法的重点在于强调职场男士果敢独到的个人气质。由于衬衫领口向两侧斜开，预留了领带结的位置，因此在打领带的时候要注意将领带结打得扁平，尽量填充领口多余的空间。

效果：半温莎结的打法较为烦琐，但优点在于可以自由掌控领带结的形状和大小，让领口的空间被饱满地填塞，营造出干练直率的精英风范。

注意事项：由于考虑到在打领带结的时候需要经过诸多步骤，因此需要把握好剩余领带的长度，这就决定了面料过厚的领带不太适合。

### （三）温莎结

休闲西装在搭配风格上显得更为轻松自由，整体线条也更加柔和随性。尤其是衬衫款式的选择方面，浪漫的尖领衬衫毫无疑问地成为首选，而领带的款式也可以根据喜好随意选择，不管是传统宽领带还是时髦细领带，都能打造出与众不同的精致格调。

效果：温莎结能够靠褶皱的调整自由放大或缩小，而剩余部分的长度也能根据实际需要任意掌控。值得赞赏的是，温莎结的领带结形状匀称、领带线条顺直优美，容易给人留下整洁严谨的良好印象。

注意事项：领结下方的宽边压以皱褶可缩小其结型，也可将窄边往左右移动使其小部分出现于宽边领带旁。

### （四）普瑞特结

普瑞特结的重点在于针织衫多以纯色为主基调，这也就意味着露出领口的领带是上身最抢眼的装饰，因此领带的样式可以注重鲜明的配色与简约的底纹，并且为了配合春秋季节较为凉爽的天气，在质料挑选方面应以较厚的领带作为应景的搭配。

效果：普瑞特结最适合打在标准式及扣式领口衬衫，将其宽边以180°由下往上翻转，并将折叠处隐藏于后方，待完成后可再调整领带的长度。这是最常见的一种结型，简单易打，非常适合在商务旅行时使用。

注意事项：常见的普瑞特结在所有领带的打法中最为简单，尤其适合厚面料的领带，不会造成领带结过于臃肿累赘。此外，普瑞特结易于调整领带长度，在外出整装时方便快捷，是针织衫学院风的黄金搭档。

**温馨贴士**

**服装色彩与肤色的搭配**

白皙皮肤：白皙皮肤的特质在于面颊经太阳一晒便容易发红，拥有这类皮肤的女性是幸运儿，因为大部分颜色都能令白皙的皮肤更亮丽动人。色系当中尤以黄色系与蓝色系最能突出洁白的皮肤，令整体显得明艳照人，色调如淡橙红、柠檬黄、苹果绿、紫红、天蓝等明亮色彩最适合不过。

深褐色皮肤：皮肤色调较深的人适合一些茶褐色系，令你看起来更有个性。墨绿、枣红、咖啡色、金黄色都会使你看起来自然高雅，相反，蓝色系则与你格格不入，最好别穿蓝色系的上衣。

淡黄或偏黄皮肤：皮肤偏黄的人宜穿蓝色调服装，酒红、淡紫、紫蓝等色彩，能令面容更白皙，但强烈的黄色系如褐色、橘红等最好能不穿则不穿，以免令面色显得更加暗黄无光彩。

健康小麦色皮肤：拥有这种肌肤色调的女性给人健康活泼的感觉，黑白这种强烈对比的搭配与她们出奇地合衬，深蓝、炭灰等沉重的色调，以及桃红、深红、翠绿这些鲜艳色彩最能突出其开朗个性。

## 实训演练

### 一、案例分析

（一）小刘和几个外国朋友相约周末一起聚会娱乐，为了表示对朋友的尊重，星期天一大早，小刘就西装革履地打扮好，对照镜子摆正漂亮的领结前去赴约。北京的八月天气酷热，他们来到一家酒店就餐，边吃边聊，大家都挺开心的。可是不一会儿，小刘已是汗流浃背，不住地用手帕擦汗。饭后，大家到娱乐厅打保龄球，在球场上，小刘不断为朋友鼓掌叫好。在朋友的强烈要求下，小刘勉强站起来整理好服装，做好投球准备，当他摆好姿势用力把球投出去时，只听到“刺啦”的一声，上衣的袖子扯开了一个大口子。

思考与讨论：小刘的着装有什么不妥之处？

要求：以“不同场合的着装要求”展开讨论，最后联系本案例分析小刘着装的不妥之处，并为小刘的着装进行重新设计。

（二）国内一家效益很好的大型企业的总经理叶明，经过多方努力终于使德国一家著名的家电企业董事长同意与自己的企业合作。谈判时为了给对方留下精明强干、时尚新潮的好印象，叶明上身穿了一件T恤衫，下身穿一条牛仔裤，脚穿一双旅游鞋。当他精神抖擞、兴高采烈地带着秘书出现在对方面前时，对方瞪着不解的眼睛上下打量了他一会儿，非常不满意。最终，这次合作没能成功。

思考与讨论：叶明与德国家电企业合作失败的原因。

（三）一位女推销员在美国北部工作，一直都穿着深色套装，提着一个男性化的公文包。后来她调到阳光普照的南加州，仍然以同样的着装去推销商品，结果成绩不够理想。后来，她改穿了色彩较淡的套装，换了一个女性化一点的皮包，使自己更有亲切感。着装的这一变化，使她的业绩提高了25%。

思考与讨论：服饰与工作能力和工作业绩有没有直接关系？

## 二、模拟任务训练

练习西装与衬衣的搭配，并尝试搭配不同款式、不同色彩的衬衫。然后，请同学们对他们的搭配效果进行评议。

要求：全班同学分成几个不同的实训小组，互评打分。

# 学习子情景三 仪态分析与训练

### 知识目标

- 了解标准的站姿、坐姿、蹲姿、走姿、手势语的操作要点。
- 熟悉不同场合不同手势语的实施规范。
- 掌握表情礼仪的知识。
- 掌握良好体态修养知识。

### 能力目标

- 能够改正不良的体态习惯。
- 学会并能运用正确的站姿、坐姿、走姿、蹲姿和其他手势语。
- 熟练掌握各种手势及表情动作，塑造良好的仪态。

### 情景引例

吴老先生是一个心理学家，喜欢研究他人的肢体语言，跟他接触多了也会受他的影响。有一次，吴老先生应企业朋友的邀请去参加一个派对，出席的都是行业内的人士。吴老又犯了职业病，附耳跟我说道："小王，你仔细地观察下这里的人，根据他们的站姿，我大致可以猜出来他们的身份、地位、年龄、性格。""愿闻其详！"好奇心使然，我也加入到了这个游戏中去。他指着一位大腹便便的中年男子说："你看那位两手背腰、挺胸仰头、两腿叉开站立的男士，他十有八九是小企业的老板，手中有点钱，但是眼光较为短浅。旁边不断点头哈腰，站都站不直的那位估计是他的手下，做事比较缺乏自己的主见，但是执行力较强。看到站在墙角边上的那位女士了吗？你看她双脚交叉而立就表示她对面前的男士所谈的话题没有兴趣但又不好拒绝……"后来，经证实，吴老先生的准确率真是高得令人称奇。

不同的站姿能显示出不同的性格特征，也能折射出个人的内在气质。标准的站姿应腰背挺直、抬头挺胸、双目平视。弯腰驼背很容易表现出精神萎靡、意志消沉的一面；两手叉腰或双手背腰则会让人感觉自持清高、过于自负。在商务场合中弯腰驼背会使你的合作伙伴对你公司的资信情况产生怀疑，也会怀疑你的专业能力；而两手叉腰或双手背腰会让人感觉高高在上，虽有充分的信心和精力，但也会让人误会是对合作对手的不尊重。

## 知识准备

### 一、仪态的概念

仪态是指人在行为中所体现出来的姿势、表情和风度，即我们通常所说的体态语。在服务过程中，我们通过表情、姿态等向宾客传递信息内容，远远超过了用语言所表达的内容。仪态作为一种无声的语言，在服务过程中被广泛地应用。

### 二、站姿礼仪

操作标准：① 站立时要求站姿端正，身姿挺拔，体态优美，端庄典雅。② 抬头，脖颈挺直，头顶上悬，双目平视，嘴唇微闭，下颌微收，面带微笑，平和自然，双肩放松，气沉丹田，双臂自然下垂，贴于体侧或身体前后。两腿并拢立直，两脚跟靠拢，脚尖分开，女士呈 45°，男士呈 45° ~60°，呈 V 字形或丁字形，身体重心落于两腿脚正中。③ 脊柱后背立直，臀大肌、腹肌收紧，胸部略向前上方挺起。

**姿势一：基本站姿——双臂侧放式**

（1）双脚跟靠拢。

（2）两腿两膝并严、挺直。

（3）脚尖分开，女士呈 45°，男士呈 45°~60° ，一般以能放入一拳为宜。

（4）双臂自然下垂，虎口向前，手指自然弯曲。

**姿势二：腹前握指式**

（1）双脚跟靠拢。

（2）两腿两膝并严、挺直。

（3）脚尖分开，女士呈 45°，男士呈 45°~60° ，一般以能放入一拳为宜。

（4）左手在下，右手在上，自然交叉，叠放于小腹前，女士双手交叉，握于手指部位，男士握于手背部位。

（5）两臂略向前张。

**姿势三：背后握指式**

（1）双脚跟靠拢。

（2）两腿两膝并严、挺直。

（3）脚尖分开，女士呈 45°，男士呈 45°~60° ，一般以能放入一拳为宜。

（4）两臂后背，右手自然握住左手，放于尾骨处。女士双手交叉，握于手指部位，男士握于手背部位。

（5）两臂肘关节自然内收。

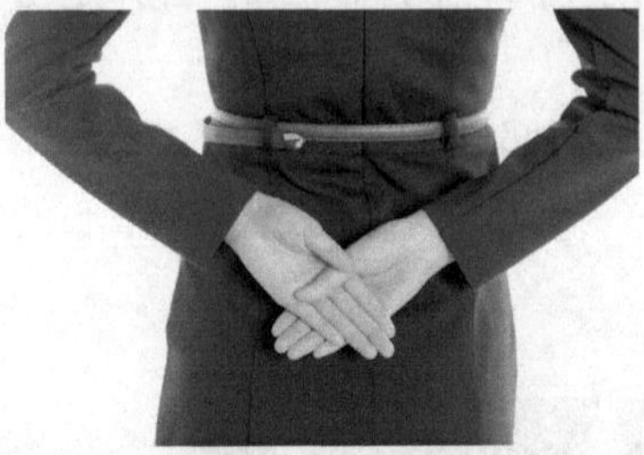

**姿势四：两脚平行腹前握指式站姿（男士）**

（1）两腿分开，与肩同宽。

（2）两脚脚尖平行。

（3）右手握住左手手背部位，自然交叉，叠放于小腹。

（4）两臂略向前张。

**姿势五：两脚平行背后握指式站姿（男士）**

（1）两腿分开，与肩同宽。

（2）两脚脚尖平行。

（3）两臂后背，右手握住左手手背部，自然放于尾骨处。

（4）两臂肘关节自然内放。

**姿势六：丁字步腹前握指式（女士）**

（1）在基本站姿的基础上，右脚后撤，使左脚内侧脚跟靠于右脚足弓处。

（2）两腿两膝并严，挺直。

（3）双手在腹前交叉，右手握住左手的手指部位。

（4）身体重心可放在两脚上，也可放在一只脚上，可通过两脚重心的转移缓解疲劳。

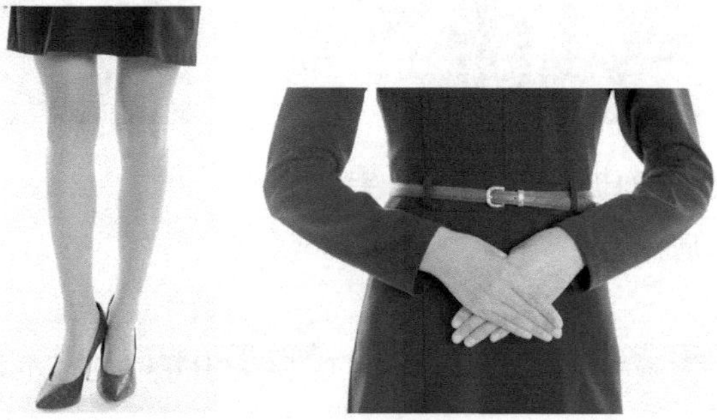

**姿势七：丁字步背后握指式（女士）**

（1）在基本站姿的基础上，右脚后撤，使左脚内侧脚跟靠于右脚足弓处。

（2）两腿两膝并严，挺直。

（3）两臂后背，右手握住左手的手指部位，自然放于尾骨处。

（4）两臂肘关节自然内收。

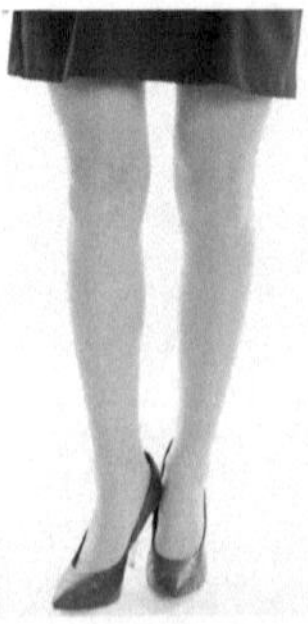

## 三、坐姿礼仪

端庄优美的坐姿，会给人以文雅、稳重、自然、大方的美感。

操作标准：① 入座轻稳，动作协调，坐姿文雅。② 落座后，上身自然挺直，收腹立腰。③ 上身略微前倾，朝向服务对象。④ 头正、颈直、下颌微收、双目平视前方或注视对方。⑤ 双肩平齐，放松下沉。⑥ 双膝并拢，男士可将双膝略微分开，但不应超过肩宽。⑦ 两臂自然弯曲，双手交叉放于腿部。⑧ 要求坐椅子的 2/3 处，不要坐得太少，否则会给人随时准备离开的信号。

**姿势一：基本坐姿——双腿垂直式坐姿**

这种坐姿是正式场合最基本的坐姿，男女均适用，给人以诚恳、认真的印象。

（1）按操作标准入座，坐椅子的 2/3 处。

（2）小腿与地面垂直，女士双腿并紧，男士两膝略分开，双腿之间保持一拳左右的距离。

（3）两臂自然弯曲，右手握左手放于腿部。

**姿势二：开膝抬手式坐姿（男士）**

（1）按操作标准入座。

（2）双膝分开，两脚平行，距离不得超过肩宽。

（3）小腿与大腿呈 90°直角。

（4）两手掌分别放于膝盖处，五指并拢。

**姿势三：双腿斜放式坐姿（女士）**

（1）在基本坐姿的基础上，左脚平移一步，左脚掌内侧着地。

（2）右脚左移，右脚尖与左脚尖平齐，脚掌外侧着地，脚跟抬起。

（3）双脚靠拢斜放，大腿与小腿形成 90°直角，小腿不回曲，充分显示小腿的长。

（4）两脚、两腿、两膝靠拢，不得露出缝隙。

（5）两臂自然弯曲，右手握着左手，自然放于腿部。

（6）要是旁边有人，应将膝部而不是脚部朝向他人。请参照左腿斜放式坐姿练习右腿斜放式坐姿。

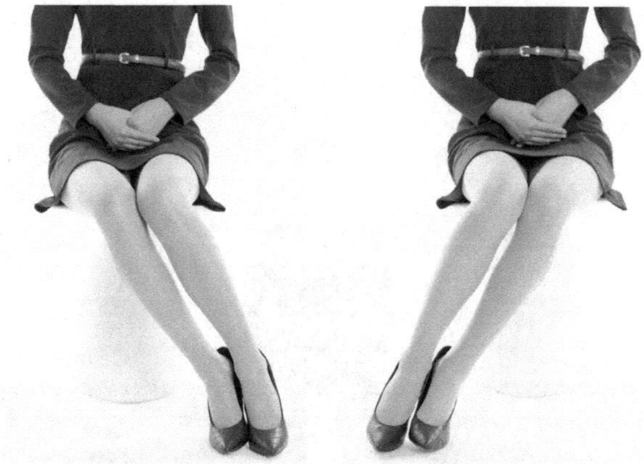

## 四、蹲姿礼仪

在对客服务中，当我们为宾客捡拾物品或为宾客提供其他必要服务时，都要用到蹲姿，在使用蹲姿时，切记弯腰撅臀。

**姿势一：交叉式蹲姿（以右脚在前为例）**

（1）右脚置于左脚的左前侧，顺势下蹲，使左腿在右腿下面从右侧伸出，两腿呈交叉状。

（2）下蹲后，右小腿垂直于地面，右脚前脚掌着地，左脚脚跟抬起，脚掌着地。

（3）两腿前后靠紧，合力支撑身体。

（4）臀部下沉，上身稍前倾。

**姿势二：高低式蹲姿（以右脚在前为例）**

（1）下蹲时右脚在前，前脚着地。

（2）左脚稍后，脚掌着地，后跟提起。

（3）左膝低于右膝。

（4）臀部下沉，身体重心由右腿支撑。

注意：女士无论采用哪种蹲姿，都要将两腿靠紧，臀部下沉，在穿着短裙时，可略侧向客人下蹲捡拾物品，男士下蹲时，两腿间则可有适当距离。

## 五、走姿礼仪

### （一）标准走姿

（1）上身保持基本站姿。

（2）起步时身体稍向前倾 3°~5°，身体重心落在前脚掌，膝盖挺直。

（3）两臂以身体为中心，前后自然摆动，前摆约 35°，后摆约 15°，手掌心在内，手关节自然弯曲。

（4）步幅适度，男士步幅一般应在 40 厘米左右，女士步幅一般不超过 30 厘米，标准步幅是本人脚长的 1~1.5 倍。

（5）步速均匀，行走速度男士每分钟一般保持在 100~110 步，女士每分钟一般保持在 80~100 步。

（6）行进中，应目光平视前方，下颌微收，头、颈、背部呈一条直线，女士两脚内侧呈一条直线，男士脚尖可略向外。

### （二）穿着西装时的走姿

（1）西服属于典型的正装，是以直线条为主的，因此在穿着西装行走时，要保持身姿挺拔，后背平整。

（2）行走时，膝盖要挺直，步幅可略大些，手臂放松，前后自然摆动。

（3）男士在行走时不要晃肩，女士行走时不要摆动髋部。

### （三）穿着短裙时的走姿

（1）在穿着西式短裙行走时，步幅不应过大，一般不应超过着装者的一个脚长。

（2）尽量走成一条直线，显示出女性的端庄。

（3）穿着有下摆的短裙时，步幅可略大些，要表现出女性轻盈、敏捷的特有风格。

### （四）疾步走姿

（1）在进行快速服务时，需要提高步速，在基本走姿的基础上，可根据情况将步速提高至每秒 4 ~ 5 步。

（2）疾步行走时应保持一般步幅，不可给客户跑的感觉，以免引起客户的不适。

## 六、手势礼仪

### （一）直臂式指式方向（一般用于指示较远方向）

（1）将右臂由身体一侧抬起，手臂自然伸直，高度低于肩部。

（2）右手五指并拢，掌心向上，与地面呈 45°。

（3）上身微前倾，左臂自然放于体侧。

（4）应先与客户对视交流后，然后转向所指示方向。

### （二）曲臂式体侧指示方向（一般用于指示较近方向）

（1）右手以肘关节为轴，上臂带动前臂自体前抬起。

（2）抬起过程中，手心展出，抬至体侧时，手心与地面呈 45°，五指并拢。

（3）肘关节自然弯曲，以 140°为宜。

（4）身体略向前倾，左手手臂自然放于体侧。

（5）应先与客户对视交流后，然后转向所指示方向。

## （三）曲臂式反向指示方向

（1）以右手肘部为轴，小臂自下向身体内侧抬起，抬至与胸部同高。

（2）小臂距身体约一拳距离，并与大臂呈 45°，手心向上，五指并拢，指向所指方向。

## （四）引领客户

（1）手臂至体侧 45° 伸出，自然伸直抬起，抬至小手指与胯部平齐。

（2）五指并拢，掌心向上，手掌与地面呈 45° 。

（3）在引领时，身体略侧向客户，用余光注视客户。

（4）引领距离较长时，应每隔三步回头关注一下客户的跟进情况。

（5）遇到转弯或地面障碍时，应及时提醒客户注意。

### （五）握手礼

（1）双方走至合适位置时，伸出手臂，自然伸直。

（2）相互握住对方虎口处，握住的手掌与地面垂直。

（3）身体略微前倾，目视对方，前臂用力，上下轻晃。

（4）左手自然放于体侧。

### （六）鞠躬礼

（1）在腹前握指式站姿的基础上，以腰为轴，身体前倾15°。

（2）右手握住左手，随身体前倾，自然下滑至小腹下方。

（3）头、颈、背呈一条直线。

（4）目光落于对方脚尖处，停一秒钟左右后复原。

### （七）避让礼

（1）行进中路遇客人时，右脚向右跨一步，左脚与右脚靠拢，呈站姿，侧向客户站立。

（2）根据情况，向客人施一鞠躬礼或点头礼。

### （八）递送物品

（1）递送物品时要表示出真诚，要注意手部的美观和清洁。

（2）身体以标准站姿为基础，前倾15°。

（3）双臂至体前抬起伸出，递送物品的高度，应与胸部齐平。

（4）递送尖锐物品时，应倒置，将尖锐一头朝向自己递送给客户。

## 七、微笑礼仪

微笑是一把神奇的钥匙，可以打开心灵的房门，它的光芒，照耀了周围的一切，给周围的气氛增添了温暖。微笑能使陌生人感到亲切，使朋友感到安慰，使亲人感到愉悦。微笑，是仁爱的象征、快乐的源泉。一个微笑，会让人感到平易近人。外贸人士面带微笑，是热情待客的表现。很多人的笑，会显得尴尬、搞怪、阴险、扭曲、僵硬等。那么，如何培养发自肺腑的笑容呢？真正的笑容，是发自内心的微笑。下面介绍训练微笑的方法。

**第一阶段：放松肌肉**

放松嘴唇周围肌肉是微笑练习的第一阶段，又名“哆来咪练习”的嘴唇肌肉放松运动，是从低音哆开始，到高音哆，大声、清楚地说三次每个音。不是连着练，而是一个音节一个音节地发音，为了正确地发音应注意嘴形。

**第二阶段：给嘴唇肌肉增加弹性**

形成笑容时最重要的部位是嘴角。如果锻炼嘴唇周围的肌肉，能使嘴角的移动变得更干练好看，也可以有效地预防皱纹。如果嘴角变得干练有生机，整体表情就给人有弹性的感觉，所以不知不觉中显得更年轻。伸直背部，坐在镜子前面，反复练习嘴角最大地收缩或伸张。

（1）张大嘴：张大嘴使嘴周围的肌肉最大限度地伸张。张大嘴能感觉到颚骨受刺激的程度，并保持这种状态 10 秒。

（2）使嘴角紧张：闭上张开的嘴，拉紧两侧的嘴角，使嘴唇在水平上紧张起来，并保持 10 秒。

（3）聚拢嘴唇：使嘴角在紧张的状态下，慢慢地聚拢嘴唇。出现圆圆的卷起来的嘴唇聚拢在一起的感觉时，保持 10 秒。

保持微笑 30 秒。反复进行这一动作三次。

用门牙轻轻地咬住木筷子。把嘴角对准木筷子，两边都要翘起，并观察连接嘴唇两端的线是否与木筷子在同一水平线上。保持这个状态 10 秒。在这种状态下，轻轻地拔出木筷子，练习维持这种状态。

**第三阶段：形成微笑**

这是在放松的状态下，根据微笑大小程度练习笑容的过程，练习的关键是使嘴角上升的程度一致。如果嘴角歪斜，表情就不会太好看。练习各种笑容的过程中，就会发现最适合自己的微笑。

（1）小微笑：把嘴角两端一起往上提，给上嘴唇拉上去的紧张感。稍微露出两颗门牙，保持10秒之后，恢复原来的状态并放松。

（2）普通微笑：慢慢使肌肉紧张起来，把嘴角两端一齐往上提，给上嘴唇拉上去的紧张感。露出上门牙六颗左右，保持10秒之后，恢复原来的状态并放松。

（3）大微笑：一边拉紧肌肉，使之强烈地紧张起来，一边把嘴角两端一齐往上提，露出10颗左右的上门牙，同时也稍微露出下门牙。保持10秒之后，恢复原来的状态并放松。

**第四阶段：保持微笑**

一旦寻找到满意的微笑，就要进行至少维持那个表情30秒的训练。尤其是对照相时因不能敞开笑而失落的人，如果重点进行这一阶段的练习，就可以获得很好的效果。

**第五阶段：修正微笑**

虽然认真地进行了训练，但如果笑容还是不那么完美，就要寻找其他部分是否有问题。但如果能自信地敞开笑，就可以把缺点转化为优点。

缺点一：嘴角上升时会歪——两侧的嘴角不能一齐上升的人很多。这时利用木制筷子进行训练很有效。刚开始会比较难，但若反复练习，就会在不知不觉中两边一齐上升，形成老练的微笑。

缺点二：笑时露出牙龈——笑的时候露很多牙龈的人，往往笑的时候没有自信，不是遮嘴，就是腼腆地笑。自然的笑容可以弥补露出牙龈的缺点，但由于本人太在意，所以很难笑出自然亮丽的笑。露出牙龈时，通过嘴唇肌肉的训练弥补弱点。

（1）挑选满意的微笑：以各种形状尽情地试着笑，在其中挑选最满意的笑容，然后确认能看见多少牙龈。大概能看见2毫米以内的牙龈，就很好看。

（2）反复练习满意的微笑：照着镜子，试着笑出前面所选的微笑。在稍微露出牙龈的程度上，反复练习美丽的微笑。

（3）拉上嘴唇：如果希望在大微笑时，不露出很多牙龈，就要给上嘴唇稍微加力，拉下上嘴唇。保持这一状态10秒。

**第六阶段：修饰有魅力的微笑**

经过练习，你就会发现自己可以拥有有魅力的微笑，并能展现那种微笑。伸直背部和胸部，用正确的姿势在镜子前面边敞开笑，边修饰自己的微笑。

你可以通过筷子训练微笑：

（1）用上下两颗门牙轻轻咬住筷子，看看自己的嘴角是否已经高于筷子。

（2）继续咬着筷子，嘴角最大限度地上扬，也可以用双手手指按住嘴角向上推，上扬到最大限度。

（3）保持上一步的状态，拿下筷子。这时的嘴角就是你微笑的基本脸型。能够看到上排8颗牙齿就可以了。

（4）再次轻轻咬住筷子，发出“Yi”的声音，同时嘴角向上向下反复运动，持续30秒。

（5）拿掉筷子，观察自己微笑时的基本表情。双手托住两颊从下向上推，并要发出声音反复数次。

（6）放下双手，同上一个步骤一样数“1、2、3、4”，也要发出声音。重复30秒结束。

## 任务实施

### 一、训练自己的气质

气质是一个人内涵的外在表现，因此与自己的内涵相适应的外在表现尤为重要。气质需要在长期的生活中培养，可以给人以温文尔雅的感觉，我们可以用自己的气质作为无声的语言来表达自己。

人的气质划分为多血质、黏液质、胆汁质、抑郁质四种不同类型。每个人都可以据此判断自己属于哪种气质，如果是不适合职场女性应该具备的气质，那么可以通过长期针对性的训练，对自己的气质进行改进，加强内在修养，培养优雅、大气、自信的气质。

### 二、训练自己的仪态，包括先天的体态和后天的训练

先天的体态决定了一个人仪态的优势与劣势，而仪态训练主要是站姿、坐姿等礼仪方面的练习。身材匀称修长的人在着装方面会有明显的优势，因此职业女性应该时刻注意自己的体态，保持身材的匀称，注意日常生活的营养搭配和健康。上下车时要注意：上车时侧身进入，切不可让头先进，臀部和腿再进，给人爬进去的感觉，而且如果着裙装的话，这样也极易“走光”；下车时也应侧身而下，脚先伸出车门，头部随着伸出去，之后立即站直，动作连贯漂亮。这样的训练可以多模仿电视电影里的镜头，那些淑女名媛的一举一动非常优雅，可见训练是非常必要的。上下楼时要保持背部笔直，不可向前倾太多，像在爬山一样，给人非常沉重的感觉。另外，头要抬高，臀部要收紧，可以把手轻轻放在扶手上，步伐放缓，脚步放轻。如果穿高跟鞋，上下楼梯一定要踩踏实，避免因站立不稳摔倒或给人要摔倒的感觉。由于办公场合的严肃性，在办公室要“站有站样，坐有坐样”，入座时，要从容不迫地坐下，然后双腿并拢双脚齐平。上身挺直，两肩放松，下巴内收，脖子挺直，胸部挺起。侧坐时上体与腿应同时转向一侧。注意两膝不能分开，两脚不能成八字形，切忌在椅子上前俯后仰。如果要适当放松也可以将一条腿跷起来，交叉叠放在另一条腿上，跷“二郎腿”时注意脚尖朝向地面，切忌脚尖朝天。如果此时你穿着很短的裙子，一定要小心盖住自己的腿。

### 三、训练自己的仪容

职场女性既不可素面朝天也不能化妆太浓艳，要极力打造和谐自然之美。这样的妆容会给人亲切感而又不失庄重。妆容、发型都要符合自身情况，如面部肤色应和露出来的颈部肤色保持一致，切忌分“两截”，面部涂很厚的脂粉，颈部却暗黄，这样非但达不到化妆的效果，更容易被怀疑不懂化妆。发型也应适合自己的脸型、年龄等，它会让人的整体感觉发生变化，或精神或萎靡，或高贵或低俗。

## 四、训练自己的耐心与自信心

仪态优雅的女性往往是从容自信而优雅的。从容的女性应该耐心听取他人意见，耐心解答疑问或虚心接受意见。自信的女人是美丽的，自信的女人即使走路都会昂首挺胸、面带微笑，自信会感染他人，也会赢得信任。遇到问题就灰心沮丧，即使再美的仪容都会因此而黯淡。

**温馨贴士**

**职员的体态禁忌**

员工仪态中的某些小细节在很大程度上影响着我们留给客户的印象，下面列举出了体态方面的几种禁忌。

（1）随地吐痰，乱扔烟头及其他废物。

（2）在公共场合，大呼小叫、高声谈笑。

（3）在大庭广众之下，趴在或坐在桌上，躺在沙发上。走路的脚步声太响；有急事的情况下，急不择路、慌里慌张地奔跑。

（4）在公共场合吃零食，并出于友好而非逼着在场的人尝一尝你的食物。

（5）在参加正式活动之前，吃带有强烈刺激性气味的食物，如韭菜、蒜、葱、洋葱等，导致口腔异味引起交往对象的不悦甚至反感。

（6）感冒或其他传染病患者不避讳参加各种公共场合的活动，而将疾病传染给他人。

（7）在公共场合，发出各种异常的声音，如咳嗽、打哈欠、打喷嚏等。

（8）在公共场合，用手抓挠身体的任何部位，剪指甲、梳头发、剔牙等。当众挠头、掏耳朵、揉眼、搓身上的泥垢。

（9）在公开露面时整理衣裤。尤其是出洗手间时，边走边拉拉链、扣扣子、擦手、甩水等做法都是非常失礼的。

如果自己的行动妨碍了别人，应该致歉；得到他人的帮助，应该立即道谢。对他人不要长时间地盯视或品头论足。当他人在进行私人谈话时，不要接近。他人需要自己帮忙时，应尽力而为。如果他人有不幸之事，不可以有不屑、嘲笑、起哄等举动。

# 实训演练

## 一、“扫眼”眼神训练法

眼睛像扫把一样，视线所经过路线上的东西都要全部看清。

慢扫眼：在离眼睛 2～3 米处，放一张画或其他物体。头不动，眼睑抬起，由左向右，做放射状缓缓横扫，再由右向左，四拍一次，进行练习。视线扫过的所有东西尽量一次全部看清。眼球转到两边位置时，眼睛一定要定住。逐渐扩大扫视范围，两边可增加视野 25°，头可随眼走动，但要平视。

快扫眼：要求同慢扫眼，但速度加快。由两拍到位加快至一拍到位。两边定眼。

初练时，眼睛稍有酸痛感。这些都是练习过程中的正常现象，其间可闭目休息两三分钟。眼睛肌肉适应了，这些现象也就消失了。坚持这样做不仅可以使人双目有神，还可以用眼神来表达感情。

注意事项：眼神是心意的表达，要和其他面部表情配合。

## 二、走姿练习

试着将一本书放在头顶上，放稳后再松手。接着把双手放在身体两侧，用前脚慢慢地从基本站立姿势起步走。这样虽有点不自然，但是一种很有效的方法。走路时要摆动大腿关节部位，而不是膝关节，这样才能使步伐轻松快捷。

注意事项：走姿是一个人的基本体态，要和头部姿势配合。

# 02 学习情景二 商务人士社交礼仪

## 开篇语

外贸人员的社交礼仪是对外商务活动中人们交流情感、建立友谊和开展各种活动的桥梁和纽带。见面问候是否合适，介绍礼仪是否规范，递接名片是否得体，电话沟通是否礼貌，馈赠礼物是否合宜，这些在很大程度上都直接影响商务活动的成败。良好的对外商务社交礼仪，不仅能展现个人魅力和树立人格形象，更能帮助外贸人员在商务活动中获得对方的信任和尊重。

了解商务社交礼仪的重要意义和基本礼仪，掌握对外商务社交中的各种规范和技巧，是对外商务人士必备的能力和素质。

## 学习子情景一　见面礼仪

### 知识目标

- 了解见面时的礼仪的基本要求和意义。
- 掌握基本的见面时的礼仪和技能，养成文明礼貌的习惯。

### 能力目标

- 能根据不同交际场合、情景和对象，在交往中恰当地称呼他人。
- 能运用得体的称呼，树立良好的社交形象。

### 情景引例

某外贸公司小宋今年刚参加工作，年轻的她工作劲头十足，待人也很真诚。她对每个同事、前辈都很友善，在公司里总是“王姐”“张哥”等亲热地叫着。某一天，小宋陪同客户经理王经理参加了公司同客户的见面会。其间，小宋也向往常一样称呼王经理为“王姐”，忙前跑后，自认为圆满完成了任务。但会后，王经理严肃地对小宋提出了批评意见，指出她在客户面前表现欠妥，小宋疑惑不解。

在社交场合，称呼会成为体现公司管理文化的窗口。过于生活化的称呼，在正式场合会给对方造成一个不好的印象，即该公司管理松散，不够严谨和规范，进而影响公司的形象。

# 知识准备

## 一、商务称呼礼仪

称呼，主要是指人们在交往过程中对彼此的称谓语，它表示人与人之间的关系，反映一个人的修养和品德。称呼语是交际语言中的先行官，是沟通人际关系的一座桥梁。

一声得体又充满感情的称呼，不仅体现出称谓人的文化和礼仪修养，也会使交往对象感到愉快、亲切，促进双方感情的交融，为以后的深层交往打下良好基础。因此有人把称呼比作交谈前的“敲门砖”，它在一定程度上决定着社会交往的成功与否。

不同的称呼方式反映出不同的关系，我们把商务人士的称呼方式分为国内称呼方式和国际称呼方式。在具体称呼时要注意内外有别。

### （一）国内常用的称呼

**1. 职务性称呼**

职务性称呼以交往对象的职务相称，以示身份有别、敬意有加。它主要有三种：第一种仅称职务，如“董事长”“总经理”等；第二种在职务前加上姓氏，如“王总经理”“张主任”“刘部长”等；第三种在职务前加上姓名（适用于非常正式的场合），如“王××经理”“张××处长”等。

**2. 职称性称呼**

对于具有职称者，尤其是具有高级、中级职称者，在工作中直接以其职称相称，如“张教授”“李高级工程师”（简称李高工）“王主任医师”……

**3. 行业（职业）性称呼**

在工作中，有时可按行业进行称呼。对于从事某些特定行业的人，可直接称呼对方的职业，如“医生同志”“护士小姐”“王老师”“解放军同志”……

**4. 学衔性称呼**

（1）仅称学衔，如“博士”。

（2）学衔前加姓氏，如“刘博士”。

（3）学衔前加姓名，如“刘选博士”。

（4）将学衔具体化，说明其所属学科，并在后面加上姓名，如法学博士刘选。这种称呼最正式。

**5. 姓名性称呼**

在工作岗位上称呼姓名。姓名性称呼一般适用于年龄、职务相仿或同学、好友之间。它有三种情况：① 直呼其名；② 只呼其姓，在姓前加上“老、大、小”等前缀；③ 只称其名，不呼其姓，通常限于同性之间，尤其是上司称呼下级、长辈称呼晚辈，在亲友、同学、邻里之间，也可使用这种称呼。

**6. 泛称呼**

在社交场合，由于不熟悉交往对象的详细情况，或因其他原因，仅以性别区分，对男性一律称为“先生”，对女性一律称为“小姐”“女士”，一般而言，对未婚女性称“小姐”，对已婚女性称“女士”，对年长但不明婚姻状况的女子或职业女性称“女士”。

先生 Mr. 放在姓或者职务之前，一般用于称呼 12 岁以上男士；太太 Mrs. 放在夫姓前，用于称呼已婚女士；小姐 Miss. 放在姓前，用于称呼未婚女士；女士 Ms. 放在姓前，用于称呼无法判断已婚未婚的女士，现在更多的女性朋友喜欢别人用 Ms.来称呼自己，不必涉及个人婚姻状况；独立称呼语，不用带上姓名，比如 Sir, 用于对男性的尊称，相当于汉语的“先生”“阁下”。Madam 或者 Ma' am 用于对女性的尊称，相当于汉语的“女士”。

### （二）外贸活动中常用的称呼

在国际交往中，因为国情、民族、宗教、文化背景的不同，称呼就显得千差万别。在国际商务活动中运用称呼，一是要掌握一般性规律，二是要注意国别差异。

在国际交往中，常见的称呼除“Mr”“Mrs”“Miss”“Ms”外，还有两种方式。一是称呼职务，用职位称呼，绝对要用姓或全名。英美人名通常名在前、姓在后。如果姓名之间有逗号隔开，那么前面的一定是姓，后面的才是名，如 Ms.Garwaho Souad，我们应该称呼 Ms.Souad，而不是 Ms.Garwaho。二是对地位较高的称呼“阁下”。教授、法官、律师、医生、博士等职位，因为在社会中很受尊重，所以可以直接作为称呼。

Mr.可加于职位（the title of office）名词之前，但不宜加于职称（the title of a technical or professional post）名词之前，比如，可以说 Mr.President, 但一般不称 Mr.Professor。称呼教授可以直接用 Professor, 或者带上姓 Professor Harris, 称呼老师不能用 teacher, 因为 teacher 不是称谓语，不能称呼 Teacher Smith, 应称 Mr. Smith。

在英国、美国、加拿大、澳大利亚、新西兰等讲英语的国家，姓名一般由两个部分构成，通常名字在前，姓氏在后。对于关系密切的，不论辈分可以直呼其名而不称姓。而俄罗斯人的姓名有本名、父名和姓氏三个部分。妇女的姓氏婚前使用父姓，婚后使用夫姓，本名和父名通常不变，如“米哈伊尔·谢尔盖耶维奇·戈尔巴乔夫”。日本人的姓名排列和我们一样，不同的是姓名字数较多。日本妇女婚前使用父姓，婚后使用夫姓，本名不变。

### 案例

有一次，一位外贸职员为他的外国客户定做生日蛋糕，并要求写一份贺卡。蛋糕店小姐接到订单后，询问先生说：“先生，请问您的朋友是小姐还是太太？”（How should I address her? Miss.White or Mrs.White?）这位先生也不清楚客户是否结婚了，但想想对方一大把年纪了，应该是太太吧，于是就跟蛋糕店小姐说：“写太太吧”。蛋糕做好后，蛋糕店小姐把蛋糕送到指定的地方，敲开门，只见一位女士开门，蛋糕店小姐有礼貌地询问：“打搅了，请问您是怀特太太吗？”（Excuse me, are you Mrs.White?）女士愣了愣，不高兴地说：“错了！”然后就把门关上了。蛋糕店小姐糊涂了，打电话向订蛋糕的先生再次确认，地址和房间号码都没错，于是再次敲开门，说道：“没错，怀特太太，这正是您的蛋糕！”谁知这时，这位女士大叫道：“告诉你错了，这里只有怀特小姐，没有怀特太太！”“啪”的一声，门重重地关上了。

### （三）商务称呼礼仪的注意事项

要根据交往双方的关系、深度、远近程度等有选择性地称呼。在称呼时要注意民族和区域的界限，根据称呼人的交往习惯来选择称呼；要注意称呼的感情色彩，给不同的交往对象被尊重之感；注意像一些昵称、小名或绰号的称呼仅适用于非正式场合，或者熟人之间，不可在正式或社交场合称呼对方的小名、绰号；注意不要以“喂”“哎”“3号”“那个端盘子的”“卖菜的”“老头”等这样的方式去称呼对方，这样显得很不礼貌，更不能不称呼对方直接进入谈话；使用称呼就高不就低；当被介绍给他人、需与多人同时打招呼时，称呼要注意有序性。

### （四）商务称呼的禁忌

**1. 使用错误的称呼**

使用错误的称呼，主要在于粗心大意、用心不专。常见的错误称呼有以下两种。

（1）误读。误读，一般表现为念错被称呼者的姓名。例如，“仇”“查”“盖”这些姓氏就极易弄错。要避免犯此错误，就一定要做好先期准备，必要时不耻下问，虚心请教。

（2）误会。误会，主要是指对被称呼者的年纪、辈分、婚否及与其他人的关系做出了错误判断。例如，将未婚妇女称为“夫人”，就属于误会。

**2. 使用不当的行业称呼**

学生喜欢互称为“同学”，军人经常互称“战友”，工人可以称为“师傅”，道士、和尚可以称为“出家人”，这无可厚非。但以此去称呼“界外”人士，并不表示亲近，可能对方不会领情，反而产生被贬低的感觉。

**3. 使用庸俗低级的称呼**

在人际交往中，有些称呼在正式场合切勿使用。例如，“兄弟”“朋友”“哥们儿”“姐们儿”“死党”“铁哥们儿”等一类的称呼在正式场合就显得庸俗低级，档次不高。它们听起来令人肉麻不堪，而且带有明显的江湖习气。逢人便称“老板”，也显得不伦不类。

**4. 使用绰号作为称呼**

对于关系一般者，切勿自作主张给对方起绰号，更不能随意以道听途说来的对方的绰号去称呼对方。至于一些对对方具有侮辱性质的绰号，如“北佬”“阿乡”“鬼子”“鬼妹”“拐子”“秃子”“罗锅”“四眼”“肥肥”“傻大个儿”“柴禾妞”“黑哥们”“麻秆儿”等，则更应当免开尊口。另外，还要注意，不要随便拿别人的姓名乱开玩笑。要尊重一个人，必须首先学会去尊重他的姓名。每一个正常人，都极为看重本人的姓名，而不容他人对此进行任何形式的轻贱。对此，在人际交往中，一定要予以牢记。

## 二、商务问候礼仪

### （一）问候的次序

如果同时遇到多人，特别在正式会面的时候，宾主之间的问候要讲究一定的次序。一个人和另外一个人之间的问候，通常是“位低者先问候”。即身份较低者或年轻者首先问候身份较高者或年长者。一个人问候多人时，既可以笼统地加以问候，如说“大家好”；也可以逐个加以问候。当一个人逐一问候许多人时，既可以由“尊”而“卑”、由长而幼地依次而行，也可以由近而远依次而行。

（二）问候的态度

1. 要主动

问候别人的时候，要积极、主动。当别人首先问候自己之后，要立即予以回应，不要不理不睬。

2. 要热情

问候别人的时候，通常要表现得热情、友好。毫无表情或表情冷漠的问候不如不问候。

3. 要自然

问候别人的时候，必须表现得自然而大方。矫揉造作、神态夸张，或者扭扭捏捏，反而会给人留下虚情假意的不好印象。

4. 要专注

问候的时候，要面含笑意，以双目注视对方的两眼，以示口到、眼到、意到，专心致志。不要在问候对方的时候，眼睛已经看到别处，让对方不知所措。

（三）问候的方式

1. 语言问候

常见的问候语有："您好"（Hello），"早安"（Good morning），"晚安"（Good evening），"打搅了"（Excuse me），"好久不见，您近来好吗"（It's been a long time. How are things going with you?），"很高兴认识您"（Nice to meet you.），等等。这些问候语看似简单，却能反映出一个人的教养，它听起来平易近人，令人舒心，能引起双方对交谈的兴趣，也是表达感情的一种方式。

2. 动作问候

如果见面后觉得没有什么话好说，用点头、微笑、招手、握手等动作问候也可以。尤其是在双方关系一般或仅是面熟而已，而且在距离甚远的情况下，微笑点头也算是问候了，女士尤其如此。

（四）问候的内容

1. 直接式

所谓直接式问候，是指直截了当地以问好作为问候的主要内容。它适用于正式的公务交往，尤其是宾主双方初次相见。

2. 间接式

所谓间接式问候，是指以某些约定俗成的问候语，或者在当时条件下可以引起的话题作为问候的主要内容。它主要适用于非正式、熟人之间的交往。例如，"忙什么呢"（What have you been doing?），"您去哪里"（Where are you going?），此类问题只是礼节性地搭讪，千万不可好奇地刨根儿问底儿。

（1）表现礼貌的问候语，如"您好""早上好""节日好""新年好"等。

（2）表现思念之情的问候语，如"好久不见，您近来怎样""多日不见，可把我想坏了"等。

（3）表现对对方关心的问候语，如"最近身体好吗""来这里多长时间啦，还住得惯吗""最近工作进展如何，还顺利吗"等。

（4）表现友好态度的问候语，如"生意好吗""在忙什么呢"等。

（五）西方文化下的问候语

（1）若是问候自己认识但又不经常见面的人，人们常常用：

How are you doing？你好吗？

How is everything going？一切都好吗？

What's new？近来怎么样？

What's up? 近来怎么样？

（2）若是问候自己的熟人，但又有一段时间未见面了，人们常常用：

How are you? 你好吗？

How have you been? 你好吗？

Glad to meet you again.很高兴又见到了你。

Long time no see.好久不见了。

（3）若是问候意外见到的朋友，人们常常用：

What a pleasant surprise! 真没想到在这儿见到你。

Fancy seeing you here. 真没想到会在这儿见到你。

（4）若是经第三者介绍彼此认识，人们常常用：

How do you do? 你好!（较正式）

Hello. 你好!（较随便）

（5）若是跟不认识的人打招呼，想引起他（她）的注意，人们常常用：

Excuse me. 对不起 / 请问 / 劳驾。

Mr. / Madam. 先生 / 小姐。

Sir. / Madam. 先生 / 小姐。

Just a minute, sir / madam. 等一下，先生 / 小姐。

（6）若是问候跟自己关系密切的朋友，人们常常可以不拘礼节，会说：

Hello, old chap. 老朋友，你好！

Hi there, Jim. 吉姆，你好！

Small world, isn't it? 又见面了。

What brings you here today? 今天是什么风把你吹来了。

法国人见面喜欢谈论健康状况；意大利人见面喜欢谈论足球和葡萄酒；英国人见面喜欢谈论天气情况；加拿大人见面喜欢谈论食物，如："What did you have for lunch today?" "What are you going to have for dinner?"。

两个英国人见面的第一句话通常是："It's a fine day today, isn't it?"，另一个人会回答："Yes，it's fine and we don't have many fine days, do we?"。对天气的简短评论成了熟人之间相互致意的客套话。在社交场合，天气就更是谈论的话题了。

在美国说："How do you do?"（你好），回答也是"How do you do?"（你好）。但美国人日常基本不用。

"How are you"（你好吗）是美国人常用的，且是说得最多的！一般回答"Good, thank you""Not bad""I am ok"或"Pretty good"，都是"我很好"的意思，紧接着可以反问别人："How are you？"，如果是熟悉的人，一般问："How's going?" "What's going up?" "What's up?"。

### 案例

有一次，李小姐陪同外贸公司的老总在接待美国的一位客户时，老总为客户介绍自己公司的员工。"这是我们业务部经理 Alan，这是工程师 Lucy……" 介绍到李小姐时就说她是我们会计部的员工，这已经不是李小姐第一次被老总"忽略"了。所以在外贸商务场合，一个合适的英文名字是多么重要！

## 三、商务见面礼节

### （一）东方礼节

#### 1. 鞠躬礼

（1）鞠躬的方式。行鞠躬礼时，应脱帽立正，双目要注视受礼者，然后上身弯腰前倾。一般来说，男士双手放在两侧裤线处，女士双手则应下垂搭放在腹前。

（2）鞠躬的幅度。一般的问候、打招呼，鞠躬的幅度在 15° 左右。迎客、送客等场合，幅度在 30° ~40° ；如遇悔过或谢罪等场合，则 90° 的大鞠躬才能表示出其诚恳之意。鞠躬的幅度越大，所表示的敬重程度就越高。

（3）鞠躬的次数。鞠躬的次数可视具体情况而定，唯有追悼活动才采用三鞠躬；在喜庆场合，一般鞠躬的次数不超过三次。

#### 2. 合十礼

合十礼，又称"合掌礼"，原是印度古国的文化礼仪之一，后为各国佛教徒沿用为日常普通礼节。行礼时，双掌合于胸前，十指并拢，以示虔诚和尊敬。在泰国，行合十礼时，一般是两掌相合，十指伸直，举至胸前，身子略下躬，头微微下低。男行礼人的头要微低，女行礼人除了头微低外，还需要右脚向前跨一步，身体略躬。国王等王室重要成员还礼时，只点头即可。因佛教中不兴握手，所以在我国，一般非佛教徒对僧人施礼，也以行合十礼为宜。

### （二）西方礼节

#### 1. 拥抱礼

（1）拥抱礼的方式。正规的拥抱礼，讲究两人相对站立，各自抬起右臂，将右手搭在对方左肩后面，左臂从对方右肋往背后轻轻环抱，也可以用左手扶住对方的右腰后侧，按各自方位，头部及上身向左侧拥抱对方一次，然后向右，然后再次向左，拥抱三次后礼毕。

美国人不拘礼节，感情奔放，敢于表露感情，常在公众场合热烈拥抱，亲朋好友离别时，更是长时间地搂抱在一起，难分难舍，告别的场面异常感人。拉美人的拥抱如同握手一样普遍。

中东、西欧和非洲有些地区有拥抱肩头或脸颊的习俗。在也门，当晚辈拜见长辈或告别长辈时，须用双手紧紧抱住长辈的双肩，并尽情地亲吻其肩头。在西班牙，男人见面时有拥抱肩头的习俗。喀麦隆、中非和埃塞俄比亚则有拥抱脸颊的习俗。在中非，要抱住对方的脸往自己的右脸颊上贴一下，左脸颊上贴两下。在埃塞俄比亚，亲朋好友见面时，总是互相搂住对方的肩头，让双方的脸颊频频相碰，接触的次数越多说明双方的关系越密切。

但是还应注意到，世界上有些国家和民族，人们在交往中不能拥抱。在印度，亲朋好友见面时绝不拥抱，男女之间甚至连握手也不行。在芬兰，亲友见面，且不说拥抱，甚至靠得太近都不行。日本人不喜欢接触他人身体，故用鞠躬礼作为见面礼。英国人性格内向，羞于在他人面前流露感情，故在社交场合，很少拥抱，即便情侣也很少拥抱。

（2）拥抱礼的注意事项：

① 在我国，除一些仪式场合或少数民族之间外，拥抱礼通常不被采用。

② 礼节性拥抱一般时间很短，久别友人或至亲之间的拥抱在姿势或次数上则不必拘于形式。

③ 拥抱时双方身体不可贴得很近。

④ 西方人在商务往来中一般不行拥抱礼。

⑤ 阿拉伯人一般不行握手礼，同性之间多行拥抱礼。

（3）拥抱的过程。为了便于大家学习，拥抱可总结为：左脚在前，右脚在后，左手在下，右手在上。胸贴胸，手抱背，贴右颊（永远伸出自己的右脸去与对方相贴），才正规。

左脚在前，右脚在后

重心放在左脚

左手在下，右手在上

胸贴胸，手抱背

贴右颊

**2. 亲吻礼**

亲吻，是源于古代的一种常见礼节。人们常用此礼来表达爱情、友情、尊敬或爱护。

据说它产生于婴儿与母亲间的嘴舌相昵，也有人说它产生于史前人类互舔脸部来吃盐的习俗。据文字记载，在公元前，罗马与印度已流行有公开的亲吻礼。有人认为，古罗马人爱嚼香料，行亲吻礼足以传口中芳香。也有人说，古人用亲吻时努唇的形状来表示爱情的心形。还有人考证，法国是世界上第一个公开行亲吻礼的国家。当代，许多国家及地区的上流社会，此礼日盛。

（1）亲吻礼的类型。

① 关系亲近的女士之间：贴面颊。

② 关系亲近的男士之间：多数行抱肩或拥抱礼，也可以行贴面颊礼。

③ 男女朋友或兄妹姐弟之间：吻面颊。

④ 父母子女或长辈晚辈之间：长辈吻晚辈的面颊或额头；晚辈吻长辈的面颊或下颌。

⑤ 男士对尊贵的女士行吻手礼：一般的见面礼往往是相互施礼。但是吻手礼是单向施礼的，施礼对象不以相同形式还礼。男士行至已婚女士面前，女方先伸出手做下垂式，男方才可以行礼。行吻手礼仅限于室内，是男士向已婚女士表示的一种敬意。

⑥ 夫妻之间或恋人之间可以亲吻嘴唇。

（2）其他注意事项：

① 行亲吻礼时，通常忌讳发出声音，而且不应将唾液弄到对方的脸上或手上。

② 行吻面颊的礼仪时，男、女双方均可主动，轻吻右颊表示友谊，轻吻双颊表示双方之间关系比较亲密。

③ 行吻手礼只限于室内，而且吻手礼的受礼者，只能是已婚妇女。手腕及其以上部位，是行礼时的禁区。

④ 吻嘴唇，仅限于夫妻与恋人之间，不宜滥用，不宜当众进行。

### （三）东西方通用礼节

#### 1. 致意礼

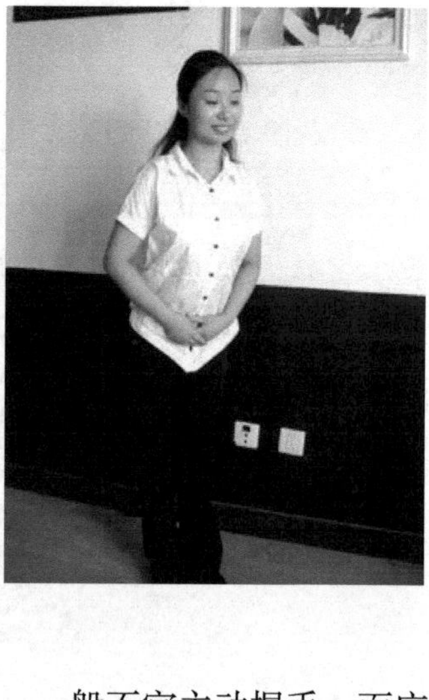

（1）欠身致意。全身或身体的上半部分在目视被致意者的同时，应略微向上、向前倾斜。这是对他人恭敬的一种表现，可以向一个人或几个人同时欠身致意。

（2）微笑致意。微笑可以传播友好，它最好用于与不相识者的初次会面，也可以用在同一场合经常见面的老朋友身上。

（3）举手致意。举手致意，一般是在向他人表示问候时使用。举手致意要伸开手掌，掌心向外，面向对方，指尖向上。当看见熟人又无暇分身的时候，举手致意可以立即消除对方的被冷落感。

（4）点头致意。点头致意是在公共场合用微微点头表示礼貌的一种方式。它适用的场合包括：

① 遇到领导、长辈时。在一些公共场合遇到领导、长辈，一般不宜主动握手，而应采用点头致意的方式。这样既不失礼，又可以避免尴尬。

② 遇到交往不深者。和交往不深的人见面，或者遇到陌生人又不想主动接触，可以通过点头致意的方式，表示友好和礼貌。

③ 不便握手致意时。一些场合不宜握手、寒暄，就应该采用点头致意的方式，如与落座较远的熟人等。

④ 比较随便的场合。一些随便的场合，如在会前、会间的休息室，在上下班的班车上，在办公室的走廊上，不必握手和鞠躬，只要轻轻点头致意就可以了。

⑤ 商务见面的礼节，要视具体情况而定，不能生搬硬套。作为重要的见面礼仪，握手的地位不容忽视。正因如此，本书将单独介绍握手礼仪。

**2. 商务握手**

在商务场合最常用的一种礼节就是握手。所谓握手礼通常是用来表示欢迎、欢送、见面、相会、告辞、祝贺、感谢、慰问、和好、合作时使用的礼节。

（1）握手的方法。

① 向受礼者握手除了关系亲近的人可以长久地把手握在一起外，一般握两三下就行。不要太用力，但漫不经心地用手指尖“蜻蜓点水”式去点一下也是无礼的。

② 一般要将时间控制在三五秒钟以内。如果要表示自己的真诚和热烈，也可较长时间握手，并上下摇晃几下。掌心向下握住对方的手，显示着一个人强烈的支配欲，无声地告诉别人，他此时处于高人一等的地位，应尽量避免这种傲慢无礼的握手方式。相反，掌心向里握手显示出一个人的谦卑和毕恭毕敬。平等而自然的握手姿态是两手的手掌都处于垂直状态，这是一种最普通也最稳妥的握手方式。

③ 当你在握手时，不妨说一些问候的话，语气应直接而且肯定，并在加强重要字眼时，紧握对方的手，来加强对方对你的印象。

（2）握手的方式。

① 平等式握手。右手握住对方的右手，手掌均呈垂直状态，拇指张开，肘关节微屈抬至腰中部，上身微前倾，目视对方。这是礼节性的握手方式，一般适用于初次见面或交往不深的人。

② 手扣手式握手。右手握住对方的右手，左手握住对方的右手的手背，可以让对方感到你的热情真挚、诚实可靠。但是，如果与初次见面的人相握，可能导致相反的效果。

③ 拍肩式握手。右手与对方的右手相握，左手移向对方的肩或肘部。这种握手方式只有在情投意合和感情极为密切的人之间才适用。

（3）握手的姿态。男士之间握手，应握至整个手掌。女士之间握手，应握至食指位。男女之间握手，男士握女士的手指即可。

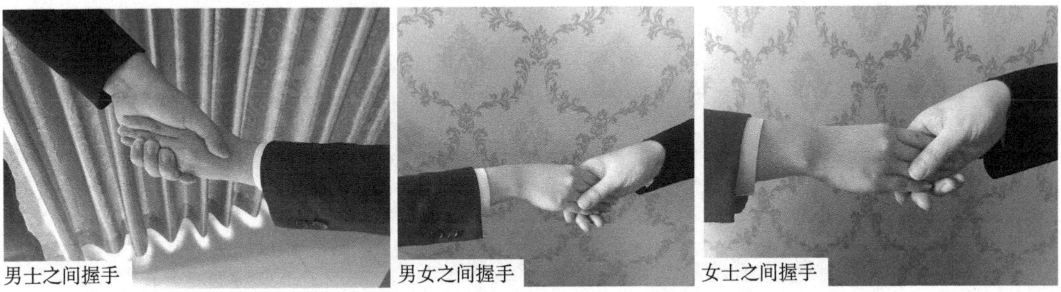

男士之间握手　男女之间握手　女士之间握手

（4）握手的顺序。

① 职位、身份高者与职位、身份低者握手，应由职位、身份高者先伸手。女士与男士握手，应由女士先伸手。已婚者与未婚者握手，应由已婚者先伸手。年长者与年幼者握手，应由年长者先伸手。长辈与晚辈握手，应由长辈先伸手。迎客时主人应先伸手，与到访的客人相握。客人告辞时，客人应先伸出手来与主人相握。

② “三优先原则”：长者优先、女士优先、职位高者优先。

（5）特殊情况的握手。

① 年轻女士与年长男上司的握手。在商务工作场合，年长男上司先伸手；在一般社交场合，年轻女士先伸手。

② 宾主握手关系。迎客，主人先伸手；送客，客人先伸手。

迎客，主人先伸手

送客，客人先伸手

（6）握手的注意事项。

① 应该站着握手，不然两个人都坐着。如果你坐着，有人走来和你握手，你必须站起来。

② 一般情况下，要自然地微笑。当对方心情沉痛时，表情要凝重。

### 案例

在一次外贸接待的任务中，小李因与客户熟识，因而作为主要迎宾人员陪同部门领导前往机场迎接客户。当客户到达后，小李面带微笑热情地走向前，先于部门领导与客户握手致意，表示欢迎。小李旁边的领导已经面露不悦之色。

## 任务实施

### 案例分析

外贸公司业务部李经理因工作关系，要去市工商局。他走了很长一段时间，不知距目的地还有多远，看见一位老者在前方行走，于是跑过去张口就问：“喂，老头，市工商局还有多远啊？”老者抬头望了年轻人一眼，说：“五公里。”年轻人大喜，也不道谢，急往前走，可走了很长一段时间，早就有几个五公里了，还是不见工商局。李经理不禁骂起老者来。

思考与讨论：

（1）李经理的问题出在哪儿？为什么会有这样的问题？

（2）如果是你遇到这种情况，你该如何去做？

### 温馨贴士

**德国人的称呼礼节**

一般，德国人之间很讲究礼貌，尤其在工作场合。约见德国客户见面时说的“您好”在德语中一般视时间不同而有不同的说法：“Guten Morgen”（上午到十二点钟），“Guten Tag”（十二点后到十七点钟，但在巴伐利亚州人们说“Gruess Got”或“Servus”），“Guten Abend”（十七点以后）。熟人之间也常说“Hallo”“Hei”或“Gruess dich”。德国人分别时常说“Auf Wiedersehen”（客户本人说“Ade”），临睡前也可说：“Gute Nacht”。熟人之间也爱说“Tschues”“Tschau”或“Bis bald/spaeter”等。

## 实训演练

### 情景模拟

模拟外贸场合的“称呼”礼仪，然后学生进行自评，教师进行点评。

具体细则如下：一位西装革履的男士进入一家外贸公司，问前台秘书小姐：“这是四方外贸公司吗？”小姐不理，这时，有两个客户走来，秘书小姐说：“李姐，王哥，我们经理正等着你们呢……”

小组讨论：以上情景在称呼上有什么问题？分别由组员担任各角色，上台试演，全班评议。

## 学习子情景二 介绍礼仪

### 知识目标

- 了解介绍的类型、正式介绍的次序。
- 掌握介绍的有声语言与无声语言。

### 能力目标

- 能够在商务场合介绍自己和介绍他人。
- 能够规范得体地进行介绍，塑造良好的个人与企业形象。

### 情景引例

某外贸公司小王今年刚参加工作，年轻的她工作劲头儿十足，待人也很真诚。小王作为接待组成员，在陪同领导与客户见面时，由于与该客户熟识，因此在见面的时候，先为领导热情地介绍了身边的客户。小王自认为自己的接待很顺利，殊不知，她的行为却引起了领导的不满。

在社交场合，介绍的顺序问题绝不是一个可有可无的问题，而是涉及个人修养、组织形象，以及外贸商务活动进度是否顺利的重要问题。

## 知识准备

在社交礼仪中，介绍是一个非常重要的环节。可以说，人际交往始自介绍。换而言之，在跟外人打交道时，把介绍这个程序去掉了，就显得非常唐突。所以“介绍是交际之桥”。人和人打交道，介绍是一座必经的桥梁。另外，介绍意在说明情况，既然是说明情况，那么不管是自我介绍，为别人介绍，还是业务介绍，介绍在人际交往中都是不能缺少的。

### 案例

某贸易公司接待一名客户，经理派办公室的男士A与女士A两位白领在门口迎候来宾。

一辆小轿车驶到，男士B下车。女士A走上前，道：“王总您好!”并呈上自己的名片。又道：“王总，我叫李月，是我们公司的公关部经理，我代表公司欢迎您。”（Mr. Wang, I'm Li Yue, the PR manager of our Gompany. I'd like to welcome you on behalf of our company.）男士B道谢。男士A上前：“王总好！您还记得我吗？”（Hello, Mr. Wang. Do you still remember me?）男士B点头。男士A又道：“那我是谁？”男士B尴尬不堪。所以，在职场中掌握正确的介绍礼仪是非常有必要的。

### 一、介绍的种类

介绍，就是向外人说明情况。介绍一般分为四类：

第一类，自我介绍。即说明个人的情况。

第二类，为他人做介绍。客人之间不认识，而你跟他们认识，你是第三方，由第三方出面为不相识的双方做介绍，说明情况，此即为他人做介绍。

第三类，集体介绍。在大型活动社交场合，需要把某一个单位、某一个集体的情况向其他单位、其他集体或其他人说明，此即集体介绍。

第四类，业务介绍。

在做介绍时，应注意以下几个方面：

第一，介绍的时机。注意这是介绍的“时机”，而不是介绍的“时间”，它包括具体时间、具体地点、具体场合。在有些地方，是不方便做介绍的。例如，你在看电影，边上来了一个熟人，这时候大家看电影需要保持肃静，你在那儿喋喋不休地替不相识的人做引见或介绍，合适吗？你会有碍于他人，这肯定不合适。在拜访客户的时候，最好是先递名片再介绍。交换名片也有个时机的问题，即一见面就应该把名片递过去，并重复下自己的名字。

第二，介绍的主角。介绍的主角，即由谁出面来做介绍。例如，现场就俩人，或一男士一女士，或一老人一孩子，或一长辈一晚辈，那么双方总得有一个主动的人——主角，由主角来主动说明情况。那么，谁应该主动来说明情况呢？这个是很有讲究的，这里要记住一条规则：一般都是由地位低的人首先向地位高的人说明情况。

第三，表达的方式。表达的方式，即介绍的时候需要说什么，以及如何说。该说的不说，不行；不该说的废话连篇，也不行；信口开河似地乱说，尤其不行。

## 二、自我介绍的礼仪

自我介绍，意在向他人说明自己的具体情况。那么，在什么情况下需要做自我介绍呢？第一种情况，你想了解对方。所谓“将欲取之，必先予之”“来而不往非礼也”。第二种情况，你想让别人了解你。这两种是主动型自我介绍。第三种情况，即被动型自我介绍，是指在社交活动中，你应其他人的要求，将自己某些方面的具体情况进行一番自我介绍。

在进行自我介绍时，对以下五大要点必须应用自如：

第一，什么情况下需要做自我介绍。此点前面已经讲过，在此不再重复。

第二，介绍自己时的顺序。一般有地位高低顺序、主客顺序、男女顺序等。

第三，自我介绍需要辅助工具和辅助人员，如名片。

第四，控制自我介绍的时间长度。自我介绍时间要简短，越短越好。一般自我介绍半分钟以内就完全可以结束了。

第五，自我介绍内容的组织。在一般情况下，自我介绍可以分为三种模式：其一，寒暄式。它又叫应酬式，是不得不做自我介绍，但是又不想跟对方深交时所做的自我介绍。其二，公务式。它是在工作之中、在正式场合做的自我介绍。一般而论，公务式自我介绍需要包括四个基本要素，它们是必不可少的，即单位、部门、职务、姓名。其三，社交式。它是在私人交往中，想跟别人交朋友，想了解对方的情况所做的自我介绍。这种社交式自我介绍一般包括自己的姓名、职业、籍贯、爱好。

## 三、为他人做介绍的礼仪

为他人做介绍，又称第三方介绍，即由双方都熟悉的人为对方做介绍。为他人做介绍有以下三大要点需要注意。

第一，谁当介绍人。在社交场合，如果没有介绍人，两方人互不认识，便会产生尴尬。那么，谁当介绍人呢？不同场合、不同情况是不一样的。介绍人一般由以下几类人担当：其一，专业人士。例如，你到公司、企业、机关去，它们的专业人士指的是谁呢？即办公室主任、领导的秘书、前台接待、礼仪小姐、公关人员。他们是专业人士，他们其中的一个职责就是迎来送往。其二，对口人员。对口人员即来访者去找的人员。其三，本单位地位、身份最高者。这是一种特殊情况。例如，来了贵宾的话，一般应该由东道主一方职务最高者出面做介绍，礼仪上把它叫作规格对等。

第二，介绍的时机。遇到下述情况，通常有必要为他人做介绍：

（1）在家中，接待彼此不相识的客人。

（2）在办公地点，接待彼此不相识的来访者。

（3）与家人外出，路遇家人不相识的同事或朋友。

（4）陪同亲友，前去拜会亲友不相识者。

（5）本人的接待对象遇见了其不相识的人士，而对方又跟自己打了招呼。

（6）陪同上司、长者、来宾时，遇见了其不相识者，而对方又跟自己打了招呼。

（7）打算推荐某人加入某一交际圈。

（8）收到为他人做介绍的邀请。

第三，介绍的顺序。在为他人做介绍时，谁先谁后，是一个比较敏感的礼仪问题。根据规范，必须遵守“尊者优先了解情况”的规则。即在为他人做介绍前，先要确定双方地位的尊卑，然后先介绍位卑者，后介绍位尊者。这样，可使位尊者先了解位卑者的情况。具体情况如下：

（1）介绍年长者与年幼者认识时，应先介绍年幼者，后介绍年长者。

（2）介绍长辈与晚辈认识时，应先介绍晚辈，后介绍长辈。

（3）介绍老师与学生认识时，应先介绍学生，后介绍老师。

（4）介绍女士与男士认识时，应先介绍男士，后介绍女士。

（5）介绍已婚者与未婚者认识时，应先介绍未婚者，后介绍已婚者。

（6）介绍同事、朋友与家人认识时，应先介绍家人，后介绍同事、朋友。

（7）介绍来宾与主人认识时，应先介绍主人，后介绍来宾。

（8）介绍社交场合的先至者与后来者认识时，应先介绍后来者，后介绍先至者。

（9）介绍上级与下级认识时，先介绍下级，后介绍上级。

（10）介绍职位、身份高者与职位、身份低者认识时，应先介绍职位、身份低者，后介绍职位、身份高者。

### 四、介绍业务的礼仪

现代的市场经济日趋成熟，外贸业务员在日常工作和交往中往往需要向别人介绍本单位的产品、技术及服务等。在进行业务介绍时，需要注意以下三个要点。

第一，把握时机。对外贸业务员来说，如何抓住有效的时机进行业务推广与介绍非常重要。例如，当公司推出新产品时，对外贸业务员来说这是一次不错的营销机会。首先，询问客户老产品用得怎么样，然后再引出新产品的话题。最好是站在客户立场上去审视他的需求，然后再介绍新产品的性能及优势；另外，还要看这些新产品的优势能否给客户带来更大的利益。最后，介绍价格。因为新产品的价位通常会高一些，怕客户听后会反感。向客户推荐新产品也可以作为跟进客户的一种方法，要想办法体现产品的特色，并结合图片文字，然后再报价。如果有些客人很久没有询盘了，可以用邮件推荐新产品，对客户进行跟进。在一开始跟客户聊天的时候，不一定要单刀直入地介绍新产品，可先跟客户问好，然后聊一下近期情况，当客户问“How is your business？”的时候，这就是个好机会，此时就可以向客户推荐新产品。只要有话题跟客户聊，聊着聊着就能很自然地聊到产品上来，毕竟产品之外的话题是个桥梁。

第二，讲究方式。一般来说，做业务介绍需要注意四点：其一，人无我有。要把业务、产品服务的独特之处跟他人说出来，即人无我有。其二，人有我优。有些产品、服务很多企业都有，但是我们的质量好，技术能保证，后续服务到位。对于优势，一定要尽力宣传。其三，人优我新。现代技术日趋成熟，服务都比较优质。在这样的情况下，要把产品、服务中那些新的方面给介绍出来。即对于新奇之点，一定要把它介绍出来。其四，诚实无欺。企业业务要保证诚实，否则被别人投诉、起诉则会适得其反，这个也是比较重要的。

第三，尊重对手。在进行自己的业务介绍时，千万不要诋毁他人。可以夸自己家业务好，但不可诋毁别人。事实胜于雄辩，同行不能相妒，同行也不是冤家。大家要共同合作，共同发展。任何讲究职业道德的人，都不会在介绍自己业务时诽谤他人。尊重竞争对手，不仅是一种教养，也是做人的一种风度。

**案例**

有一个大学生在生产企业实习，老板让他到外贸公司去推销按摩产品，他到该公司以后，见人就介绍："我是××，××学校毕业，我的特长爱好是××××，我来你们公司推销是因为……"说了很多，东西却没有卖出去，还遭人白眼。他非常纳闷儿，不知道自己什么地方做得不妥。

## 任务实施

### 一、准备工作

以班级学习小组为单位，在研究、讨论的基础上自行设置情景并模拟介绍训练。

### 二、操作过程

模拟外贸场合的"介绍"礼仪，学生进行自评，教师进行点评。将相关评论填写在下表中。

| | 介绍前 | 介绍中 | 介绍后 | 其他 |
|---|---|---|---|---|
| 学生自评 | | | | |
| 教师点评 | | | | |

**温馨贴士**

**自我介绍需要注意和避免的忌讳**

① 不要过分夸张热诚。例如，大力握手或热情拍打对方手背的动作，可能会使对方感到诧异和反感。

② 不要中止别人的谈话而介绍自己，要等待适当的时机。

③ 不要态度轻浮，要尊重对方。无论是谁都希望别人尊重自己，特别是尊重自己的成就，因此在自我介绍时，表情一定要庄重。

④ 如果一个以前曾经向他介绍过自己的人，未记起你的姓名，你不要做出提醒式的询问，最佳的方式是直截了当地再自我介绍一次。

## 实训演练

### 一、判断题

（1）握手是职场中最重要的身体语言之一，也是世界通行的商务礼仪。（ ）

（2）握手时，用力适度，手掌不能有汗，如果手不太干净，则不握手，但是必须解释清楚原因。（ ）

（3）当和多人握手时，应该按顺时针方向握手，这是在社交场合尤其是在宴会桌上的标准化握手方式。（ ）

（4）在男女之间握手时，伸手的先后顺序十分重要，一般情况下应该男方先伸手，这样会彰显自己的绅士风度。（ ）

（5）不可取的握手方式是掌心向上和掌心向下，以及手套式握手。（ ）

（6）一个人与另一个人之间的问候，通常都是身份较高者首先问候身份较低者，以显示地位较高者对下级的关心。（ ）

（7）不要用左手相握，尤其是阿拉伯人、印度人。（ ）

（8）职称性称呼是对于具有职称者，尤其是具有高级、中级职称者，可直接以其职称相称。（ ）

（9）初次见面者，一般握手时间应该控制在 3 秒钟以内，切忌握住异性的手久久不松开。（ ）

（10）为了向对方表示热情友好，应当尽量用力握住对方的手。（ ）

### 二、判断下列需要介绍的场合中，谁应先被介绍，并说明原因

（1）职位、身份高者与职位、身份低者

（2）女士与男士

（3）已婚者与未婚者

（4）年长者与年幼者

（5）长辈与晚辈

（6）社交场合的先至者与后来者

（7）主人接待客人

（8）客人告辞时

## 学习子情景三 名片礼仪

### 知识目标

- 了解名片礼仪的基本要求和意义。
- 能根据不同场合、情景、交往对象，灵活地掌握名片递交的正确方式。

### 能力目标

- 能针对不同场合和情景，灵活地掌握使用名片的时机。

• 能对名片进行科学合理的归类整理，树立良好的社交形象。

## 情景引例

某外贸公司小王今年刚参加工作，年轻的他工作劲头儿十足，待人也很真诚。在最近举行的产品展销会上，客商云集，小王想要拜访当地知名企业集团的李总经理、赵董事长、陈总经理（女士）。他事先准备好了自己的名片，在展销会后的聚会上，小王见到了这几位他久仰的企业家，他应该如何成功地与对方交换名片？在交换名片的时候，他要注意哪些礼节？

## 知识准备

名片是现代人的自我介绍信和社交的联谊卡。日常交往中，一张名片递过去，你姓甚名谁，是何方人士，现居何位，一清二楚，彼此联系也很方便。尤其当一个人的交际圈比较大的时候，名片是不可缺少的交际工具。在外贸商务交往中，一个没有名片的人，将被视为没有社会地位。一个不会使用名片的人，也是没有交际经验的人。

作为外贸职业人，必须要了解并掌握名片礼仪。名片蕴含了一个人各方面的素养。当然，公关人员的名片，不仅代表着个人，还是其所在企业形象的缩影，因此企业越来越考究名片的特色和魅力。名片往往被喻为左右人们第一印象的“颜面”，也常常作为祝贺、答谢、拜访、慰问、赠礼附言、备忘、访客留话等使用。精美的名片使人印象深刻，但如果交换名片的时机把握得不好或方式不当，势必会引起尴尬，甚至会影响他人对你的看法。

### 一、名片的制作

**1. 使用的材料**

一般为卡片纸、再生纸、打印纸。材料保证字迹清楚，不易磨损折叠，内容清晰可辨就可以。注意：不要借题发挥，故弄玄虚，使用一些昂贵的材料（如黄金名片、白金名片、白银名片等），有变相送礼之嫌。

**2. 名片的尺寸**

国内的规格通常为 5.4cm × 9cm。名片太大会放不进名片夹，太小也不合适。注意：不要将名片放在钱夹里面，容易将名片弄脏。

**3. 名片的色彩**

名片的颜色要控制在三种之内，包括标记、图案、公司徽记（CIS 企业形象识别系统）。两种颜色最好：名片纸一种颜色，字一种颜色，顶多加一项徽记。纸张最好选择白色或浅灰色、浅蓝色、浅黄色，即浅色纸张加黑色字迹。

**4. 名片的印制**

名片的印制一般为铅印、打印，不要手写。名片不要印自己的照片，也不要印格言警句。

**5. 图案**

名片上允许出现的图案除纸张自身的纹路外，还可以有企业标志、企业蓝图、企业方位、企业主导产品简介等，但以少为佳。

**6. 文字**

国内宜用汉语简体，外资企业可酌情使用外文，但是切勿在一张名片上采用两种以上的文字，最佳做法是在名片的两面分别采用不同文字印刷相同内容。

**7. 字体**

采用标准清晰的印刷体，尽量不要采用行书、草书、篆书或花体字，更不要亲自手写。

**8. 版式**

版式主要分为横式和竖式，一般认为，中文名片采用横式为佳，易收藏，易辨识。

## 二、递送名片的礼仪

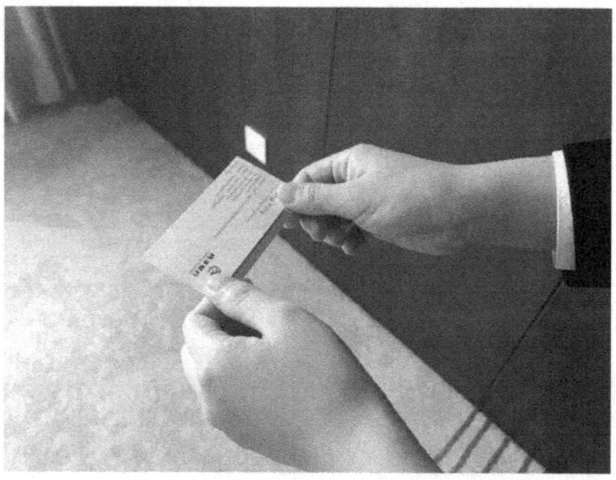

当你把名片递给别人的时候，一般的做法是将你拿的名片中文字最重要的那个部分正对着别人，不要倒着递名片。正规的做法是：第一，拿着它的两个上角；第二，也可以右手拿着上角，但一般不要左手给别人。尤其在对外交往中，左手递送名片在很多国家是不被接受的。因此，把名片递给别人应该用双手或用右手，一般不用左手。同时，把名片给别人的时候应该稍做寒暄，如告诉别人多指教、多联系等。

递送名片还应注意顺序。一般职场中，在递送名片时，一定要讲究递送的顺序。其基本的礼仪规范有三项基本原则：一是由尊到卑原则，即先递送给现场中的位尊者，再依次递送给次一等的位尊者，以此类推（递名片时晚辈应该先给长辈是基本的礼仪，而且地位低的要先递给地位高的，男士先给女士；如果在介绍的场合，被介绍人要先递名片；在去拜访的时候，应该由拜访者先递出名片。不过，如果是对方先拿出来的，也不必谦让，应该大方收下，然后再拿出自己的名片来回报对方）；二是由近及远的原则，即先递送给离自己最近的宾客，然后依次递送给离自己较远的宾客；三是在圆桌周围坐定后递送的顺序应当遵循顺时针方向递送的原则，这从位次排列上来讲是一个比较吉利的方向，中国人一般认为逆时针预示着不吉利，所以特别不愿意逆时针递送名片。

此外，还应注意以下几点：

（1）名片应该放在精致的名片夹中，保持整洁，妥善保管，随身携带，并保证自己带着足够的名片。

（2）名片应该在自我介绍之后递送给对方。在尚未弄清对方身份的情况下，不应急于递送名片，否则有失庄重，还可能会被冒用，给自己造成麻烦。

（3）递名片最好选择人相对少的时候，这样互相之间也可以加深印象。在商业社交活动中尤其要有选择地提供名片，这样才不会使人误会你。

（4）名片被喻为一个人的“颜面”，因此，名片的格式和语言的选择一定要规范。如果准备与外商合作，要充分考虑到对方的国籍及语言，最好在名片的背面，用对方使用的语言；如果是与多个国家的外商合作时，背面就要使用国际化的英文。

（5）要注意名片上不要有两个以上的头衔。可以随身携带多种名片，对不同的交往对象，强调自己不同的身份，使用不同的名片。

（6）在与上司一起出席的场合，务必在上司递完名片之后再递出自己的名片。代表上司出席的时候，必然要递上司的名片，当然，附上自己的名片更好。

递名片要领一：把握时机。

递名片要领二：讲究顺序。

递名片要领三：先打招呼。

递名片要领四：举止谦恭。

正面朝向对方

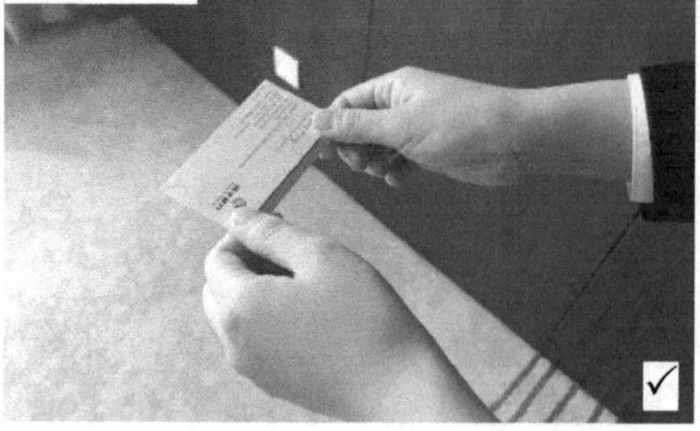

上身前倾 15°，双手持握名片，正面朝向对方

**案例**

2017年4月，新城举行春季商品交易会，各方厂家云集，企业家们济济一堂。华新公司的徐总经理在交易会上听说衡诚集团的崔董事长也来了，想利用这个机会认识这位久仰大名的商界名人。午餐会上他们终于见面了，徐总经理彬彬有礼地走上前去："崔董事长，您好，我是华新公司的总经理，我叫徐刚，这是我的名片。"说着，便从随身携带的公文包里拿出名片，递给了对方。此时的崔董事长显然还沉浸在与他人谈话的情景中，他顺手接过徐刚的名片，说"你好"，便将名片放进了自己包里，继续与旁边的人交谈。徐总经理在一旁站了一会儿，并未见崔董事长有交换名片的意思，失望地走开了……

## 三、接受名片的礼仪

**1. 起身接受名片**

别人递名片时，你要起身接受，并表示谢意。双手接过对方的名片，仔细阅读并研究对方的名片，然后微笑点头。最好将对方的名字和职衔念出来，在之后的谈话中不时提及对方的姓名和职衔，这样会使对方感觉到你的重视，并表示已经记住对方，使其产生满足感。如有不确定的字要及时问，以免过后犯低级错误。切记！不能在对方的名片上做笔记。

**2. 回敬对方名片**

当你拿到对方的名片之后，一定要把自己的名片及时地回敬对方。如果没有带名片，应向对方表示诚恳的歉意，并询问是否可以在另外的便签上留下联系方式，或者过后敬上。如果双方的话题没有结束，不要急于将对方的名片收起来。

**3. 名片的放置**

接受名片后，最忌讳的就是将名片背放桌上。有些人还在之后的谈话中用名片在桌子上敲敲打打，这是很不礼貌的事情，"颜面"怎么可以这么随意被糟蹋呢？而且这很容易让对方觉得你没有素质。也不要随便将名片塞进口袋或丢在包里，应该放在名片夹里，好好保存，以示尊重。

**4. 其他注意事项**

不要同时与对方递或接名片，最好先用双手接过对方的名片，然后再将自己的名片回敬给对方，当然要注意你的手指不能挡住名片上的姓名。接名片时要表现出重视、珍惜。

**案例**

某外贸公司王经理约见了一个重要的客户方经理。见面之后，客户就将名片递上。王经理看完后随手将名片放在桌子上，两人继续谈事。过了一会儿，服务人员将咖啡端上桌，请两位经理慢用。王经理喝了一口，将咖啡放在了名片上，自己没有感觉到，而客户方经理皱了皱眉头，没有说什么。

## 四、索要名片的礼仪

（1）交易法。这是一种很常见的方法。先把自己的名片递给对方，并说："×先生，这是我的名片。"根据礼节上"有来有往"的原则，对方也会回递。

（2）谦恭法。当自己与对方之间的地位有落差时，可以用激将法，但是一定要注意说话的语气，做到委婉、谦虚。例如，可以说："尊敬的×先生，很高兴认识您，不知是否有幸跟您交换一下名片？"出于礼貌，对方一般会递送名片。

（3）联络法。即以保持联络为由向对方索要名片。例如，可以说："认识您很高兴，不知道怎么跟您联系比较方便？"对方明白用意，自然会递送名片。

## 五、收藏名片的礼仪

能够认识一个人的机会不是每每都有的，既然这次有机会拿到名片了，就不要乱放，应该收藏起来，免得用的时候找不到。

（1）现场收藏。把对方的名片拿过来之后，放在自己的名片包里，放在上衣口袋里，或者放在办公室的抽屉里，给别人一个非常妥帖、被重视的感觉。

（2）事后收藏。尤其是商务交往中从事公关营销的人朋友较多，收到他人的名片之后，要及时地整理，按照姓氏、笔画、单位、门类输入电脑，并放到名片包里。特别强调，无论如何不要随便扔掉别人的名片，特别不要放在办公桌上或随便给别人。对方出于对你的重视才把名片给你，名片上对方的各种联络方式都有，把它随便给外人是非常不礼貌的。

### 案例

外贸企业的张经理与孙先生相遇了。由于孙先生的工作有所变动，于是孙先生主动递出了自己的名片，张经理也打开自己的手提包，准备拿出自己的名片与之交换。可是一摸，张经理首先摸出了一张健身卡，再一摸才是一张名片，于是高兴地递给孙先生。孙先生接过低头一看，是别人的名片。张经理尴尬地笑着，继续在包里找着自己的名片……

# 任务实施

## 一、准备工作

以班级学习小组为单位，在研究、讨论的基础上自行设置情景并模拟名片礼仪训练。

## 二、操作过程

模拟外贸场合的"名片"礼仪，学生进行自评，教师进行点评。具体要点填写在下表中。

| | 递名片前 | 递名片中 | 递名片后 | 其他 |
|---|---|---|---|---|
| 学生自评 | | | | |
| 教师点评 | | | | |

**温馨贴士**

### 特殊名片礼仪

在国际业务中，名片不仅是公开场合互相馈赠、了解的信使，还可以是一种很有价值的记录，记录你所遇到的人，同时也是你今后和他们进一步联系的依据。

然而你必须清楚地认识到，在某些文化中，交换名片是有一定特殊礼仪的（这不像在北美，人们往往可以非正式地交换名片）。在日本，交换名片的形式和实质一样重要，交换名片的过程就好像设计好动作的芭蕾舞。以下是在日本交换名片的具体步骤：

（1）用双手的大拇指和食指握住名片。递名片时，正面要面向接受名片的人，同时还要轻微鞠躬，即头微微低下。

（2）接受名片的一方必须点头表示感谢，同时要以同样的方式递出自己的名片，接着要花一些时间仔细阅读名片上的内容。原因是名片就是你的身份：它表明你是谁，是干什么的，以及你为谁工作——名片就是你的外在。

（3）接下来，在适当的时候，在这些小小的仪式中每个人还要手举名片于自己胸前以便对方识别。

（4）尽量不要在名片上做记号或标注。

在中东和许多东南亚国家，递名片时一定要用右手递上，永远不要用左手，即使你是左撇子也不行。在这些地区，左手是用于清理身体卫生的，因此被认为是“不干净”的手。

## 实训演练

### 案例分析

请参见本学习子情景首个案例。

思考与讨论：该案例中有哪些行为不符合介绍礼仪？

## 学习子情景四　电话礼仪

### 知识目标

- 了解电话礼仪在商务活动中的重要性。
- 礼貌地使用电话和客户沟通，符合礼仪要求。
- 掌握电话礼仪的基本要求。
- 掌握电话礼仪的注意事项。

## 能力目标

- 能够礼貌地使用电话与客户进行沟通。
- 能够在通话的各个环节灵活地运用礼仪。
- 能够运用电话礼仪技巧妥善处理争议电话。

## 情景引例

某外贸公司新人业务员小王第一次在电话中与外国客户沟通。客户来自法国，所说的英语有比较浓重的法语口音，并且语速也比较快。小王由于紧张，英语听力能力也有限，听不清楚对方的说话内容，沟通十分吃力。短短几分钟的电话让小王感觉度日如年，尽管他努力地以自己的理解积极回应对方，最终还是因为错误理解了客户的意思，错过了这次的合作机会。

案例中的小王如果能在电话沟通出现障碍时，及时根据自己的理解发封邮件给客户确认，双方的合作就不会因为电话沟通的误会而中断。因此，在外贸交流的过程中，商务人士除具备良好的业务素质之外，掌握一些恰当的电话礼仪技巧也是非常必要的。

## 知识准备

### 一、电话礼仪的重要性

电话是商务人士对外开展社交活动必不可少的沟通工具。据美国《电话综述》（*Telephone Review*），人一生平均有 8 760 小时在打电话。电话是当今社会进行商务沟通时使用的最便捷、最直接的通信手段。对商务人士而言，电话不仅是一种传递信息的工具，也是展示企业或组织形象的手段。在商务交往中，商务人员在与客户进行直接通话时，实际上是在为通话者本人和其所在公司树立通话形象。通话形象由时间、态度、语音、语调、内容和表情等组成，它真实地反映商务人士的个人素质、商务专业水平和所在公司的整体水平。因此，通话行为是否得当，直接影响着公司的形象和利益。

### 二、一般电话礼仪

商务人士在通过电话进行业务沟通的时候，双方的印象完全靠声音和电话礼仪习惯获得。因此，在使用电话交谈时，不能仅仅将对方视为一个“声音”，而应视为一个正在交谈的对象。要想准确地向对方传递信息、传达感情，就必须掌握电话的沟通礼仪和技巧（Etiquettes and Techniques）。

#### （一）打电话礼仪

在对外商务交往中，经常需要外贸人员主动拨打电话来联系新业务或延续已有的业务，因此打电话给对方的情况比较多。商务人员准备拨打电话时，应该注意以下问题。

**1. 选择适宜的通话时间**

商务电话应该公事公办，尽量在上班时间内拨打。双方约定的通话时间轻易不要更改。

公务电话可选择在对方上班后 20 分钟到下班前 30 分钟的时间内拨打，因为刚上班对方需要一段时间预备和整理手头上的业务，而临近下班时间是一天业务的总结和收尾阶段，避开这两个时间段可以提高交流的效率。

（1）不适宜打电话的时间。一般来说，除紧急要事以外，以下时间不适宜打电话：三餐吃饭的时间；早晨 7 点之前；中午午休的时间；晚上 10 点之后。

（2）注意通话所需的时间。普通的电话交谈，一般在 3~5 分钟，简明扼要地把事情说清楚为宜。如果预估通话时间过长，应该首先说出需要解决的问题，并且询问对方是否方便通话。如果对方不方便，应和对方另约一个时间。

（3）拨打海外电话的注意事项。外贸人员向海外拨打电话时，应考虑对方生活的时区和两地的时差。例如，英国与中国的时差为 8 小时（夏令时 7 小时），早上 10 点是中国的正常办公时间，但英国此时正是深夜时分，如果这个时候拨打业务电话，是非常不礼貌的行为。另外还应注意，某些国家有其特殊的文化与生活习惯。在中国，晚上 9 点之前拨打业务电话是比较普遍的事情，但在捷克，国民普遍早睡早起，因此即便是比较紧急、需要在办公之外的时间拨打的电话，也尽量在晚上 8 点之前拨打。

**2. 拨打电话前的准备**

（1）查清号码准确拨号。拨打业务电话前应先提前准备好对方的电话名单，查清号码准确拨号。通话前再次核对对方公司的电话号码、公司名称及接话人姓名。如果不小心拨错了，要勇于承认并且向对方表示歉意。业务员应时刻谨记自身的行为代表公司形象，不可将电话一挂了事，引起对方的不快。相反，要简单而有礼貌地向对方解释一下："不好意思，一定是我拨错号码了。"（Sorry, I am afraid I must have misdialed.）然后向对方说一下你要打的那个电话号码，确保不会再犯同样的错误。

（2）提前构思电话交流的内容。国际社会普遍遵循"通话三分钟原则"，也就是说，通话时应尽量使通话内容精练简短，如无重要议题一般电话沟通时间不超过三分钟。因此，商界人士在拨打电话前，可以提前计划并明确通话要点和询问要点，并且根据对方的情况，准备通话的大概时长。在电话沟通时，就可以利用预先准备的腹稿或文字稿直截了当地进行通话，既避免了通话内容重复啰唆，也可以确保不漏掉通话和询问要点。一般来说，在构思通话内容时，可以借鉴"5W1H"法则，即：When（什么时候），What（什么事情），Who（什么对象），Where（什么地点），Why（为什么），How（怎么说）。电话拨通后，根据交谈对象的特点，尽可能省时省事地说出重点，力求谈话简洁。

另外，虽然对外贸易人士经常与各国人士沟通交流，但不一定对每个国家的语言和口音都非常了解。有些国家的商务人士英语口音比较浓重，新人在初次接触时难免会感到紧张。在拨打电话前，事先了解对方说话的方式和特点，并且将要说的要点事先用清楚明了的语句简单翻译一遍，就可以避免因为紧张和不了解而在通话中与外商"鸡同鸭讲"的状况。

（3）其他准备。通话前除了需要有必要的参考文件和资料，还需要准备在应答中使用的空白便笺纸和一支笔，以便在打电话的过程中随手记录一些重要信息。很多情况下，台历也是需要准备的，因为你可能需要在上面标示具体的日期。

**3. 拨打电话的顺序、用语及注意事项**

（1）拨打电话的顺序。查清号码准确拨号，电话拨通后耐心等待，如无人接听也应等铃响六七声后再挂断。电话接通后，首先应向对方问好，自报公司名称并证实对方的身份。

除非双方非常熟悉或有频繁的商业往来，无论接电话的人是谁（接线员、秘书或你想找的人），都应该立刻说出公司名称和自己的名字。如“Hello, This is Jim Green from Bright Import & Export company.”。即使双方有过数次联系，也应把自己的全名说出来，因为商务人士每天接触很多人，他对你的名字可能并非如你所想的那样熟悉，每次打电话时都用全名也会让对方对你的记忆更深刻。接下来，迅速地解释你打电话的原因，并询问是否有时间进行会谈。如果对方认为时间合适，应预估一下时间并表达目的。例如，“皮特先生，我想跟你具体讨论一下集装箱数量方面的问题，估计要用 5 分钟的时间”（Mr. Pitt, I'd like to discuss with you about the quantity of containers. It may take you 5 minutes.）。如果对方说现在不方便（Sorry. I'm fully occupied today.），你可以询问对方合适的时间并约定商谈时间，比如“That's OK. Can we fix another time at your convenience? How about tomorrow?”。应尽量避免让对方给你回电话——他回电话的时候你可能没有考虑清楚，或者没有准备好完整的材料，这会让你陷入两难的境地。

如果是接线员或秘书接电话，他们经常会这样回答：“你可以稍等一下吗？”（Can you hold the line, please?）如果你的时间比较紧急，可以告诉接话人说你想做个简单的留言（Can I leave a message?），然后留下你的名字、公司名称、打电话的简短理由、你何时会在或何时可以找到你，如“This is Max Wahlberg from Horizon company. I'd like to speak to Mr. White about the contract. He can reach me at 83655733. Would you please ask him to give me a reply as soon as possible?”。

如果你被要求暂时等一下，而等了五分钟还没有人来接听，就可以挂掉电话，稍后再打回去。有时可能会遇到态度不太好的接线员，但你也不要表现出恼火，而应礼貌地说你已经不能再等了，然后挂掉电话，不需要解释理由。

确认是你要找的人接的电话后，应重新问候，并简短陈述想要说的事情，如果是比较复杂的事情应提醒对方做记录。在传达时间、地点、数字时，要注意准确度，说完之后可以总结所说内容的要点，防止电话交流中出现误会。在电话商谈结束的时候，应注意使用如“谢谢”“麻烦您了”“那就拜托您了”等礼貌用语，并等对方放下电话后再轻轻挂掉电话。

（2）拨打电话的语气和选词造句。拨打电话时，应坚持用“您好”开头，“请”“麻烦”“拜托”等穿插，“谢谢”收尾，态度应和蔼，语气诚恳，温文尔雅，展现得体的国际商务礼仪。

请记住电话中给对方的印象完全来自你的语气和选词造句的方式，所以一定要让自己听起来既专业又亲切。建议商务人员在打电话的时候面带微笑，这样会让语气听起来更加明朗乐观和愉悦。并且，可以按照对方的语气营造一种和谐的气氛。如果对方是用公事公办的口吻交谈，你也可以表现得更加严肃专业。如果对方比较随意或健谈，你也可以先进行闲谈，多了解一些对方的兴趣或背景，建立起电话友谊后再进行商务商谈，也会让日后的商务合作更加顺利。

（3）拨打电话的特殊情况处理。通话的过程中，如有人无意闯入，可以用手势示意坐下等候，或者向电话那端的人说声“对不起”后，简短和来人说明情况，如“请稍等，我打完电话和您谈”（Just a moment. I’ll talk to you after the call.）后继续通电话。如果要找的人不在，可对代接电话的人说“谢谢，我过会再打”（Thank you. I’ll call later.）或“如果方便，麻烦您转告××”（Could you please tell him Jason Brown Called?），切不可突然切断电话。如需留言请对方回电，应请对方记下你的电话号码，如“请告诉他回来后给我来个电话，我的电话号码是××”。即使双方是熟人，也要告诉对方回电的号码和合适的时间，免去对方翻查通讯录的麻烦。如果出现线路中断，打电话的一方应负责重拨，接电话的一方可稍候片刻。重拨应越快越好，尽管并非己方的过错，接通后也应先表示歉意，如“对不起，刚才线路出问题了”（Sorry. It’s a bad line）。即使通话即将结束时出现线路中断，也要重拨，继续把话说完。

### （二）接电话礼仪

在对外商务交往中，永远不要低估接听电话的重要性。我们无法预知潜在客户何时打来第一个电话，而商务人士在电话中的态度和行为将形成对方对你所在公司的第一印象。商务人士接听电话时，应该注意以下问题。

**1. 礼貌、及时地接听电话**

接听电话时，声音要永远保持平静，让人愉悦，不管你觉得多么劳累和恼火。请记住，你是在为公司接电话，而不是为你自己。无论何时，尽量做到迅速接听，一般应在电话铃响三遍之前拿起话筒，这是避免让打电话的人产生不良印象的礼貌。电话铃响过三遍之后才做出反应，可能会使对方不愉快或焦急不安。接到外部电话时，应报公司名加全名或部门名加全名，如“Good morning, Horizon company. Mr. Smith’s secretary speaking. Can I help you?”。这样比较节省时间，对方也无须再问“请问是威尔斯贸易公司吗”或“请问是会计部史密斯先生的办公室吗”。如果对方没有马上进入正题，可以主动请教：“请问您找哪位？”（May I ask who is calling?）

**2. 仔细聆听并积极反馈**

作为接听电话者，在通话过程中，要仔细聆听对方的讲话，并及时作答，给对方以积极的反馈。通话听不清楚或不明白时，要马上告诉对方，并仔细核实涉及的交易数额或商定的时间，以免发生误解造成损失。在电话中如接到对方邀请，应热情致谢，如“Thank you for the invitation.”。

**3. 规范地代转电话**

如果对方请你代转电话，应弄明白对方是谁，要找什么人，以便与接电话人联系。如对方要找的人距离较远时，应告知对方“稍等片刻”（Hold on please.）并用手轻捂话筒或按保留按键，然后再轻声呼喊接话人。如果你要起身离座去找接话人，在离开话筒前应告诉对方需要多长时间：“您可以稍等两分钟吗？我去为您找他。”（Would you please hold the line and wait for two minutes? I’ll go and look for him.）注意询问对方时要等待对方给出答案，而不是直接离开话筒。未等到答案就直接沉默或播放录制的音乐都会让对方感到沮丧或恼火，影响公司形象和日后的合作。

如果在预定时间内你没有找到要找的人，应准时回到电话旁边并说明："很抱歉，他不在公司，要不您留下名字和电话号码，我会为您转告。"（Sorry. He is not available. Can I take a message for you?）如果找到了要找的人，转交电话时应先移交听筒，以免断线，然后告诉他是谁的来电和来电原因等事宜，这会让对方节省时间，不必重复刚才所说的话。

如果你因别的原因决定将电话转到别的部门，应客气地告知对方，如"对不起，这件事会由财务处处理，如果您愿意，我帮您转过去好吗？"（The Financial Department can handle your problem. Would you like me to put you through?），再将电话转至处理此事的部门或适当的职员处。

**4. 认真做好电话记录**

如果接电话的人不在，应为其做好电话记录，记录完最好向对方复述一遍，以免遗漏或记错。可以制作一些电话记录卡放在电话旁边，以便更详细地做好电话记录。

| 电话记录卡 | |
|---|---|
| 日期 ________ | 时间 ________ |
| 来电人姓名 ________ | 来电人电话号码 ________ |
| 来电原因________________________________ | |
| 具体留言________________________________ | |

**5. 注意接听电话的顺序和用语**

接听电话时，拿起电话听筒尽量不使用"喂"应答，可用"您好""早上好"等礼貌用语。电话铃响三声以上才接听时，可适当表示歉意，并告知公司名字和自己姓名，如"对不起，让您久等了，我是营销部李明"。（Sorry to have kept you waiting. This is Li Ming from the Marketing Department.）确认对方身份后，耐心听取对方来电用意，并用"是""好的""清楚""明白"等基本用语回应对方，必要时进行记录，不应在电话中长时间保持沉默，让对方感到尴尬。电话里谈及的时间、地点、对象和事由都应和对方再次确认，如果是留言，必须记录下电话时间和来电人姓名。通话结束时，应用礼貌用语结尾，如"他一回来，我就把消息告诉他。"（I'll give him the message as soon as he comes back.），"谢谢"或者"再见"等，并轻轻放下电话。

**6. 设置录音问候语**

商务人士通常公务繁忙，在开会时更是要保持专注不能随意接听电话。因此在办公电话号码上设置一个简洁明了的问候语是一个不错的选择。在录音问候语中，可以将你的全名、公司名称和留言用一句话表达清楚："我是华明贸易公司的李展，请您留下名字和电话号码，我回来时给您回电话。"如果是因公出差一段比较长的时间或是去度假，在离开之前应适当修改问候语。特别是办公室电话，在长期离开的情况下，更应交代清楚，如"我因××，直到 6 月 30 日都不会在办公室，请您过后再打过来吧"（I won't be in the office until

June 30th. Please call later. )。

## 三、手机礼仪

手机的使用在现代商业社会越来越广泛，它可以给我们带来很大的便利，然而这种优点恰恰有可能成为它的缺陷，如果使用不恰当，手机可能会对商务关系造成损害。因此，商务人士应该掌握使用手机的正确方式和礼仪。在日常交往中，商务人士可以从以下几个方面掌握使用手机的礼仪规范。

**1. 放置到位**

商务人士在使用手机时，应将其放在合乎礼仪的位置。一般来说，尽量将手机放置在皮包中或外套口袋内。在商务用餐的过程中切忌将手机摆放在餐桌上，在餐桌上接打电话或查询短信均是不礼貌或考虑不周的行为。

**2. 注意安全**

使用手机时切勿对有关的安全事项马虎大意。按照常规，驾驶车辆、乘坐飞机或在加油站、医院停留时都不应使用手机。在驾车时使用手机，不仅是不遵守礼仪的表现，还有安全隐患，因为这不仅分散驾驶人的注意力，还会威胁道路安全。世界上大多数国家都明令禁止在机动车内手持电话通话，用免提功能或蓝牙外放可以降低驾车时使用手机的危险，但最好的做法还是先将车辆停在路边再进行通话。另外，在走路时使用手机也要注意安全第一，留意周围的环境，尤其是在穿越十字路口或行走在车辆拥挤的道路上时。

平常在使用手机时，为了安全起见，尽量不用手机传递重要的信息，如商业机密或秘密文件，以防他人通过非法软件窃取机密情报，损害公司的利益。

**3. 注意礼貌**

在公众场合接拨电话应该注意音量。大部分人在打电话的时候声音要比平时大，当你在使用手机时，应该尽量注意讲话声音不要太大，以免影响旁边的人。另外，如果打电话的时候有旁人，最好不要说关于个人的事情或讨论商务细节，你可以这样做：告诉电话里的人你待会儿会打回去，然后再找一个私密的空间继续交流。在公众场合，如果手机的声音会打扰到其他人的话，应该将手机调至静音或震动模式。例如，在参加会议、观看演出或看电影的时候，突然传出手机的响声是非常不礼貌的行为。如果确实需要接听重要电话，可以起身前往休息室或外面空旷的地方接电话，而不应该在密闭空间里强行接听。尽管你自认为把声音压得很低，仍会打扰到身边的人并给人留下一个坏印象。

**4. 手机彩铃与铃声**

跟随时代的变迁，手机除了是沟通交流的工具，也成为现代年轻人展现自我的方式之一。很多年轻人在使用手机时，喜欢使用标新立异的彩铃或铃声来凸显个性。比起老式单调沉闷的铃声，新式的彩铃或铃声的确富有创意、吸人眼球，但是在商务场合中，仍应以沉稳内敛的基调为主，尽量不使用怪异、搞笑或会引发争议的彩铃或铃声，以免因为彩铃或铃声格调低下而给生意伙伴留下不好的印象。

**5. 收发短信礼仪**

在对方不方便接听电话或需要传递细节信息的时候，我们经常会使用手机短信来进行沟通。在商务交流过程中发送手机短信，需要注意尽量用简单明了的语言把内容表达清楚，写完短信后要着重检查文法和错别字。在传递合同细节等重要信息时，应特别注意检查数字、货币符号、度量衡和贸易术语等内容是否正确，尽量避免因为小纰漏引发交易双方的误会，带来生意上的损失。在接收短信时，应注意及时回复。公务繁忙来不及回复时，可以礼貌性回复一句如“收到，谢谢”（Thank you for your message. I've received it.），或者“我现在在开会，稍后回复您”（I'm engaged in a meeting. Return your message later.）。对于已阅读的短信，手机系统不会提示“未读”，我们可以利用智能手机的星标功能，将未回复的短信进行标记或放入收藏夹，方便在完成工作后逐一进行回复，避免因为忘记回复短信而耽误大事。

## 任务实施

### 一、电话沟通能力测试

电话沟通能力关系到人际关系的构建。下面给出了 15 个有关打电话的情景，结合你的具体情况，同意的打“√”，不同意的打“×”。

（1）一边打电话，一边吃零食。（　　）
（2）遇到需要记录的时候，才手忙脚乱地找纸和笔。（　　）
（3）电话铃响六七遍才拿起电话。（　　）
（4）在电话交流中语无伦次，一下说东一下说西。（　　）
（5）接到投诉电话时，态度冷淡或千方百计为己方辩解。（　　）
（6）在电话交流中一口气不停顿说完要点，不给对方插话的空隙。（　　）
（7）在和客户吃饭时不停地看手机、接电话。（　　）
（8）拿着电话大声向远处喊话：“小明，电话！”（　　）
（9）接到打错的电话时发脾气大力挂断电话。（　　）
（10）电话受到噪音干扰时大声呼喊：“喂！喂！喂！”并直接挂断电话。（　　）
（11）答应帮对方传达信息但未留下对方的姓名和联系电话。（　　）
（12）让对方稍等，然后挂断电话。（　　）
（13）接听不是自己的电话时，推诿说“他不在”或“这件事不归我管”。（　　）
（14）不说一句就放下正在商谈的话题，接另一部响起的电话。（　　）
（15）借用别家公司的电话，闲聊超过半小时。（　　）

以上 15 个情景选项全部应该打“×”，如果你选择打“√”的较多，说明你的电话沟通能力有待加强，还要努力学习电话礼仪知识以进一步提升与改进。

### 二、案例分析

外贸公司的职员小张因为跟客户会谈离开了办公室，一位客户打进了小张的专用分机，同办公室的小明替小张接听了办公室的电话。小明拿起电话就问：“喂，你是谁，你找谁，找他什么事？”对方没有回答，只是交代说如果小张回来了让他尽快回复电话，就匆匆挂断了电话。

思考与讨论：

（1）小明的电话语言是否规范？

（2）与客户进行电话沟通时，怎样的态度和措辞会让客户感觉受到尊敬？

（3）如果是你，你会怎么做？

### 温馨贴士

**一、接到客户索赔电话的处理方法**

工作中，难免会接到客户的索赔电话。客户此时可能暴跳如雷，语气比较生硬。作为被索赔方的你，如果以同样的态度相待或强行辩解，很可能会火上浇油，使双方的矛盾升级。合适的做法是先耐心地让客户说完他的不满并发泄出怒气，等客户平静下来再慢慢沟通。在沟通的过程中，可以先肯定客户话中的合理部分，仔细研究对方发火的原因，态度诚恳并对症下药才能够赢得客户的谅解。在通话结束时，还应感谢客户对己方工作不周到之处提出的意见和建议，如"谢谢您的来电，对于我们疏忽大意所犯的错误，我们深表歉意，请接受我们真诚的道歉，我们保证以后不会再发生这种情况。"（Thank you for calling, We are terribly sorry for this careless mistake, Please accept our sincere apology, We promise this won't happen again.）

**二、与客人面对面交流时，电话突然响起的处理方法**

如果在与客户面对面交流时，办公室的电话突然响了，身边没有其他人可以接听电话的时候，也不应放任不管让电话响个不停。应先向客人打招呼，再去接电话，但顾及到身边的客户，可以告诉来电对方"我在与客人交谈，一会儿再给您回电话"（I have a client with me right now. I'll return your call later.）。如果在电话中长时间攀谈，会让身边的客户感到不受尊重，影响双方感情。

**三、代接电话和记下电话记录的处理方法**

第一，代接电话是同事间的礼尚往来。每个人在工作过程中，都会遇到需要别人帮忙代接电话的情况。作为礼尚往来，我们也要为不在办公室的同事代接电话。不能让电话响个不停，而我们却视而不见。

第二，代接电话要尊重双方的隐私。帮别人代接电话时，要尊重代接电话人的隐私，不能随便透露给不熟悉的陌生人，对打入电话的人，也不要过多地询问对方的情况，要尊重电话联系人双方的隐私。

第三，代接电话语言要简洁。代接电话除了特殊紧急情况，说话要简洁明了，不要过多询问对方的情况，最好告知对方要找的人不在，过一会儿再打或通过别的方式联系。

第四，代接电话内容要记录准确。代接电话如果有需要转达的信息，一定要牢记清楚，最好用笔记录清楚，避免转达信息时，出现不准确或错误的问题。

第五，代接电话内容要传达及时。当电话主人回到办公室的时候，要及时把代接电话的内容传达给电话的主人，确保不会因未接到来电而影响电话主人的工作或学习。

### 小知识：接听电话和做电话记录的步骤

| 顺 序 | 步 骤 |
|---|---|
| 接听电话前 | 1. 在电话机旁准备好记录用的纸和笔 |
| | 2. 铃响三声接起电话 |
| 接听电话时 | 3. 告知对方公司名称和自己的姓名 |
| | 4. 确认对方的姓名 |
| | 5. 仔细听取对方的来电意图，必要时进行记录 |
| | 6. 确认对方的来电意图（包括对象、事由、时间、地点） |
| | 7. 结束语 |
| 接听电话后 | 8. 轻轻地放下话筒 |
| | 9. 整理电话记录卡，检查来电人、来电时间、来电号码、留言内容及记录人姓名 |

## 实训演练

### 电话沟通训练

训练方法：4 人为一组，每组自由组合，自选以下商务沟通情景，模拟与客户进行电话沟通。运用书中的电话沟通知识和方法，掌握特殊电话的应对技巧，赢得客户的好感与信任。

（1）假如你是外贸公司的业务员，突然接到客户的索赔电话。客户的情绪比较激动，满腹牢骚，你应该如何处理？

（2）假如此时你正在办公室与客人商谈合同关键细节，此时电话铃响了，你会怎么做？

（3）假如你接听了一个找你同事小明的电话，但小明恰巧不在，对方希望小明在今晚 8 点前回拨电话，有关于信用证的问题要商谈，你应该留下怎样的信息？

# 学习子情景五 位次礼仪

### 知识目标

- 了解位次礼仪在商务活动中的重要性。
- 掌握商务行进位次的基本规则。
- 掌握商务乘车位次的基本规则。
- 掌握商务会客位次的基本规则。
- 掌握商务谈判位次的基本规则。

### 能力目标

- 能够运用位次礼仪的基本要求和排列规则，引导宾客行进参观。

- 能够运用位次礼仪的基本要求和排列规则，引导宾客乘坐汽车。
- 能够运用位次礼仪的基本要求和排列规则，与宾客进行商务会谈。
- 能够运用位次礼仪的基本要求和排列规则，与宾客进行商务谈判。

## 情景引例

小明是某外贸公司的业务员，平时主要负责办公室业务。他学习能力强，业务水平高，很受领导器重。有一天，美国的客户要来工厂参观，领导安排他随同接待。在机场接到客户后，小明凭借流利的英语很快和客户拉近了关系，领导看在心里十分满意。三人一同走出机场，小明觉得应该在领导面前尽量表现自己，于是拉着客户走在前面不停地向其介绍现在公司的发展。来到迎接的轿车前，小明将领导安排在司机旁边的座位，自己和客户则坐在轿车的后座继续攀谈。车子驶出机场，小明也跟美国的客户聊得越来越起劲，他偷偷瞄了眼反光镜，以为会收获领导肯定的目光，谁知领导的脸色越来越黑，似乎对自己很不满意。

在商务交流的场合中，掌握一些基本的位次礼仪知识是非常重要的。小明在此次接待工作中，让领导感觉不愉快就是因为没有掌握位次礼仪的基本规则。小明尽管学习能力强，业务水平高，但是缺乏正确的位次礼仪观念，在商务接待中只照顾到客户的感受而忽略了对自己领导的尊重，因此出现了不该有的失误。

## 知识准备

### 一、位次礼仪的重要性

位次，是指人们在人际交往中彼此所处的具体位置的尊卑顺序。位次的安排有社会实践性，是一种广为接受的约定俗成。在外交实践中，位次也称礼宾次序，如果安排不当可能会发生争执，甚至影响国家间关系。在日常商务活动中，位次的排序也备受关注。行进、坐车、会谈、谈判都有相应的礼仪规则。主位在什么位置，谁应该坐主位等商务人员每天要面对的问题，都与位次礼仪息息相关。位次礼仪，不仅关乎形式上的先后问题，还是各自的身份、职位、地位的体现，既反映了商务人员的素质也反映了相互之间的尊重和重视程度。在商务交流的各个环节中，我们都应以正确的位次排列对待客户，体现宾客至上的态度，从而树立良好的个人与企业形象，加强双方的合作。

### 二、行进时的位次礼仪

#### （一）平地行进

在商务交往中，陪同客人行进是首要应掌握的位次礼仪。平地行进的位次礼仪主要包括以下几个方面。

**1. 单行行进**

在单行行进的时候，即一前一后纵向行进时，一般前方高于后方，“前为尊、后为次”。在这种情况下，应让宾客走在前面，自己跟随在后面。

**2. 并行行进**

并行行进的情况下，即成一横排行进时，一般是内侧高于外侧，中央为尊、两侧为次。如与两人以上的客人并排行进，通常应让身份最尊贵的客人站在横排队伍的最中间。两人并行时，国际惯例是以右为贵，而中国传统礼仪则是以左为贵。因此在接待外宾时，可以让其走在你的右边；在接待比较传统或年老的国内宾客时则可以遵照中式礼仪传统，让他走在你的左边。

在平地行进的过程中，除了要掌握位次礼仪，还应注意与宾客留出一定的社交距离，避免与对方发生肢体接触。在步行的过程中，还应注意对方的步速，应以对方的速度调整快慢。

### （二）楼梯行进

在上下楼梯时，因为楼道狭窄，应尽量单行行进，靠右行走，避免阻塞交通。从安全的角度考虑，在引导客人时以前方为上，上楼梯时应让客人先走，引导员跟随其后配合客人的步伐；下楼梯时应让客人走在后面，引导员走在客人的前方，边注意路况和动静边引导下楼梯。但要注意的是，如果客人是一位身着短裙的女士，陪同人员则应走在女士的前面，避免让客人因为有走光的可能性而感到不安和尴尬。

### （三）进出升降式电梯

**1. 无人值守的电梯**

国内的大部分电梯都无人值守，进出无人控制的电梯时，一般应请客人后进、先出，自己则先进、后出。进入电梯时，当电梯门打开，陪同人员应先一步走进电梯，一只手控制电梯开关另一只手挡在电梯开合处或做邀请姿势，等客人完全进入电梯并站好位置后，操作电梯开关关闭电梯门。出电梯时，陪同人员应一手控制电梯开关另一只手挡在电梯开合处或做邀请姿势，请客人先出电梯，自己紧随其后。

**2. 有人值守的电梯**

在某些国家，有人值守的电梯比较常见，如日本的大型商场或高级酒店内一般都有专人控制电梯。在这种情况下，无论出入都可以让客人先行，自己紧随其后。

除了进出电梯，在电梯的封闭空间内也有固定的位次礼仪。一般来说，站在电梯开关前控制电梯的是陪同人员，其位置相当于电梯中的“司机”。尊贵的客人一般站在面对电梯门的中央位置，其他人员站在其身后，通常的做法是“中央为尊，两侧为次”“前为尊，后为次”。

## 三、乘车时的位次礼仪

在商务交往中，乘车位次礼仪是非常重要的。在正式的商务场合，不恰当的位次安排会严重地影响正常的商务交往。

乘坐轿车时，一般情况下由客人先上车、后下车；随同人员后上车、先下车，方便照顾客人和开关车门。我国的轿车是靠右侧行驶的，根据国际惯例，车上的座次一般是右侧为尊，左侧为次；后排为尊，前排为次。

除了尊卑问题，乘车位次还从安全的角度考虑。双排座轿车的前排副驾驶一般是秘书、翻译、警卫、陪同人员的专座，又被称为“随员座”。但在领导或主人亲自开车的情况下，这个位置则是“主宾座”，表示平起平坐。司机后面的座位，隐蔽性最好，通常是全车最安全的位置，在接待高级领导、将领或重要人物时，为了保护贵客的安全，一般将其安排在这个位置。而司机对角线位置的座位，是次安全的位置，也方便客人上下车，所以在一般的商务接待中也被认定为尊位。

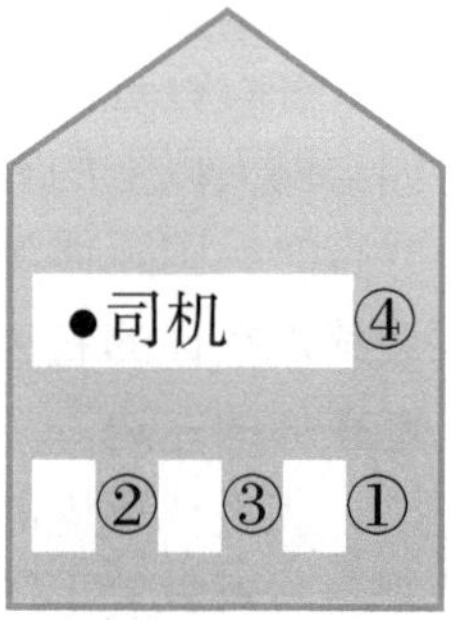


在普通的商务接待中，以双排五座小轿车为例，可以将乘车位次的安排分为以下两种情况。

（1）当专职司机驾驶时。专职司机开车时，双排五座小轿车除司机外的人员位次依次为：①后排右座；②后排左座；③后排中座；④副驾驶座。

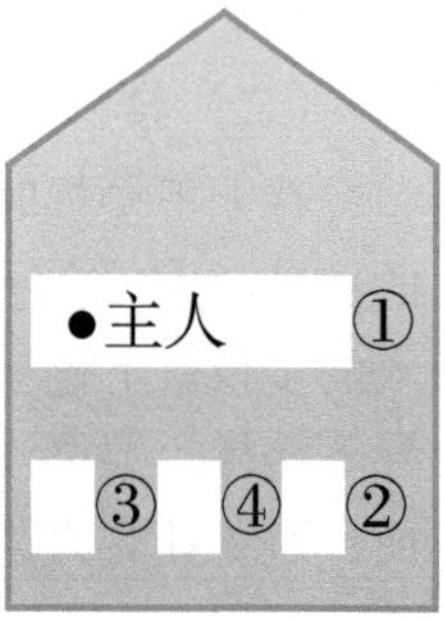


（2）当主人驾驶时。主人亲自驾驶车辆时，为表示平起平坐和对主人的尊重，轿车上的位次依次为：①副驾驶座；②后排右座；③后排左座；④后排中座。

## 四、会客时的位次礼仪

会见客人时，应当恭请来宾于尊位就座。在国内会议及公务场合，座位讲究中式传统的座法，即“以左为尊”；而一般商务场合和国际交往中，商务礼仪遵守国际惯例，即“以右为尊”。因此，商务会客时的位次安排，分为以下三种。

### 1. 宾主双方并排而坐时

会客时，如果宾主并列而坐，显示相互关系密切或暗示双方地位相仿可以“平起平坐”。第一种情况是，双方并排面门而坐，此时应以“居中为上、以右为尊”，主宾坐面门位置的中间右侧的尊位，主人坐面门位置的中间左侧的侧位。双方的其他人员按身份高低依次分别在主人或主宾的一侧就座。第二种情况是，双方一同在室内的一侧就座，此时应以“远为上”，客人坐在距离门较远的尊位，主人坐在距离门较近的侧位。

### 2. 宾主双方相对而坐时

会客时，宾主双方相对而坐的方式多用于公务性会客，双方距离较远，显得公事公办。第一种情况是，一方面对正门，一方背对正门，此时应以“面门为上”，客人坐面对门一边的尊位，主人则坐在背对门一边的侧位。第二种情况是，宾客双方分别就座于室内两侧，一方在左，一方在右，按照一般商务场合及国际交往惯例，此时应以“右为上”，客人坐在进门后右侧的尊位，主人则坐在进门后左侧的侧位。

### 3. 难以排列位次时

多方会客的情况下，客人较多或彼此相互熟悉，往往难以分清尊卑先后。若难以排列位次，可自由择座。

## 五、签字仪式时的位次礼仪

签字仪式，是指订立合同、协议的各方在合同、协议正式签署时所举行的仪式。签字仪式不仅是有关各方对自己履行合同的一种正式承诺，也是对商务会谈成果的公开表达。因此，签字仪式应尽量庄重、严肃，严格遵守礼仪规范的要求。在签字仪式的位次安排方面，根据签字各方的数量，一般有以下两种基本形式。

### 1. 双边签字仪式

在双边签字仪式中一般采用并列式的位次安排方式。并列式的座位安排：签字桌在室内面门横放，签字双方居中面门而坐。在商务场合或国际交往中，应请客方签字人在签字桌的右侧就座，主方签字人就座在签字桌的左侧。双方各自的助签人分别站立于己方签字人的外侧，以便随时对己方签字人提供帮助。双方出席仪式的其他人员，可以按照一定的顺序在己方签字人的正对面就座，也可依照职位高低依次自左向右（客方）或自右向左（主方）呈一条直线站立在签字者身后。人数较多时可并排排列，并依照“前排高于后排，中间高于两边”的排列顺序，即地位高的人站前排，地位低的人站后排；地位高的人站中间，地位低的人站两边。原则上，双方的随员人数应大体相当。

### 2. 多边签字仪式

多边签字仪式多采用主席式的位次安排方式。主席式的座位安排：签字桌横放在室内，签字椅面门而放。一般仅设一个签字椅并不固定其就座者。各方签字人应以事先约定的先后顺序，依次走上签字席就座签字，签字完成应立即返回原处就座，以方便下一位签字人举行签字仪式。助签人随之一同行动，按照“左低右高”的商务礼仪原则，助签时助签人应站立于签字人的左侧。有关各方的随员应按照一定的顺序，面对签字桌就座或站立。

## 任务实施

### 案例分析

外贸公司的职员小张代表领导到高铁站迎接来自上海的司康公司考察团一行3人。双方热情介绍后，小张安排刘团长坐在小轿车后排右边的座位，可刘团长希望坐司机旁边的副驾驶位置。小张打断刘团长的话，并称副驾驶的位置是随员座，只有秘书、保镖可以坐，刘团长不应该坐在这个位置上。为了尽快到达酒店，刘团长最后同意坐在后排右座。小张感到很困惑，自己是按照礼仪书上的规则来安排座位，为什么刘团长看起来似乎不太高兴?

思考与讨论：

（1）刘团长为什么看起来不太高兴?

（2）小张有错吗？错在哪儿?

（3）小张应该如何改进?

**温馨贴士**

### 签字仪式的基本程序

签字仪式虽然简短但隆重而热烈，礼仪规范也相对严格。一般而言，签字仪式的正式程序分为以下四项。

**1. 仪式开始**

双方参加签字仪式的人员进入签字厅。双方签字人就座，客右主左。双方助签人员分别站立于签字人员的外侧，其他人员按顺序分别站立于主客签字人身后。签字仪式正式开始。

**2. 签署文本**

签字人正式签署合同文本，助签人员协助其翻揭文本及指明签字处。首先签署己方保存的合同文本，接着签署他方保存的合同文本。

**3. 交换文本**

签字人正式交换经有关各方正式签署的合同文本。同时，各方签字人员互相握手祝贺，并且交换双方刚才签字使用的签字笔以作纪念。

**4. 庆祝留影**

签字双方拍照留念并共饮香槟酒相互道贺。离场时，由双方最高职务者先行退场，客方和主方再依次退场。在一般情况下，签署的合同或协议应提交相关的公证机构进行公证，才能正式生效。

**小知识：签字仪式上的"轮换制"**

商务礼仪规定：每个签字人在签署由己方保管的合同文本时，按惯例应当名列首位。这是为了使有关的各方在签字仪式上都有机会居于首位一次，体现了签约仪式机会均等、各方平等的原则。因此，每个签字人均应先签署己方保存的合同文本，再交由他方签字人签字。这样的做法在礼仪上称为"轮换制"。

## 实训演练

### 一、签字仪式准备方案

任务：假设你所在的公司即将与来自美国的麦克公司签署合同，举行签字仪式。出席签字仪式的有双方公司的总经理及其他相关人员共 30 人。为此，经理让你草拟一份签字仪式的准备方案。

问题：

（1）你应该如何布置签字室？

（2）请草拟一份签字仪式的位次图。

## 二、接待技能训练

训练方法：8 人为一组，每组自由组合，一部分学生扮演来访客户，一部分学生扮演本企业人员。自选以下商务情景，模拟对客户进行接待，从而熟悉商务交往中有关位次的礼节，并且能够正确运用礼仪规范。

训练步骤：①教师介绍此次实训活动的内容和模拟情景；②学生分组并确定小组负责人；③确定模拟活动的情景和角色；④情景演练和课堂展示；⑤小组互评和老师点评讲解。

商务场景：

（1）与客人一同搭乘电梯。

（2）与客人一同走楼梯，并引导其进入会议室就座。

（3）公司派车为客人送机，身为秘书的你负责安排座次和上下轿车的先后顺序（两排五人座小轿车）。

# 学习子情景六　馈赠礼仪

### 知识目标

- 了解馈赠礼仪在商务活动中的重要性。
- 了解商务馈赠的六要素。
- 掌握商务馈赠的技巧。

### 能力目标

- 能够运用商务馈赠的六要素挑选合适的礼品。
- 能够在外贸实践活动中得体地馈赠礼物。
- 能够在外贸实践活动中有礼貌地接收礼物。

### 情景引例

国内某大酒店接待来华的意大利客人，为了表示友好，专门订购了一批纯丝手帕，装在精致的礼盒内，盒上还印有酒店的 Logo。原本设想外国友人应该对中国的丝绸制品感兴趣，没料到接待人员把礼品送到客人手中时，客人显出很不高兴的样子。接待人员慌了，好心好意送人家礼物不但得不到感谢，还出现这般景象。

在人际交往中，人们通过送礼的方式表达感谢和祝福，也希望借此建立相互间友好的合作关系。送礼本是好意，旨在提升双方的信任和好感，但一份不恰当的礼物可能会导致对方不快，甚至引起一场风波。馈赠礼物是大学问，具体送什么礼物，什么时候送，怎么送都大有讲究。因此，商务人士应该掌握馈赠的有关礼仪规范。

## 知识准备

### 一、馈赠礼仪的重要性

馈赠，是人们通过赠送给交往对象礼物来表达对对方的尊重、敬意、友谊、感谢、祝贺、纪念、慰问或哀悼等情感的一种交际行为。馈赠是商务人士交往的重要手段之一，通过合适的礼品作为媒介，能够强化相互间的印象，充分表达各自对发展双方关系的愿望，使交往双方建立良好的沟通渠道和情感联系。送礼代表着一种心意，恰到好处的礼物可以传达内心的美好情意和尊重，如果不清楚对方的喜好和禁忌盲目送礼，不但有悖于送礼的初衷，还有可能弄巧成拙。例如，将高级云腿赠送给回族人，将古董老爷钟送给中国人做贺礼等行为，虽然花费了大量的金钱，却引起对方的反感。因此为了建立良好的商务关系、拓展业务范围，商务人士必须掌握馈赠的有关礼仪规范。

### 二、一般馈赠礼仪

馈赠礼品时要考虑许多方面的因素，总结起来可归为以下六种：馈赠对象（Who）、馈赠目的（Why）、馈赠内容（What）、馈赠时机（When）、馈赠场合（Where）及馈赠方式（How），简称“5W1H”。

#### （一）馈赠对象

馈赠对象是馈赠礼品的接受者。为了使馈赠对象通过礼品感受到送礼人的心意，馈赠应有针对性，如对不同年龄和身份的馈赠对象赠送不同的礼物。在馈赠礼品时，我们要考虑馈赠对象的性别、年龄、身份、喜好、地域、文化、宗教和彼此关系等许多因素。一般而言，可以参考以下三方面。

**1. 馈赠对象的喜好**

由于文化、宗教或生活水平的差异性，世界各地的人们对礼品的爱好不尽相同。富有艺术气息的礼物容易获得法国人的青睐，芬兰人更喜欢个性化的礼物，如一本有趣的书，俄罗斯人希望收到的礼物是名贵的品牌，但非洲人更讲究礼品的实用性。总体而言，来自生活水平较高地区的人们比较喜欢艺术欣赏价值高，纪念性、思想性较强的礼品，而来自生活水平相对较低地区的人们则倾向于食物、衣料等实用性礼品。根据馈赠对象的喜好来挑选礼品，往往能事半功倍，达到增进相互间感情的效果。

**2. 馈赠对象的禁忌**

赠送礼物前，尽量事先调查了解馈赠对象的禁忌，以免触碰雷区甚至引起纷争，尤其应注意以下几个方面。

第一，民俗禁忌。就中国人而言，一般对夫妇不能送“梨”（与“离”同音），对男士不能送绿色的帽子（意味着妻子的不忠），对病人不能送“扶桑花”（与“服丧”同音），对老年人不能送“钟”（与“终”同音）。就日本人而言，不能送含有“4”和“9”的礼品，也不能送 4 件或 9 件礼物，因为这两个数字在日语里与“死”和“苦”发音相似。就西班牙人而言，不能赠送大丽花或菊花，因为这两种花都被认为与葬礼相关；也不能送 13 朵鲜花，因为西班牙人认为 13 是不吉利的数字，会带来厄运。马来西亚人则认为狗是肮脏的动物，切勿赠送其玩具狗或带有狗类图案的礼物。以上举例的民俗禁忌都是小细节，但如果不事先了解清楚很容易冒犯馈赠的对象，引起不快。

第二，宗教禁忌。不同的宗教对教徒有不同的规定。虽然不同地域的人们对各自宗教教义的遵守程度各有不同，但我们在未与商务对象熟悉前或首次送礼时，仍应尽量了解其宗教禁忌。例如，伊斯兰教认为猪是肮脏的动物，穆斯林禁止食用猪肉及饮酒。因此，除猪肉制品和酒水之外，还应避免赠送含酒精的香水和猪皮制作的包具。印度教教徒则视牛为神明，不吃牛肉也不用牛皮制品。同时，我们还应该留意因宗教问题引起的国家纷争。例如，送礼给沙特阿拉伯人的时候，要留意礼物的制造国，不能将以色列生产的物品作为礼物，因为阿拉伯国家与以色列处于长期矛盾状态。

第三，伦理禁忌。不能馈赠触发当地法律法规的礼物。例如，新加坡反贪局实施严格的法律，明令禁止行贿受贿的腐败行为，所以在商务交往中要尽量避免赠送那些会被理解为贿赂的礼品。美国的法律只允许对礼物减收 25 美分的税额，也不提倡赠送商务礼品。

第四，个人禁忌。不送触犯馈赠对象个人禁忌的物品。因为各种原因，每个人都或多或少有自己忌讳的物品，对馈赠对象的了解越全面，越不容易出错。例如，糖尿病患者忌送糖果、糕点和巧克力，高血压患者忌送肥甘厚味，如鹅肝、鱼子酱等食物。

**3. 与馈赠对象的关系**

在选购礼物时，还应考虑到与馈赠对象的关系。根据与馈赠对象的亲疏往来关系，选择不同的礼品。例如，受邀去西方客户家做客，可以给女主人带去巧克力或鲜花。但鲜花最好不要选择红玫瑰，因为红玫瑰被视作爱情的象征，仅限于情人之间互赠。商务场合中，为避免引起不必要的误会，应尽量避免赠送过于私人的物品，如内衣、睡衣等礼物。

### （二）馈赠目的

根据馈赠目的的不同，一般有相对固定的礼物搭配。例如，表示慰问可以赠送鲜花、营养品；表达生日祝愿可以送上蛋糕和生日卡片；表达开业祝贺可以馈赠花篮或美酒；表示敬意可以赠送书画作品或具有纪念性意义的礼物；传达友好往来的信息可以赠送与本国或本公司相关联的纪念性物品。

### （三）馈赠内容

**1. 礼品的内容**

礼品的内容，大致可以分为两种。一种是有纪念意义并且可长期保存的，如字画、对联、陶瓷、雕刻、刺绣等工艺品或名片盒、钢笔或商务书籍等办公用品；另一种则是保存时间相对较短的鲜花、食品、衣物、香水等易耗品。两种不同的礼品各有适用的情景，商务人员宜根据不同的需求进行选择。例如，刚认识的客户邀请你共聚晚餐，与其赠送有纪念性意义的昂贵字画，不如带上包装精致的洋酒或艳丽的鲜花，既不失礼也不会显得突兀。俗话说“千里送鹅毛，礼轻情意重”，礼品的价值并不完全等同于价格，过于贵重的礼品可能还会让对方不知所措，但也不能仓促草率购买，以免给对方留下缺乏诚意的印象。以下是商务馈赠活动中常见的四类礼品。

（1）与本国或本公司文化相关的物品。如字画、中国结、对联、刺绣、剪纸、纸扇等都是代表中华文化的传统礼物，可以将其视作中国的象征送给商务交往的对象以作纪念。有时公司之间也会互相赠送与公司文化相关的礼品，如日历、相框或套笔等。

（2）本国或本地的特产。如给外国客户送礼可以送茶叶、陶瓷或丝绸制品等深受外国人喜爱的中国传统特产。我国有着悠久的茶文化，以茶作为馈赠的礼品不仅受人青睐还能显现个人的文化修养。但是外国客户往往对中国博大精深的茶文化不是太了解，因此在赠送茶叶时可尽量挑选知名的大众化茶叶类型，如英国人喜爱的红茶，近年来在西方流行的有抗氧化作用的绿茶，或保存期比较长并能帮助消化的普洱茶等。在赠送茶礼的同时，还可以附上卡片说明其健康价值和饮用方法，方便对方认识到礼品的价值。在国内进行跨地区的商务交流时，也常见互赠土特产的行为，如沿海城市与内陆城市的商务人员相互馈赠海产与山珍，或者广东省与内蒙古自治区的商务人员互相赠送荔枝与马奶酒。互赠地方特产，不仅可以凸显地方特色、强化相互间的印象，还能增进感情、深化友谊，是商务馈赠中常见的做法。

（3）实用礼品。如手绢、皮带、领带、手表等服饰用品或化妆品、香水、小型电子产品等礼品。有些国家的人民更偏好实用类的礼品，如在乌克兰服装的质量和选择比较有限，因此服饰是比较合适并受到喜爱的礼物。假如我们不了解对方的习惯和喜好，轻率地选择礼物，如将一幅高级印象画送给对艺术品不太了解的某国客商，对方不但不能理解其中的心意，还有可能会认为这是没有诚意的廉价礼品。

（4）烟酒、茶叶、水果、鲜花等常见礼品。一般可以选择如白酒、葡萄酒、苏格兰威士忌、法国白兰地等酒水或巧克力、鲜花、蛋糕、糖果等大众化礼物。在某些国家，业务交往中赠送昂贵的礼物并不受推崇。例如，在比利时赠送礼物并不是开展商业关系的一部分，在谈公事的氛围下比利时人通常不送礼物。但如果是受邀参加家庭晚宴，习俗上应该带一份礼物，如给女主人带去鲜花或巧克力，给男主人带去酒水，给小朋友带去糖果点心等，这些都是合适的选择。注意不应送有争议性的花卉，如菊花、百合和马蹄莲，因为在很多国家，这几种花都会让人联想到葬礼。

**2. 礼品的包装**

馈赠的礼品最好经过精美的包装。包装不仅使礼物更美观，还能表达对馈赠对象的重视和尊重。包装前应检查礼品有无损毁、是否过期，并将价格标签清除干净。但如果礼品是类似家用电器等大型物件，可以将发票和保修单附在信封内。易碎的礼品可以装在硬盒内，填充棉花或其他防震材料，外面再用礼品纸包装。礼品纸不能选用纯白或纯黑，颜色和图案方面也应贴合受礼者的文化喜好。礼品包装好后，可附上名片或小卡片，简要表达即可，一方面是为了传达馈赠的祝福，另一方面是保证受礼人知晓礼品的来源，以免造成对方无法回礼或致谢的困扰。

### （四）馈赠时机

送礼讲究时效性，超前或滞后都达不到最理想的效果。赠送礼品必须选择恰当的时机，如传统节庆、酬谢报答、拜访作客、庆贺祝福、探视病人、开业典礼等都是送礼的良机。

商务交往中，送礼时间尽量选择对方方便的时间，最好在办公时间内。如果要在节假日送礼最好在下午，以免打扰对方休息。如果上门送礼，注意要提前约定时间，避免擅自上门。送礼应以简短为宜，简单说明送礼的意图并向对方解释相应的礼品即可。送完礼后也不要长时间逗留在对方公司或家中，如果对方没有盛情邀请，最好不要留下吃饭。另外，不要选择对方不方便的时候送礼，如对方刚刚做完手术尚未痊愈之时就不宜立即送礼。

#### （五）馈赠场合

馈赠场合一般分为公共场合和私人场所。一般在商务交往中，应选择工作场所或交往地点赠送礼品。赠送如锦旗、花篮、牌匾等有精神象征的礼品也应在公共场合当众馈赠。在人多的场合发放礼品时要注意清点礼品的数量，宁可多备，以免漏发导致尴尬的局面。若同时向多人赠送礼品，应先长辈后晚辈、先上司后下属、先女士后男士，按照先后次序进行。在给私人交往或关系密切的交往对象送礼时，则宜于私下赠送。

#### （六）馈赠方式

**1. 当面赠送**

当面亲自赠送是赠送礼品最好的方式。送礼前可先向对方问候致意并简要委婉地说明送礼的意图，如“愿我们今后合作愉快”“感谢您上次的帮助”。送礼时应着装规范，起身站立，面带微笑，目视对方，用双手递交礼物，伴随得体的语言，如“这是我为你精心挑选的礼品，希望你喜欢”。送礼者还可以适当地对礼品寓意、特色和使用方法等进行解释说明。将礼品交给对方后，可以与对方热情握手，在重大场合、纪念性时刻或必要时还应双方留影以作记录和留念。

**2. 委托赠送**

在需要委托他人或以邮寄的方式赠送礼物时，应附上一张卡片，礼貌地说明送礼的原因、礼品的寓意，并附上礼节性的吉言敬语。

### 三、受赠礼仪

#### （一）接受礼物

接受礼物时，受礼人应该起身站立，面带微笑，目视对方，用双手接收礼物。在接过礼物时，应向对方表示感谢。通常情况下，亚洲国家接收礼物的习惯是私底下打开礼物。当赠与者在场时，不能当场拆开礼物，因为当众拆开礼物在亚洲的文化中给人贪婪的印象。而在欧美国家，当场打开礼物并对礼品加以赞美，是对送礼人的一种礼貌和尊重。因此，在接受欧美国家朋友的礼物时，可以在表达谢意后立刻拆开礼物，并表达自己对礼物的喜爱。

#### （二）拒收礼物

在商务场合中，只要不违反法律和伦理，礼物合宜，一般情况下都应礼貌地接受礼物。如果认为不适合接受礼物，应用委婉的方式告知对方。可以向对方说明难以接受礼品的原因，并且礼貌地加以解释。不适合当面拒绝时，也可以先接受礼物再采取事后退回的方式归还。

## 任务实施

### 馈赠礼仪能力测试

古今中外都注重礼尚往来。送礼不但是一种物质的赠予，更表达了送礼者的心意。下面 10 个有关送礼的说法中，同意的打“√”，不同意的打“×”。

（1）越昂贵的礼品所表达的送礼者的情谊越深厚。（　）

（2）只要礼物品质优良，就不需要对其进行包装。（　）

（3）接受欧美国家朋友的礼物时，不要当场打开礼品。（　）

（4）比起实用的礼物，非洲人通常更喜欢有艺术气息的工艺品。（　）

（5）礼品上的价格标签应该保留以证明其价值。（　）

（6）在对方拿出礼品时，可以开口询问或伸手去抢表示对礼物的赞赏。（　）

（7）同时向多人赠送礼物时，应该先送给男士再送给女士。（　）

（8）礼物的包装只是一种形式，包装纸的颜色和图案无关紧要。（　）

（9）探望病人的时候可以带去玫瑰花或扶桑花。（　）

（10）象征着精神意义的礼物，如锦旗，不应该当众赠送。（　）

以上 10 种说法全部应该打“×”，如果你选择打“√”的较多，说明你的送礼能力有待加强，还要努力学习馈赠礼仪知识以进一步提升与改进。

**温馨贴士**

#### 各国（地区）送礼习俗

**一、日本的送礼习俗**

日本人有经常赠送礼物的习惯，他们通常会在第一次业务会面时赠送礼物，一般可以回赠与其等值的礼品。对日本人来说，礼物的赠送仪式比礼物本身的价值和意义更大。合适的礼品包括鲜花、蛋糕、糖果、法国白兰地、苏格兰威士忌或其他产品，可以选用常见又得体的米色包装纸包装礼物，注意礼物不能是 4 件或 9 件，因为在日本“4”与“死”谐音，“9”与“苦”谐音。

**二、韩国的送礼习俗**

韩国人在商务场合有频繁送礼的习惯，因此第一次商务会面可以赠送印有公司标志的礼物。如果拜访韩国人，应该携带商务礼物。韩国国内水果昂贵，所以水果是不错的选择，也可以送巧克力、茶叶或高档的进口产品。

**三、印度的送礼习俗**

印度人大多为印度教徒，他们把牛敬为神明，不吃牛肉也不用其制品，所以最好不要将牛皮革制品当作礼物。如果业务伙伴有喝酒的习惯，可以将烈性酒当作礼物，特别是印度人钟爱的威士忌。在印度，黄色、红色和绿色都是吉祥的颜色，但不能把礼物包裹成不吉利的黑色或白色。他们通常也不会把礼物当面拆开，而是等到送礼人离开再打开。假如送给印度人钞票，钞票的张数必须是奇数。

**四、阿拉伯地区的送礼习俗**

赠送阿拉伯客户的常见礼物有名片盒、打火机或金笔，也可以选择赠送制作精美的指南针，因为虔诚的穆斯林永远需要指南针为他们指引圣城麦加的方向。注意接受或赠送礼物的时候尽量用右手或双手。按照传统，在阿拉伯地区做生意时，每一个促成交易的中间人都会获得利益分成。

**五、法国的送礼习俗**

送法国人的礼物不能过于奢侈也不能过于吝啬，而且不要在第一次见面时就送出。法国人欣赏有个性、品位高雅和有文化气息的礼物，如一本有趣的书或精美的字画都是好的礼物。如果受邀去法国客户的家里，可以给主人带去未经包装的鲜花、巧克力或烈酒，礼物应该在聚会开始前送出。

**六、比利时的送礼习俗**

跟比利时人做生意一般不需要送礼，因为在比利时送礼并不是开展商业关系的一部分，商人们不会送也不期待收到昂贵的礼物。但如果去比利时人家里做客，可以带去酒、巧克力和鲜花。注意鲜花不能是13朵，因为13象征着厄运。送礼的时间也应该选择在饭前而不是饭后。

**七、美国的送礼习俗**

美国法律不提倡赠送商务礼物。到美国人家中做客可以送鲜花或葡萄酒，也可以给其子女送礼物，如地球仪。美国人提倡礼物的实用性，在到达和离开的时候可以送对方一些本国或本地的特产，如丝绸、茶叶、景泰蓝饰品等都很受欢迎。

**八、加拿大的送礼习俗**

加拿大人没有在做生意时送贵重礼物的习惯，因此业务往来的送礼应该适度，礼物简单、实用即可。可以为生意伙伴准备一份从你的国家带来的特产或办公室能用上的小物品，总体而言礼物应该品质优良但价格不过于昂贵。他们一般会当场把礼物拆开并展示给在场的每个人。刚到达、即将离开或达成交易的时候都是赠送商业礼物的好时机。

**九、南美地区的送礼习俗**

第一次见面可以送带有公司标志的小礼物。有业务来往后或参加南美地区客户的聚会时，可以选择巧克力、鲜花、苏格兰威士忌或法国香槟作为礼物。不要送昂贵的进口葡萄酒，因为南美地区盛产质优价廉的葡萄酒。要避免把刀作为礼物，因为刀在南美洲象征着割断友谊，是断交的意思。小型的电子产品如实用的计算机、电子相册等礼物会比较受欢迎。另外，阿根廷是家畜生产大国，盛产皮革，因此应避免送阿根廷人皮革类制品的礼物。

**小知识：伊斯兰教的禁忌**

伊斯兰教教徒禁止饮酒和食用猪肉，因此包括猪肉、猪皮制品、酒和含酒精的香水都是赠送礼物的禁品。同时也不能送阿拉伯人带有猪或狗等动物图案的礼物，因为他们认为这些动物是不洁净、不吉祥的。

## 实训演练

### 一、案例分析

外贸公司的经理小李目前正负责和中东某公司进行贸易商谈。这周恰逢该中东公司的负责人来中国考察，小李决定要给对方赠送一件礼物。以前小李也接待过来自加拿大、法国和英国的客商，每次他都会准备威士忌、白兰地或上好的葡萄酒当作礼物。借鉴之前的经验，小李这次也选购了名牌威士忌并且精心包装，准备在中东客人回国前为他送行。中东客人对小李公司的工厂环境和设备都很满意，商务会谈进行得很顺利，一切都如小李所愿，他感觉这个中东客人应该会跟他签一笔大单。考察结束后，小李把客人送至机场，并奉上早早准备好的威士忌。中东的客人看到精美的礼物很是高兴，连连道谢。小李解释道："这是为您送行的礼物，里面是两瓶上好的威士忌，希望您喜欢。"听完小李的说明，中东客人的脸色似乎一下子变了，连忙把礼物塞回小李手里就匆匆辞别了。

思考与讨论：

（1）为什么中东客人的脸色会突然就转变？

（2）请客观评价小李的馈赠礼仪并说明原因。

（3）日后小李应该如何改进？

### 二、馈赠技能训练

训练方法：4~6人为一组，每组自由组合，一部分学生扮演客户，另一部分学生扮演茂发进出口贸易公司（简称茂发公司）的职员。自选以下商务情景，熟悉商务交往中赠送礼物的有关礼节，依照礼仪规范选择合适的礼品、时间和方式，模拟与客户进行送礼和受礼。并对馈赠礼仪的基本动作和语言进行认真规范的练习，注意多用礼貌用语，做到眼到、口到、意到。

训练步骤：①教师介绍此次实训活动的内容和模拟情景；②学生分组并确定小组负责人；③确定模拟活动的情景和角色；④情景演练和课堂展示；⑤小组互评和老师点评讲解。

商务场景：

（1）在茂发公司的会议室给A公司客户赠送纪念性礼物。

（2）B公司客户邀请茂发公司的职员在家中共进晚宴，茂发公司的职员准备合适的礼品并赠送。

（3）茂发公司的长期合作伙伴最近准备在中国新开办事处，请准备合适的礼品并赠送。

# 学习子情景七　网络社交礼仪

### 知识目标

- 了解网络社交礼仪在商务活动中的重要性。
- 了解网络社交礼仪的原则。

- 掌握网络社交礼仪的技巧。

### 能力目标

- 能够在实践中合理运用网络社交礼仪的知识收发电子邮件。
- 能够在实践中合理运用网络社交礼仪的知识使用即时通信工具。

## 情景引例

大学毕业的小陈刚进聚宏鑫外贸公司，经理让他跟着老业务员李哥学习如何与客户沟通。李哥告诉小陈，近年来，随着科技的进步，越来越多的合作客户用网络交流的方式做生意，公司有80%的订单都是通过网络达成的。李哥给小陈布置了一道作业，让小陈把他当作顾客拟写一份英文电子邮件。半小时后李哥收到了小陈绞尽脑汁写成的邮件，李哥看后哭笑不得，小陈的邮件是用大写的英文字母写的，字号一段大一段小，主题栏也是一片空白。李哥连忙把小陈叫过来，指出他的错误……

网络科技的进步，使人们的沟通不再局限于时间和空间，也让商务沟通有了进一步的发展。网络上的商务沟通与交流也有着一定的礼仪规范。案例中的小陈用大写的英文字母写邮件、字号不统一、主题缺失等都是网络社交时不礼貌的行为。假如外国客户收到这封邮件，可能会认为小陈是一个粗心又傲慢的人，继而质疑聚宏鑫外贸公司的实力。因此，遵守网络社交的礼仪和规则，对商务往来是非常重要的。

## 知识准备

### 一、网络社交礼仪的重要性

网络社交，是指以互联网为工具，以文字、声音、图像或其他多媒体为媒介的社交方式。在网络交流的过程中，任何人都有可能直接或间接地影响到他人。为了保障自身和他人的利益，人们在使用网络时应该遵守互联网沟通交流的行为规则。这些规则就是网络社交礼仪，又称网络礼节。

网络作为影响力超强的传播媒介，在现代人的生活中发挥着越来越独特的作用。与传统的商务沟通方式相比，网络带来的信息资源更为丰富，用户可以进行实时的互动，可选择的通信工具也越来越多。曾经需要耗费大量资金实地勘察或花费长时间了解沟通的商务模式，变成了现在随时随地、低成本、多渠道的全方面交流。现今主要的网络通信工具有网页、电子邮件、电子论坛、聊天室、网络电话、网络会议系统和即时通信工具。其中，电子邮件和即时通信工具在商务交流中的应用最为广泛。

网络沟通在商务环节中的应用越广泛，由此产生的问题和冲突也越多。在网络上的商务沟通中，网络覆盖了来自世界各地的用户，在业务往来和交流中由于不同的阶级、文化背景和教育程度的影响，极有可能产生误解和对立，因此学习规范的网络社交礼仪对现代商务的沟通与交流有很大的帮助。

## 二、网络社交礼仪的原则

### （一）尊重他人，友善亲切

网络交往必须以尊重他人为基础。虽然网络是虚拟的，但我们在网络中树立的个人形象和公司形象是真实的。在网络中的行为和表现也应该遵照现实生活中的社交礼仪，保持礼貌、语言文明、尊重理解、友善亲切、乐于分享，不随意侮辱他人并以同理心理解、照顾他人的感受。

### （二）真实准确，清楚简洁

在互联网上发布的信息应真实可靠。传播信息的过程中注意核实事件的真实性，不传播未经查验的信息。文字交流的过程中采用正确的写作格式，使用合适的称谓和用词，注意检查文法和标点符号。商务交流的过程中尽量使用简洁的表达，使句子清楚完整，方便对方阅读。

### （三）注重隐私，注意安全

使用公司和个人账号时，都应保持警惕，不随意泄露本人或他人的通信方式和真实信息，不在网络上随意传播公司信息或合同内容。为防止感染计算机病毒，对电脑做好安全防范工作，应注意定时使用杀毒软件，以免掉进不法分子的陷阱或被黑客入侵窃取重要信息。

### （四）遵守法律，公私分明

在网络沟通的过程中不发布违反宪法、危害国家的信息；不发布涉及反动、色情、暴力、造谣、血腥的内容；不随意侮辱、攻击、谩骂他人。另外，在工作时间和场合使用电子设备时，还应做到公私分明，不做与工作无关的事情，提高工作效率和执行力。

## 三、收发电子邮件的礼仪

电子邮件是如今最常见的电子商务沟通工具。通过电子邮件，用户可以以低廉的价格（企业邮箱管理服务）或免费把信息即时传送给世界各地任何一个或多个同样拥有电子邮件账户的用户。电子邮件极大地加快了业务沟通交流的速度，以其简单、迅速、价格低廉和全球无阻的特点，深受商务人士的欢迎。然而，如果我们在使用电子邮件时忽略应有的礼仪，未经深思熟虑就把错漏百出的邮件发出去，不但会让收件人困扰，还可能影响双方的业务关系。

### （一）撰写电子邮件礼仪

#### 1. 主题（Theme）

邮件的主题必须注明。将主题栏留空在商务交流中是非常不礼貌的行为，同时还容易被对方当垃圾邮件处理掉。主题应简短，让对方一眼就能辨别来信的主旨。忙碌的商务人士每天都会收到很多封电子邮件，简短概括的主题能赢得对方的注意并获得快速回复。主题要真实反映邮件的内容，尽量突出最重要的主题，帮助收件人快速了解邮件正文并判断邮件的重要程度。特殊情况下，重要邮件可酌情使用特殊符号或大写字母引起对方的注意，如“URGE shipment - Re. Contract No. 889”中“URGE”使用全大写字母，用于紧急情况下通知对方抓紧时间对货物进行装运。但在正常情况下，“紧急”字眼不应随意使用。

**2. 称呼（Salutation）**

称呼在第一行顶格书写，应该恰当地称呼收件人。外贸邮件中一般常用的称呼语：如对方有职务应按职务称呼，不清楚对方职务时可按对方性别称呼，如“陈先生（Mr. Chen）”“王小姐（Ms. Wang）”。不清楚对方接洽人信息时，也应写上称呼，如“敬启者”“Dear Sir/Madam”“To Whom It May Concern”等。

**3. 正文（Body）**

电子邮件开头最好有问候语，如“您好”“感谢贵公司与我们长期的合作……”。正文应行文通顺，简要地把事情说清楚。商务人士忙碌时每天可能要看上百封的邮件，因此尽量用简单的语言表述，不要出现艰难晦涩的词句。电子邮件并非用越正式的口吻书写越好，首次交流可按照正式的措辞写作，后续的沟通可以根据与对方的熟悉程度，采用不同的行文风格，选择恰当的语气进行论述。如果电子邮件叙述的内容较多，最好分条说明，保证内容清晰明确。另外，商务邮件应该保持整体专业的风格，尽量不使用网络符号、表情或缩写。总体而言，简短、明确、亲切的电子邮件易受到商务人士的欢迎。

**4. 结尾（Closing）**

信末一般有问候语，是结束邮件的一种客套，如“祝好”“Regards”等。商业书信中常见的结束语有“此致敬礼”“祝工作顺利”“Yours faithfully”或“Best Regards”。

**5. 附件（Enclosures）**

邮件里附带文件时，正文中应提示收件人查看附件。附件尽量按内容命名，不要用乱码或看不懂的文件名。附件数目较多（4 个附件或以上）或内容太大时，应将其打包成压缩包，并在正文中做简要说明。另外，没有正文只发送附件的做法是不合乎礼仪的，不利于树立发件人及其公司的专业形象，也很容易被对方当作垃圾邮件清理掉。

### （二）发送电子邮件礼仪

发送电子邮件前，先确认收件人信箱，确保电子邮件投递到正确的地址，以免错发泄露重要信息或打扰他人。发送前应仔细阅读一遍，检查行文是否通顺，有无拼写错误和错别字等。不要多次重复发送同一封邮件，这不仅占用邮箱空间也会让对方感觉厌烦。如果对方的邮箱无自动回复功能，可以在发完重要邮件后，以短信或电话的方式与对方确认邮件是否收到。

### （三）回复电子邮件礼仪

电子邮件的回信不宜过短，如果对方发来一段文字，你只回复“对”“是的”等几个字，是不尊重对方的做法。回复应简练清楚，但正常情况下回信内容应尽量多于 10 个字。收到他人的电子邮件时，应尽量及时回复，一般最多不超过 24 小时。邮件数量太多来不及回复时，可借助邮箱功能将其排序并将重要的信件加上重点标志优先处理。商务信箱最好在邮箱中设置自动回复，如“我已收到您的邮件，我将尽快回复，谢谢”（Your email was received. I will reply as soon as possible. Thank you.）。一个小细节可以让对方安心，也能显示自己的专业素质。如果休假或出差，应及时调整自动回复的内容。

如果双方就同一个问题相互回复超过三次以上，最好换一种交流方式。因为频繁的回复会造成邮件过于冗长难以阅读，双方要花很多时间来翻看先前的讨论。可以使用其他的即时通信工具，如电话或微信，进行初步沟通，最后再用邮件进行文字上的确认和归档保存。

## 四、即时通信工具的礼仪

现在的商务沟通越来越依赖于即时通信工具的使用。即时通信工具是继网页和电子邮件之后出现的第三大互联网应用。使用即时通信工具可以实现两人或多人的实时沟通，包括文字、语音、图片、视频和文件的传输。即时通信工具具有实时、直观和价格低廉的特点，在电子商务和国际贸易中发挥了很大的作用。以对外贸易发盘流程为例，通过即时通信工具，远在加拿大或南非的贸易伙伴都能够实时地收到中国商人的报价，并可以利用其不同功能直接在网上进行“面对面”视频和讨论，还可以直观地看到产品的外观或生产工厂的全貌，而这全部的过程对企业而言，成本低廉到基本可以忽略不计。

目前，商务社交中常用的即时通信工具有腾讯 QQ、Skype、阿里旺旺、阿里巴巴贸易通等，还有主要为智能终端提供即时通信服务的应用程序，如微信、WhatsApp、Viber 等。使用这些常见即时通信工具时，也需要遵循一定的社交礼仪和规则。

### （一）账号设置

如果在工作场合中使用即时通信工具，那么最好将工作账号与生活账号区别开。在工作账号上，建议使用个人真实的名字、企业名称或对方能识别的与产品相关的名字等作为昵称。头像尽可能使用端庄大方的个人照片，能加深业务伙伴对你的印象。不要使用奇怪的名字作为昵称或与工作毫无关联的图片作为头像，因为对方可能没有在即时通信账号上设置备注，在众多的联系人中找你的联系方式无异于大海捞针，不利于业务的进一步发展。个人签名栏内按需要可以简单介绍公司、重点产品或个人的职位信息。信息整体上应该表现出乐观、积极的态度，不要使用悲观或带有强烈反面情绪的个人简介或签名，因为可能会影响别人与你继续交流的欲望和专业形象的塑造。

### （二）沟通礼仪

即时通信工具有实时沟通的优越性，但这个特点有时也会让其成为骚扰的工具。因工作用途使用即时通信工具时，应在工作时间进行交流，尽量不要在早上九点前和晚上九点后给对方发信息，尊重对方的作息时间。例如，与美国客商沟通时，应知道美国与中国的时区差异（Time difference）。美国采取不同的时区对应不同标准时间的制度，而中国则统一采用北京时间（东八区）。如果中国时间是下午 3:00，即北京时间 15:00，美国东部的时间是凌晨 2:00，夏威夷的时间则是前一日的晚上 9:00，如果没有注意到业务交往对象的作息时间，就很有可能扰人清梦。

如果有事需要通过即时通信工具交流，应该直接把事情表达出来。不应问对方“在不在”“在吗”。商务人士往往非常忙碌，很容易忽略这些他们认为不重要的留言，采用这样的沟通方式获得回复的间隔长、概率小，不提倡采用。在沟通的过程中，如果有事要临时离开、中断交流，应该告诉对方并结束对话，以免让对方在另一头长时间等待，浪费对方的时间。如果可以的话，尽量及时地回复对方的留言，如果正忙于其他事无法回复，最迟应在当天晚上给对方一个简短的回复和说明。回复时应注意措辞，不用“哦”“呵呵”等带有隐藏意义的词语回复。

适当使用即时通信工具的语音和视频功能（Voice and video functions）。很多人为了节省精力和打字的时间，喜欢发长语音留言。但有时候连续数条长达几十秒的长语音让接收人烦不胜烦。通常情况下，不发时长超过 30 秒的长语音，因为对方不一定方便收听语音，而且过长过多的语音留言容易惹人不快。如果一件事能用文字说清楚就尽量用文字简明扼要地表达，不能清楚表达时尽量通过通话的方式与对方进行沟通。公务情况下，如果需要使用视频对话功能，应该先征求对方的意愿并跟对方事先协商视频通话的时间及通话主要涉及的内容。因为对方不一定方便使用视频功能，而且并非所有人都习惯视频交流的方式。

使用即时通信工具时，要注重自己和他人的隐私。没有征得别人同意时，不能将对方的账号或共同的聊天记录转发给第三者。在目前网络陷阱层出不穷的背景下，更应提防利用即时通信工具的诈骗，以免上当受骗，损害自身和公司的利益。

## 任务实施

### 网络社交能力测试

现代人都喜欢上网与人交流，可你知道该如何礼貌地在网上与人交流吗？下面给出了 10 个有关网络社交礼仪的情景，同意的打“√”，不同意的打“×”。

（1）工作微信账号用可爱的小猫作为头像。（　　）

（2）无论附件的数量是多少，都应该将其打包成一个压缩包。（　　）

（3）回复对方邮件的字数少于 10 个字，是言简意赅的做法。（　　）

（4）商务邮件应该尽量使用笑脸等表情符号，可以展示出亲切的一面。（　　）

（5）邮件主题可以留白。（　　）

（6）频繁地在邮件主题上使用“紧急”等字眼才能引起对方足够的重视。（　　）

（7）不清楚对方职务和性别时，邮件中可以不写称呼。（　　）

（8）电子邮件的行文风格越专业，越公事公办，对发展商务关系越有好的影响。（　　）

（9）如果一封邮件不能交代完整信息，应该再连续发几封“续文”。（　　）

（10）可以用全大写的英文字母来撰写邮件或信息。（　　）

以上 10 个情景选项全部应该打“×”，如果你选择打“√”的较多，说明你的网络沟通能力有待加强，还要努力学习网络社交礼仪知识以进一步提升与改进。

### 温馨贴士

**主要网络通信工具的优缺点**

| 沟通方式 | 主要优点 | 主要缺点 |
|---|---|---|
| 网页 | 信息量大、传播范围广 | 保密性差、无确定反馈主题、不确定性反馈 |
| 网络电话 | 沟通及时、反馈无须等待、内容清晰、成本低 | 对通话时间有一定的限制，对沟通内容也有一定的要求 |
| 电子邮件 | 流向清晰、发送速度快、传达准确、保密性好 | 邮件接收得不及时、需要反馈等 |
| 即时通信工具 | 方便、即时互动 | 受沟通对象是否在线的约束 |

（资料来源：张岩松. 现代商务沟通[M]. 北京：清华大学出版社，2012.）

### 小知识：第一封来往信函

在商务交往中，第一次用电邮跟对方联系时，应该在信中附加介绍自己公司的业务范围和主营产品，以提高对方的兴趣。同时也可以提供详细的联系方式如联系人、电话号码、电子邮件和联系地址等，方便日后进一步联系。

## 实训演练

### 一、思考与训练

实施方法：4~6 人为一组，每组自由组合，结合自身总结，采用头脑风暴的方式自由讨论以下题目，并根据所学的知识，提出解决问题的方案或得出结论。

实施步骤：①教师介绍任务和讨论题目；②学生分组并确定小组负责人；③课堂讨论；④课堂展示小组讨论结果；⑤小组互评和老师点评讲解。

思考与讨论：

（1）列举几个你知道的网络通信工具，并指出它们的优缺点。

（2）结合过往经历，总结自己在网络沟通中遇到的不礼貌的行为，并说说该如何改进。

（3）请举例说明网络社交礼仪在商务活动中的现实意义。

### 二、拟写电子邮件技能训练

训练方法：2 人为一组，依照网络社交礼仪的规范，根据以下商务场景模拟撰写电子邮件发给对方公司并回复，注意邮件的格式、行文风格和措辞是否恰当。

训练步骤：①教师介绍此次实训活动的内容和要求；②学生分组；③撰写电子邮件并

发出；④接受电子邮件并回复；⑤老师抽选完成度高的信件进行展示和点评讲解。

商务场景：

（1）写邮件给认识超过5年的贸易伙伴约翰，并介绍你们公司最新的产品。

（2）在外贸网站上看到对方的产品信息后，写邮件向对方索要产品的目录本和公司介绍。

# 03 学习情景三 国际商务谈判礼仪

## 开篇语

世界上不同国家的商人，由于各国历史传统、政治制度、经济状况、文化背景、风俗习惯以及价值观念、性格特点存在明显差别，谈判活动常常会表现出显著的文化差异与强烈的文化冲突，各国的谈判者也会表现出不同的谈判风格，不同的为人处世方式。所以，中国的外贸人员和外商打交道，应该熟悉各国文化差异，研究各国商务礼仪、跨文化谈判的规律，具体了解谈判对手的价值观、思维方式、行为方式和心理特征，并能巧妙地加以利用，从而掌握谈判的主动权，维护己方的谈判利益乃至国家利益，在商务场合有理有据，有力地促成交易。

## 学习子情景一　国际谈判礼仪

### 知识目标

- 了解全球主要买家的特点、谈判礼仪风格。
- 学习差异化的谈判、营销策略。
- 了解买家心理，分析买家需求，掌握与买家谈判、博弈的技巧。

### 能力目标

- 提高外贸人员与外商的谈判能力。
- 掌握与买家谈判、博弈的技巧。
- 运用差异化的营销策略去应对不同的海外买家。

### 情景引例

山东某食品供应商，向一瑞典买家提供糖果样品。该糖果质量很好，之前远销海内外。由于是第一次和瑞典买家合作，所以老板特地挑选出最好的五个品种的糖果，采用精美的塑料糖纸包装。发出样品后，没想到买家回复邮件“不确认”（Not confirmed.），但没有说明理由。供应商重新挑选新品种，仍然遭拒，为什么呢？

点评：瑞典属于北欧国家，北欧商人一般注重产品的质量、环保认证等，糖果的包装是塑料糖纸，不够环保，应该改用更加环保的锡箔纸或烫金纸等。但是如果更换包装，意味着成本上升，因此价格可能会上涨，而北欧人又不善于谈判和讨价还价，所以不太愿意主动张口更换包装，而希望供应商能自己更换且不提价。

## 知识准备

不同国家、不同民族在性格、生活、文化、宗教等各方面都会有所不同。因此，各个地区和国家的谈判习惯也是各具特色。

### 一、欧洲买家的特点与风格

欧洲历史悠久，文化底蕴深厚，同时经济发展水平居各大洲之首，工业、交通运输、商业贸易、金融保险等在世界经济中占重要地位，在科学技术的若干领域内也处于世界较领先地位。欧洲绝大多数国家属于发达国家，其中北欧、西欧和中欧的一些国家的经济发展水平最高，南欧一些国家的经济发展水平相对较低。在世界排名前十的最富有国家中，欧洲国家占据了大多数，其中卢森堡和爱尔兰的国民被证实是欧洲最富有的人。此外，丹麦、奥地利、波罗的海国家、英国、比利时、瑞典、法国、芬兰、德国和意大利也位居欧洲最富有国家行列。不仅如此，由于有着深厚的文化教育历史背景，欧洲人的素质普遍比较高，他们具有严谨的工作作风、缜密的思维能力、高效的办事效率、良好的支付能力……这一切奠定了欧洲买家在全球生意人中的良好形象。所以很多中国的进出口企业、外贸从业人员都非常乐意和欧洲商人打交道。事先对欧洲买家的特点和采购习惯、谈判风格都做一些了解，可以帮助你在谈判沟通中应对自如、游刃有余。

#### （一）北欧买家

北欧国家主要包括丹麦、芬兰、冰岛、挪威和瑞典，和中国商人打交道较多的也是这几个国家。北欧国家政局稳定，人民生活水平较高。由于其宗教信仰、民族地位及历史文化的影响，北欧人形成了心地善良、为人朴素、谦恭稳重、和蔼可亲、按部就班、沉着冷静的性格特点。

（1）在生意场上，北欧商人有以下几个显著的特征：

① 非常注重产品的质量、认证、环保、节能等方面，重视程度高于对价格的关注；心中对价格有上下限，往往一旦报价在此范围内就会同意。

② 低调的性格特点决定了他们不善交际和言谈，不善于讨价还价，喜欢就事论事，务实高效；谈判风格坦诚，不隐藏自己的观点，善于提出各种建设性方案，追求和谐的气氛。

③ 在付款方式上不喜欢用 L/C（信用证），比较倾向于 T/T（电汇）和 D/P（托收），因为他们认为自己信誉度和商业道德高。

（2）与北欧商人谈判合作时，需要注意以下几点：

① 保证产品的质量，提供环保、节能的产品及包装，提供相应认证。北欧人有着强大的市场购买力，在谈判中，对于高档次、高质量、款式新奇的消费品，他们会表现出很大的兴趣。

② 谈判注意态度严谨和认真，需要考虑如何与其配合。一开始我们就要以坦诚的态

度对待来自北欧的谈判人员。这可以使谈判双方感情融合、交流顺畅，形成互相信任的气氛，以推进谈判。

③ 北欧商人性格较为保守，更倾向于尽力保护他们现在拥有的东西。因此，他们在谈判中更多地把注意力集中在怎样做出让步才能保住合同，同时不喜欢无休止的讨价还价。他们希望对方的公司在市场上是优秀的，希望对方提出的建议是他们所能得到的最好的建议。

### （二）西欧买家

西欧国家主要包括比利时、法国、爱尔兰、卢森堡、摩纳哥、荷兰、英国、奥地利、德国、列支敦士登和瑞士。西欧经济在欧洲相对而言更加发达一些，生活水平很高，像英国、法国、德国这几个世界大国都集中于此。西欧也是和中国商人生意往来较多的地区之一。

**1. 德国**

有人说过："在这个世界上有两个伟大的民族，一个是中华民族，还有一个就是日耳曼民族。"的确，一提起德国人，首先就会想到他们细致的手工业、精美的汽车制造、缜密的思维能力、一丝不苟的工作态度……1990 年，联邦德国与民主德国合并为统一的德国，这使得德国更加强大。从民族特点来看，德国人具有自信、谨慎、保守、刻板、严谨的个性，以及办事富有计划性、注重工作效率、追求完美的特征。简而言之，就是做事雷厉风行，有军旅作风，所以看德国人踢足球就感觉是一辆高精密的战车在运转。

德国买家的特点及应对方式主要有：

（1）严谨保守、思维缜密。在谈判前就做好充分周到的准备工作，不仅清楚地知道谈判的议题、产品的品质和价格，而且对对方公司的经营、资信情况也会做详尽周密的研究和比较。因此，与德国人做生意，一定要在谈判前做好充分的准备，以便回答关于你的公司和产品的详细问题。同时应该保证产品的质量没有问题。

（2）追求质量和实用主义，讲究效率，关注细节。德国人对产品的要求非常高，所以我们的供应商一定要注意提供优质的产品，同时在谈判桌上注意表现要果断，不要总是拖泥带水，在交货的整个流程中一定要注意细节，对货物的情况随时跟踪并及时反馈给买家。

（3）信守合同，崇尚契约。德国人素有"契约之民"的称号，他们对涉及合同的任何条款都非常细心，对所有细节认真推敲，一旦签订合约就会严格遵守，按合同条款一丝不苟地去执行，不论发生什么问题都不会轻易毁约。所以和德国人做生意，也必须学会信守合同。如果供应商签了合同后，又出现要求更改交货期、付款期等条款的情况，那就是对德国人的不尊重了，这很有可能就是你和这位德国商人的最后一笔生意了。

**2. 英国**

英国是世界资本主义的发源地，也是最早进行工业革命的国家。虽然自第二次世界大战后开始衰落，但英国人的大国意识很强烈，而且英国人依然保留着岛国民族的特性，比较保守和内敛。加上君主立宪体制历史悠久，英国人特别注重形式礼仪和按部就班，并且高傲、矜持，尤其是男性给人以绅士的感觉。

英国买家的特点及应对方式主要有：

（1）冷静持重，自信内敛，注重礼仪，崇尚绅士风度。英国商人一般举止高雅，注意礼仪，遵守社会公德，很有礼让精神，同时，他们也很关注对方的修养和风度。如果你能在谈判中显示出良好的教养和风度，就会很快赢得他们的尊重，为谈判成功打下良好的基础。英国人的绅士风度常使他们的谈判人员受到自我形象定位的约束，对此如果我方在谈判中以确凿的论据，有理、有力的论证施加压力，就会促使英国谈判人员因担心丢面子而放弃其不合理的立场，从而取得良好的谈判效果。

（2）喜欢按部就班，特别看重试订单且订单循序渐进。中国供应商和英国人做生意时，要特别注意试订单或样品单的质量，因为这是英国人考察供应商的先决条件。如果试订单或样品单可以很好地满足英国买家的要求，他们才会逐步给供应商更多更大订单的机会。反之，如果第一笔试订单都不能达到其要求，英国人一般就不愿意再继续合作了。

（3）注意英国买家的性质。很多中国供应商经常在交易会上遇到一些英国买家，交换名片时发现上面赫然写着地址是“伦敦唐宁街××号”（No. ×× Downing Street, London），表示买家住在大城市市中心，但一交谈会发现对方并非大采购商，于是很失望。其实英国是个多民族的国家，很多英国大买家并不都住在城市里，因为一些有着悠久历史传统的家族企业（如制鞋业、皮革业等）性质的英国商人很可能住在一些庄园、村庄，甚至古堡里面，所以他们的住址一般都是诸如“切斯特菲尔德”（Chesterfield）、“谢菲尔德”（Sheffield）等以“菲尔德”（field）为后缀的地方。所以这一点需要格外注意，不要根据地址来判断买家的实力。

**3. 法国**

一提到法国，人们首先想到的就是“浪漫”（romantique）二字，提起巴黎，就和“花都”（Capitable des Fleurs）联系到了一起，而且法兰西民族在社会科学、文学、科学技术方面都有着卓越的成就。我们应该想一想，法国人为何如此浪漫、如此高雅？其实这和法国人从小所接受的教育是有关的，法国人从小到大有六门必修课，分别是音乐、体育、美术、法国文学、法语和拉丁语。除了后两门是语言学之外，其他的课程都是和艺术有关的，也就是说，法国人从小就是在艺术的氛围和熏陶下长大的，所以与生俱来的浪漫天性也就不足为奇了。

法国买家的特点及应对方式主要有：

（1）法国买家一般都比较注重自己的民族文化和本国语言，因此在进行商务谈判时，他们往往习惯于要求对方同意以法语为谈判语言。与法国人长期做生意，最好学些法语，或者在谈判时选择一名好的法语翻译。法国商人大多性格开朗、十分健谈，他们喜欢在谈判过程中谈些新闻趣事，以创造一种宽松的气氛。所以多了解一些法国文化、电影文学、艺术摄影方面的知识，还是非常有助于互相沟通交流的。

### 案例

多年以前我做外贸时，遇到过一位法国客商。她是一位四十多岁的中年女性，记得首次见面时，她给我的印象就是非常高雅，穿着时尚。但是，我们一开始沟通起来不是很顺利，因为她对价格十分看重，谈了一上午也没有太大突破。中午休息时，一起吃饭闲聊，我无意中提到了法国电影，就试探性地问了她是否了解苏菲·玛索（Sophie Marceau）这个法国演员，没想到她居然是其忠实影迷，于是话匣子一下子打开了。其实我对法国电影了解不多，加上客户一口的法式英语，很多电影专业名词根本听不懂，但我又不忍心老是用“Pardon”去打断她那高昂的兴致，只好默默地始终微笑地说着“Oh yes, Oh good, Oh wonderful”之类的话语，终于似懂非懂地聊完了这个电影话题。法国客户似乎非常满足，感觉找到知音一样，下午谈判时居然张口就是“I accept your price”，这意外之喜让我非常开心。签完合同，法国女客商还意味深长地说了一句“It’d be better if you can speak French”。于是，我终于明白，除了对文学文化的推崇，法国人一般都比较注重自己的本国语言，因此在进行商务谈判时，如果以法语为谈判语言，效果会更好。

（2）法国人天性浪漫、重视休闲，时间观念不强。法国人在商业往来或社会交际中经常迟到或单方面改变时间，而且总会找一大堆冠冕堂皇的理由。在法国还有一种非正式的习俗，即在正式场合，主客身份越高，来得越迟。所以，要与他们做生意，就需学会忍耐。但法国人对于别人的迟到往往不予原谅，对于迟到者，他们都会很冷淡地接待。因此，如果你有求于他们，千万别迟到。

（3）谈判中重视合同条款，思路灵活效率高，注重依靠个人力量达成交易。法国商人谈判时思路灵活，手法多样，为促成交易，他们常会借助行政、外交的手段介入谈判。同时喜欢个人拥有较大的办事权限，在进行商务谈判时，多由一个人承担并负责决策，很少有集体决策的情况，谈判效率较高。

（4）法国商人对商品的质量要求十分严格，条件比较苛刻，同时他们也十分重视商品的美感，要求包装精美。法国人从来就认为法国是精品商品的世界潮流领导者。巴黎的时装和香水就是典型代表。因此，他们在穿戴上都极为讲究。在他们看来，衣着可以代表一个人的修养与身份。所以在谈判时，稳重考究的着装会带来好的效果。

**4. 比利时、荷兰、卢森堡等国**

这些国家的买家通常稳重、计划性强，注重外表、地位、礼节、程序化，讲信誉，商业道德高。卢森堡的买家以中小企业为主，一般回复率较高，但不愿意为物流承担任何责任，通常和中国香港地区的供应商做生意较多。供应商在谈判时应注意趁热打铁，不要因为付款方式或运输问题而拒绝对方。

## 任务实施

假设你是做服装产品的出口商，有一位法国客户与你正在洽谈采购事宜，并提出来去你的工厂验厂。你作为供应商，需要与工厂提前做好哪些谈判前准备工作？

**温馨贴士**

**有关法国巴黎的一些常识**

巴黎是法国最大的工商业城市。北部诸郊区主要为制造业区。最发达的制造业项目有汽车、电器、化工、医药、食品等。奢华品生产居次，并主要集中在市中心各区；产品有贵重金属器具、皮革制品、瓷器、服装等。外围城区专事生产家具、鞋、精密工具、光学仪器等。

卢浮宫（Louver Museum）位于巴黎第一区，其艺术藏品有40万件，换句话说，每件都看过来估计不太现实，所以如果来卢浮宫参观，其中最重要的镇宫三宝务必欣赏：《米洛的维纳斯》（Venus de Melos）、达·芬奇的《蒙娜丽莎》（Mona Lisa）和《萨莫特拉斯的胜利女神》（Winged Victory of Samothrace）——三个雕像都不太完整，因此被人戏称"三个残疾人"，看过也就无憾了。第十五区的蒙帕那斯大厦（Montparnasse Tower），是巴黎市区内最高的大楼，上到楼顶天台可以俯视整个巴黎。第十六区是巴黎的富人区。喜欢教堂的朋友，务必不能错过第四区的巴黎圣母院（Cathédrale Notre Dame de Paris）和第十八区的圣心大教堂（Basilique du Sacre Coeur），前者是欧洲著名的哥特式三大教堂之一，同时雨果的经典名著和同名电影都是取材于此；后者是欧洲著名的拜占庭式大教堂，风格独特，是蒙马特高地的象征，同时也源自巴黎公社那段可歌可泣、血雨腥风的历史。

（三）南欧买家

南欧的国家主要包括意大利、西班牙、葡萄牙、希腊、巴尔干地区的国家等，南欧国家的人普遍比较悠闲，不太喜欢劳动，所以经济上也明显落后于西欧和北欧。

**1. 意大利**

说到意大利，很容易让人想起 1990 年的世界杯足球赛。因为主题歌《意大利之夏》（Un'estate Italiana）实在是让人难以忘怀，同时意大利人的飘逸潇洒，也深深地印入了我们的脑海。意大利人的国家意识淡薄，他们不习惯提国名，而愿意提故乡的名字。意大利人文化素质高，既有德国人的精明能干，又有法国人的健谈。

意大利买家的特点及应对方式主要有：

（1）善于社交，情绪多变。意大利人说话时手势较多，表情富于变化，易情绪激动，常常会为很小的事情而大声争吵，互不相让。意大利人比德国人少了一些刻板，比英国人多了一些热情，但在谈判合同、做出决策时不会冲动，一般不愿仓促表态，比较慎重。同时比较重视产品的价格，在价格方面显得寸步不让，喜欢采用代理的方式。

（2）注重节约，崇尚时髦。意大利人有节约的习惯，不愿多花钱追求高品质，而德国人却宁可多付款来换取高质量的产品和准确的交货日期。同时，意大利人还追求时髦，衣冠楚楚，潇洒自如。他们的办公地点一般都设施讲究，比较现代化，并且对生活的舒适度也十分注重。与他们谈判时，着装时尚、潇洒会给他们留下好的印象。

（3）意大利人与外商做交易的热情不高，他们更愿意与本国企业打交道。由于历史和传统的原因，意大利人不太注重外部世界，不主动向外国观念和国际惯例看齐。他们信赖本国企业，认为本国企业生产的产品一般质量较高，而且本国企业与他们存在共同性。所以，与意大利人做生意要有耐心，要让他们相信你的产品比他们本国生产的产品更为物美价廉。还有一点应注意的是：在意大利从事商务活动，必须充分考虑其政治因素，了解对方的政治背景，以防政局变动而蒙受经济损失。

**2. 西班牙、葡萄牙、希腊**

（1）希腊买家：通常生性开朗，不过难以认错；掮客较多，订单较小。

（2）葡萄牙买家：一般性格随和，以自我为中心，不过协调性差、不守时；倾向农业、手工业，制造商较少。

（3）希腊买家：诚实但效率低，不追求时髦，喜欢浪费时间（希腊人有种信念：有时间浪费的才是富人，所以他们宁愿在爱琴海边晒太阳，也不愿意忙里忙外去挣钱）。

### （四）东欧及以色列买家

东欧国家包括俄罗斯、波兰、罗马尼亚、保加利亚等国。随着 20 世纪 90 年代初苏联解体，俄罗斯的社会生活发生了极大的改变，人们的社会地位、生活方式、价值观念也有显著的变化。俄罗斯商人一般显得忧虑、自信心不足，进取心差。他们求成求利心切，喜欢谈大金额合同，对交易条件要求苛刻，缺乏灵活性。同时，俄罗斯人官僚主义作风较为严重，办事喜欢拖拉。而东欧诸国的政治体制改革和经济体制改革对社会文化的影响也很大，国家制度的变化给这些国家人民的思想带来了很大冲击。他们的谈判人员在此背景下显得作风散漫，待人谦恭，缺乏自信。在谈判中，他们显得急于求成，注重实利，对现实利益紧抓不放。所以应对俄罗斯及东欧买家，应该注意追踪和跟进买家，趁热打铁，避免对方变卦；另外，对俄罗斯人还要用“本地化”策略。

#### 案例

在曾经的一次莫斯科展会上，我遇到很多俄罗斯商人，清一色不会说英文，于是我开玩笑地问对方，为何不学点英文，英文是国际上的通用语言。没想到俄罗斯商人普遍的第一反应却是：“我为什么要学英文，对于我来说，只要在俄罗斯当地找到一个离我最近的分销商就可以了。”换句话说，俄罗斯商人的思维是，不需要知道中国供应商在哪里，只要在俄国当地就近找到分销商即可。另外，展会上还发生了这样的事情，一位俄罗斯买家来参观一个中国供应商的展位，问其产品之前有无在俄罗斯销售过，中国参展人员当时想了一下，回答说：“在莫斯科没有卖过，但是在圣彼得堡卖过。”俄罗斯买家听完扭头就走，供应商以为肯定没戏了。没想到，第二天该俄罗斯商人又来了，而且提出来要详细洽谈。后来深入沟通才发现，原来前天买家回公司去调查圣彼得堡是否真有过该产品的销售记录，经核实发现，供应商说的是真话，确实在圣彼得堡卖过该产品，所以买家这才放心地回来洽谈。所以，这是典型的俄罗斯人“本地化”意识的体现，这也能说明为何很多俄罗斯商人第一次遇到中国商人，经常会主动问道：“你需不需要我做你在俄罗斯当地的代理商啊？”

有一个国家比较特殊，那就是以色列。以色列按照地理上划分属于亚洲国家，但是由于它同周边阿拉伯国家的矛盾状态，它在很多国际事务上是按欧洲国家对待，如足球比赛，它加入的就是欧足联，所有很多人都把以色列看成欧洲国家。以色列是世界上唯一一个以犹太人为主体的国家。说到犹太人，他们的特点还是比较鲜明的，犹太人善于经商，团结精明，交易条件苛刻，喜欢斤斤计较，而且善变；他们信奉不借钱给别人，也不轻信别人。不过说到应对方式，倒非常简单，一句话可以概括：对付犹太人，你必须精明。

## 二、美洲（北美、南美）买家的特点与风格

### （一）北美洲买家

北美洲面积 2 422.8 万平方千米（包括附近岛屿），约占世界陆地总面积的 16.2%，是世界第三大洲。人口 46 200 万，约占世界总人口的 8%。北美洲有 23 个独立国家和十几个地区，大部分居民是欧洲移民的后裔，其中以盎格鲁-撒克逊（Anglo-Saxon）人最多。北美最主要的两个国家——美国和加拿大都是发达国家，其人类发展指数和经济一体化水平都很高，是对中国产品需求较大的两个国家。加拿大商人的特点基本与美国商人相同，所以我们就以美国买家为例进行介绍。

美国是世界上实际土地面积排名第四、人口排名第三的国家，也是世界第一大经济强国，全国共分 10 大地区、50 个州和 1 个特区。美国有高度发达的现代市场经济，其国内生产总值和对外贸易额均居世界首位。美国是个年轻的国家。历史上，大批拓荒者从欧洲来到北美，从美国东海岸进军西海岸，冒着极大的风险，开拓出一片片土地。这种开拓精神世代流传，现代的美国人仍具有强烈的进取精神。美国是个移民的国家，人口流动性大，开放程度较高，现代观念很强，因此，美国人很少受权威和传统观念的支配，而是具有强烈的创新意识和竞争意识。从总体上讲，美国人的性格是外向、随意的。

美国买家的特点及应对方式主要有：

（1）重视效率、珍惜时间，追求现实利益和注重法律意识，重视宣传和外观形象。美国谈判人员重视效率，喜欢速战速决。因为美国经济发达，生活、工作节奏极快，所以形成了美国人信守时间，尊重进度和谈判期限的习惯。在美国人看来，时间就是金钱。如果不恰当地占用了他们的时间，就等于浪费了他们的金钱。美国人认为，最成功的谈判人员是能熟练地把一切事物用最简洁、最令人信服的语言迅速表达出来的人，因而美国谈判人员为自己规定的谈判最后期限往往较短。谈判中，他们十分重视办事效率，会尽量缩短谈判时间，力争每一场谈判都能速战速决。一旦突破其最后期限，谈判很可能破裂。除非特殊需要，同美国人谈判时间不宜过长。因为大多数美国公司每月或每季度都必须向董事会报告经营利润情况，如果谈判时间过长，就会对美国人失去吸引力。所以只要报价基本合适，就可以考虑抓住时机拍板成交。同时，美国人的法律意识根深蒂固，一旦发生争议和纠纷，最常用的办法就是诉诸法律，因为此时友好协商的可能性不大。美国谈判人员提出的合同条款大多是由公司法律顾问、董事会研究决定的，谈判人员一般对合同条款无修改权，对法律条款一般不轻易让步。美国人习惯于按合同条款逐项讨论直至各项条款完全谈妥。

（2）谈判风格外向豪爽、自信甚至有些自傲。美国谈判人员有着与生俱来的自信和优越感，他们总是十分有信心地步入谈判会场，不断发表自己的意见和提出自己的权益要求，往往不太顾及对方而显得气势上咄咄逼人，并且语言表达直率，喜欢开玩笑。这种坦率外露、善于直接向对方表露出真挚感情的情绪也容易感染别人，对此应充分加以利用，并以相应的态度予以鼓励，以营造良好的谈判气氛，创造成功机会。

（3）对于具体业务、合同会非常谨慎。美国商人既重视商品质量，又重视商品包装。商品的外观设计和包装，体现一国的消费水平和文化状况，也是刺激消费者购买欲望、提

高消费质量的重要因素。美国人不仅对自己生产的产品不遗余力地追求内在品质和包装水平，而且对于购买的外国商品也有很高的要求。

（4）与美国买家谈判或报价时要特别注意，应该注意以整体对整体，报价时提供整套方案来报，考虑全盘。因为美国人在谈判方案上喜欢搞全盘平衡的“一揽子交易”（Package deal）。所谓一揽子交易，主要是指美国商人在谈判某项目时，不是孤立地谈其生产或销售，而是将该项目从设计、开发、生产、工程、销售到价格等一起商谈，最终形成全盘方案。美国文化培养的谈判人员较注重大局，善于通盘筹划，他们虽讲实利，但在权衡利弊时，更倾向于从全局入手。所以，美国谈判人员喜欢先总后分，先定下总的交易条件，再谈各项具体条件，全方面考虑。所以我们的供应商在报价时需要注意提供整套方案来报，不要逐条分开，价格考虑全盘，如人民币升值、原材料上涨、退税下降等因素都要考虑进去，把价格所含有的内容，以及你所考虑到的整个生产、交货流程中的问题都说出来，这样美国人也会认为你考虑得周到仔细，可以有力地促进订单的达成。

### （二）南美洲买家

南美洲包括 13 个国家（哥伦比亚、委内瑞拉、圭亚那、苏里南、厄瓜多尔、秘鲁、巴西、玻利维亚、智利、巴拉圭、乌拉圭、阿根廷）和地区（法属圭亚那）。南美东部国家巴西，面积约占大陆总面积的一半。第二次世界大战后，南美洲经济发展很快，经济结构发生显著变化。但各国经济水平和经济实力相距甚远。巴西、阿根廷已建立了比较完备的国民经济体系，两国国内生产总值约占全洲的 2/3。委内瑞拉、哥伦比亚、智利、秘鲁经济也较发达。

南美洲买家的特点及应对方式主要有：

（1）固执，个人至上，闲散、享乐、重感情，信誉和责任感不高。南美洲的工业水平很弱，企业家的企业意识也较弱，工作时间普遍短且工作态度松懈。由于气候的关系，早上起得晚，而午饭后必须睡午觉。中午休息的时间一般是从 12:00 到 15:00，银行要到 12:00 才开门，而到 15:00 就关门了。由于比较悠闲，人们常常变得责任感不强。在商业活动中，不遵守付款日期是经常发生的事，而且对金融的时间价值也缺乏敏感。与南美洲商人洽谈时，常听他们说：“明天就办。”但到了明天，却仍然是这句话。南美洲人的教育水平比较低，能够管理业务的经理人才不多。因此，必须与负责管理的人才能谈生意，而且南美洲休假也很多。在商谈中，经常会遇到参加洽谈的人突然请假，商谈要停顿到他休假回来后才能继续进行的情况。由于当地这种情况，洽谈中的感情成分很大，彼此成为知己之交之后，他们便会优先办理，也会照顾到客户的要求，商谈便可以顺利地进行。因此，在南美洲，商谈时的态度是要能善解人意，冷酷无情将不适合当地的商谈气氛。但是近几年来，在美国受过商业教育的人迅速增加，因此这种商业环境正在逐步改变。

（2）缺乏国际贸易知识。从事国际贸易的商人中，有对信用证付款的观念极为淡薄的人，还有商人希望同国内交易一样用支票付款，甚至有些人根本不了解国际贸易中正式交易的做法。南美国家中，除巴西、阿根廷、哥伦比亚等外，对进口许可证审查很严，所以事先若未确认是否已获得许可，千万不要着手组织生产，以免陷于进退两难的困境。在南美洲的贸易中，美元是主要货币。美元黑市横行，是南美各国共同的现象。

（3）政局不稳，国内金融政策易变。在南美洲，政变是经常发生的事情。由于人们司空见惯，因此发生了政变，也不会紧张骚动，街上仍平平静静。政变对于一般的商业活动几乎没有影响，只有牵涉到政府的交易，才会受到影响。所以和南美商人做生意用L/C（信用证）付款时，要特别谨慎，事先要多多考查其当地银行的资信。同时，和南美商人做生意还要注重“本地化”策略，注意商会、商赞处的作用。

## 三、中东、亚洲、大洋洲买家的特点与风格

### （一）中东买家

“中东”不属于正式的地理术语，在外贸领域，我们所说的中东地区主要是指狭义的阿拉伯国家地区，主要分布在西亚的阿拉伯半岛和北非，如巴林、埃及、伊朗、伊拉克、以色列、约旦、科威特、黎巴嫩、阿曼、卡塔尔、沙特、叙利亚、阿联酋和也门、巴勒斯坦等国。这些国家经济结构单一，绝大多数盛产石油，靠石油及石油制品的出口维持国民经济，进口商品主要是粮食、肉类、纺织品，以及运输工具、机器设备等。由于受地理、宗教、民族等问题的影响，阿拉伯人以宗教划派，以部族为群。他们的家庭观念较强，性情固执而保守，脾气也很倔强，重朋友义气，热情好客，却不轻易相信别人。他们喜欢做手势，以形体语言表达思想。尽管不同的阿拉伯国家在观念、习惯和经济力量方面存在较大差异，但作为整个阿拉伯民族来讲却有较强的凝聚力。在阿拉伯国家，伊斯兰教一向被奉为国教，是除阿拉伯语以外阿拉伯民族的又一重要凝聚力量。阿拉伯人非常反感别人用贬损或开玩笑的口气谈论他们的信仰和习惯，嘲弄或漠视他们的风俗。

中东地区买家的特点及应对方式主要有：

（1）有家庭观念，重信义交情，固执保守，节奏缓慢。在阿拉伯人看来，信誉是最重要的，谈生意的人必须首先赢得他们的好感和信任，而赢得他们信任的前提是你必须尊重他们的宗教信仰，尊重“真主安拉”。阿拉伯人的谈判节奏较缓慢。他们不喜欢通过电话来谈生意。从某种意义上说，阿拉伯人的一次谈判只是他们进行磋商的一部分，因为他们往往要很长时间才能做出谈判的最终决策。如果外商为寻找合作伙伴前往拜访阿拉伯人，第一次很可能不但得不到自己期望出现的结果，而且还会被他们的健谈所迷惑，有时第二次乃至第三次都接触不到实质性的话题。遇到这种情况，要显得镇静而有耐心。一般来说，阿拉伯人看了某项建议后，会去证实是否可行，如果可行，他们会在适当的时候安排由专家主持的会谈。如果这时你显得很急躁，不断催促，往往欲速则不达。因为闲散的阿拉伯人一旦感到你把他挤进了繁忙的日程中，他很可能把你挤出他的日程。另外，阿拉伯人有“祈祷”的习惯，所以经常时不时地突然跪下向天祈祷，口中念念有词，你也不要对此太意外或不可理解。

（2）谈判中肢体语言较多，喜欢讨价还价。阿拉伯人极爱讨价还价。无论商店大小均可讨价还价。标价只是卖主的“报价”。更有甚者，不还价即买走东西的人，还不如讨价还价后什么也不买的人更受卖主的尊重。阿拉伯人的逻辑是：前者小看他，后者尊重他。市场上常出现的情景是，摆摊卖货的商人会认真看待和处理与他讨价还价的人，即使生意不成也仅是耸耸肩、手一摊表示无能为力。因此，为适应阿拉伯人讨价还价的习惯，外商应确立起见价必还的意识，凡对方提出交易条件，必须准备讨价还价的方案。高明的讨价

还价要有智慧，即找准理由，令人信服，在形式上要尽可能把讨价还价做得轰轰烈烈。作为供应商，你无论怎么报价，阿拉伯人都会砍价，因为降价是他们的主要目的，所以我们在第一次报价时，不妨适当地把价格报高一些，留一些给对方砍价的空间，否则报低了就再无降价的空间了。

（3）注意阿拉伯人的谈判习惯和宗教信仰。在商业交往中，他们习惯使用“IBM”。这里的“IBM”不是指 IBM 公司，而是指阿拉伯语中分别以 I、B、M 开头的三个词语。I 是指“因夏利”，即“神的意志”；B 是指“波库拉”，即“明天再谈”；M 是指“马列修”，即“不要介意”。他们常以这几个词作为武器，保护自己，以抵挡对方的进攻。例如，双方已订好合同，后来情况发生变化，阿拉伯商人想取消合同，就会名正言顺地说：“神的意志。”而在谈判中当形势对对方有利时，他们却耸耸肩说：“明天再谈吧”，等到明天一切又要从头再来。当外商因阿拉伯人的上述行为或其他不愉快的事而烦恼不已时，他们又会拍着外商的肩膀，轻松地说：“不要介意。”所以，与阿拉伯人做生意，要记住他们的“IBM”的做法，配合对方悠闲的步伐，慢慢推进才是上策。

**温馨贴士**

**迪拜和阿联酋的关系**

阿联酋的全称是“阿拉伯联和酋长国”，它包括以下七个酋长国：阿布扎比、迪拜、沙迦、阿治曼、乌姆盖万、拉斯海马、富吉拉，各部落有各自的行政自主权。可见，迪拜只是阿联酋的酋长国之一，而且阿联酋的首都也不是迪拜，而是阿布扎比。

迪拜人究竟有多富？众所周知，迪拜的高层建筑非常多，如七星级帆船酒店（Burj Al-Arab）、亚特兰蒂斯酒店（Atlantis）、世界第一高塔哈利法塔（Burj Khalifa Tower）……“迪拜 Mall”更是全球最大的购物中心，相当于 6 个足球场那么大。不过这些都是众所周知的事情，但是以下这个图片，足以说明迪拜的富裕程度。这张图是笔者前往帆船酒店的路上靠近海边拍摄的，那么这些房子自然都是海景房了。按照中国楼市标准，这些都是高价房，但是导游的一席话却足以震撼人心。“这些房子在当地都是属于经济适用房，而且都是富人免费赠送的！”在万般羡慕的同时，我们也了解了原因始末。中东阿拉伯人的宗教信仰，大多是信奉真主安拉的，而伊斯兰教里有一条非常重要的教义就是“要会施舍”，所以很多阿拉伯人都有施舍捐赠的宗教信仰。不过迪拜人发现，在这个国家没法进行施舍，因为迪拜根本就没有穷人，更不要说什么乞丐了，所以很难实现自己施舍的愿望。因此体力好的人就去了沙特著名的麦加朝圣，去不了的富人只好在海边盖了这一幢幢海景房，赠送给当地不太富裕的群众，以完成自己信仰和灵魂的升华。

### （二）亚洲买家

亚洲在地理上习惯分为东亚、东南亚、南亚、西亚、中亚和北亚。目前，亚洲除日本外，大多数国家为发展中国家。农业在亚洲各国中占重要地位。绝大多数国家工业基础薄弱，采矿业和农产品加工业较先进，重工业正在发展。中国东半部、日本、韩国、爪哇岛、斯里兰卡西部、印度中部、土耳其西部交通发达。东南部沿海海上运输发达。广大内陆地区和沙漠地区以畜力为主。我国供应商接触比较多的是东亚、南亚和西亚的国家，西亚大部分国家属于中东地区，前文已经介绍过，这部分主要介绍东亚的日本和韩国，以及南亚的印度和巴基斯坦。

**1. 日本**

日本是西太平洋上的一个岛国，隔海与我国、朝鲜、俄罗斯相望。其领土由北海道、本州、四国、九州四个大岛及附近的 1 000 多个小岛组成，海岸线曲折，多良港。日本资源匮乏，人口密集，市场有限，民众有强烈的危机感。第二次世界大战后，日本通过引进高科技并发展外向型经济，创造了经济上的奇迹，从战后废墟一跃成为世界第二大经济强国。日本与中国是一衣带水的近邻，同属于东方文化类型的国家。早在公元 7 世纪，中国的儒教文化就传入日本。儒家思想中的等级观念、忠孝思想、宗法观念深深植根于日本人的内心，并在其行为方式中体现出来，形成富有特色的大和民族文化——个人、家庭、团体、政府信念一致，民族向心力强。然而，日本通过历代的社会变革，从明治维新开始，逐渐将传统的价值观念与崭新的现代观念结合起来，出色地完成了从传统的古老社会到现代社会的过渡。现代的日本人兼有东西方观念，具有鲜明的特点。他们讲究礼仪，注重人际关系；等级观念强，性格内向，不轻信人；工作态度认真、慎重，办事有耐心；精明自信，进取心强，勤奋刻苦。这些特征使日本人在商务活动中表现为事前准备工作充分、计划性强，注重长远利益，善于开拓新的市场。日本买家的特点及应对方式主要有：

（1）团队精神突出，准备充分，计划性强，注重长远利益。由于日本资源匮乏，且多灾多地震，所以日本国民的忧患意识、团队意识很强，有着高度敬业的精神，而且在日本企业中，以“重自我”为恶行，以“重集体”为美德。所以日本商人的团队精神或团体意识在世界上是首屈一指的。单个日本人与其他民族的人相比，在思维、能力、创新精神或心理素质方面往往都不见得出类拔萃。但是，日本人一旦结为一个团体，这个团体的力量就会十分强大。日本有许多家族式企业，它们使个人、家庭和企业紧密相连，使个人对集体产生强烈的依赖感、归属感和忠诚心，使企业组织内部有高度的统一性和协调性。在日本企业中，决策往往不是由最高领导层武断地做出，而是要在公司内部反复磋商，凡有关人员都有发言权。企业高层领导通常派某人专门整理所需决策的情况，集中各方面意见，然后再做出决策。与此相适应，日本企业的谈判代表团多由曾经共事的人员组成，彼此之间互相适应，有着良好的协作关系，团体倾向性强。谈判代表团内角色分工明确，但每个人都有一定的发言决策权，实行谈判共同负责制。在谈判过程中常常会遇到这样的情形：碰到日方谈判代表团事先没有准备过或内部没有协商过的问题，他们很少当场明确表态、拍板定论，而是要等到与同事们都协商过之后才表态。因此，同日本企业打交道，与担任中层领导的人员及其他有权参加决定的成员之间建立和培养良好的关系，往往有助于交易谈判的展开。集体观念使得日本人不太欣赏个人主义和自我中心主义的人，他们往往率团前去谈判，同时也希望对方能率团参加，并且双方人数大致相等。如果对方没做到这点，他们就会怀疑其能力、代表性及在公司中的人际关系，甚至会认为对方没把他们放在眼里，是极大的失礼。

（2）忍耐坚毅，有时态度暧昧圆滑，谈判中惯用“车轮战术”和“沉默破坚冰”的方法。日本商人在谈判时表现得彬彬有礼，富有耐心，实际上他们深藏不露，固执坚毅，而且在谈判中会显得殷勤谦恭，对长者或某方面强于自己的人充满崇敬之情。在国外，他们恪守所在国的礼节和习惯，谈判时则常在说说笑笑中讨价还价，这反映了“礼貌在先，慢慢协商”的态度。这会使谈判在友好的气氛中进行，也会使对方逐渐放松警惕，便于他们杀价。许多场合下，日本谈判人员在谈判中还会显得态度暧昧，婉转圆滑，即使同意对方的观点，也不直截了当表明，往往给人以模棱两可的印象。同时，他们在谈判中惯用“车轮战术”和“沉默破坚冰”的方法。“车轮战术”是指每次参与谈判的日方代表人数众多，谈判中群起而攻之，使得对方有压力。“沉默破坚冰”是指有时日方在谈判中不占优势，就会三缄其口，沉默是金，无论对方怎么说，日方就是不回应。这样半天下来，会让这个谈判的气氛非常凝重和压抑，所以对手此时的心理价格防线往往会松动。接下来谈判时一旦在价格上稍稍让步，日方马上就给予还击，抓住机会讨价还价，最终把价格压低。所以这一点，我们必须提高警惕，事前做好充分的准备，不论对手是安静沉默还是急风骤雨的攻击，都要依然如故，不乱阵脚。如果预案与事实不符，也可以运用缓兵之计迅速地研究出新方案，部署新阵地后再战，而且我们自己必须学会更加耐心。

（3）日本商人还有一种观念：产品如果能在本国内做成就绝不从国外进口；如果从国外进口，能从美国进口就绝不从中国进口；但如果需要从中国进口，那就只能从中国进口。

**2. 韩国**

韩国土地面积狭小，自然资源贫乏，比较依赖国外市场。20世纪60年代，韩国政府成功地推行以增长为主的经济政策，70年代之后正式走上发展经济的轨道，到80年代，韩国一改贫穷与落后的面貌，呈现出繁荣和富裕的景象，成为国际市场上一个具有竞争力的国家。并且，韩国于1988年举办了汉城奥运会。如今，韩国经济实力雄厚，钢铁、汽车、造船、电子、纺织等已成为韩国的支柱产业，其中造船和汽车制造等行业更是享誉世界。韩国的电子工业发展迅速，为世界十大电子工业国之一。近年来，韩国重视信息技术产业，不断加大投入，信息技术水平和产量均居世界前列。韩国是单一民族，排他性非常强，民族主义情绪高涨。

韩国人善于谈判，条理分明，逻辑性强，重视制造气氛。同时，他们也比较讲究礼仪，在谈判中条理、思路都非常清晰，而且理解和反应能力很强，特别善于制造谈判气氛。其商人一般不苟言笑，态度庄重甚至有些凝重，所以在这种谈判气氛中，我们的供应商应该注意做好充分的准备，调整心态，不要被对方的气势压倒。

**3. 印度和巴基斯坦**

印度和巴基斯坦都属于南亚的重要国家。印度对中国研究很多，还出版过一本书——《如何与中国人做生意》。他们认为中国商人喜欢订金，只要付了订金，中国商人就愿意做这笔订单，而且中国商人忍无可忍时的最好解决方法就是自我让步……可谓对中国商人的性格特点了如指掌。印度和巴基斯坦的买家都善于把握贸易细节，如货物在装船后，他们可以控制对货物入关的处理权。所以我们在与印度和巴基斯坦的买家合作的时候，应该充分了解对方的信誉，并且在确定贸易术语和付款方式时要格外慎重。

### （三）大洋洲买家

大洋洲陆地总面积约 897 万平方千米，约占地球陆地总面积的 6%，是世界上最小的一个洲。大洋洲有 14 个独立国家，其余 10 个地区尚在美、英、法等国的管辖之下，澳大利亚、新西兰是大洋洲最大的两个国家。我们这部分主要介绍澳大利亚买家的情况。

澳大利亚现在是大洋洲经济最发达的国家。澳大利亚人特别重视人与人之间的平等，讲究礼尚往来、互不歧视。他们强调友谊，认为谁也不比别人优越，谁也不能藐视别人。人们只有分工的不同，但都是相互服务的，不应存在高低贵贱之分，理应相互尊重。他们善于往来，并喜欢和陌生人交谈。他们的言谈话语极其重视礼貌，文明用语不绝于耳，并很注重修养，谈话总习惯轻声细语，很少大声喧哗。澳大利亚人还有个特殊的礼貌习俗，他们乘出租车时，总习惯与司机并排而坐。即使他们是夫妇同时乘车，通常也要由丈夫在前面，妻子独自居后排。他们认为这样才是对司机的尊重，否则会被认为失礼。他们的时间观念非常强，对约会是非常讲究信义的，有准时赴约的良好习惯。其商人一般注重效率、沉着安静，公私分明。另外，由于进口壁垒较多，澳大利亚买家开始时的订单量一般不会太大，同时对产品的质量要求比较严格。

## 四、非洲及其他地区买家的特点与风格

### （一）非洲买家

非洲位于东半球的西南部，东濒印度洋，西临大西洋，面积约占世界陆地总面积的 1/5，为世界第二大洲，仅次于亚洲。非洲各国的经济曾长期遭受帝国主义的控制，许多国家独立后，为了维护国家主权和民族利益，采取了有利于本国经济利益的政策和措施，取得了一定的成绩。在发展民族经济的道路上，非洲正在改变过去殖民统治所造成的“单一经济”状态。人们习惯上把非洲分为北部非洲和撒哈拉以南的非洲。北部非洲人口约占非洲的 1/4，国民生产总值则占 1/3 以上，人均占有量高出全洲平均数的一半，该地区均属于中等收入国家。撒哈拉以南的非洲，经济相对落后。南非共和国是撒哈拉以南的非洲现代工业最发达的国家。非洲国家包括南非、尼日利亚、埃及、利比亚、苏丹、突尼斯、阿尔及利亚、摩洛哥、埃塞俄比亚、索马里、吉布提、肯尼亚、坦桑尼亚、乌干达、卢旺达、布隆迪等。非洲买家两极分化严重，富的特别富，穷的特别穷；非洲买家采购数量较少，品种较杂，但要货通常比较急，大多采用 T/T（电汇）、现金的支付方式，不喜欢用 L/C（信用证）。非洲市场对高档消费品的需求较少，对低档消费品的需求较大。有一点需要格外注意：尽管贸易领域部分非洲买家存在诚信问题，但是很多非洲大买家往往在当地是特权阶级。我们应该尽量了解、分析对方的资讯和信誉，多多交谈从而便于自己判断；对于质量好的买家，要尽可能争取留住该买家，尤其是那些有特权的买家。

### （二）华侨买家

华侨买家的特点主要是果断，善抓机会，喜欢讨价还价，具有冒险精神。需要明确的

是，华侨是定居在国外的中国公民，做生意时还是需要根据华侨所在地来综合考虑该买家的特点与风格。

## 实训演练

假设你是做电子产品的出口商，有一位日本客户与你正在洽谈采购事宜，并提出来去你的工厂验厂。你作为供应商，需要与工厂提前做好哪些准备？如何接待客户？

# 学习子情景二　各国谈判禁忌

### 知识目标

- 了解世界主要国家商人谈判的禁忌。

### 能力目标

- 提高外贸人员谈判前的准备能力。
- 能够在商务谈判过程中避开对方人员的禁忌话题与行为，使谈判顺利地进行。

### 情景引例

中国某供应商来到中东的一个国家，遇到一位裹着头巾、戴着面纱的阿拉伯女孩，提出要合影，被严词拒绝；在中国，带阿拉伯客商去吃猪肉，也被严词拒绝，且生意也做不起来了，这是为什么呢？

点评：阿拉伯民族风俗禁忌很多，如穆斯林不能吃猪肉；对于裹着头巾的女子，一般不要主动接触。提出合影及任何身体接触，都是非常不礼貌的行为。

## 知识准备

### 一、欧洲商务谈判禁忌

#### 1. 与欧洲商人谈判时，切忌绕弯子

虽然欧洲各国之间的商务文化呈现差异，但是，欧洲人在谈判时有一个共性就是很干脆，当他们认为所有的重要因素已经谈妥时，就会很快地把交易确定下来。在很多欧洲国家，一旦交易谈妥后，他们就极少出现对交易中的条款提出变更再反复商议的情况。欧洲人在交流上比较直接坦白，当他们不赞同的时候，就会说“不”。在欧洲，这样做不是不礼貌的表现，更多的是诚实和直接的表现，而且也会得到贸易伙伴的赞许。

中国人习惯说“再看看吧”“或许”，因为我们觉得直接说“不”是不礼貌的表现，但是多数的欧洲人会理解为我们就要同意达成协议了。虽然贸易双方的关系跟情感很重要，但是很多的决策都是以事实和数据作为基础的，“生意就是生意”，即使你的欧洲客户跟你关系很好，不见得他们就会接受你的提议。另外，欧洲人通常对颜色、数字、迷信活动不

是很敏感。

**2. 资历和等级在德国、法国和英国被看得很重要，与这些国家做生意切忌随意**

与荷兰或德国相比，在南欧国家如西班牙和意大利，个人情感和直觉因素在签订合约的过程中起着更大的作用。在比利时，语言是一个很敏感的话题，尤其是在瓦隆地区。保加利亚人做决策的过程都相当长，这点需要有思想准备，而且当你不得不为他们的决定而等待的时候，请不要太悲观。在捷克做生意的时候，穿着的关键在于“适度”。到英国洽谈贸易时，要有三条忌讳：① 忌系有纹的领带（因为带纹的领带可能被认为军队或学生校服领带的仿制品；② 忌以皇室的家事为谈话的笑料；③ 忌把英国人称呼为“英国人”。在法国，你的个人形象是你身份地位和事业成功程度的象征。

在德国，如果你已经获得了学士学位或任职于一家有很长经营史的公司，将这些印制在你的名片上会对你有所帮助。德国人对那些业绩良好的公司的印象最深刻。德国商人很注重工作效率。因此，同他们洽谈贸易时，严忌闲谈。德国北部地区的商人，均重视自己的头衔，当同他们一次次热情握手、一次次称呼其头衔时，他们必然格外高兴。跟希腊人发展贸易，很重要的一点是先跟对方熟悉起来，有共同语言。若给瑞士的公司寄信，收信人应写公司的全称，切忌写公司工作人员的名字。因为，如果收信人不在，此信是永远也不会被打开的。瑞士人崇拜老字号的公司，如果你的公司建于 1895 年之前，那么你应在工作证件上或名片上特别强调出来。互换名片是匈牙利人在双方初次见面和问候时很重要的一个环节；在爱尔兰，穿着上要注意得体，选择保守的颜色搭配，避免过于花哨；在意大利，递名片要看场合，只有在商务的场合下才合适，避免在社交场合递名片；在荷兰，荷兰人对个人的穿着外表不是很强调，相对于正式的着装，他们更喜欢得体舒适的装扮；去波兰要确保带上足够的名片，因为在那里，每个你见到的人都会和你互换名片；要想跟葡萄牙人做成生意，跟他们建立良好的个人情谊是非常重要的。

与芬兰商人洽谈时，应重视行握手礼，应多呼其“经理”之类的职衔。谈判地点多在办事处，一般不在宴会上。谈判成功之后，芬兰商人往往邀请你赴家宴与洗蒸汽浴。这是一种很重要的礼节。如你应邀赴宴，忌讳迟到，且不要忘记向女主人送上 5 朵或 7 朵（忌双数的）鲜花。在主人正式敬酒之前，客人不宜先行自饮。在畅谈时，应忌讳谈当地的政治问题。

俄罗斯的商务领域要求规范严谨，等级制度在他们内部的关系及决策的制定方面扮演很重要的角色。

## 二、拉美商务谈判禁忌

总体而言，拉美人崇尚个人至上，闲散、享乐、重感情，信誉和责任感不高。

### （一）巴西谈判禁忌

（1）不相信口头，相信纸面合同。

（2）商务会谈不能送贵重礼物。

（3）紫色或黑色礼物不能送，这些是代表葬礼的颜色，也不能送刀具。

（4）不要做“OK”手势，在巴西表示脏话的意思。

### （二）墨西哥谈判禁忌

（1）不谈美墨战争、贫穷。

（2）称呼对方前加头衔，不能直接称呼其名字。

（3）对女士问候，除非对方伸手握手，不能主动握女士的手。

（4）跟人谈话手叉腰或放裤兜被视为无礼。

（5）别人打喷嚏时要说“Salud”，否则会被视为无礼。

（6）不能送红色花。

（7）不喜欢黄色和紫色的物品。

（8）不要送银制品，因为会觉得是从小商贩那儿买的。

### （三）阿根廷谈判禁忌

（1）除非对方允许，否则不要叫“First name”，阿根廷人喜欢被称头衔，如“Doctor”（博士）、“Professor”（教授）、“Engineer”（工程师）。

（2）商务会谈前不能直接进入话题，提前的闲聊很重要，否则会被视为无礼。

（3）不要送刀具，意味着断交。

### （四）哥伦比亚谈判禁忌

（1）商务会谈前少谈政治、贩毒和宗教。

（2）做商务决定切忌急躁，要保持耐心。

（3）“OK”手势和两指表示距离的手势禁用。

### （五）智利谈判禁忌

（1）谈话时身体距离要近，不要后退，否则会被视为无礼。

（2）打断谈话表示感兴趣，不会被视为无礼。

（3）不要将智利和美国做比较。

（4）用餐时不能自己先吃，无论喜好，礼貌尝所有的菜。

（5）会谈或用餐时迟到15分钟是正常的，不流行AA制，由发起的人付款，10%的小费已包括在饭费中。

（6）商务会谈时穿衣不能太随意，因为会以貌取人。

（7）不要送贵重礼物，不送黄玫瑰及紫色的花。

（8）先通过秘书跟公司高层联系，然后与中层跟进，千万不能直接跟中层打交道。

（9）进行商务洽谈前先谈个人背景、家庭等，之后再谈生意，否则会被视为无礼。

（10）不要谈论政治、人权等问题。

## 三、美国商务谈判禁忌

美国人性格外向，热情直爽，不拘礼节，他们的风俗礼仪存在着许多与众不同之处。美国是一个时间观念很强的国家，各种活动都按预定的时间开始，迟到是不礼貌的。同美国人约会联系很简单，打个电话，对方会很高兴地同意在尽量短的时间内见面。美国人也有礼尚往来的习惯，但他们忌讳接受过重的礼物，一则是美国人不看重礼品自身的价值，二来是法律禁止送礼过重。从家乡带去的工艺品、艺术品、名酒等是美国人喜欢的礼物。除节假日外，应邀到美国人家中做客甚至吃饭一般不必送礼。美国社会有付小费的习惯，凡是服务性项目均需付小费，旅馆门卫、客房服务等需付不低于 1 美元的小费，饭店吃饭在结账时收 15%的小费。

美国人在名字的称呼上不重视“地位”，尤其是社会地位。大多数美国人都不愿意自己因年龄或社会地位的关系而特别受人尊敬，这样会令他们觉得不自在。许多美国人甚至觉得“先生”“太太”“小姐”的称呼太客套了。不论年龄，大家都喜欢直呼其名。称呼名字，往往是表示友善亲近。不过，如果觉得直呼其名不好，尽可用比较客气的称呼。也可以向对方笑笑，表示已经习惯成自然，初与人见面的时候总是比较拘谨，过一阵儿就会直呼名字了。

美国人做介绍的时候，往往是连名带姓：“玛丽・史密斯，这位是约翰・琼思。”遇到这种情形，可以自行决定称呼那位女士为“玛丽”还是“史密斯小姐”。有时，两人交谈，开头是称呼对方的姓，但没过多久，其中一人或彼此就会直呼对方的名字了。假若你不愿意一下子就直呼别人的名字，而要依照自己的习俗称呼别人，对方也不会觉得你没有礼貌。

美国人聚在一起聊天的时候，几乎从不提彼此的头衔。如果平时听惯了不离头衔的谈话，就会认为美国人说话不客气，不近人情。与美国人谈话，尽可依本国的习惯称呼别人的头衔。美国人听对方这样说话，只是觉得有趣、特别。不过，假若他们谈话时不称头衔，对方也不必介意。

社会阶级的差异，在美国是不受重视的，所以美国人没有家庭世袭的头衔，虽则他们对于用惯了头衔的外来客也会以他的头衔相称。美国人反而有时用职业上的头衔。这种头衔有别于家庭头衔，因为它是靠自己“挣来”的，而不是由祖先传下的。有头衔的职业，最常见的是法官、高级政府官员、军官、医生、教授和宗教领袖，如哈利法官、史密斯参议员、克拉克将军、布朗医生、格林博士（教授）、怀特神父、科恩老师（对犹太人的尊称用语）、格雷主教等。

至于从事其他行业的人，则称他为“先生”“小姐”“太太”。“Ms.”对已婚和未婚的女士都可适用，近年来在美国已甚为通行。假若跟一个美国人第一次碰面，不晓得对方的头衔，但又要向对方表示尊敬，那么可用“先生”或“夫人”称呼。被这样称呼的人也许会想到对方不知道该用什么称呼，于是会告知正确的名称。不过，一个人除非是从事某种特殊职业，否则正式的头衔是不常用的。美国人注重友好的、不拘礼节的关系，而不注重地位头衔。美国人相信自己即使直呼一个人的名字，仍一样可以对他表示尊敬。

## 四、中东商务谈判禁忌

在阿拉伯国家做生意，不可能通过一通电话就谈妥一桩买卖。想推销某种货物而访问客户时，第一、第二次是绝对不可以谈生意的，第三次才可以稍微提一下，再访问一两次后，方可进入商谈。也就是说，要先建立朋友关系，否则，不管条件有多成熟，他们也不会理睬你。

土耳其人不善于做生意。在土耳其的 3 500 万人口中，常备军有 55 万，占相当高的比例，是一个典型的尚武之国。在土耳其，从事商业活动的人，大都是希腊人和以色列人。

伊朗人天性乐观，但缺乏应有的灵活性，虚荣心较强。一般伊朗人体格健美，又很讲究仪表，所以与伊朗人做交易往往受其外表所影响。总的来说，与伊朗人做生意比较有难度。

中东除了土耳其、伊朗、阿富汗、以色列等非阿拉伯国家外，在讲阿拉伯语的地区里，宗教信仰影响着该地区的日常生活及政治、经济等。所以，从事商业活动之前，必须首先了解宗教。疏忽了宗教礼仪，就会影响与这些国家和地区的贸易往来。

朝圣季节是生意最好的时期。因为按他们的习惯，在前往麦加参拜时，都会购买家庭用品及衣服之类的商品。所以当地的商人就会赶在朝圣季节之前，办妥货物，一般以日用消费品为主，所以要关注这个季节。

中东国家的商人，往往在咖啡馆里洽谈贸易。与他们会面时，宜喝咖啡、茶或清凉饮料，忌饮酒、吸烟、谈女人、拍照，也不要谈论中东政局和国际石油政策。

## 五、亚洲商务谈判禁忌

针对亚洲，这里主要介绍具有代表性的日本与韩国。

### （一）日本

日本人内向慎重，讲究礼仪和人际关系，自信、有耐心。日本人待人接物非常讲究礼仪。他们在贸易活动中常有送礼的习惯。他们认为礼不在贵，但要有特色、有纪念意义，并对不同的人所送的礼物的档次要有所区别，以示尊卑有序。日本人非常讲面子，他们不愿对任何事情说“不”字。他们认为直接的拒绝会使对方难堪，甚至恼怒，是极大的无礼。因此，在谈判过程中，他们即使对对方的提议有所保留，也很少直接予以反驳，一般是以迂回的方式陈述自己的观点。同样，在和日本商人谈判时语气要尽量平和委婉，切忌妄下最后通牒。

日本人很注重在交易谈判中建立和谐的人际关系。这样，在商务谈判过程中，往往有相当一部分时间和精力是花在人际关系中。假如你与日本商人曾有过交往，那么在谈判之前就应尽力地回忆过去双方的交往与友谊，这对后面将要进行的谈判是很有好处的。他们不赞成也不习惯直接的、纯粹的商务活动。如果有人想开门见山地进入商务问题的谈判而不愿开展人际交往，那么他们就会处处碰壁，反而欲速则不达。有人认为，参加日本人的交易谈判就等于参加一场文化交流活动。日本人重信誉而不重合同。如果你与他们成功建立了互相信赖的关系，几乎可以随便签订合同。对日本人来讲，大的交易项目的谈判有时会延长时间，那常常是为了建立互相信任的关系，而不是为了防止出现问题而确定法则。当然，一旦订立合同的话，他们都较重视合同的履行，履约效率高。

### （二）韩国

按照韩国的商务礼俗，开展商务活动时宜穿着保守式样的西装。进行商务活动、拜访前必须预先约会。韩国人和外国人打交道时，非常准时，对其宜持英文、朝鲜文对照的名片，这可在当地速印。韩国商界人士多通晓英语，老人多通晓汉语。韩国企业的决策均由最高层作出。在韩国，进主人的屋子或饭馆要脱鞋。

韩国人很重视业务交往中的接待，宴请一般在饭馆或酒吧间举行，男士商务人员的夫人很少在场。韩国人的宴请招待甚为频繁，吃饭时必须所有的菜一次上齐。到韩国人家里做客，最好带些鲜花或一些小礼物，要双手递给主人。主人一般不当着客人的面打开礼物。

## 六、非洲商务谈判禁忌

到非洲开展商业贸易活动，拜访当地朋友，是一项必不可少的社交活动，有利于增进同非洲朋友的感情和提高商务活动的效益。但是，对非洲人的拜访活动中，有许多传统做法和约定俗成的规矩需要注意、熟悉并予以尊重。

到非洲结交当地朋友，进行拜访活动，无论是商务性的、礼节性的，还是私人性的，均要注意选择拜访的时间和地点。掌握的基本原则应当是：纯属商业性质的，地点尽量选择在对方的办公室；属于联络感情性质的，最好能够到对方家里。计划到对方办公室去拜访，应当尽量避开星期一这一天，因为星期一往往是非洲人最繁忙的一天；打算到对方家里去拜访，最好选择节假日的前一天晚上，因为这个时候一般都是非洲人情绪最好的时候。无论是到办公室拜访，还是到家里拜访，均应当事先通过写信、打电话或捎口信的方式，将自己拜访的目的、时间、地点等提前告诉对方。这样做，一则可以避免自己到时候吃闭门羹，二则可以让对方有所准备并提前做出安排。

约定拜访的时间、地点，非洲人也有一些传统性的表达方式。约见的口气应当是友好式的和商量式的，说出的话语应当用真诚的态度和请求的方式。采用命令式口气或强求式方法，肯定会碰钉子。“不速之客”在非洲最不受欢迎，会被非洲人耻笑为不懂礼仪道德。如果对方的回答是“对不起，正好这段时间我另有安排，恐怕应酬不过来”，则应当有礼貌地同对方商量，选择对方认为合适的时间和地点。如果知道对方并没有什么重要的活动安排，仅是托词而已，也不要向对方表现出不友好的语气，应当理解对方可能有什么为难的地方，可以讲一些诸如“我们有机会时再商量吧”“请您认为合适的时候通知我一声”等客气话。一旦同非洲朋友约定访问的时间和地点后，应当准时赴约。如果遇有特殊情况和特殊原因不能准时赴约，应当提前告诉对方，如实地讲明是什么原因，让对方感到真实可信，取得对方谅解。

非洲人感情丰富，性格外向，讲究仪态美，注重服饰美，在社会交往活动中，总是希望通过美的服饰、美的行为、美的语言、美的人格，展示现代非洲人的社会交往的优等化。我们应当熟悉并理解非洲人的这种强烈的民族自尊性格。

## 任务实施

假设你是一家外贸公司的业务人员，要开拓欧洲市场，请分析欧洲客户的商务谈判礼仪与禁忌，并以小组为单位进行汇报。

## 温馨贴士

**韩国人饮食与谈判的关系**

韩国人重视对交易对象的印象，从事商业谈判的时候，若能遵守他们的生活方式，他们对你的好感会倍增。用餐时，不可边吃边谈。他们认为，吃饭的时候不能随便出声。如不遵守这一进餐的礼节，极可能引起对方的反感，因此务必小心。

韩国人以其文化悠久为荣，进入他们的住处或饭店须脱鞋，相处时，宜少谈当地政治，多谈韩国文化艺术，如 11 世纪的灰绿色陶瓷器、13 世纪的金属印刷活字、大邱保存的珍贵全套大藏经桃木原版等。

访问韩国，最好选择在 2~6 月，11~12 月。10 月假日较多，圣诞节前后两周都不宜拜访。拜访时，一般勿喝生水（饭店里的水除外），喝“波利茶”（以小麦制成的茶）比喝其他饮料更好。送礼选择外国烟酒最受欢迎。

## 实训演练

以小组为单位，选取欧洲与亚洲两个地区进行比较分析，找出商务行为习惯与商务谈判风格的不同点并进行总结，写成一个调研报告，进行汇报。

# 04 学习情景四 国际商务宴请礼仪

## 开篇语

古往今来，宴会一直是人际交往的一种重要形式。早在《礼记·礼运篇》中，就有“夫礼之初，始于饮食”的表述。千百年来，人们在摆席设宴中形成了一整套纷繁复杂的礼仪。大到菜单的制定，小到餐具的使用，其中的讲究使得很多人面对宴会而无所适从。请客需要注意些什么？如何才能少花钱多办事？参加宴会又有哪些注意事项？尽管如今人们的交往不再墨守成规，但是如果不掌握必要的宴会礼仪，只凭美酒佳肴往往适得其反。因为现在的宴请，很少是为了吃而吃，餐桌是沟通情感、搭建事业的桥梁。通过国际商务宴会礼仪知识学习，理解商务宴请礼仪体现的是恭谨的态度、风度翩然的仪态、自律的人生，明确社交宴会礼仪在未来工作和社交中的重要性。

## 学习子情景一　中餐宴请礼仪

### 知识目标

- 掌握中餐宴请的基本礼仪文化。
- 掌握中餐宴请的座次安排。
- 掌握中餐宴请的菜序和用餐礼仪。
- 掌握中餐宴请的敬酒规则。

### 能力目标

- 能够针对不同客户的需求点菜。
- 能够准确无误地安排中餐宴请座次。
- 能够大方得体地向客户敬酒。
- 能够运用中餐礼仪知识，优雅自如地参加中餐宴会。

### 情景引例

小刘在一家外贸公司做秘书，在单位除了写得一手好文章外，还有一个特点就是酒量好，性格极为豪爽。有一次，公司接待一位重要客户，如果这次谈判成功，将对公司全年的业务有很大帮助。

当天，作为秘书的小刘陪同经理进行接待任务。客户到达餐厅双方就座后，小刘对着服务员很大声地说："服务员，把你们最好的酒拿上来。"客户表示不能喝酒，小刘还是很热情地向对方劝酒，而且声音非常大。当经理在和客户谈事情时，小刘酒劲儿上来竟打断经理和客户谈话，又去向客户敬酒，还没等客户反应过来他已经一饮而尽。客户的脸色极为难看，经理更是尴尬。

宴会结束后，客户对经理说："贵公司的秘书真是太豪爽了！"并表示不会和一个连基本礼仪都不懂的公司合作，然后就走了。公司受到了很大的损失，小刘也因为他的豪迈丢掉了工作。

现在很多500强企业会把面试的最后一关选在餐桌上，你的一言一行、一举一动都将在别人仔细的"品味"之中，他们会根据你在餐桌上的表现对你的出身、修养、品位、性格、爱好进行判断。所以，餐桌上的举止是对一个人礼仪和修养的最好考验。

## 知识准备

餐饮文化在中国源远流长，中国素有"民以食为天"的传统。很多时候，宴请聚餐不仅仅是吃食物而已，更是在"吃"友情，"吃"文化，"吃"素质。随着中西饮食文化的不断交流，中餐不仅是中国人的传统饮食习惯，还越来越受到外国人的青睐。而这种看似最平常不过的中式餐饮，用餐时的礼仪却有一番讲究。说起中餐宴请，大家会想到一个词——"饭局"，这个词很有意思，吃饭怎么还是局呢？由"饭局"这个词来看，其实中餐吃的不光是饭，还包括气氛、关系、人情。一般来说，中餐宴请很热闹，在推杯换盏中宴会的气氛达到高潮，桌上人们的友情也得到了升华。这是中国人非常喜欢的一种社交方式。

现在，餐饮文化已经越来越被人重视。生活条件好了，大家不再仅仅满足于吃饱，更多的人开始讲究吃好，其中"好"的含义就包括要吃出好心情。能否吃出好心情，更多地来自主人宴请前准备是否充分，以及用餐中的做法是否恰当。例如，座次的安排、菜单的确定、就餐中的交谈等。其实吃中餐有很多讲究，吃起来还需要有智慧。正如莎士比亚所说："你在品味食物，别人在品味你。"所以宴请吃的不光是饭，还是关系、人情、工作和个人素养。在宴请过程中还需要用语言去"润滑"宴请的氛围，所以宴请中吃的还有智慧。

### 案例

某贸易公司接待一名客户，经理派办公室李主任进行接待。李主任前期接待工作做得非常到位，业务洽谈也十分顺利。但是在中午进行宴请的时候，为了体现对客人的热情与尊重，李主任不停地给对方经理夹菜，只要对方盘子空了，她马上夹菜进去，还不停地劝说："您尝尝，这是我们这里最有名的菜，味道非常不错！"客户看着盘子里的并不怎么爱吃的菜苦笑着轻轻摇了摇头。

参加宴会，无论是客人还是主人，在餐桌上都应表现出良好的修养，这是人人知晓的道理。为了不致遭到周围人的笑话，或者不使大家因你而感到难堪，我们应对餐桌上的规矩有所了解。过度招待会给对方压力，所以在职场中了解并掌握正确的宴请礼仪是非常必要的。

## 一、中餐宴请的种类

中餐宴请的种类分为正式宴请、便宴、家宴三种。

### （一）正式宴请

正式宴请，是一种隆重而正规的宴请。它具有三个特点：一是确定的人员；二是确定的时间；三是确定的菜单。符合以上三个特点才是正式宴请。它往往是为宴请专人而精心安排的，在比较高档的饭店，或者其他特定的地点举行的，讲究排场、气氛的大型聚餐活动。对于到场人数、穿着打扮、席位排列、菜肴数目、音乐演奏、宾主致辞等，往往都有十分严谨的要求和讲究。如果要参加宴会，首先必须把自己打扮得整齐大方，这是对别人也是对自己的尊重。同时，还要按主人邀请的时间准时赴宴。

### （二）便宴

便宴，也称非正式宴会，也就是家常便饭。便宴的地点往往不同，礼仪讲究也最少。只要用餐者讲究公德，注意卫生、环境和秩序，在其他方面不用介意过多，多见于日常交往中。它的形式从简，偏重于人际交往，而不注重规模、档次。一般来说，它只安排相关人员参加，不邀请配偶，对穿着打扮、席位排列、菜肴数目往往不做过高要求，而且也不安排音乐演奏和宾主致辞。

### （三）家宴

家宴，也就是在家里举行的宴会。相对于正式宴会而言，家宴最重要的是要制造亲切、友好、自然的气氛，使赴宴的宾主双方感到轻松、自然、随意，彼此增进交流、加深了解、促进信任。通常，家宴在礼仪上往往不做特殊要求。为了使来宾感受到主人的重视和友好，基本上要由女主人亲自下厨烹饪，男主人充当服务员；或者男主人下厨，女主人充当服务员，二者共同招待客人，使客人产生宾至如归的感觉。

**案例**

外贸公司李经理有一次在家里宴请一位外国客户。她给客户准备了鱼香肉丝、香菇油菜心这具有中国特色的一荤一素两道菜，主食是担担面和小笼包，汤是西红柿鸡蛋紫菜汤。这位外国客户吃完后连连称赞李经理做的饭太好吃了，称这是他在中国吃的最美味的一顿饭。由此可见，家宴重在有新意、有特色，而不必像“满汉全席”一样。一顿有特色的家宴，往往能给用餐者带来惊喜。

## 二、中餐宴会形象

参加宴会时，如果在比较隆重的场合，仪式和程序都应该是严谨规范的。俗话说“看场合穿衣服”，参加宴会的穿着打扮一定要根据场合的变化而做出适当的调整。不论参加大型宴会还是小型聚会，都应该考虑你的形象。因为它关乎的不仅仅是形象，更重要的是态度。参加宴会穿着打扮应遵循“TPO”原则：Time（时间）、Place（地点）、Occasion（场合）。

**1. 时间（Time）**

出门赴宴要根据季节的不同、气温的不同来选择不同的衣服。

**案例**

外贸公司的王秘书特别喜欢各式各样的裙子，平日也以裙装为主。有一次参加公司年底聚会，为了让自己看起来更优雅，她不顾寒冷穿上了最喜欢的一条黑色蕾丝裙子。到达宴会厅后，由于场地比较大，王秘书冻得哆哆嗦嗦，两臂一直抱在胸前，没办法和同事正常地进行活动。后来，有一位男同事借了一件大衣给她披上，令王秘书尴尬不已。

**2. 地点（Place）**

根据不同的用餐地点选择不同的衣服。去餐厅用餐，服装整洁、外表干净是对对方最大的尊重。如果去星级酒店用餐，男士最好穿西服，女士最好化淡妆、穿套装，与酒店的环境相吻合。如果不能确定穿什么衣服合适，可以事先征求主人的意见，以免失礼。

**3. 场合（Occasion）**

比较隆重的宴会，可以事先询问主人宴会的主题和对着装的要求，以便选择合适的服饰。正式的宴会，女士最好穿套装、礼服，佩戴首饰，比平日更正式端庄些；男士最好穿深色西装，打领带。

赴宴时男士随身携带的电脑包、女士的小皮包要妥善安放，用餐时可以放在后背与椅子的空隙处，或者放在空座椅上。任何与吃饭无关的物品都不应该放在餐桌上。很多人习惯将手机放在餐桌上，随时拿起来看微信、刷微博、打电话，这对主人是很失礼的。良好的用餐形象会给别人留下完美的第一印象，也是介绍自己最好的“名片”。一个完整、完美的宴会当中，每个细节之处都应当引起重视。

## 三、用餐前礼仪

应邀至餐厅，从到达餐厅的一刻起便开始了赴宴之行，而并不是进了餐厅、落座之后才要注意仪态。正确使用餐厅等候区，让主宾双方在开餐前有一个良好愉悦的心情十分重要。也许就是这一细节决定了你宴会的成败与否。

进入包间后，不要直接坐到餐桌旁。正确的做法是先在沙发休息区小坐，可以在这时候进行互相介绍、递送名片、交谈、喝茶。什么时候主人邀请主宾入席呢？一般是宾客到齐、凉菜上齐了之后，主人邀请主宾入席，主宾入席后其他人就可以就座了。

**案例**

外贸公司业务骨干王进陪同李总接待客户。到达包厢后，由于对方人员还未到齐，所以服务员安排大家先坐在沙发区域喝茶聊天。王进看到李总和客户聊高尔夫特别投缘，而自己对高尔夫一窍不通，插不上话，觉得和领导坐在一起很别扭，于是便坐在餐桌旁自己喝茶。

这时李总叫他："小王，来吧，过来一起聊聊天。"王进却说："没关系，你们聊吧，我也不太懂。"他没有看出来李总的脸色颇为不悦。其他客人到齐后，服务员开始上菜，李总招待客户入席，这时候王进才知道自己刚才坐的是主宾位置，而且茶具也用过了，非常尴尬，连忙让服务员更换餐具。

## 四、席位座次安排

从古至今，中华民族都非常注重方位所代表的身份地位的高低贵贱。所以，座次的安排远不是人们所想的坐下来吃东西那么简单。在商务宴请时，你觉得把尊贵的主宾安排在哪里不算失礼呢？如果位置安排不对，整体气氛就不对，就可能导致宴会的不欢而散，影响到你所在公司的声誉。在宴会中，把合适的人安排在合适的位置，这是主人能够给主宾的最高礼遇。这不仅代表对客人的诚意和尊重，更是一种共赢合作的态度。接下来，让我们了解一下中餐座次礼仪的排列细节。中餐席位的排列，在不同情况下，有一定的差异，可以分为桌次排列和位次排列两方面。

### （一）桌次排列

在中餐宴请活动中，往往采用圆桌布置菜肴、酒水。排列圆桌的次序，有两种情况：

第一种情况，由两桌组成的小型宴请。这种情况，又可以分为两桌横排和两桌竖排的形式。当两桌横排时，桌次是以右为主，以左为次。这里所说的右和左，是由面对正门的位置来确定的。当两桌竖排时，桌次讲究以远为上，以近为下。这里所讲的远近，是以距离正门的远近而言的。

第二种情况，由三桌或三桌以上的桌数所组成的宴请。在安排多桌宴请的桌次时，除了要注意"面门定位""以右为主""以远为上"等规则外，还应兼顾其他各桌距离主桌的远近。通常，距离主桌越近，桌次越高；距离主桌越远，桌次越低。

在安排桌次时，所用餐桌的大小、形状要基本一致。除主桌可以略大外，其他餐桌都不要过大或过小。

为了确保在宴请时赴宴者及时、准确地找到自己所在的桌次，可以在请柬上注明对方所在的桌次、安排引位员引导来宾按桌就座，或者在每张餐桌上摆放桌次牌（用阿拉伯数字书写）。

### （二）位次排列

位次的排列，可以遵循四个原则。

（1）右高左低原则：两人一同并排就座，通常以右为上座，以左为下座。这是因为中餐上菜时多以顺时针方向为上菜方向，居右坐的因此要比居左坐的优先受到照顾。

（2）中座为尊原则：三人一同就座用餐，坐在中间的人在位次上高于两侧的人。

（3）面门为上原则：用餐的时候，按照礼仪惯例，面对正门者是上座，背对正门者是下座。

（4）特殊原则：高档餐厅里，室内外往往有优美的景致或高雅的演出，供用餐者欣赏。这时候，观赏角度最好的座位是上座。在某些中低档餐馆用餐时，通常以靠墙的位置为上座，靠过道的位置为下座。

商务宴请的座次礼仪因宴席的性质、目的、地区不同而千差万别。作为主人应该认真按照当地风俗习惯或按照礼仪规范安排好每一位来宾的座位，而作为客人，需听从主人的安排，进入属于自己的位置，完成宾客的义务。

**案例**

王伟在一家外贸公司上班，刚刚提升为办公室主任。有一次，公司举办大型的宴会，宴请公司重要的客户，宴会的准备工作就由王伟来负责。王伟进行了精心的准备，安排菜式酒品也非常用心。但他忽略了安排座次这个细节，在老总和客户进来后，直接把客人安排在了主人的位置，而把老总安排在了主宾的位置。当时老总特别尴尬，亲自和客户解释才把位置换回来，这一个看似很小的事情却影响了宴请的氛围。

## 五、点菜技巧

商务宴请重要的不是菜多少、人多少、钱多少，而是要体现出主人对此次宴请的用心程度、对宾客的了解程度、对宴请的把控程度。宴会上既需要主人把控好，又要让客人吃好喝好，这中间的尺度需要我们用心去揣摩、去学习。点菜时要注意以下三点技巧。

### （一）重要的商务宴请提前依照预算将菜品和酒水点好

在宴请前，主人需要事先对菜单进行再三斟酌。在准备菜单的时候，主人要着重考虑哪些菜可以选用、哪些菜不能选用。点菜时，不仅要吃饱、吃好，而且必须量力而行。如果为了讲排场、装门面，而在点菜时大点、特点，甚至乱点一通，不仅对自己没好处，而且还会招人笑话。这时，一定要胸中有数，力求做到不超支、不乱花、不铺张浪费。这样，费用固定，菜肴的档次和数量也相对固定，同时也比较省事。此外，也可以根据“个人预算”，在用餐时现场临时点菜。这样，不但自由度较大，而且可以兼顾个人的财力和口味。

### （二）如需要当着客人的面点菜，应询问对方的喜好禁忌

宴会点菜一般由主人来点，点菜之前要先询问宾客有无忌口。因为如果交给对方点菜，对方点贵了，可能会超出你的预算，令你无法掌控；如果对方不好意思点贵的菜品，点的都是便宜的菜品，会影响到宴请的目的。作为商务宴请不但要控制好预算，最重要的是要提前做好功课，选择合适档次的宴请地点。如果你的领导也在宴席上，千万不要因为尊重

他或认为他应酬经验丰富，而让领导来点菜，除非是他主动要求。否则，他会觉得不够体面。

一桌菜最好是有荤有素，有冷有热，尽量做到全面。如果桌上男士多，可多点些荤食；如果女士较多，则可多点几道清淡的蔬菜。点菜时不应该问服务员菜肴的价格，或者讨价还价，这样会让你的公司在客户面前显得有点小家子气，而且客户也会觉得不自在。

如果作为赴宴者，不要在点菜时太过主动，而是要让主人来点菜。如果对方盛情要求，可以点一个不太贵又不是大家忌口的菜。征询一下桌上其他人的意见，特别是问一下大家“有没有哪些是不吃的”或者“比较喜欢吃什么”，让大家感觉被照顾到了。点完菜后，可以告诉大家“我点了菜，不知道是否合几位的口味”“要不要再来点其他的什么”，等等。在点菜时，被请者可以告诉宴请者，自己没有特殊要求，请随便点，这实际上正是对方欢迎的。

### （三）点菜时的禁忌

（1）宗教的饮食禁忌，一点也不能疏忽大意。例如，穆斯林通常不吃猪肉，并且不喝酒。国内的佛教徒很少吃荤腥食品，这里不仅指的是肉食，而且包括葱、蒜、韭菜、芥末等气味刺鼻的食物。一些信奉观音的佛教徒在饮食中尤其禁吃牛肉，这点在招待港澳台及海外华人同胞时尤其要注意。

（2）出于个人身体健康的原因，对于某些食品，也应有所禁忌。例如，患有心脏病、脑血管病、动脉硬化、高血压和脑卒中后遗症的人，不适合吃狗肉；肝炎病人忌吃羊肉和甲鱼；患有胃肠炎、胃溃疡等消化系统疾病的人也不适合吃甲鱼；高血压、高胆固醇患者，要少喝鸡汤等。

（3）不同地区，人们的饮食偏好往往不同。对于这一点，在安排菜单时要兼顾。例如，湖南省的人普遍喜欢吃辛辣食物，少吃甜食。英美国家的人通常不吃动物内脏、动物的头部和脚爪。另外，宴请外宾时，尽量少点生硬需啃食的菜肴。有些外国人在用餐中不太会将咬到嘴中的食物再吐出来，这也需要顾及到。

（4）有些职业，出于某种原因，在餐饮方面往往也有各自不同的特殊禁忌。例如，公务员在执行公务时不准吃请；在商务宴请时不准大吃大喝，不准超过国家规定的标准用餐，不准喝烈性酒。再如，驾驶员工作期间不得喝酒。要是点菜时忽略了这一点，还有可能使对方犯错误。

## 六、餐具的使用

中餐与西餐相比最大的不同就是就餐所用的餐具。中餐餐具使用的注意事项与规范如下。

### （一）筷子

中国是筷子的发祥地，中国人使用筷子至少有 3 000 年的历史了，所以中餐最主要的

餐具就是筷子。中国人在日常生活中对筷子的运用非常讲究，筷子必须成双使用。用筷子用餐、取菜时，需注意下面几个问题：

（1）筷子是用来夹取食物的。用筷子挠痒、剔牙或夹取食物之外的东西都是失礼的。

（2）与人交谈时，要暂时放下筷子，不能一边说话，一边挥舞筷子。

（3）不论筷子上是否残留食物，都不要去舔。因为用舔过的筷子去夹菜，是非常失礼的行为。

（4）不要把筷子竖着插放在食物上面。因为在中国习俗中，只在祭奠死者的时候才用这种插法。

（5）众人一起吃饭时最好使用公筷夹菜。为表示热情，帮别人夹菜最好只有一次，经常给别人夹菜会给别人带来压力，别人不想吃的菜也不得不吃，变为一种负担。可以介绍菜品特色由客人自行决定是否取用。

（6）用筷子夹取食物时要看准目标，不要在盘子里寻找扒拉，这也是缺乏修养的表现。

### （二）勺子

中餐里勺子的主要作用是舀取菜肴和食物。有时，在用筷子取食的时候，也可以使用勺子来辅助。在用勺子取食物时，不要舀取过满，以免溢出弄脏餐桌或衣服。在舀取食物后，可在原处暂停片刻，等汤汁不会往下流再移过来享用。

用餐间，暂时不用勺子时，应把勺子放在自己身前的碟子上，不要把勺子直接放在餐桌上，或者把勺子放在食物中。用勺子取完食物后，要立即食用或把食物放在自己的碟子里，不要再把食物倒回原处。若是取用的食物太烫，则不可用勺子舀来舀去，也不要用嘴对着勺子吹，应把食物先放到自己碗里等凉了再吃。还要注意不要把勺子塞到嘴里，或者反复舔食吮吸。

### （三）碗

中餐的碗可以用来盛饭、盛汤，进餐时，可以手捧饭碗就餐。拿碗时，用左手的四个手指支撑碗的底部，拇指放在碗端。吃饭时，饭碗的高度大致和下巴保持一致。

### （四）汤盅

汤盅是用来盛放汤类食物的。用餐时，使用汤盅有一点需注意的是：将汤勺取出放在垫盘上并把盅盖反转平放在汤盅上就是表示汤已经喝完。

### （五）盘子

中餐的盘子有很多种，需要重点介绍的是一种用途比较特殊的盘子——食碟。食碟在中餐里的主要作用，是暂放从公用的菜盘中取来享用的菜肴。使用食碟时，一般不要取放过多的菜肴在食碟里，那样看起来凌乱不堪，十分不雅。不吃的食物残渣、骨头、鱼刺不要吐在饭桌上，而应轻轻取放在食碟的前端，取放时不要直接从嘴中吐到食碟上，而要使用筷子夹放到碟子前端。如食碟放满了，可示意让服务员更换食碟。

#### （六）水杯

中餐的水杯主要用于盛放清水、果汁、汽水等饮料。不要用水杯来盛酒，也不要倒扣水杯。另外需注意，喝进嘴里的东西不能再吐回水杯里，这样是十分不雅的。

#### （七）牙签

牙签也是中餐餐桌上的必备之物。用餐时尽量不要当众剔牙，非剔不行时，要用另一只手掩住口部，剔出来的食物，不要当众“观赏”或再次入口，更不要随手乱弹、随口乱吐。剔牙后，不要叼着牙签，更不要用其来扎取食物。

#### （八）毛巾

中餐用餐前，一般会为每位用餐者上一块湿毛巾。这块湿毛巾的作用是擦手。擦完后应该把它放回盘子里，由服务员拿走。有些人喜欢用热毛巾擦脸擦脖子，这些动作非常不雅。而宴会结束前，服务员会再上一块湿毛巾，和前者不同的是，这块湿毛巾是用于擦嘴的，不能用其擦脸或抹汗。

### 七、中餐的菜序及用餐礼仪

#### （一）冷菜

冷菜又叫冷荤、冷拼。它是仅次于热菜的一大菜类，由于不受温度所限，适合酒桌上主人和宾客边吃边饮，是理想的饮酒佳肴。

冷菜上齐后，其中最贵的那道菜先转到主宾面前请他品尝，主宾开始品尝就开启了宴会的就餐模式。每道菜上桌后，都由主宾先动筷取食，再轮转由其余宾客自行取用。自己夹取完毕后，要将台上的菜顺时针转到邻座面前，方便别人夹取。

#### （二）汤

在南方地区，汤是餐桌上必不可少的一道独特风景。一碗好汤不仅是暖身的美味，而且能够平衡膳食，滋补身体，真是妙不可言。但是，大家不要觉得喝汤很简单，它在餐桌上也是一门学问，喝汤不够讲究，您的形象也会大打折扣。

在进食汤类食物时，应避免发出向嘴里抽吸的声音。如果汤温较高，可稍等片刻再享用。端起汤盅直接喝的行为非常失礼。喝汤时，一手拿汤勺，一手按住汤盅边缘，舀起后，汤勺底部先在盅缘轻擦一下，再送至嘴里。否则，汤汁落在桌面或下巴上很不雅观。

### （三）热菜

凉菜上齐后上热菜，又称主菜，主菜能体现出宴会的档次。它的价位决定了宴席的高端程度。高端程度不光看餐厅环境，还要看主菜和酒水的档次。主菜上来后先顺时针旋转到主宾位置，邀请主宾先品尝。

在餐桌上取菜时要顺时针旋转餐桌转盘，吃转到自己面前的菜，绝不可以起身去夹对面的菜。如果想吃对面的菜，等大家都放下筷子时再顺时针旋转转盘，等菜转到面前，可以邀请对面的人品尝转到他面前的菜，再吃你转过来的菜，这样会让宾客感受到你的热心和关心，体现出你的有礼。

如果想照顾客人，要使用公筷、母勺给别人夹菜，但不要过度招待。整个宴席过程给客人夹一次菜即可，其他时候为了体现热情可以介绍菜品特色、口味，然后由客人自己决定。过度招待会引起客人的不适和反感。

### （四）甜品水果

在正式场合，端上甜品水果的同时也会提供相应的餐具，可根据不同的种类采用相应的食用方法，合理使用相应的餐具。

中餐宴会中的水果通常有木瓜、西瓜、哈密瓜等，可以用专用水果叉取食。粒状水果如葡萄，可用手取食。如需吐籽，应吐于掌中再放在碟里。冰淇淋、布丁、糖水等，用匙取食。

### （五）热茶

用餐结束后，服务生都会为客人斟上一壶热茶。茶道、茶文化显示了一种永恒的生命力。闲适的饮茶最能调节气氛。敬茶时要注意以下四点礼仪细节。

**1. 茶具要清洁**

冲茶之前，一定要把茶具洗干净。冲茶、倒茶之前最好用开水烫一下茶壶、茶杯。这样，既讲究卫生，又显得彬彬有礼。如果不管茶具干净不干净，胡乱给客人倒茶，这是不礼貌的表现。

**2. 茶水要适量**

茶杯无论大小，都不宜倒得太满，倒杯子的七成满即可，太满了容易溢出，把桌子、凳子、地板弄湿。一不小心，还会烫伤自己或客人的手脚，使宾主都很难为情。当然，也不宜倒得太少。倘若茶水只遮过杯底就端给客人，会使人觉得缺少诚心实意。

**3. 端茶要得法**

按照我国人民的传统习惯，双手端茶要很注意，对有杯耳的茶杯，通常是用一只手抓住杯耳，另一只手托住杯底，把茶端给客人。没有杯耳的茶杯倒满茶之后要手持杯子的下1/3 处，一手拿杯，一手托底，把茶呈给客人。不可用五指捏住杯口边缘给客人递茶。这种端茶方法虽然可以防止烫伤事故发生，但很不雅观，也不够卫生。

**4. 添茶**

如果客户和上司的杯子里需要添茶了，示意服务生来添茶，或者让服务生把茶壶留在餐桌上，由你自己亲自来添则更好，这是不知道该说什么好的时候最好的消除尴尬的方法。当然，添茶的时候要先给客户和上司添茶，最后再给自己添。

## 八、敬酒礼仪

在中餐的宴席上，人们常说无酒不成席。酒桌文化在一定程度上也代表了中餐文化，酒作为一种交际媒介，在推杯换盏中，使人与人的感情得到了升华。俗话说，酒是越喝越厚。在商务宴请中要特别关注酒桌文化，这样有助于商务宴请的成功及商务目的的达成。宴会的档次有高、中、低之分，酒也有上品、中品、下品之分，宴会选择的酒应该与其规格相匹配。一般的宴会可以选择稍微普通一点的酒，如果在一般宴会上用茅台酒，酒的价格高于整桌菜肴的价格，整体就会不大协调。

### （一）敬酒有序

敬酒是宴会上的一种形式，一般情况下应以年龄大小、职位高低、宾主身份为先后顺序，一定要充分考虑好敬酒的顺序，分清主次。敬酒的轮次需要注意以下六点：

（1）主人提议饮第一杯同饮酒，这时候主人会简单致辞，欢迎主宾，不一定喝几杯，入乡随俗即可。

（2）主人敬主宾。

（3）陪客敬主宾。

（4）主宾回敬主人。

（5）陪客互敬。陪客在主人和主宾敬酒时绝不能喧宾夺主乱敬酒，那样是不尊重主人的表现，等主人和主宾互相敬完酒之后才可以开始敬酒。

（6）主人提议最后一杯同饮酒感谢宾客的光临，结束宴会。

### （二）敬酒礼仪

（1）领导之间先相互敬酒，领导敬完后自己才能去敬酒。敬酒时一定要站起来，双手举杯。碰杯敬酒时要有说辞，要与被敬者有眼神的接触。

（2）可以多人敬一人，不可一人敬多人。

（3）端起酒杯，右手持杯，左手垫杯底，让自己的杯子低于客户的杯子。如果是领导，坦然接受对方杯子低于自己杯子，不要放太低，不然会让被敬者尴尬。

（4）敬客户时说一句：“我喝完，您随意！”方显大度。喝完后还要手拿酒杯和对方对视一下，这个动作叫“亮杯”。

（5）敬酒时先敬主宾，然后最好按顺时针顺序依次敬主宾身边的人，不要厚此薄彼。

（6）倒酒由主人或主人指定的人去倒，客人最好不要拿着主人准备的酒去给别人倒酒，如果看到其他人杯子空了，可以提醒服务员去倒酒。

中国人敬酒时，往往都想让对方多喝点，以表示自己尽到了主人之谊，客人喝得越多，主人就越高兴。其实，过度强势的劝酒不仅直接或间接伤害到主、客之间的感情，有时甚至会破坏朋友之间的深厚感情。敬酒时应该注意，无论是敬酒者还是被敬者都要注意因地制宜，入乡随俗。自己如果酒量欠佳应事先诚恳说明，对于敬酒者，如果对方酒量不济，不要去强求，表达心意即可，要知道喝酒的境界是喝好而不是喝倒。

## 九、离席

一般宴会的时间比较长，大约都在两小时以上。如果有事需要中途离席，也需要掌握一些技巧。

（1）如果宴会进行得正热烈的时候，因为有人想离开，而引起众人一哄而散的结果，会使主人很尴尬。当你要中途离开时，不需要和宴席上每个人一一告别，也不要问认识的人要不要一起走，只要悄悄地和身边的两三个人打个招呼，然后离去便可。

（2）中途离开宴会现场，一定要向邀请你来的主人说明、致歉，不可不打招呼就离开。

（3）和主人打过招呼，应该马上就走，不要拉着主人一直聊天，占用主人太多时间。这会造成他在其他客人面前失礼，这也是最大的失礼。

**温馨贴士**

**中华饮食小文化**

中餐的饮宴礼仪始于周公，千百年的演进终于形成今天大家普遍接受的一套饮食进餐礼仪，这是古代饮食礼制的继承和发展。中餐饮食礼仪因宴席的性质不同，目的也不同；不同的地区，也是千差万别。中餐的餐具主要有杯、盘、碗、碟、筷、匙六种。在正式的宴会上，水杯放在菜盘左上方，酒杯放在右上方。筷子与汤匙可放在专用的座子上，或者放在纸套中。公用的筷子和汤匙最好放在专用的座子上。

中餐上菜的顺序一般是：先上冷盘，后上热菜，最后上甜食和水果。用餐前，服务员为每人送上的第一道湿毛巾是擦手用的，最好不要用它去擦脸。在上虾、蟹、鸡等菜肴前，服务员会送上一只小小水盂，其中漂着柠檬片或玫瑰花瓣，它不是饮料，而是洗手用的。洗手时，可两手轮流蘸湿指头，轻轻涮洗，然后用小毛巾擦干。

# 任务实施

餐桌礼仪关系到用餐的氛围，关系到人际关系的构建。下面 15 个关于用餐礼仪的情景中，结合你的具体情况，同意的打“√”，不同意的打“×”。

（1）吃饭时不自觉地举着筷子和别人说话。（　）

（2）吃饭时用筷子去叉馒头。（　）

（3）吃饭时有把筷子竖着插在碗中的现象。（　）

（4）不自觉地将食物残渣、骨头吐在饭桌上。 （ ）
（5）在中餐宴请中反复劝酒劝菜。 （ ）
（6）参加朋友的家庭聚会，作为客人的你选在正对门的位置。 （ ）
（7）在和客户吃饭时不停地看手机，接电话。 （ ）
（8）需要服务员帮忙时，会大声叫服务员。 （ ）
（9）在与多人用餐时老是和身边的人窃窃私语。 （ ）
（10）用餐中碰到自己喜欢吃的菜会一个劲儿地吃。 （ ）
（11）将盘子里的菜拨来拨去。 （ ）
（12）吃饭时大声说话还当众剔牙。 （ ）
（13）在用餐时会将餐巾纸揉成一团。 （ ）
（14）在用餐时埋头吃饭，和周围人交流很少。 （ ）
（15）筷子上有汤汁时会嘬筷子让筷子看起来干净。 （ ）

以上15个情景选项，全部应该打“×”，如果你有一项打“√”，说明你还要努力学习用餐礼仪知识。

## 实训演练

李小姐是一家大型外贸公司的销售部经理，应邀出席行业举办的年度宴会，请你为她设计一份在出席宴会时应注意的事项列表。

| | |
|---|---|
| 赴宴前 | 1.<br>2.<br>3.<br>4. |
| 赴宴中 | 1.<br>2.<br>3.<br>4. |
| 赴宴后 | 1.<br>2.<br>3.<br>4. |
| 其他 | 1.<br>2.<br>3.<br>4. |

# 学习子情景二 西餐宴请礼仪

## 知识目标

- 掌握西餐宴请的形象要求。
- 熟悉并掌握西餐宴请的座次安排。
- 掌握西餐宴请的菜序和用餐礼仪。
- 掌握西餐宴请的葡萄酒基本礼仪。

## 能力目标

- 能够准确无误地安排西餐宴请座次。
- 能够正确娴熟地使用西餐的各种用具。
- 能运用西餐礼仪知识，优雅自如地参加西餐宴会。

## 情景引例

一家进出口贸易公司年底奖励为公司做出重要贡献的王立和李明两位员工，奖励为加勒比海豪华游轮之行。走之前他们了解到，邮轮之旅有一天是船长接待日，船长接待完毕后，还会有隆重的西餐晚宴。但是他们俩在准备行李时为了减轻负重，只带了休闲服而没有带礼服。到了船长接见日这天，游客们都以盛装出席，女士都穿着优雅的晚礼服（evening dress），男士都穿着绅士的燕尾服（tailcoat）。李明和王立看了看自己的着装，觉得还比较干净整洁，如果不参加又很可惜，于是就穿着休闲服去参加了。到了宴会厅以后，很多人都侧目看他们，他们觉得特别尴尬，只好悄悄地又溜了出来，西餐晚宴也不好意思参加了，这给他们的邮轮之行留下了深深的遗憾。

## 知识准备

Dinner，代表西餐的正餐，是一种隆重的晚宴，是正式的宴会，它是区别于 Business Lunch 的。Dinner 基本安排在 20:00 以后举行，中国一般在 18:00—19:00 开始。举行这种正式宴会，说明主人对宴会的主题非常重视，或者为了庆祝某项活动等，一般会安排好座次，并在请柬上注明对着装的要求。

在西方，去饭店吃饭一般都要事先预约（booking in advance）。在预约时，有两点要特别注意，首先要说明人数和时间，其次要表明是否要吸烟区或视野良好的座位。如果是生日或其他特别的日子，可以告知宴会的目的和预算。在预定时间到达，是基本的礼貌。

### 一、西餐用餐形象

吃西餐在很大程度上是在吃情调：大理石的壁炉、熠熠闪光的水晶灯、银色的烛台、缤纷的美酒，再加上人们优雅迷人的举止，这本身就是一幅动人的油画。再昂贵的休闲服，也不能随意穿着上高档西餐厅吃饭，穿着得体是西餐礼仪的基本常识。在西餐厅用餐，不止吃饭那么简单，从着装已经开始展现修养与品位了。西餐宴会前，应根据宴会的主题选择合适的穿着，不是越隆重就显得越有修养和品位，适合的才是最好的。根据不同的场合穿不同的衣服，穿着得体是对别人的一种尊重。一个人的端庄的仪表、优雅的举止就是他的地位、教养和阅历的标志，也是我们尊重他人和得到尊重最好的办法。

**1. 女士着装规范**

通常，女士要穿晚礼服（evening dress）或小礼服（demitoilet）出席宴会。晚礼服是20:00 以后穿的正式礼服，是女士最高档次、最具特色、充分展示个性的礼服样式。而配饰（accessory）是着装中必不可少的部分，晚礼服的配饰有披肩、手袋、首饰等。其中，首饰是最常用和最出效果的配饰，可以选择珍珠、蓝宝石、钻石等高品质的材料。小礼服是傍晚时分穿用的礼服，比起晚礼服相对简化一些。小礼服可以是一件及膝的连衣裙，面料选用真丝、锦缎等材料，可以搭配珍珠项链、耳环等。首饰的选择应与礼服本身所具有的气质相匹配。

在欧美，女士入座后，通常会直接把手提包（handbag）放在脚边的地板上。由于她们对手提包的处理是如此，所以，把手提包放置在桌上，对她们来说，是很失礼的行为。因此，除了晚装的小手包（minaudiere clutch），其他手提包不能放在餐桌上，可以把手提包放在背后和椅子之间。若是邻座没有人，也可以放置在椅子上，或者挂在皮包架上。

**2. 男士着装规范**

赴宴前一定要仔细阅读邀请函上的着装要求。男士应穿全套西服（suit）搭配正式衬衫（shirt）、领带（necktie）或领结（bowtie），以及黑色皮鞋与深色袜子。很多人会将西服（suit）和礼服（tailcoat）混淆，其实，它们是不同的。相对而言，礼服更正式，更讲究细节及配饰。西方男性出席正式宴会时，会穿正式的礼服，而西服适合出席一般的商务会议或宴请。

进入西餐厅后，需由侍应带领入座，不可贸然入位。最得体的入座方式是从左侧入座。

当椅子被拉开后，身体在几乎要碰到桌子的距离站直，领位者会把椅子推进来，腿弯碰到后面的椅子时，就可以坐下来。坐姿要端正，背挺直，腹部和桌子保持约一个拳头的距离，手肘不要放在桌面上，不可跷足。

## 二、西餐座次安排

在西餐宴会上，一般所用的餐桌有长桌、方桌和圆桌，不过最常见、最正规的西餐桌当属长桌。西方人非常重视餐桌礼仪（Table Manners)，越是正式的场合，座次安排就显得越是重要。与中餐相比，西餐的座次排列有许多不同之处。

**1. 女士优先**

西方讲究女士优先，女士为尊。在西餐礼仪里，女士处处受到尊重。在排定用餐位次时，主位一般应请女主人就座，而男主人则须退居第二主位。

**2. 以右为尊**

在排定位次时，以右为尊仍然是基本原则，就某一特定位置而言，其右侧之位高于其左侧之位。例如，应安排男主宾坐在女主人右侧，安排女主宾坐在男主人右侧。

**3. 恭敬主宾**

在西餐礼仪里，主宾极受尊重。即使用餐的来宾中有人在地位、身份、年纪方面高于主宾，但主宾仍然是主人关注的中心。在排定位次时，应请男、女主宾分别紧靠女主人和男主人就座，以便受到较多照顾。

**4. 面门为上**

面门为上是指面对餐厅正门的位子，通常在排位次的序列上高于背对餐厅正门的位子。

**5. 交叉排列**

用中餐时，用餐者经常可能与熟人，尤其是与其恋人、配偶在一起就座。但在用西餐时，这种情景便不复存在了。正式一些的西餐宴会一向被视为交际场合，所以在排列位次时，男女应当交叉排列，生人与熟人也应当交叉排列。因此，一个用餐者的对面和两侧往往是异性，而且还有可能不熟悉或不认识。这样做的最大好处是可以广交新朋友。

**6. 距离定位**

一般来说，西餐桌上位次的主次也跟中餐一样，往往与其距离主位的远近密切相关。在通常情况下，距主位近的座位高于距主位远的座位。

## 三、西餐餐具使用

### （一）餐具的摆放（tableware setting）

入席前，餐巾置于主菜盘的上面或左侧。盘子右边摆刀、汤匙，左边摆叉子。可依用餐顺序即前菜、汤、料理、鱼料理、肉料理，视你所需由外至内使用。

玻璃杯摆右上角，最大的是装水用的高脚

杯，次大的用来装红葡萄酒，而细长的玻璃杯则用来装白葡萄酒，视情况也会摆上香槟或雪莉酒所用的玻璃酒杯。

面包盘和奶油刀置于左手边，主菜盘对面则放咖啡或吃点心所用的小汤匙和刀叉。

### （二）餐巾（napkin）

参加正式宴请，餐巾暗示着宴会的开始和结束。西方有女士优先的原则，西餐宴会上女主人是第一主人，女主人不坐，别人是不能坐的，女主人把餐巾铺在腿上就说明宴会开始了。反之，女主人要把餐巾放在桌子上了，是宴会结束的标志。

点完菜后，在前菜送来前的这段时间把餐巾打开，往内折 1/3，让 2/3 平铺在腿上，盖住膝盖以上的双腿部分。最好不要把餐巾塞入领口。

用餐中途需要出去的话，餐巾应放在座椅的椅面上，它表示的信号是告诉在场的其他人，尤其是服务生，你到外面有点事，回来还要继续吃。

当真正就餐完毕时，应该把餐巾叠好放在盘子右边，不可放在椅子上，亦不可叠得方方正正而被误认为未用过。

就餐的时候，如果要跟别人交谈，最好用餐巾先把嘴沾一沾，然后再跟别人说话。餐巾可以擦嘴，但是不能擦刀叉，也不能擦汗。

### （三）刀叉（fork & knife）

刀叉的使用是右手持刀，左手持叉，若有两把以上，应由最外面的一把依次向内取用。刀叉的拿法是轻握尾端，食指按在柄上。将食物切成小块，然后用叉送入嘴内。

使用刀时，刀刃不可向外。进餐中放下刀叉时，应摆成“八”字形，分别放在餐盘边上。刀刃朝内，叉子弓朝上，齿朝下，表示还要继续吃。用餐结束，将刀叉刀口向内、叉齿向上，刀右叉左并列纵放或以四点钟方向斜放在餐盘里。每吃完一道菜，将刀叉并拢放在盘中。

用餐中

用餐结束

如果是谈话，可以拿着刀叉，无须放下。但若需要做手势时，就应放下刀叉，千万不可手执刀叉在空中挥舞摇晃，也不可一手拿酒杯，另一只手拿叉取菜。在任何时候，都不可将刀叉的一端放在盘上，另一端放在桌上。

宴会进行中，由于不慎，发生异常情况，如用力过猛，使刀叉撞击盘子，发出声响，或者餐具摔落地上，或者打翻酒水等，应沉着不必着急。餐具碰出声音，可轻轻向邻座（或向主人）说一声“对不起”。餐具掉落可由侍应生再送一副。

### （四）餐匙（spoon）

餐匙是西餐中不可缺少的餐具，分汤匙、甜品匙和咖啡匙三种。这三种餐具不可相互替代。使用餐匙时，不要在所取食物中乱搅，每次取食应数量适中，尽量保持餐匙干净清洁。

### （五）葡萄酒杯（glassware）

（1）一般服务员会按位次顺序倒酒，不用动手去拿酒杯，而应把它放在桌上由侍者来倒。如果不想要了，就用指尖碰一下酒杯的边缘，以示不想要了。

（2）正确的握杯姿势是使用大拇指、中指和食指握住杯脚，不要拿到杯肚位置，以避免手的温度使酒的温度发生变化，影响品酒的口感。

（3）喝酒时应该倾斜酒杯，不能吸着喝，应像将酒放在舌头上似的喝。可以轻轻摇动酒杯让酒与空气接触以增加酒味的香醇，但不要猛烈地摇晃杯子。

## 四、西餐的菜序及用餐礼仪

西餐的菜序（sequence），是指正式西餐用餐的先后顺序。与中餐相比，西餐的菜序明显不同。正式西餐是七道菜，接下来让我们走进正式西餐的七道菜（seven courses）。

### （一）头盘（Starter）

西餐的第一道菜是头盘，也称开胃菜。内容一般有冷头盘或热头盘之分，常见的品种有鱼子酱、鹅肝酱、熏鲑鱼、鸡尾杯、奶油鸡酥盒、焗蜗牛等。因为要开胃，所以开胃菜一般都具有特色风味，味道以咸和酸为主，而且数量较少，质量较高。

开胃菜不要吃得太多、太饱，最好不要把冷菜和热菜放在一个盘子里。在点菜时，不要因为菜单上有开胃菜而一定要点，可以根据个人的喜好和食量来确定。

### （二）汤（Soup）

西餐的第二道菜是汤。西餐的汤大致可分为清汤、奶油汤、蔬菜汤和冷汤四类。品种有牛尾清汤、各式奶油汤、海鲜汤、美式蛤蜊周打汤、意式蔬菜汤、俄式罗宋汤、法式焗葱头汤。冷汤的品种较少，有德式冷汤、俄式冷汤等。

喝汤时不要啜，不要舔嘴唇或咂嘴发出声音。即使汤再热，也不要用嘴吹。要用汤匙从里向外舀，汤盘里的汤快喝完时，可以用左手将汤盘的外侧稍稍翘起，用汤匙舀净就行了。吃完后，将汤匙留在汤盘里，匙把指向自己。

### （三）面包与副菜（Bread & Side dish）

通常水产类菜肴与蛋类、面包类、酥盒菜肴均称副菜。品种包括各种淡水鱼类、海水鱼类、贝类及软体动物类。因为鱼类等菜肴的肉质鲜嫩，比较容易消化，所以放在肉类菜肴的前面，叫法上也和肉类菜肴主菜有区别。鱼类菜肴一般会配上柠檬吃，以去掉鱼的腥味。挤柠檬汁时，应一手稍微遮挡一下，不让过多的柠檬汁洒在鱼身上。

正式的西餐厅都会提供面包，但不是作为主食来提供的，而是由服务员将面包篮拿到你的身边，由你自己选择。面包的食用方法：不可用面包来蘸盘子里的汤，面包要放在专用的小盘子里，不应放在你进餐盘的盘沿上；取食面包的时候，不要将面包整块咬食，不能用叉子叉着吃，也不要将整片面包涂满黄油。正确的吃法是用手把面包撕成一口大小，把黄油涂在撕下的小块面包上，再送入口中。

### （四）主菜（Main course）

肉、禽类菜肴是西餐的第四道菜，也称主菜。肉类菜肴的原料取自牛、羊、猪、小牛仔等各个部位的肉，其中最有代表性的是牛排。牛排按其部位又可分为沙朗牛排（Sirloin Steak，也称西冷牛排）、菲利牛排（Filet）、“T”骨形牛排、薄牛排等。其烹调方法常用烤、煎等。肉类菜肴配用的调味汁主要有西班牙汁、浓烧汁精、蘑菇汁、班尼斯汁等。

牛排一直是经典的主菜，作为西餐的主角，在餐厅的菜单上有各种不同的名称，根据肉取自不同的部位、调理的不同方法、酱汁的不同口味，就会有多种多样的口感。首先要了解牛排的熟度。

（1）近生牛排（blue）：正反两面在高温铁板上各加热 30~60 秒，目的是锁住牛排内湿润度，保留原肉的血红色和味道，外层便于挂汁，内层生肉保持原始肉味，视觉效果不会像吃生肉那么难接受。

（2）三分熟牛排（medium rare）：大部分肉接受热量渗透传至中心，但还未产生大变化，切开后上下两侧呈熟肉棕色，向中心处转为粉色再然后中心为鲜肉色，伴随刀切有血渗出。（新鲜牛肉和较厚牛排这种层次才会明显，冷冻牛肉和薄肉排很难达到这种效果。）

（3）五分熟牛排（medium）：牛排内部为区域粉红可见且夹杂着熟肉的浅灰和棕褐色，整个牛排温度口感均衡。

（4）七分熟牛排（medium well）：牛排内部主要为浅灰棕褐色，夹杂着少量粉红色，质感偏厚重，有咀嚼感。

（5）全熟牛排（well done）：牛排通体为熟肉褐色，牛肉整体已经烹熟，口感厚重。

每个人可以根据自己的口味进行选择，牛肉可依自己的喜好熟度点餐，但猪肉及鸡肉均为全熟供应。

牛排的正确吃法：从左边开始切。用餐时，用叉子从左侧将肉叉住，再用刀沿着叉子的右侧将肉切开，不要从右侧开始切。如切下的肉无法一口吃下，可直接用刀子再切小一些，切开刚好一口大小的肉，然后直接以叉子送入口中。不可一开始就将肉全部切成一块一块的，否则肉汁就会全部流出来，而且切开的肉容易变凉，失去原有的口感。

点排餐时，会附带一杯调味酱。先将调味酱钵拿到盘子旁边，用汤勺取酱料时要注意不要滴到桌巾上。调味酱不可以直接淋在牛排上，应取适当的量放在盘子的内侧，再将肉切成一口大小蘸酱料吃。调味酱的量约以两汤匙为最适量。

和主菜搭配的蔬菜不只是为了装饰，同时也是基于营养均衡的考虑而添加的，所以点缀的蔬菜也尽量全部吃完。

### （五）蔬菜类沙拉（Vegetable salad）

蔬菜类菜肴在西餐中称为沙拉，一般用生菜、西红柿、黄瓜、芦笋等制作。通常将沙拉放于主菜后供应，有利于消解油腻。沙拉的主要调味汁有醋油汁、法国汁、千岛汁、奶酪沙拉汁等。

沙拉的正确吃法：可以先把沙拉酱浇在一部分沙拉上，吃完这部分后再加，直到加到碗底的生菜叶部分，这样浇汁就容易了。将大片的生菜叶用叉子切成小块，如果不好切可以刀叉并用。一次只切一块，吃完再切。

### （六）甜品（Dessert）

餐后的甜点可以帮助消化，也能让人心情愉悦，一般而言，欧美人士是绝对不会错过的。西餐的甜品是主菜后食用的。从真正意义上讲，它包括所有主菜后的食物，如布丁、煎饼、冰淇淋、奶酪、水果等。

蛋糕及派、饼，用叉取食，较硬者用刀切割后，用叉取食。

冰淇淋、布丁等，用匙取食。小块的硬饼干，用手取食。

粒状水果如葡萄，可用手来取食。如需吐籽，应吐于掌中再放在碟里。

西餐在吃完水果时，常上洗手钵（finger bowl），所盛的水供洗手用。洗手钵只用来洗手指，勿将整个手伸进去。

### （七）咖啡、茶（Coffee & tea）

西餐的最后一道是热饮：咖啡或茶。最好是什么都不加的黑咖啡或红茶。它们主要是帮助消化，二者只能选择其一，不能同时享用。

需要加糖时，如果是砂糖，可用咖啡匙舀取，直接加入杯内；如果是方糖，可先用糖夹子把方糖夹在咖啡碟的近身一侧，再用咖啡匙把方糖加在杯子里。如果直接用糖夹子或手把方糖放入杯内，有时可能会使咖啡溅出，从而弄脏衣服或台布。

咖啡杯的用法：在餐后饮用的咖啡，一般都是用袖珍型的杯子盛出。这种杯子的杯耳较小，手指无法穿出去。但即使用较大的杯子，也不要用手指穿过杯耳再端杯子。咖啡杯的正确拿法，应是拇指和食指捏住杯把儿再将杯子端起。

咖啡匙的用法：咖啡匙是专门用来搅咖啡的，饮用咖啡时应当把它取出来。不要用咖啡匙舀着咖啡一匙一匙地慢慢喝，也不要用咖啡匙来捣碎杯中的方糖。

杯碟的用法：盛放咖啡的杯碟都是特制的。它们应当放在饮用者的正面或右侧，杯耳应指向右方。如果与他人以站立的姿态交谈饮咖啡时，要将咖啡碟、咖啡杯全部拿在手上，可以用右手拿着咖啡的杯耳，左手轻轻托着咖啡碟，慢慢地移向嘴边轻啜。如果坐着交谈饮用咖啡时，可以只将咖啡杯轻轻拿起，不宜满把握杯、大口吞咽，也不宜俯首去就咖啡杯。喝咖啡时，不要发出声响。

## 五、西餐搭配葡萄酒礼仪

在西餐礼仪文化中，除了环境、菜品比较讲究外，与每道菜相搭配的餐酒也是非常讲究的。西方人在长期的饮食实践中总结出了一套搭配的规律，口味清淡的菜式与香味淡雅的酒品相配，深色的肉类菜肴与香味浓郁的酒品相配。葡萄酒是酒中的精灵，它是有生命的，它那悠远绵长的芬芳，已经萦绕了我们几千年的时光。品酒并不是喝酒，品酒是一门学问。葡萄酒的礼仪可谓十分烦琐，但是葡萄酒的乐趣就体现在这一系列的烦琐当中。要想真正体味到葡萄酒内在的品质和深刻的文化底蕴，要喝出它最好的味道，如果不讲究葡萄酒的礼仪，会让你大失所望。

### （一）选酒（choosing wine）

（1）看产地。依据地理知识判断当地葡萄品质是否良好，即干旱少雨、光照充足地区的葡萄成熟好，无病害，农药污染少。

（2）看出厂日期。按出厂日期算，五六年之内都属于它的最佳饮用期。

（3）看酒中是否有沉淀或异物。异物如果是软木渣，则不影响饮用。沉淀物如果呈粒状，瓶倒立沉淀迅速下降，且酒液仍透明，则多为酒石沉淀，亦不影响其饮用。如果酒体混浊或有絮状物，则可能发生霉变，不宜选购。

（4）看颜色。干白葡萄酒多为微黄带绿，干红葡萄酒也有深红、宝石红、砖红等多种颜色。红酒的色度随红酒的藏酿而变化，新酒通常为深红色，藏酿酒杯边处的颜色变浅，并带有淡棕色。发暗失去光泽或酒体混浊的干红葡萄酒不宜选购。

### （二）适饮温度（wine temperature）

优质葡萄酒中的精细花香在较低的温度下难以散发出来，而在较高的温度下则会快速消退。因此每种葡萄酒都有其最佳的饮用温度，温度过高或过低都会影响到葡萄酒的口感和风味。

红葡萄酒：放在稍微低于室温的环境里（16~18℃）口感更佳，像酒体较重的赤霞珠（Cabernet Sauvignon）葡萄酒适饮温度一般为 18℃，而黑皮诺（Pinot Noir）葡萄酒最佳饮用温度则为 14℃。

白葡萄酒：置于 10~12℃的温度下，口感会非常好。

起泡酒：6~8℃的温度可以让你体验起泡酒的完美魅力。

### （三）酒杯（glassware）

葡萄酒杯类型虽多，在选购时仍有共同的基本原则：

（1）无色透明。

（2）杯腹最好无装饰，以便于观赏葡萄酒的原色。

（3）材质不宜太厚，以免影响品尝时的触感。

（4）选用高脚杯子（goblet）。这样当转动酒杯观察时不会由于手的温度影响杯中的酒的质感。

### （四）开酒（opening a bottle of wine）

优美的开瓶动作是一种艺术，开葡萄酒瓶的方法如下。

（1）开启葡萄酒时，瓶口的封皮不能完全撕掉，如果有开封线，以开封线为准；如果没有，以瓶口环状突起下缘为准，然后用干净的湿布擦拭木塞顶部。

（2）将开瓶器螺旋体对准木塞中心位置，旋转深入，使用酒钻时不要将木塞钻透，否则容易将瓶塞拔断或使碎屑掉入酒中，影响美观和饮用，最后用力拔出木塞。

### （五）醒酒（letting wine breathe）

葡萄酒的香气通常需要一些时间才能明显地发散出来，尤其是一些味道比较复杂、重单宁的酒，更需要长时间醒酒。酒龄较小的酒，醒酒的目的是散除异味及杂味，并与空气发生氧化；老酒醒酒的目的是使成熟而且封闭的香味物质经氧化发散出来。通常老酒的醒酒时间比年轻的酒短，如 10 年以上的红葡萄酒由于在瓶中成熟时间较长，0.5~1 小时即可饮用。10 年以内的红葡萄酒，因为年份较短，需要较长的时间呼吸和透氧，醒酒大约需要 2 小时。醒酒传统的做法是将葡萄酒倒入醒酒器，静置 30~45 分钟，而更快速的方法则是使用葡萄酒增氧机。

但如果仅仅只是打开软木塞，就整瓶直立着，这样的醒酒实无太大的作用。因为此时酒与空气的接触面只有瓶口大而已，这样的醒酒费时漫长。因此，至少应该倒一些在杯子里，然后轻摇，这样对酒味的散发有很大的帮助。在旋转晃动的时候，酒与空气接触的面积也就加大了，加速氧化作用，让酒的香味更多地释放出来。

### （六）闻酒（smelling wine）

第一次先闻静止状态的酒，然后晃动酒杯，促使酒与空气（尤其是空气中的氧）接触，以便使酒的香气释放出来，再将杯子靠近鼻子前吸气，闻一闻酒香，与第一次闻的感觉做比较。第一次的酒香比较直接和轻淡，第二次闻的香味比较丰富、浓烈和复杂。酒香可分葡萄本身所发散出来的果香（不单只有葡萄的果香）、发酵时所产生的味道，以及好的葡萄酒成熟后转变成的珍贵而复杂、丰富的酒香。闻酒时，应探鼻入杯中，短促地轻闻几下，不是长长的深吸，闻闻酒是否芳香，是否有清纯的果香。

### （七）品酒（tasting）

让酒在口中打转，或者用舌头上、下、前、后、左、右快速搅动，这样舌头才能充分品尝三种主要的味道：舌尖的甜味、两侧的酸味、舌根的苦味。整个口腔的上颚、下颚充分与酒液接触，去感觉酒的酸甜、苦涩、浓淡、厚薄、均衡协调与否。最后才吞下体会余韵，好的葡萄酒余味可以持续 15~20 秒。

### （八）佐餐（accompaniment to the meal）

葡萄酒搭配食物是一门艺术，不是任何的葡萄酒随便搭配什么样的菜肴都可以，一般来说是“红酒配红肉，白酒配白肉”。红肉是指牛肉、羊肉、鸭肉等，白肉是指鸡肉、猪肉、海鲜、兔肉等。换句话说就是，味道浓郁的食物搭配厚重的酒，味道清淡的食物搭配淡雅的酒。

在主菜为羊肉、牛肉等红肉时，一般都要搭配饮用干红葡萄酒。它呈宝石红色，优美悦目，酒香浓郁，酒体丰满，不但可以解除肉的油腻感，还可以使菜肴的风味更加浓厚。

在吃各种海鲜、鲜贝、大虾、螃蟹及各种名贵鱼时，为了更能突出各种菜肴的风味，一般搭配干白葡萄酒。它具有新鲜幽雅果香及细腻、醇正、爽净的特点，晶莹透彻，果香幽雅芬芳，口味香醇甜美，甜而不腻，酸而不涩，与海鲜、鲜贝、大虾、螃蟹等搭配时，口味极佳。

甜点搭配气泡酒，气泡酒不仅能够帮助消化，更能够使你充分享受餐后的愉悦气氛。在餐后甜品环节，以法国的香槟酒搭配甜点会让你回味无穷。

### （九）侍酒（wine serving etiquette）

宴会开始前，主人先给客人斟酒，以示礼貌。斟酒时不宜太满，红葡萄酒以 1/3 杯为好，白葡萄酒以 1/2 杯为好，气泡酒倒满 3/4 杯为好。斟酒的顺序一般是先主宾，后次主宾；先女宾，后男宾。给客人斟完酒后，主人才能自己倒。举杯时手握杯脚，手掌不要握住杯肚，以免手的温度影响葡萄酒的口感。碰杯时双方以杯肚轻轻碰，不要用杯口相碰。

在西餐宴会上敬酒只是一种象征而已，安静用餐是西餐非常显著的标志。葡萄酒是有灵性和生命的，浅酌慢饮是享受品酒的一种乐趣，自然不会像中餐桌上那样频频举杯劝酒。这些餐桌特色无关对错，只需要入乡随俗，令赴宴者感到愉快和舒服就是最好的礼仪。

**温馨贴士**

**关于西餐的说法**

“西餐”是我国对欧美地区菜肴的统称，是一个泛指。如粗略地划分，西餐大致可以分为两类。一是以英、法、德、意等国为代表的“西欧式”，又称“欧式”。其特点是选料精纯、口味清淡，以款式多、制作精细而享有盛誉。二是以俄罗斯为代表的“东欧式”，也称“俄式”。其特点是味道浓、油重，以咸、酸、甜、辣皆具而著称。此外，还有在英国菜基础上发展起来的“美式”。如进一步细分，还可分为英国菜、法国菜、俄国菜、美国菜、意大利菜及德国菜等。各国菜系自成风味，各有各的风格，其中尤以法国菜最为突出。

## 任务实施

吴迪大学毕业后进入江苏一家外贸公司上班，工作几年以来颇得领导赏识。一次，经理布置给吴迪一个接待任务：一星期以后加拿大总部外方老总亲自带队一行 6 人来公司考察，请吴迪负责接待并安排一顿正式的西餐晚宴。请你为她设计一份安排西餐晚宴应注意的事项列表。

| | |
|---|---|
| 宴会前 | 1.<br>2.<br>3.<br>4. |
| 宴会中 | 1.<br>2.<br>3.<br>4. |
| 宴会后 | 1.<br>2.<br>3.<br>4. |

续表

| | |
|---|---|
| 其他 | 1.<br>2.<br>3.<br>4. |

## 实训演练

外贸公司王总请刚从国外回来的客户李先生吃饭，让办公室周主任去安排。周主任想着李先生从国外回来肯定爱吃西餐，所以便安排了一家当地有名的西餐厅吃西餐。

用餐时，周主任把餐巾塞进了衣领处。为了表示对李先生的欢迎，周主任在碰杯时将杯中的红酒一饮而尽，而王总和李先生只是喝了一点点。李先生对周主任说："周主任真是好酒量啊！"王总却很尴尬地笑了笑。在吃饭的过程中，王总和李先生聊得很开心，周主任觉得不说话也很没礼貌，便不时地插一些话，而且说话时刀叉还在手中摇晃着。中途电话响了，周主任把刀叉和餐巾放在桌子上说："不好意思，我先出去一下！"

分小组评价周主任吃西餐时的言行举止，然后分角色演示正确的做法。

# 学习子情景三　自助餐宴请礼仪

### 知识目标

- 了解自助餐宴请的基本礼仪。
- 掌握自助餐宴请的安排礼仪。
- 掌握自助餐宴请的用餐礼仪。

### 能力目标

- 能运用自助餐礼仪规范，优雅、自如地参加自助餐宴会。
- 能够大方得体地在自助餐宴会上和客户进行交流。
- 能够熟练地为客户准备自助餐宴会。

## 情景引例

李小姐有一次代表公司去和另一家贸易公司洽谈业务，洽谈非常顺利，双方都很高兴。会议结束后，对方公司为庆祝谈判的成果，特意准备了十分丰盛的自助餐晚宴。李小姐看到那么多丰富的食物可以让自己大快朵颐，同时也看到大家很放松，因此她决定在宴会上放松自己。

在排队取餐时，她发现了平时最爱吃的冻大虾。她想，这个东西虽然好吃，但如果一而再再而三来取，会让别人觉得她没见过世面。于是，她毫不客气地满满地盛上了一大盘。但是当她离开取菜台时，周围的人都用异样的眼光看着她，让她很不自在。

回来后，她查询了自助餐礼仪的细节，才知道自己的行为违背了自助餐礼仪。在餐台上取餐时应当循序渐进，每次只取少量，吃完之后可以多次取用。为图省事装一大盘的行为是非常失礼的事情。李小姐非常尴尬，记住了这次深刻的教训，在以后用餐时时刻提醒自己注意用餐礼仪。

## 知识准备

自助餐宴会，有时也称冷餐会，是一种非正式的西餐宴会，在一些商务活动中经常可以见到。在自助餐宴会上，为就餐者所提供的食物，既有其共性，又有其个性。它的共性在于，为了满足就餐者的不同口味，食物的品种非常丰富；为了方便就餐者进行选择，同一类型的食物会被集中在一处摆放。它的个性则在于，在不同的时间或款待不同的客人时，食物可在具体品种上有所侧重。从交际礼仪的角度来讲，吃自助餐先吃什么、后吃什么，大有讲究。自助餐宴会作为我们日常生活和工作中常见的一种宴会形式，往往以不同的面貌出现，如酒会、茶会、咖啡会等，我们多多少少都会参与其中。倘若你在参加自助餐宴请时，遵守用餐礼仪，把这些基本的礼节都做到了，那样不仅你吃得舒服，而且你还会收获到来自他人的尊敬和友情。

### （一）自助餐安排礼仪

在自助餐宴会上，和中西餐不同的是它讲究宾主的座次尊卑，而且在着装、用餐方式上也有十分严格的规定。这样有助于宾主双方在心理上缩短彼此之间的距离，这种令人自在、轻松的就餐方式，无疑有助于人际交流。

**1. 时间的安排**

因为自助餐多在正式的商务庆典活动之后，因此它具体举行的时间比较灵活，并且每次的时间不宜过长。

**2. 地点的选择**

自助餐既可以安排在室内，也可以安排在室外，大都选在大型餐厅、露天花园内进行，既能容纳下全部人就餐，又能提供足够的交际空间。

**3. 食物的准备**

在自助餐宴会上，主人在设计自助餐宴会的菜单时，不必处处清规戒律，只要匠心独运，使菜单的品种在丰富多彩的基础上满足来宾们的不同口味，就算成功了。一般自助餐宴会供应的菜肴有冷菜、沙拉、汤、热菜、点心、甜品、水果及酒水等。

**4. 招待主宾**

不论在任何情况下，主宾都是第一位的，是主人招待的重要对象。主人在自助餐宴会上对主宾最好的招待就是陪同其就餐，跟其进行适当的交流，为其引见其他客人等。

### （二）自助餐用餐礼仪

**1. 了解菜序**

在自助餐宴请上，如果想要吃饱吃好，还不失礼于人，在具体取用菜肴时就一定要了解合理的取菜顺序。参加自助餐宴请时，取菜先后的顺序应当是：冷菜、汤、热菜、点心、甜品和水果。因此在取菜前最好先了解一下当天的菜品情况，然后再去取菜。

如果不了解这一合理取菜的先后顺序，而在取菜时完完全全地自行其是，乱装乱吃一通，难免会咸甜相克，令自己吃得既不畅快又不舒服。举例而言，在自助餐中，甜品、水果本应作为“压轴戏”，最后一道吃。可要是不守此规，为图新鲜，而先大吃一通甜品、水果，那么立即就会饱了，等到后来见到自己想吃的好东西，很可能就会心有余而力不足，而且会让别人认为你不懂用餐基本礼仪而失礼于人。

**2. 排队取菜**

在享用自助餐时，尽管需要就餐者自己照顾自己，但这并不意味着可以因此而随意妄为。在取菜时，由于用餐时间集中，所以会有很多人在同一时间取餐，大家都必须自觉地维护公共秩序，讲究先来后到，排队选用食物。不允许乱挤、乱加队，更不允许不排队。

在取菜之前，先要准备好一个食盘。轮到自己取菜时，应以公用的餐具将食物装入自己的食盘之内，然后即应迅速离去。切勿在众多的食物面前犹豫再三，让身后之人久等，更不应该在取菜时挑挑拣拣，甚至直接下手或以自己的餐具取菜。

**3. 多次少取**

多次少取的原则是自助餐现场取菜最基本的礼仪规范。用餐者在自助餐中选取某一种类的菜肴，每次应当只取一小点，待品尝之后，觉得它适合自己的口味，还可以再次去取，直至自己吃好了为止。要是为了省事而一次取用过量，装得太多，则是失礼之举，必定会令其他人瞠目结舌。“多次”的原则与“少取”的原则其实是同一个问题的两个不同侧面。“多次”是为了量力而行，“少取”也是为了避免造成浪费。所以，二者往往也被合称为“多次少取”的原则。

在选取菜肴时，最好每次只为自己选取一种。待吃好后，再去取用其他的品种。要是不谙此道，在取菜时乱装一气，将多种菜肴盛在一起，导致五味杂陈，相互串味，则难免会暴殄天物。

**4. 照顾他人**

商务人士在参加自助餐宴请时，除了对自己用餐时的举止表现要严加约束之外，还需要与他人和睦相处，多加照顾。对于自己的同伴要加以关心，若对方不熟悉自助餐，不妨向其简单地进行介绍。在对方乐意的前提下，还可向其具体提出一些有关选取菜肴的建议。不过，不可以自作主张地为对方直接代取食物，更不允许将自己不喜欢或吃不了的食物“处理”给对方吃。在用餐的过程中，对于其他不相识的用餐者，应当以礼相待。在排队、取菜、寻位及用餐期间，对于其他用餐者要主动加以谦让，不要目中无人，蛮横无理。

**5. 积极交际**

一般来说，参加自助餐宴请时，必须明确吃东西往往属于次要之事，与其他人进行适当的交际活动才是自己最重要的任务。所以，不应当以不善交际为由，只顾自己躲在僻静之处一心一意地埋头大吃，或者来了就吃，吃了就走，而不同其他在场者进行任何形式的正面接触。

在参加自助餐宴请时，一定要主动寻找机会积极主动地与客户进行交流。另外，还应当争取多结识几位新朋友。在自助餐中，交际的主要形式是几个人聚在一起进行交谈以扩大自己的交际圈，促进双方业务的合作。

**6. 收拾餐具**

在餐厅里用餐，自己取用的食物，以吃完为宜，避免浪费。在离开时将餐具留在餐桌之上，稍加整理由侍者负责收拾。不要弄得自己的餐桌上杯盘狼藉，不堪入目。如果在花园里享用自助餐，离开用餐现场之前，自行将餐具整理到一起，然后一并将其送回指定的位置。不允许将餐具随手乱丢，甚至任意毁损餐具。

**7. 避免外带**

所有的自助餐，无论是主人亲自操办的自助餐，还是餐厅的自助餐，都有一条不成文的规定，即自助餐只允许在餐厅或用餐现场自行享用，而绝对不可以在用餐完毕之后将食物携带回家。商务人士在参加自助餐时，一定要牢牢记住这一点。在用餐时不论吃多少东西都不碍事，但是千万不要往自己的口袋、皮包里装一些自己的“心爱之物”，更不要要求侍者替自己“打包”。那样的表现，必定会使自己失礼于人。

**温馨贴士**

**关于自助餐的起源**

自助餐的真正起源是8~11世纪北欧的斯堪的纳维亚半岛（Scandinavian Peninsula），那时的海盗们每有猎获的时候，就要由海盗头头出面，大宴群盗，以示庆贺。但海盗们不熟悉也不习惯当时中西欧吃西餐的繁文缛节，于是便独出心裁，发明了这种自己到餐台上自选、自取食品及饮料的吃法。以后的西餐从业者将其文明、规范化，并丰富了吃食的内容，就成了今日的自助餐。很多西方专业自助餐厅现在还冠以“海盗餐厅”的名字（Pirates Restaurant），缘由便是如此。

## 任务实施

外贸公司业务部张主任因工作关系，经常要出差去国外，他经常听到有些人评价有些中国游客在国外自助餐厅取餐时会有“连吃带拿”的现象。有一次他亲眼在餐厅看到有些人面前是几个大盘子，食物聚摞成塔，根本吃不完。当看到其他国家的人投来不友好的目光，甚至听说在一些餐馆会有特别标注专供中国人就餐位置的现象，张主任心里真不是滋味。

分小组讨论为什么会有专供中国人就餐位置的现象？如果在自助餐场合碰到这种情况，我们该如何去做？

## 实训演练

以5人为一组练习自助餐宴会的相关礼仪规范。训练内容如下：

（1）电子进出口贸易公司刘总准备接待从迪拜来的客户，刘总准备以自助餐晚宴的形式进行接待，请列出自助餐晚宴安排的注意事项和细节。

（2）模拟练习陪同客户在宴会中取餐时的礼仪规范。

（3）模拟练习在自助餐用餐过程中和客户（和你同一桌）的交流沟通。

（4）模拟在自助餐宴请中你和其他客人（不在同一桌）的交流沟通。

（5）模拟自助餐宴会结束你和客户分别的礼仪规范。

# 05 学习情景五 国际商务书信礼仪

## 开篇语

随着近年来中国经济的进一步全球化和市场经济的不断发展，中国企业的涉外商业活动越来越频繁。随之，作为商务沟通手段之一的商务信函，因其在商务贸易活动中承载的独特功能，重要性日益突出。商务信函往来的目的是建立和维持商业联系、促进贸易合作与保持良好的商务关系，其表达效果的好坏直接关系到企业的经济效益。商务信函写作决定了你是否能以专业的方式与对方进行有效的沟通，在你的业务往来中占据着举足轻重的地位。

## 学习子情景一　请柬撰写礼仪

### 知识目标

- 了解一般请柬的格式。
- 熟悉请柬撰写礼仪。
- 掌握请柬撰写的方法与技巧。
- 掌握涉外请柬的注意事项。

### 能力目标

- 能够选择适合的请柬格式。
- 学会使用各种请柬撰写的方法与技巧。

### 情景引例

Dear Mr. Fernando Belaciano,

This letter will serve as our Official Invitation to invite you inspect our company which will be from May. 24 to June. 4, 2016 at No.199, Xiuyuan Road, Xiuzhou District, Jiaxing City, Zhejiang Province 314031. Please confirm the following information will be applying for a visa:

*First Name: Fernando*

*Last name: Belaciano*

*Gender: Male*

*Date of birth: 03/01/1979*
*Place of birth: Rio de Janeiro*
*Passport Number: FG377969*
*Date of issue: 19/07/2012*
*Place of issue: Rio de Janeiro*
*Personal Address: Rua itacema 50 Ap 51*
All expenses will be paid by Fernando Belaciano.
Any other questions, please feel free to let us know.
Contact: Jedy Wu
Position: Admin Manager
E-mail: jedy518@gmail.com
Phone: (86) 183 5837 6111

Sincerely yours,
Jedy Wu
Admin Manager
Jiaxing Tomay Import and Export CO., Ltd

## 知识准备

### 一、请柬的定义及作用

现代社会是交际的社会，需要举办或参加各种国际或国内的会议及宴会等，写邀请信和请柬是每个人必备的素质。

请柬是私人和公务场合中广泛使用的一种文书形式，是人们举行吉庆活动或某种聚会时，为表示对客人的尊重和邀请者的郑重态度，专门向邀请对象发出的邀请文书。

请柬，又叫请帖、柬帖，它是一种简单的书信形式，但又不同于书信。书信是双方相距较远而无法直接交谈所采取的一种方式，请柬是出于对客人的礼貌尊敬而发出的正式邀请通知，即使近在咫尺或客人已经知道，也应发出请柬。

### 二、请柬的使用范围及特点

请柬使用范围广泛，常见的有庆典请柬、会议请柬、演出请柬、联谊请柬、宴会请柬、婚礼请柬、寿诞请柬等。

请柬具有以下特点：

（1）请柬从内容到形式都极富礼仪特征，因而也就具有浓重的传统文化色彩，且精工制作，颇具艺术性。

（2）格式固定。

（3）篇幅短小、文字简明。

（4）感情诚挚，语言郑重、热情。

（5）用规范的书面语，忌口语。

## 三、请柬的基本格式和写法

请柬从格式上分为横式写法和竖式写法两种。竖式写法从右边向左边写。但从内容上看，请柬作为书信的一种，又有其特殊的格式要求。

请柬一般由标题、称呼、正文、结尾敬语、落款五部分构成。

**1. 标题**（heading）

在封面上写的“请柬”（请帖）二字就是标题，一般要做一些艺术加工，可用美术体的文字，文字的色彩可以烫金，可以有图案装饰等。需说明的是，通常请柬已按照书信格式印制好，发文者只需填写正文。封面也已直接印上了标题“请柬”或“请帖”字样。

**2. 称呼**（salutation）

要顶格写出被邀请者（个人或单位）的姓名、名称，如“某某先生”“某某单位”等。称呼后加上冒号。

**3. 正文**（body）

要写清活动内容，如开座谈会、联欢晚会、生日派对、国庆宴会、婚礼、寿诞等。写明时间、地点、方式。如果是请人看戏或其他表演还应将入场券附上。若有其他要求也需注明，如“请准备发言”“请准备节目”等。

**4. 结尾敬语**（complimentary close）

要写上礼节性问候语或恭候语，如“此致，敬礼”“顺致，崇高的敬意”“敬请光临”等，在古代这叫作“具礼”。

**5. 落款**（signature）

署上邀请者（个人或单位）的名称和发柬日期（必要时可加上入场券）。

**请柬范例（一）：**

**请　柬**

尊敬的××先生：

敝公司定于2017年4月20日至23日8：00—17：00在佛山市罗湖酒店展览大厅举办现代家具贸易洽谈会。恭候光临。

新大地公司

二〇一七年四月十三日

【简析】这是一份邀请对方参加贸易洽谈会的请柬。时间、地点具体明确，内容简洁，语言谦恭得体。

**请柬范例（二）：**

**邀请函**

（称谓）

今天我们特别邀请您参加____（地点名称）分店开张的庆祝活动。我们希望能和您共同庆祝，并邀请您一边品尝香槟酒，一边参观。

热烈欢迎您于____（日期）____（时间A）—____（时间B）到来。如果您的熟人或朋友也对我们的产品感兴趣，欢迎您带他们一起来。

我们期待您的到来！

×××
××××年××月××日

【简析】这是一份商务晚宴邀请函的模板，语言热情、大方、易懂。

## 四、请柬的种类

从形式角度请柬可以分为：单柬式（卡片式）、双柬式（折叠式）、竖式与横式。

从内容角度请柬可以分为：活动和节日请柬（结婚请柬、展览请柬、运动会请柬、教师节请柬、圣诞节请柬……）、商务请柬（商品展示请柬、观光旅游请柬、交易请柬……）等。

## 五、如何写请柬才合“礼”

在国际交往中，我们常会碰到写请柬或邀请信的情况，如邀请外国朋友出席宴会、酒会和某项仪式等较正式的活动。我国文化历史悠久，历来对语言文字的推敲十分重视，何况请柬是较庄重正式的一种文体，而且文字容量有限，所以要摈弃那些繁冗造作或干瘪乏味的语言。具体而言，写请柬应做到如下几点：第一，求其“达”，即要通顺明白，不要堆砌辞藻或套用公式化的语言。第二，求其“雅”，即要讲究文字美。请柬是礼仪交往的媒介，乏味的或浮华的语言会使人很不舒服。第三，请柬文字尽量用白话文（现代书面），不可为求“雅”而去追求文言文。要尽量用新的、活的语言。雅致的文言词语可偶尔用，但需恰到好处。第四，从整体来看，要根据具体的场合、内容、对象、时间具体认真地措辞，语言要文雅、大方、热情。

请柬是发送给客人的，发送的时间、方式、场合都要认真考虑。不要发送过早，发送过早，客人容易忘记；也不要发送太迟，太迟了会造成客人措手不及。请柬一般以提前 2～3 天发送为宜。请柬的设计与撰写的基本要求是：请柬是邀请宾客用的，所以在款式设计上，要注意其艺术性，精美的请柬会使人感到快乐和亲切。请柬的封面写上“请柬”二字，一般要做些美术加工，如文字用美术体，有条件时可以烫金，并配有各式装饰图案等。请柬既可以是开合式，也可以是正反式，并且要精心选纸和设计尺寸。

## 六、如何写商务宴请邀请函

邀请谁去参加宴会是很重要的，最好不要出现不相干的人，或者说没有什么帮衬作用的人。邀请要考虑双方的级别和人数的平衡。

为了使对方及早做出准备，商务宴请要提前邀请客人。一般均发请柬，亦有手写短笺或电话邀请。不论以何种形式发出，均应真心实意、热情真挚。

请柬内容包括活动时间及地点、形式、主人姓名。行文不用标点符号，其中人名、单位名、节日和活动名称都应采用全称。中文请柬行文中不提被邀请人姓名（其姓名写在请柬信封上），主人姓名放在落款处。请柬格式与行文方面，中外文本的差异较大，注意不能生硬直译。请柬可以印刷也可手写，手写字迹要美观、清晰。

请柬信封上被邀请人的姓名、职务要书写准确。国际上习惯对夫妇两人发一张请柬，如遇凭请柬入场的场合则每人一张。正式宴会，最好能在发请柬之前排好席次，并在信封下角注上席次号。请柬发出后，应及时落实出席情况，准确记载，以便调整席位。

## 七、商务英语请柬的写法

Invitation
Mr & Mrs J.Thomas
request the honor of the presence of
Mr & Mrs S.Lewis
at the wedding ceremony of their daughter
and Mr John Smith
on Sunday，the first of May
two thousand and seventeen
at eleven o'clock
Shanghai International Hotel
R.S.V.P.

### （一）主要格式

在内容安排上依次是邀请者（inviter）、套语[request the pleasure（honor）of the presence of]、被邀请者（invitee）、邀请之意（活动内容）（invitation intention/invitation activities）、时间（time）、地点（place）。

### （二）注意事项

请柬是一种十分正式的信件形式，有其特殊的格式。

（1）请柬需排成两边整齐对称的锯齿形，并应用第三人称书写。

（2）邀请信是一种重要的社交书信，它包括正式和非正式两种。正式的邀请信即请柬，有固定的格式，一般用第三人称书写；通常“先生”写在其“夫人”前。行文不用标点符号。

（3）先写邀请人的姓名，前面需带称谓或头衔。“request the pleasure（honor）of the presence of ”是套语，邀请别人跳舞、吃饭等也可用“request the pleasure（honor）of the company of ”，有时不必写明被邀请人就用“request the honor（pleasure）of your presence”或“request the pleasure（honor）of your company”。套语后是被邀请人的姓名，也需带称谓或头衔。接着写邀请的具体内容，然后是时间。时间安排的顺序是星期几，几月几日，哪一年和几点钟，数字都要用英语数字写，不能用阿拉伯数字写，最后是地点。

（4）时间不用阿拉伯数字写。写请柬的日期一般不写在请柬上。需安排座位的宴请活动，应要求被邀请人答复能否出席。

（5）R.S.V.P.是法语缩略词，意思是“请赐复”（Répondez S'il Vous Plait），并注明联系电话，也可用电话询问能否出席。

（6）若邀请人对被邀者出席时的服装有要求，可在请柬的左下角或右下角加以注明。请柬一般提前一至两周发出。

（7）无论是英语请柬还是汉语请柬，在语言上的要求是一致的，都需要简洁明了，措辞庄重、文雅。

中文请柬和英文请柬有固定的格式和措辞，因此不能简单地以单句为单位进行翻译，而应从整个篇章的角度去把握，使译文符合目的语的表达习惯。请看下面这则例子：

Mr. and Mrs. John Smith
request the honor of the presence of
Mr. and Mrs. J. A. Brown
at the marriage of their daughter
Elizabeth Smith
to
Mr. John Frederick Hamilton
on Saturday, the twenty-ninth of September
at four o'clock p.m.
Church of Heavenly Rest
New York

译文如下：

布朗先生及夫人：

兹定于九月二十九日（星期六）下午四时在纽约天安教堂为小女伊丽莎白·史密斯与约翰·弗雷德里克·汉密尔顿先生举行婚礼，届时恭请光临。

约翰·史密斯夫妇谨订

这是一张正式的英文结婚请柬，格式采用固定的分行式。在内容安排上按照“邀请者—被邀请者—邀请之意（活动内容）—时间—地点”的先后顺序。汉语的顺序是“活动时间—活动地点—活动内容—邀请之意—邀请者的姓名”，邀请者的姓名应写在右下角，与正文分开。无论是英语请柬还是汉语请柬，都需简洁明了，措辞庄重、文雅。例如，原请柬中为表达邀请之意所用的是“request the honor of the presence of”，翻译时用“恭请光临”与之对应。此外，译文的开头用了“兹定于”，结尾处用“谨订”，这样的用词都体现了请柬正式的文体。但有两点不同：第一，英文请柬从头至尾都采用第三人称，译成中文时，一般应改用第一人称，如“their daughter”译成“小女”；第二，英文请柬中星期应写在日期之前，译成汉语时，星期应写在日期后面的括号内。

有时请柬下角有一些备注，提醒被邀请人应注意的事项，如“For regrets only”译为“若不能来请告知”（regrets 意思是“谢绝邀请的短柬”）；“Dress code”译为着装要求。

下面是一封英语请柬的范文，供大家参考：

INVITATION
On the occasion of
The sixty-eighth anniversary of the founding
of the People' Republic of China（事由）
the ··· （举办单位）
requests the honor of your presence
at the reception to be held
in ···（举办场所）
on Sunday, Oct. 1, 2017
at ···（钟点） p.m.

译文如下：

**请 柬**

谨定于二〇一七年十月一日（星期日）下午某时在某地举行中华人民共和国成立六十八周年纪念招待会。

敬请光临。

## 任务实施

### 一、任务布置

北京卡特斯贸易公司（Beijing Carters Trading Company）于2017年7月7日晚7点举办公司成立十周年晚宴，地点：北京和平饭店二楼牡丹厅。拟邀请加拿大文森特进出口公司（Vincent Import and Export Corporation of Canada）总经理及夫人出席。请代写一份请柬。

### 二、实施过程

（1）确定请柬的形式。
（2）依据请柬的格式（标题、称呼、正文、结尾敬语、落款）写请柬。
（3）注意请柬的书写礼仪规范。
（4）教师点评，学生互评。

**温馨贴士**

**请柬文化**

**一、中华文化**

结婚请柬在中国由来已久，形式有竖有横，颜色多为大红色。内文撰写的方式到今日依然大致相同，有一套俗成的礼仪用字。较特别的是日期通常会印上两种日期，一种是农历日期，一种是公历日期。此外，有些家庭也会印上祖父母辈的姓名。中国清朝的结婚请柬称为“团书”，是结婚时的周公六礼书之一，当男子向女方家订婚成功，就会印制“团书”告知众亲友。目前，我国台湾地区也有人尝试以白话文或台湾话口语体撰写。

**二、西方文化**

西方的结婚请柬，则多为横式，颜色以浅白色、浅粉红色为多，少有大红色的请柬。在请柬用字上，多为手写字体。在印刷方式上有浮雕压印、凸版印刷、热浮凸印刷、雕空字体等。

## 实训演练

请你来当设计师：

请你为某公司举办的各种活动设计一张请柬，如新产品推介会、客户答谢晚宴、公司圣诞晚会等。具体有哪些制作方法呢？请先构思，再画出草图，完成文本。

# 学习子情景二 信函撰写礼仪

### 知识目标

- 了解一般信函的格式。
- 熟悉信函撰写礼仪。
- 掌握信函撰写的方法与技巧。
- 掌握撰写涉外信函的注意事项。

### 能力目标

- 能够根据需要选择适合的信函格式。
- 学会使用各种信函撰写的方法与技巧。

## 情景引例

日本奈良的一家旅馆，不但环境优美，服务也热情周到，很受旅客欢迎。但旅馆也有一件烦心的事：每逢春天，总有不少燕子光临此处，在旅馆的屋檐下营巢筑窝并随便排泄粪便，尤其是雏燕。粪便溅脏了房间的玻璃窗和走廊，即便服务员经常擦洗，但前擦后拉，总有那么一点……渐渐，旅客有了意见，旅馆经理也为此苦恼。一天，旅馆经理想出一计，提笔写了一封信：

女士们、先生们：

我们是刚从南方赶到这儿过春天的小燕子，没有征得主人的同意，就在这儿安家，还要生儿育女。我们的小宝宝年幼无知，常常弄脏您的玻璃和走廊，致使您不愉快，我们很过意不去，请女士们、先生们多多见谅。还有一事恳请女士们、先生们谅解，请您不要埋怨服务员小姐，她们经常打扫，只是她们“擦不胜擦”，这完全是我们的过错，请您稍等一会儿，她们就来了。

您的朋友：小燕子

客人看了以小燕子名义写的信，都被逗乐了，怨气也随之消散。每当客人回到自己的房间，看到窗上点点燕子粪，不由想起“小燕子”那亲切、有趣的话。此后客人总带着美好的回忆，依依不舍地离开这家美丽的奈良旅馆。

奈良旅馆在与旅客进行沟通时，运用“书信”这一方式，不仅消除了客人的怨气，还收到柳暗花明的效果。

## 知识准备

### 一、信函的概念及作用

信函，是书信的正式称呼。书信是一种向特定对象传递信息、交流思想感情的应用文书。在人际交往中，信函是一种应用极为广泛的书面交流形式。信函在商业领域使用频率很高，在实际工作中扮演着举足轻重的角色。因此，每一位商务人士都必须熟练掌握信函的书写和使用规范，以此来增进友谊，促进贸易。

信函的最大功效和目的在于传递信息，因此其内容必须完整无缺，其表述必须准确清楚。如果信函的内容不够完整，表述不够规范，甚至词不达意，就难以准确有效地传递信息，进而延误商务活动的开展，而且耗费读信者不必要的时间和精力。

商务信函是开展对外经济贸易业务和有关商务活动的重要工具，也是帮助公司建立业务关系、树立企业形象的重要媒介。一封标准规范、措辞得体的信函可以给公司带来生意；反之，一份杂乱无章、用语不当的信函则会给公司带来负面的影响，毁坏公司苦心经营的形象。因此，在商务信函的写作中，写信人必须很好地掌握信函的书写格式、规范及技巧。

### 二、商务信函的内容与格式

商务信函的内容一般由称谓、正文、敬语、落款和时间构成。

**1. 称谓**

称谓是指寄信人对收信人的称呼，一般要单独顶格书写，包括收信人的姓名和职务，如果是熟悉的客户，可以直接使用大家常用的称呼。如果收信人有多个职务，要根据书信重点内容选择合适的称谓。

**2. 正文**

一般用简短的问候语作为开始，用得最多的是“您好！”，格式要求另起一行，空两格写，单独成行。正文中一个问题或一件事情都应单列一段，条理清晰，语言简洁有针对性。段落之间可以空一行。最后表明希望、意愿或再联系等，要求简短自然。

**3. 敬语**

敬语是向对方表示祝愿、敬意或问候的话。在商务信函中，一般使用“顺颂商祺”“祝工作顺利”等敬语，格式要求另起一行，空两格或顶格写。

**4. 落款和时间**

商务信函的最后要写上发信人的姓名、单位和写信日期。商务信函的署名要署全名，署名要写在敬语后另起一行靠右边的位置，姓名、单位和日期要各占一行。如果是第一次通信，要在信尾详细、准确地写上自己的地址、邮政编码、联系电话，以便对方回信或回电。

## 三、商务信函的要求

写作商务信函并不要求你使用华丽优美的词句。你需要做的就是，用简单朴实的语言，准确地表达自己的意思，让对方可以非常清楚地了解你想说什么。

**1. 简单、朴实的语言**

每一封信函的往来，都是你跟收信人彼此之间的一次交流。人都是感性的，所以你需要在你的信函里体现感性的一面。多用一些简单明了的语句，用“我”或“我们”做主语，这样才能让我们的信函读起来热情、友好，就像两个朋友之间的谈话那样简单、自然、人性化。

**2. 语气语调**

由于你写的信函都是有其目的性的，所以信函里所采用的语气语调也应该符合你的目的。在写之前先不妨仔细考虑一下，你写这封信函是想达到一个什么样的目的。你希望对收信人产生一种怎样的影响呢？是歉意的、劝说性的，还是坚决的、要求性的。这完全可以通过信函中的语气语调来表现。

**3. 直接、简洁**

我们每天都要阅读大量的信函文件，客户也是一样。所以，信函一定要写得简明扼要、短小精悍、切中要点。如果是不符合主题或对信函的目的无益的内容，请毫不留情地舍弃它们。因为这些内容不仅不能使交流通畅，反而会混淆视听，非但不能让收信者感兴趣，反而会让他们恼火，产生反感。

**4. 礼貌**

这里所说的礼貌，并不是简单用一些礼貌用语如“感谢您致电咨询”等就可以的。这里所说的礼貌是要体现一种为他人考虑、多体谅对方心情和处境的态度。如果本着这样的态度去跟别人交流，那么就算你这次拒绝了对方的要求，也不会因此失去这个朋友，不会影响今后的合作。

特别要注意，当双方观点不能统一时，我们首先要理解并尊重对方的观点。如果对方的建议不合理或对你的指责不公平时，你可以据理力争，说明你的观点，但注意要讲究礼节礼貌，避免用冒犯性的语言。

还要提醒一点，中国人有句话叫作“过犹不及”。任何事情，一旦过了头，效果反而不好。礼貌过了头，可能会变成阿谀奉承；真诚过了头，也会变成天真幼稚。所以最关键的还是要把握好“度”，才能达到预期的效果。

**5. 精确**

当涉及数据或具体的信息时，如时间、地点、价格等，尽可能做到精确。这样会使交流的内容更加清楚，有助于加快事务的进程。

**6. 针对性**

请在邮件中写上对方公司的名称，或者在信头直接称呼收件人的名字。这样会让对方知道这封邮件是专门写给他的，而不是那种群发的通函，从而表示你对他的重视。

**7. 回复迅速及时**

给客户的回复，千万要迅速及时。最好收到信的当天就回信，如果你的回复不够及时，就可能因为抢不到先机而失去商机。

**8. 校对、检查**

任何语法、拼写、标点的错误都会给人带来坏印象。所以写完之后，一定要检查。最基本的是要确保拼写和语法正确，然后检查一下你所提供的事实、数据等是否完整、准确，是否清楚易懂等。大家都会犯错，但即使在你的信函里有一个极小的失误，也可能会破坏你在沟通方面的可信度，并使人对你表达的其他信息的真实性有所怀疑。

## 四、商务信函的分类

商务信函主要分为推荐信、称赞信、投诉信、解决商业纠纷的信函、要求信和拒绝信等。

**1. 推荐信**

推荐信往往是推荐一个人申请学校或工作，内容包括推荐人和被推荐人的关系、推荐人认识被推荐人的时间长短，并用例子来说明被推荐人的优点。例如，如果推荐人要说被推荐人勤奋，那么应该举一个例子来说明这一点。离职前，可以请老板或共事的同事写一份推荐信。个人的推荐信或提名信是赢得下次工作的有力工具。

**2. 称赞信**

如果你满意对方的产品或服务，那么你可以写一封称赞信。虽然很多人不会这么做，但这是和对方建立良性关系的开端。如果你很满意餐厅经理的服务，那么写一封称赞信给他的上司，一方面你对他的职业发展有很大的帮助，另一方面也可以和他建立好关系，今后能继续接受他的优质服务。这类利己利人的信件，大家应该愿意写、常常写，因为这能带来双赢的局面。

**3. 投诉信**

首先，投诉信要写给这个组织的最高领导。其次，避免用情绪化的词语，要对事不对人。在投诉信的第一段，先将事由做客观的总结，让对方明白写信的目的。之后讲一些具体的事实，如发票号码、事情发生时间和地点。投诉信也要尽量保持对对方的鼓励性的态度，如“我知道贵餐厅的服务很有名，我也常常是因为餐厅的服务而前来用餐，我想这个服务员的服务并不能代表整个餐厅的服务水平”等文字。投诉信最难写，可如果写的是“服务水平”，对方会比较心平气和地处理这个投诉。最后的一段是你对解决问题的建议，不要很离谱很贪心，要合理。如果对方卖给你的产品，在使用一周后坏了，可以提议退货、换新的，或者在规定时间内修好。最后一句话应该是鼓励性的，如“我相信贵公司的服务是高水平的，也希望这件事情能够合理解决，今后我们还可以继续合作”。

**4. 解决商业纠纷的信函**

因为商品存在质量问题等各种原因，在购买完某商品后，我们常常需要和对方讨个减价，或者要求赔偿、退货。商业纠纷信的内容要简单明了。在商业纠纷信中应附有购买商品的收据复印件，让对方可以在自己的文件中追溯。

**5. 要求信**

要求信的内容包括要求对方开发票或将某份文件寄给你等。这类信函主要包括对方需要的最基本的信息即可，不需其他太多文字。

**6. 拒绝信**

商务往来中的拒绝信是一个建立品牌、宣传自己的机会。要强调的重点不是对方不适合你，而是双方互相不适合。同时，还要保持一个开放的心态，表示我们仍有兴趣与你合作，如果今后有机会，可以继续探讨合作的可能性及合作方式。

## 五、商务英语信函礼仪

随着近年来中国经济的进一步全球化和市场经济的不断发展，中国企业的涉外商业活动越来越频繁。随之，作为商务沟通手段之一的商务信函，因其在商务贸易中承载的独特功能，重要性日益突出。其中，商务英语信函中礼貌策略的运用尤其需要关注。

根据信函的内容，商务英语信函可分为询价函（Inquiry Letter）、报价函（Offer Letter）、确认函（Confirmation Letter）、通知函（Notification letter）、收款函（Receipt Letter）、推销函（Sales Letter）、拒绝函（Rejection Letter）、邀请函（Invitation Letter）、感谢函（Thank-you letter）、指示函（Instruction Letter）、索赔与理赔函（Claim and Settlement Letter）等。根据信函中信息的性质，可以把信息分为普通消息、好消息、坏消息和说服性消息。好消息商务信函和普通消息商务信函通常又被称为日常商务信函，主要包括询价报价函（Inquiry & Offer Letter）、订购函（Order Letter）、感谢函（Thank-you Letter）、确认函（Confirmation Letter）、付款函等（Payment Letter）；坏消息商务信函则包含对收信人不利的信息，如拒绝建立关系函（Refuse to establish relationship letter）、投诉索赔函（Complaint and Claim Letter）、商务警告函（Business Warning Letter）等；说服性消息商务信函旨在说服收信人，以达到写信人的写信目的，如促销信（Letter of Promotion）、求职信（Letter of Application）及催款信（Reminder of Payment）等。

商务英语信函写作能力的高低，直接关系到贸易双方能否实现各自的商业利益。一封成功的商务英语信函不仅要求写作者具有良好的英语功底，掌握涉外应用文体自身所拥有的特定格式和套语，还要注意礼貌原则在商务英语信函中所起的作用。

### （一）积极礼貌策略的运用

**1. 注意照顾对方的需求**

在商务英语信函写作中，为了维持良好的业务关系，写信人往往要“顾左右而言其他”，即充分照顾读信人的利益和需求，通过使用如下的感谢语、赞美语及“You-attitude”来实现交际目的。

[1] Thanks for your cooperation and we assure you of our best attention at all times.（谢谢合作，我方将时刻高度关注贵方。）

[ 2 ] It would also be appreciated if you could forward samples and your price list to us.（如能惠寄样本和价格表，我们将感激不尽。）

在商务英语信函写作中，人称代词的恰当运用能够充分体现出写信人对读信人的尊重。“You-attitude”的使用就是以对方利益为出发点，尊重并满足对方的愿望。“You-attitude”是一种从读者角度出发的写作方式，它强调读者迫切希望分享的信息，尊重读者的需要，并维护读者的自我意识。例如：

[ 3 ] Your active participation in this conference will be highly appreciated.（非常感谢贵方积极出席本次会议。）

[ 4 ] We will highly appreciate your active participation in this conference.（我方非常感谢贵方积极出席本次会议。）

句 [ 3 ] 和句 [ 4 ] 虽然都表达了写信人对读信人的感谢，但与句 [ 3 ] 相比较，句 [ 4 ] 在一定程度上是以自我为中心，没有让对方充分感受到自己所需要的积极面子被最大限度地维护。

但是“You-attitude”并不代表着在任何场合下都要以“you”或“your”来代替“I”“we”或“our”。这里所说的“You-attitude”代表的是以他人为重、真正设身处地地为他人着想的态度。因此，要根据商务英语信函的类型，采取不同的人称代词。例如，在坏消息商务信函中，就要避免过多地使用“you”和“your”，因为这类信函所传递的信息本身是有损于对方的利益的，如果再一味地使用“you”或“your”，就置对方于被谴责的位置，这无疑会极大地损伤对方的自尊。

**2. 夸大对对方的兴趣、赞同和同情**

在商务英语信函写作中，如果能够适当夸大对对方的需求和赞美，那么交际双方的心理距离就会被进一步拉近。因此，一封成功的商务英语信函会通过适度夸张的策略以达到维护对方积极面子的目的。例如：

[ 5 ] Our biggest dream is always to offer you the best services as you wish.（我们最大的梦想就是始终为您提供最优质的服务。）

[ 6 ] We will process your credit application as quickly as we can because your satisfaction is our highest honor.（我们会尽快处理您的信用申请，因为您的满意是我们的至高荣誉。）

通过使用多重适度夸张的修饰语如“at all times”“most desirable”等，写信人时刻从对方的角度出发，让对方真切感受到自己在写信人心中的地位和分量，并对写信人充满了好感，这无疑会拉近双方的心理距离，为以后开展业务奠定良好的基础。

**3. 使用集体特征标志语**

使用象征某个集体内部特征的身份标志语可以让双方迅速找到心理归属感，这些标志语包括称呼形式、行话、方言、俚语、缩略语等。集体特征标志语在商务信函中主要体现为行业缩略语的使用，如“FOB”（Free on Board，离岸价）、“CIF”（Cost Insurance and Freight，到岸价）、“L/C”（Letter of Credit，信用证）等。例如：

［7］The terms of payment is confirmed as irrevocable L/C.（付款条件确定为不可撤销信用证。）

［8］It is better for us to adopt D/P or D/A.（对于我们来说，最好是采用付款交单方式或承兑交单方式。）

**4. 预设对方需求**

在商务英语信函写作中，写信人能够把握主动权，预设并关注对方的所思所想，了解对方的需求以后就更容易实现交际目标。使用反问句和反义疑问句就能收到上述效果。例如：

［9］Don't you think it would be wonderful if we could arrange an interview in due course?（难道贵方不认为我们应该适时安排一次面谈吗？）

这种不需要回答的反问句巧妙地揣测到了对方的心理，当然前提是使用正确的语调，否则只能适得其反。

［10］You are deeply concerned about our dissatisfaction with the shipment, aren't you?（贵方十分关注我们对货物装船的不满，是吧？）

由于自身的特性，反义疑问句能够在交际双方之间营造一种亲密友好的感觉。这种感觉既让对方的积极面子得到极大维护，也加强了双方的共识。

**5. 承诺**

承诺也是一种积极礼貌策略，写信人在得知对方的所思所想后，要承诺尽最大可能满足对方的合理需求，维护对方的积极面子。

［11］We promise that we will assure you of our best attention at all times.（我方承诺会时刻高度关注贵方。）

［12］We trust that is of interest to you and hope that this will develop into a good business relationship. Assure you of our best attention.（我们深信您对此也很感兴趣，希望双方能建立良好的业务关系。我们保证尽心尽力。）

**6. 乐观**

在商务英语信函写作中，乐观积极的语气和积极的词汇能够给对方带来希望，促成双方的潜在合作。例如：

［13］We sincerely hope to have more opportunities for further cooperation.（我们衷心希望双方可以深入合作。）

［14］Our company is one of the largest importers of chemicals and well connected with all the major wholesalers and retailers. Therefore, I' m sure we can have a good cooperation.（我公司是最大的化工产品进口商之一，并与主要的批发商及零售商保持着良好的业务关系。因此，我深信我们可以顺利合作。）

### （二）坏消息信函的间接归纳式篇章结构

好消息信函一般采用直接演绎的篇章安排，先把好消息置于信首，然后提供有关细节问题，最后以礼貌的方式结尾，或者表达继续合作的愿望。

而坏消息信函主要用来传达负面的、消极的信息，如撤销订单（Revocation of Orders）、发货延迟（Delivery Delay）、投诉信（Letter of Complaint）、拒赔（Repudiation of Claims）等批评或拒绝类信函。在篇章安排上，坏消息信函往往采用间接归纳式，其最大特色在于间接性和迂回性。先以一个积极的、至少是中性的事实开始信件；然后提供相应的背景信息，提出原因或给出解释；第三部分进入主题，提到坏消息；第四部分则应表现出对对方的关心，提出一个解决该问题的可行性建议；最后可加上一个礼貌的结尾，以期今后保持更好的合作关系。

这种篇章结构有助于写信人在不伤害双方关系的前提下提出批评或转告不利于对方的消息，大大维护了对方的面子，减少坏消息对对方带来的伤害，也为自己赢得了一个良好的形象，有利于商业合作的顺利进行。请看下面的实例：

Dear Sirs,

Thank you for your letter of May 15 referring to the consignment of cotton goods sent to you per S. S. "Ocean Emperor".（中性陈述）

We regret to note your complaint. We have investigated the matter thoroughly. As far as we can ascertain, the goods were in first class condition when they left here. The bill of lading is evidence for this. It is obvious that the damage you complain of must have taken place during transit. It follows, therefore, that we cannot be held responsible for the damage.（背景信息、坏消息）

We therefore advise you to make a claim on the shipping company, Emperor Line, who should be held responsible.（建议）

We are grateful that you have brought the matter to our attention. If you wish, we would be happy to take issue with the shipping company on your behalf.（礼貌结语）

We look forward to resolving this matter as soon as possible.（礼貌结语）

Yours faithfully,
Tom Smith
Sales Manager

### （三）商务英语信函布局礼仪

**1. 斜排式或缩进式**（Indented Form）

这种排列的要领在于信头、结束语、签名和发信人姓名都靠右或偏右，而封内地址和称呼则靠左边，如果以上任一要素要分行排列时，后行要比前行缩进两个（或三个）英文字母；正文每段开始要缩进五个英文字母，段与段之间要空一行。这种形式讲究匀称美观，是传统的排列范式，目前只有少数英国人喜欢用。

**2. 正排式、垂直式或齐头式**（Block Form）

这种排列的要领在于每个要素都从左边开始排列，每一行都不向右缩进，因而整封信的左边成一垂直线，右边参差不齐。这种形式虽然打字时方便省事，不需考虑左边缩进，但不匀称美观，所以使用它的人不多。

**3. 改良式或混排式（Modified Form）**

这种排列集上述两种形式之所长，信头、结束语、签名和发信人姓名排在右边，封内地址和称呼排在左边，但每个要素分行时每行都不向右缩进；正文每段开始缩进五个英文字母，而段与段之间可不空行。这种形式兼顾方便省事与匀称美观，因此，是目前极为流行的英文书信范式。

注意事项：

（1）因为手写有时不好辨认，所以英文书信最好是打印。

（2）信封的书写一般是收信人姓名、地址写在信封正面的中央，而发信人名字、地址可写在正面的左上方或信封的背面，书写形式应与信内风格一致。

（3）书信的折叠也应有讲究。

## 任务实施

### 选择题

（1）在正式的商业信函中，我们应该注意（　　）。

A．商业信函的普遍规则　　B．称谓要得体

C．内容要丰富、具体、准确　　D．行文简洁

（2）现代商务礼仪中，在商务信函的处理上，我们应该做到（　　）。

A．商业谈判主要是以面谈为主，信函交往可以随便一些

B．只要将涉及商业谈判内容的部分交代清楚就行，其他的不必予以太多重视

C．注重写作格式和称呼规范，一丝一毫也不能掉以轻心

D．和一般的书信没有很大的区别

### 温馨贴士

**书信的宜与忌**

书信作为交际礼仪文书，也有它的禁忌。在笔种上，以毛笔、钢笔为宜，忌用铅笔；在墨色上，以黑蓝颜色为佳，忌用彩色墨水，因为在不少西方国家里，红色表示绝交（diffidation），绿色表示求爱（courtship）；保护通信自由，私人信件应秘不示人，不能私藏、私拆他人信件，即使遇见他人读信，也不应凑近听、看。

## 实训演练

一个公司，一家企业，要想进入市场，寻找货源，求生存，求发展，最首要的工作是与别的商家建立贸易关系。达到此目的的途径有很多，如阅读广告、参加交易会、参观访

问、引荐介绍等。此外，还可以直接通过书信的形式建立贸易关系。

建立贸易关系信函的写作可以按照以下步骤进行：

（1）告诉对方从何种途径获得对方的信息，如通过……得知（We learned from……that……）。

（2）写明去函的目的（了解对方经营产品的情况；提供本公司产品的情况）。

（3）希望保持联系。

另外，信函措辞应礼貌诚恳、热情，表达清楚透彻。

北京卡特斯贸易公司（Beijing Caster Trading Company）的业务员陈冰先生在 2017 年广交会上看到了中国香港德创伟业公司（Hongkong Dechuangweiye Company of China）的产品，对他们的手工手套（Hand-made Gloves）非常感兴趣，意与该公司的业务员 Johnson Lee 取得联系，索要样品及相关资料。

请按照上述步骤替陈冰写一封建立贸易关系的信函发给 Johnson Lee。

## 学习子情景三　电子邮件礼仪

### 知识目标

- 了解电子邮件的格式。
- 熟悉电子邮件撰写礼仪。
- 掌握电子邮件撰写的方法与技巧。
- 掌握英文电子邮件的撰写要点。

### 能力目标

- 能够利用电子邮件与他人沟通。
- 学会使用电子邮件撰写的方法与技巧。

### 情景引例

**希拉里“邮件门”事件**

“邮件门”是指美国前国务卿、民主党潜在总统候选人希拉里·克林顿（Hillary Clinton）邮件删除事件。

我们来了解一下邮件门的经过。希拉里在作为美国国务卿期间没有遵守联邦政府的规定使用官方邮件系统，而是使用自己的私人邮件系统处理公务，在事情暴露之后还马上删除了相关邮件，并且只把自己过滤后的邮件交给了调查部门。在美国，邮件是作为一种主要沟通方式存在的，希拉里使用私人邮件系统处理公务，极容易造成泄密，机密内容泄露出去可是大事。当时希拉里正处于竞选最为激烈的时刻，任何一个污点都能被无限地放大。邮件门成为希拉里竞选的一个很重要的变数，这也可能是最终导致她竞选时不敌特朗普（Trump）的原因。

## 知识准备

随着现代科学技术的发展，商务信函中逐渐出现了一系列利用电子媒介的新的形式，如电报、电传、传真、电子邮件等，它们均可称为电子信函。除了遵守一般信函的礼仪规范之外，电子信函还有自己的一些独特要求。下面，主要对当今在商务交往中普遍应用的电子邮件的相关礼仪进行介绍。

电子邮件（E-mail），是21世纪最方便的工具，同时也是最容易给对方带来不好印象的工具。2006年，一个有名的跨国公司的总经理写了一封言辞严厉的邮件给秘书，批评秘书周日来公司给自己开门时迟到（总经理周日临时请秘书开门），并且将其解雇。这位秘书也不甘示弱，将这封信转发给全公司的人以及媒体。事情闹得很大，最后这位总经理被解雇，当然也没有其他的公司敢请这位秘书。从这件事中我们可以看到，虽然电子邮件是两个人之间的沟通，但在写邮件的时候，也要意识到这封邮件将来是有可能被公开的。

### 一、电子邮件撰写规范

在写电子邮件的时候，要采用日常办公运用的商业信函格式，使用正规的文字，不用或避免应用网络语言，如“3Q”“IFU”等。

一封电子邮件包括收件人、主题（有必要时添加附件）、正文（其中包含称谓、主体、祝语、落款）。其样式如下图所示。

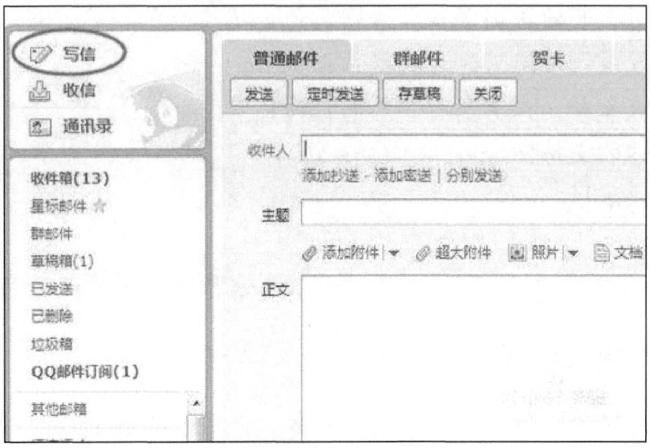


#### 案例

尊敬的读者朋友：

非常感谢您长期以来对《世界经理人》杂志的支持！

为了回报您对我们的支持，我在这里很荣幸地邀请您成为我们上线一周年的尚品·人生网的尊贵会员，您将享受到我们仅为尚品·人生网会员提供的所有优惠和特权，更有机会在尚品·人生网的社区中结识其他与您一样成功的精英人士！

您只要点击“接受”，便可自动成为尚品·人生网的尊贵会员。作为世界经理人网的姊妹网站，尚品·人生网以“享受成功—品味生活”为使命，让成功人士在取得财富成果的同时，也能尽情享受丰盛的人生，得到生活与事业的和谐平衡。

非常感谢您的关注，期待您加入尚品·人生网！

此致

敬礼！

Craig Pepples

环球资源执行总裁

《世界经理人》《尚品·人生网》出版人

注：如果您接受了这份邀请，我们将同时把您的个人信息复制到尚品·人生网的数据库，您无须再填写各种表格，这样不仅为您节省时间，也能让我们之间的沟通交流更方便。

下面一封邮件是北京雅致人生管理顾问有限公司的王老师写给郑州惠尔企业管理咨询有限公司的张老师的合作信函，非常规范、整洁，读起来赏心悦目，从邮件中你可以感受到该公司优秀的企业文化和员工整体的高素质。

**案例**

张先生：

您好，我是北京雅致人生管理顾问有限公司的王艳。很高兴能够认识您，并有幸将我们公司介绍给您。我们公司的培训主要以素质技能技巧为主，曾经成功地为 IBM、惠普、三星、微软、中海油、大唐移动、北京移动、信息产业部电信研究院服务过，欢迎您访问我们公司的网站：www.yazhi-life.com，对我们公司有更多的了解。

附件是我们公司擅长的培训课程及讲师简历。请您查收。

如有任何问题或建议请您随时与我联系！

希望我们能达成互补，在未来有合作的机会！

感谢您对我工作的支持！

祝您工作开心快乐！

王艳

北京雅致人生管理顾问有限公司项目经理

## 二、电子邮件撰写原则

一封好的电子邮件可以展示公司的良好形象，一封差的电子邮件可以把公司建立已久的美好形象完全抹掉。因此，撰写邮件应遵守以下原则。

### （一）主题

（1）标题处一定不要为空白。

（2）写上来自××公司的邮件，以便对方一目了然，又便于留存。

（3）标题要能真实反映文章的内容和重要性，切忌使用含义不清的标题。

（4）一封信尽可能只针对一个主题，不在一封信内谈及多宗事情，以便于日后整理。

（5）可适当使用大写字母、字符（如“!”等）来突出标题，引起收件人注意，但应适度，特别是不要随便就用“紧急”之类的字眼儿。

（6）回复对方邮件时，应当根据回复内容需要更改标题，不要在标题后连接一大串之前邮件回复的标题。

（7）最重要的一点是，主题千万不可出现错别字和不通顺之处，切莫只顾检查正文却在发出前忘记检查主题。

### （二）称呼与问候

（1）恰当地称呼收件者，拿捏好尺度。邮件的开头要称呼收件人，在第一行顶格写。

（2）邮件开头与结尾要有问候语。

开头问候语一般为“你好”或“您好”，位置为称呼下一行空两个字符。结尾常见的问候语为“祝您顺利”等。若是对尊长应使用“此致敬礼”。注意，在非常正式的场合应完全使用信件标准格式，“祝”和“此致”为紧接上一行结尾或换行开头空两格，而“顺利”和“敬礼”为再换行顶格写。

### （三）正文

（1）邮件正文要简明扼要，行文通顺。若对方不认识你，首先应当说明的就是自己的身份，姓名或你代表的企业名称是必须通报的，以示对对方的尊重。

（2）注意邮件的撰写语气。尊重对方，“请”“谢谢”之类的词要经常出现。

（3）邮件正文多用 1、2、3、4 之类的列表，以清晰明确。如果事情复杂，最好按照 1、2、3、4 列几个段落进行说明。保持每个段落简短干练。

（4）一封邮件交代完整信息。

（5）尽可能避免拼写错误和错别字，注意使用拼写检查。

### （四）附件

（1）如果邮件带有附件，应在正文里面提示收件人查看附件。

（2）附件文件应以有意义的名字命名，能够概括附件的内容，方便收件人下载后管理。

（3）正文中应对附件内容做简要说明，特别是带有多个附件时。

（4）附件数量不宜超过 4 个，数目较多时应打包压缩成一个文件。

（5）如果附件是特殊格式文件，应在正文中说明打开方式，以免影响使用。

（6）如果附件过大（不宜超过 2MB），应分割成几个小文件分别发送。

### （五）语言的选择和汉字编码

中文一般用宋体或新宋体，英文一般用 Verdana 或 Arial 字体，字号用五号或 10 号字即可。

### （六）结尾签名

（1）签名信息不宜过多。电子邮件消息末尾加上签名是必要的。签名档可包括姓名、职务、公司、电话、传真、地址等信息，但不宜行数过多，一般不超过 4 行。

（2）不要只用一个签名档。对内、对私、对熟悉的客户等群体的邮件往来，签名档应该进行简化。过于正式的签名档会让对方觉得疏远。你可以在 OUTLOOK 中设置多个签名档，灵活调用。

（3）签名档文字的选择应与正文文字匹配，字号一般比正文小一些。

### （七）回复技巧

（1）及时回复邮件。收到他人的重要电子邮件后，理想的回复时间是2小时内。对于一些优先级低的邮件可集中在特定时间处理，但一般不要超过 24 小时。如果事情复杂，你无法及时确切回复，那至少应该及时地回复收到，说明正在处理。如果你正在出差或休假，应该设定自动回复功能，提示发件人，以免影响工作。

（2）进行针对性回复。当答复问题的时候，最好把相关的问题抄到回件中，然后附上答案。

（3）回复不得少于10个字。

（4）不要就同一问题多次回复讨论。如果收发双方就同一问题的交流回复超过3次，这只能说明交流不畅，说不清楚。此时应采用电话沟通等其他方式进行交流后再做判断。

## 三、使用电子邮件的礼仪规范

随着互联网的发展，电子邮件正在迅速普及，并且在商务交往中得到了越来越广泛的运用。在商业来往中，一定要注意电子邮件的撰写规范与礼仪，为自己的企业展示一个良好的形象。使用电子邮件时，下列三个方面的礼仪规范应当认真加以遵守。

### （一）认真准备

使用电子邮件，必须认真做好各项必要的准备：其一，主题明确。与重要的普通信函一样，电子信函亦应每一封只有一个主题，并且最后标有令人一目了然的名称。其二，篇幅短小。由于电子邮件需要利用互联网传送和接收，为防止收发出现问题，电子邮件的内容应短小精悍。其三，语言直白。商用的电子邮件并非网友们的网上聊天，因此其所用语言应通俗易懂。要少用生词、怪词或自造的网络用语。凡引用的数据、资料，应注明出处。

### （二）切勿滥用

互联网是一个虚拟世界。在网上发送电子邮件时，应保持清醒的头脑，注意以下两个问题：其一，电子邮件并非万能。必须意识到，在绝大多数情况下，使用电子邮件进行沟通，并不一定比直接会面或使用电话进行沟通的效果更好。其二，不宜滥发电子垃圾。使用电子邮件时必须注意，不宜利用工作之便，利用单位的网络向外界滥发电子邮件。泛滥的电子邮件俗称电子垃圾，十分令人反感。

### （三）注意安全

在商务交往中使用电子邮件时，既要确保信息传送渠道畅通无阻，又要自觉维护网络安全。以下五点，需要谨记：其一，不要充当黑客（hacker）。利用单位网络充当黑客，往往不仅不会受人钦佩，反而会影响单位的业务及形象。其二，不要滥交网友。互联网上鱼龙混杂，滥发电子邮件、滥交网友，往往于己不利。其三，不要弄虚作假。使用电子邮件，一定要讲究社会公德。切勿借此传播虚假信息，或者散布流言蜚语。其四，不要胡乱删除。对自己信箱之内的电子邮件应及时进行处理。该回复的回复，该删除的删除，但对重要单位或个人的电子邮箱地址一定要妥善保存。其五，不要涉及机密。利用电子邮件传递机密资讯，其安全性往往难以保证。

## 四、电子邮件的禁忌

在发邮件的时候，注意避免以下问题，以免给对方带来不便。

（1）发送鬼脸等各种表情会让人觉得不够职业和成熟。

（2）发送没有重点的抱怨之词。

（3）转发很多笑话，以及大众类、宣传类的信息或无关的信件。

（4）用邮件表达你的建议。因为对方看不到你的语气和肢体语言，所以容易产生误会。

（5）跑题。宁可寄两三封简短的邮件，也不要来一封长篇大论。

（6）过长的签名档。

（7）忘记添加需要的附件。

（8）带病毒的邮件。

（9）忘记查看自己的信箱容量是否已满。

（10）将收件人的姓名拼错。

无论是正式的商业信件还是电子邮件，都是自己与其他人沟通的工具，所以要尽量保持尊敬对方的态度。如果在写信件和回邮件的过程中，始终保持这种态度，就会避免很多问题。

# 任务实施

## 一、选择题

（1）下面叙述符合规范礼仪的是（　　）。

A. 用电脑写的感谢信字迹工整、看着舒服，所以是最好的写作方式

B. 非常重要的邮件要在 48 小时内答复

C. 写信时如果不知道对方是男是女可以统称其职务

D. 电子邮件中可以有错别字

（2）电子邮件应用已相当普遍，那么下列做法中不正确的是（　　）。

A. 非常重要的邮件要在 24 小时内回复

B. 因电子邮件是不用纸的，所以不需要注意写作技巧

C. 因为要资源共享，所以不需要对内容保密

D. 电子邮件同样要注意格式

## 二、判断题

（1）发电子邮件时可将正文栏空白只发送附件。（　　）

（2）发电子邮件时，忘记在主题栏里填写内容算不上错误，没什么大不了的。（　　）

（3）电子邮件的功能很强，有多种字体备用，还有各种信纸和电子贺卡可供选择，但

在商务交往中必须慎用这些功能。 （ ）

（4）在发电子邮件时，如果是多址同步传递（以同一封信传给不同的朋友），且需要保密时，请以秘密附件方式传递，如此，接信的人只会看见信的内容，而不会知道其他收件人是谁，他们的电子信箱又是什么代码等。 （ ）

**温馨贴士**

**撰写邮件时注意的小细节**

第一，发邮件前需要很清楚地确定收件人、抄送人，避免没有价值的群发。如果要群发，把自己的邮箱写在收件人一栏，把其他人的邮箱写在密送一栏，避免有人向这些邮件地址发垃圾邮件。

第二，在发邮件前，先问自己有没有必要发，内容是否准确。如果附件很大，要先通知对方，询问是否方便接收附件（因为有人收附件不方便）。

第三，注意发邮件的时间，确保发信时间准确。

第四，在内容方面，有一个最大原则——“KISS”，即 Keep It Short and Simple。意为确保商务往来中的电子邮件内容简短、简单，表达清晰。

第五，在语气方面，要尽量保持正式和尊敬。

第六，内容和格式要相符，避免写太多有关情感的东西。因为电子邮件没有正式信件那么正式，所以很多人就会很放松地随便写写，甚至在没有思考周到前就发送，然后又后悔发得太快。

另外，在信件中一定要写明你的联系方式，尤其是电话，随时保持畅通。

## 实训演练

### 邮件沟通礼仪讨论

在电子邮件具体操作中，要特别注意细节中所体现出的心理暗示的应对。根据给出的点评1与点评2点评后续的场景。

[场景1] 甲是一个团队的成员，乙是另外一个团队的成员，甲和乙没有高度互信，但甲想得到乙的协助，于是他写了一封电子邮件给乙。

[点评1] 如果电子邮件中没有点出对乙的好处，这封电子邮件对乙而言就是一种冒犯，乙无任何理由要帮助甲，无论甲在称呼和语气上是多么的诚恳。

[场景2] 甲是一个团队的成员，乙是另外一个团队的成员，甲和乙有一定程度的互信，甲想得到乙的协助，于是他写了一封电子邮件给乙，但是抄送给了乙的上司。

[点评2] 不管电子邮件中是否点出了对乙的好处，对乙而言，剥夺了他向上司的汇报权，因此，乙一样会感觉不快。

[场景3] 甲和乙是一个团队的同事，甲想得到乙的协助，于是他写了一封电子邮件给乙，但乙长时间没有回应。

[点评 3]________________________________________________

[场景 4] 甲有一个疑难问题，给整个团队发了电子邮件求援，乙有完整的答案，就写了一封电子邮件给甲，没有抄送其他同事。甲采纳了乙的答案，但没有回复电子邮件表示感谢。

[点评 4]________________________________________________

[场景 5] 甲有一个疑难问题，给整个团队发了电子邮件求援，乙有完整的答案，就写了一封电子邮件给甲，没有抄送其他同事。甲采纳了乙的答案，并回复了电子邮件感谢乙，但没有抄送其他同事。在最后的工作输出中，甲没有列出乙对他的帮助。

[点评 5]________________________________________________

[场景 6] 甲有一个疑难问题，给整个团队发了电子邮件求援，乙有完整的答案，就写了一封电子邮件给甲，没有抄送其他同事。甲采纳了乙的答案，并回复了电子邮件感谢乙，同时抄送了其他同事。

[点评 6]________________________________________________

## 学习子情景四 社交软文礼仪

### 知识目标

- 了解社交软文的概念。
- 了解社交软文的主要形式。
- 掌握软文撰写的礼仪规范。
- 掌握软文撰写的策略和方法。

### 能力目标

- 能够选择适合的软文形式进行营销。
- 学会使用各种软文撰写的方法与技巧。

### 情景引例

**都市港湾——汇丰园**

流行于上海的中西合壁的装修风格，幽静的店堂氛围，清淡不油腻的粤菜为主，每天 10:00 至第二天凌晨 3:00 的营业时间，吸引了很多闹市区的人士。2000 年开业至今，汇丰园不温不火地经营着，成为一处静谧的休憩场所。

冷盘中的沙姜鸡，煲仔系列中的沙姜原汁鸡煲及著名的煲仔饭，汇丰园都将其演绎得别具风味。消夜则以粥品和河粉为主。时逢深冬，还将推出由各类中药材熬制的冬令滋补汤。

地址：王府大街 49 号

订座热线：×××××××××

## 知识准备

### 一、软文概述

#### （一）软文的概念

何谓软文（Advertorial）？顾名思义，它是相对于硬性广告而言，由企业的市场策划人员或广告公司的文案人员来负责撰写的“文字广告”。与硬广告相比，软文之所以叫作软文，其精妙之处就在于一个“软”字，好似绵里藏针，收而不露，克敌于无形。等到你发现这是一篇软文的时候，你已经冷不丁地掉入了被精心设计过的“软文广告”陷阱。它追求的是一种春风化雨、润物无声的传播效果。如果说硬广告是外家的少林功夫，那么软文则是绵里藏针、以柔克刚的武当拳法，软硬兼施、内外兼修，才是最有力的营销手段。

软文的定义有两种，一种是狭义的，另一种是广义的。

狭义的软文是指企业花钱在报纸或杂志等宣传载体上刊登的纯文字性的广告。这种定义是早期的一种定义，也就是所谓的付费文字广告。

广义的软文是指企业通过策划在报纸、杂志或网络等宣传载体上刊登的可以提升企业品牌形象和知名度，或者可以促进企业销售的一切宣传性、阐释性文章，包括特定的新闻报道、深度文章、付费短文广告、案例分析等。

#### （二）软文的价值和目的

在现代传媒高速发展的阶段，任何一个信息都可以得到快速的传播。在这种时代，任何只知道低着头经营而不注重舆论宣传的企业都难以有大的发展。软文以报纸、杂志、小册子等作为载体，向消费者传达详尽的信息，费用又少，又可长久保存，让消费者反复阅读，因而受到了企业的大力推崇。软文的真正价值在于，它可以使用各类文体大篇幅地表达，即“说得多，才能说清，才能卖得多”。我们读一篇声情并茂的文章或一篇论证充分的文章，会与看几句简单文字的感觉一样吗？回答肯定是“不一样”。在软文的潜移默化下，达到企业的策略性战术目的，吸引潜在消费者的眼球，提高企业的美誉度和知名度，从而引导消费群的购买。

软文在具体的运用中，通常要为以下两大目的服务：

（1）为企业向社会做形象公关，这类软文以新闻报道、深度文章等为主要表现手段，属于公关性软文，主要为企业品牌服务。

（2）弥补广告宣传的不足，对产品、服务、应用、价格等进行详细的补充，属于推广性软文，主要为促销活动服务。

#### （三）软文的几种境界

在软文操作中也有艺术，同时也有境界之分。

翻翻手头的报纸杂志，软文境界之高低一看便知。境界高的软文可以在轻易之间以无形胜有形，让你在不知不觉中接受企业想传播的信息，而境界低的软文要么被读者一眼洞穿其真面目，要么就被干脆当作垃圾广告一样，看也不看一眼。

软文按境界高低可分为三种：垃圾广告（junk advertisement）、正面报道（positive coverage）、“三赢”做法（“Triple Win” practice）。

**1. 垃圾广告**

此类软文在报纸上经常看得到。它的特点是：一般都在报纸的广告专版，很少有图片，有的还加了边框；其内容从头至尾都是王婆卖瓜似地吹嘘企业，诸如产品技术如何高、功能如何强等；标题大都缺乏创意，地址、联系人、电话都明显地标注在文后，像是生怕别人联系不到似的。

这类软文几乎全是付费的，因为对于报纸来讲，这些版面是当作广告版面销售的。真正看报纸内容的读者一般连看都不看一眼就翻页了。因而它的传播效果极差。企业为这种软文花了大量的广告费用，却得不到良好的效果，实在是可惜。

很显然，这类软文是境界最低的。但是大多数企业却停留在这个阶段。它们往往疲于应付产品研发、资本运作、销售渠道等工作，广告制作也都全权交给广告公司去做，而对软文方面根本不重视。

**2. 正面报道**

此类软文属中等境界。虽然这种形式的新闻报道常常引起新闻界一些有识之士的反感和批评，但是不可否认，这已经成为一个普遍现象了。它们常常出现在报纸的正文版面，特点是文章篇幅不大，属于新闻报道式的。当然，其内容是以媒体的视角来报道企业，在字里行间或含蓄或直白地把企业赞扬一番。这类软文的实质是企业花钱购买媒体“公正的态度”，从而为企业进行“客观”的宣传。因为它们是新闻形式，大多数读者都看，所以这种软文还是有些阅读量的。不过，随着“有偿新闻”的泛滥，读者的眼睛也越来越亮，对于一些明显带有倾向性的报道，他们也是心知肚明，这迟早要影响到文章的阅读量。

此类软文需要注意的是：一要防止编辑、记者将报道写得过于平淡，甚至有些负面味道（后者可能是公关未做好）；二要防止他们不负责任，把企业给的宣传资料不加改动就照发，要把稿件的调子定在不是明显吹嘘的感觉上。

**3. “三赢”做法**

软文的最高境界是：不管你怎么看都很难确定它是不是软文，已经达到了无形胜有形的状态。它看似站在第三方角度进行公正评论，但文章的整体却为客户说话。它能够吸引媒体的目光，主动跟进。这类软文说起来较为复杂，从某种意义上说，这种软文已经不是普通意义上的“软文”了，而是媒体自发地发表出的代表其“公正性”的文章。它一般分为两类，一类是企业无须付费，文章中的内容是企业提供的非常有价值的东西。另一类则是媒体付费采写的关于某企业正面或中性的报道。它是“三赢”的，即读者、媒体、企业三方都获益。总的来说，这种软文的特点是：媒体产出了有价值的文章，读者获得了有益的信息，企业经媒体报道提升了知名度和美誉度。这种“三赢”的结果应当是所有软文操作人员梦寐以求的。

## 二、软文的主要形式

软文的主要形式可以分成：基础式（新闻式）；升级式（包括促销式、故事式、诱惑式）；顶级式（包括悬念式、情感式、恐吓式）。

新闻式：新闻式软文主要是企业的公关新闻。结合企业的发展为宣传寻找一个由头，以新闻事件的手法去写，让读者以为仿佛是昨天刚刚发生的事件。这样的文体有对企业本身技术力量的体现，但是文案人员要结合企业的自身条件，多与策划沟通，不要天马行空地写，否则很可能会造成负面影响。

促销式：促销式软文常常跟进在上述软文见效时——“北京人抢购×××”“×××，在香港卖疯了”……这样的软文或者直接配合促销使用，或者就是使用“买托”造成产品的供不应求，通过“攀比心理”“影响力效应”等多种因素来促使消费者产生购买欲。

故事式：通过讲一个完整的故事带出产品，使产品的“光环效应”和“神秘性”给消费者心理造成强暗示，使销售成为必然。例如，“1.2 亿买不走的秘方”“神奇的植物胰岛素”（the Amazing Plant Insulin）等。讲故事不是目的，故事背后的产品线索是文章的关键。听故事是人类最古老的知识接受方式，所以故事的知识性、趣味性、合理性是软文成功的关键。

诱惑式：诱惑式软文的关键就是信息要有诱惑力，抓住消费者喜欢物美价廉的心理特征，将一些免费信息、试用信息、打折信息传递给消费者，使得消费者能感受到物超所值，或者能切身解决问题等。例如，下图所示的信息能够较好地吸引消费者。

悬念式：悬念式也叫设问式。它的核心是提出一个问题，然后围绕这个问题自问自答。例如，“人类可以长生不老吗”“什么使她重获新生”等。通过设问引起话题和关注是这种方式的优势，但是必须掌握火候。首先提出的问题要有吸引力，答案要符合常识，不能作茧自缚、漏洞百出。

情感式：情感一直是广告的一个重要媒介，软文的情感表达由于信息传达量大、针对性强，当然更可以使人心灵相通。如“女人，你的名字是天使”等就是情感式的软文。情感最大的特色就是容易打动人，容易走进消费者的内心，所以“情感营销”一直是营销百试不爽的灵丹妙药。

恐吓式：恐吓式软文属于反情感式诉求，情感诉说美好，恐吓直击软肋。“高血脂，瘫痪的前兆！”“天啊，骨质增生害死人！”实际上恐吓形成的效果要比赞美和爱更具备记忆力，但是也往往会遭人诟病，所以一定要把握度，不要过火。

## 三、软文撰写的礼仪规范

**1. 文章切入点**

所谓文章切入点，是指作者从什么角度写这篇文章，或者说写的文章的主题是关于什么的，这个简单地说就是切入点。举一个简单的例子，如“如何把你的产品通过网络销售出去”这篇文章的切入点就是“网络销售”，这很好理解。

**2. 标题**

大家肯定听过“标题党”（Clickbait），所谓的标题党就是文章的标题写得很出色、很有诱惑力，让人不得不去看看里面的内容，然而看了内容之后才发现这篇文章一点用处没有，写得很差，只不过标题很吸引眼球罢了。

虽然内容写得很差但是文章的标题很好，读者还是点击看了，说明还是有效果的。软文写作中最重要的一点就是标题，标题是点睛之笔，如果标题起得好那么这篇软文就等于成功了 1/3。特别强调一下广告软文中标题的重要性，因为只有标题被消费者认可后，才能吸引消费者的目光，从而让消费者接受其中的广告内容才成为可能。因此，必须要精心设计软文的标题。广告软文的标题大致有以下几种不同的形式。

（1）开门见山式：直截了当地提出软文主题，多用于非处方药品及保健食品。如果你的标题不能明确传达给你的产品目标消费群所需要的利益，最好不采用这种标题形式。

（2）避实就虚式：用提出问题、隐喻、夸张、拟人等形式隐蔽地标注标题，诱发消费者的兴趣，从而接受你的广告内容。这种标题方式的软文案例，俯拾即是，因为这种标题形式与软文广告本身的功能与性质更加贴近。

（3）惊雷细雨式：这种标题形式是以上两种方式的结合，即设计一个主标题和一个副标题复合，主标题通常是“雷声阵阵”，而副标题通常是“细雨绵绵”，“打雷”会让人在意这种自然力的强大，“绵绵细雨”则会引导人们渐入佳境。

广告软文标题的形式一定要有创意，只要向消费者的猎奇心理发起攻势，就可以收到意想不到的回报。一个简单的例子如“2008 年中国十大网络营销新秀”，从标题看很大很高端，因此那些喜欢网络营销的人都会点击，即便里面的 10 个人不是很厉害，但是这篇软文还是发挥了它应有的效果。

**3. 作者**

既然是软文，就要特别注意一点，软文如果是在为个人、公司、产品做营销，那么文章的作者名称一定不能和他们有任何的联系，不然容易被读者看成自我炒作。举个简单的例子，如果想写一篇“2008 年中国十大网络美女”的软文，而十大美女当中就有作者自己，那么这篇文章的作者署名就不能是作者自己。

**4. 内容**

软文写作中最重要的就是软文的内容了，好的内容是读者能够认真看下去的必要条件，是传达作者理念和软文营销效果最大化的必须具备的东西，也是留住读者及后续回访的基础条件。

内容是软文的核心、灵魂，所以写好软文最重要的就是把文章的内容写好。文章的内容要有以下三个特点：实用、有创意、易懂。

所谓实用就是文章对读者来说有价值、有用处，能够给读者带来帮助。文章不必追求辞藻的华丽，关键是能够给读者带来什么价值。

所谓有创意就是文章比较新颖，让读者眼前一亮，这样容易引起读者的好奇心。

所谓易懂就是文章写得不要太高深、咬文嚼字，写得容易让读者明白你的意思就行了。

**5. 素材来源**

素材来源是指文章的内容从哪里来，它通常有以下几种方法。

修改法，即将别人的文章修改成为自己的文章。文章主要的话题不变，只是修改一些细枝末节，然后再加上自己的感受和想法等。

拼凑法，即将几篇文章拼凑起来成为自己的文章。整理一下几篇文章各自的观点，然后将它们整合在一篇文章中，这篇文章就成了自己的了。

案例法，即把自己亲身经历的案例写出来，然后再加上自己的分析、感受、评价等。

总结法，即将自己的案例、热点时事、别人的案例，分析总结出来成为自己的东西。

**6. 品牌理念融合**

品牌理念融合是指将企业的品牌理念融合到软文里，软文可以清晰地把企业的品牌理念传达给潜在的读者。简单地说，就是文章中含有企业的“印记”。例如，拓之林的公司理念为“营销的网络之道”，在其软文中就可以加入这个理念。把品牌理念融入文章的时候一定要选择合适的地方、隐性地加入。要让读者看了不反感，有一种浑然天成的感觉才行。

**7. 发布平台**

软文写好之后就需要发布到媒体上，让读者看见，从而达到软文营销的目的。软文选择平台可以根据软文的不同类型选择不同的平台，营销类的可以选择《销售与市场》；新经济可以选择“艾瑞网”；综合类、娱乐、文化可以选择门户网站，如新浪、搜狐、网易、腾讯。

**8. 互动交流**

互动交流是软文作者需要考虑的重要问题，一篇软文写好之后不能只等着看效果，及时地和读者交流很重要。了解读者的想法，以及和读者互动可以增加软文的营销效果。

互动交流是人们互访及流量增加的重要方法。互访虽然可能只是简单的几个字，但是一旦你这样做了，你就会知道互访能够带来的价值。

**9. 效果评估**

软文效果评估主要有以下几种方式：

（1）文章流量分析，也就是这篇软文的点击量、IP 等数据分析。

（2）文章置顶、置首率分析，简单地说就是有多少篇文章被媒体推荐了。

（3）文章的转载率，即软文写好之后有没有人转载、有多少人转载，转载率能够说明这篇文章的受欢迎程度。

（4）搜索引擎有没有收录这篇文章，或者说这篇文章在不同的平台上被搜索引擎收录了多少次，搜索文章的关键字是否可以找到此文章。

**10. 软文推广**

软文本就是做推广之用的，那么软文还用推广吗？答案是肯定的，软文同样也需要推广。软文推广主要有以下几种技巧。

技巧一：SEO（Search Engine Optimization）即搜索引擎优化。软文的标题要加粗，关键词在文章的前半部分，文章中要有适当的外链，关键词要加粗或加外链等。

技巧二：选择一些重要的平台发布软文，不要单独选择一家平台发布。

技巧三：在每一篇文章后都附上自己写得比较有人气的文章，这样可以引发读者访问本文之外的其他文章。

技巧四：多多结交一些媒体的编辑和记者，这样有利于向他们推荐自己的文章，从而有利于文章被推荐。

## 四、撰写软文的策略和方法

"水无常形，兵无常势"，与市场营销策略一样，软文的撰写及投放策略要因形造势。在撰写时，要与推广策略、投放载体、投放频率、投放方式等因素结合起来考虑，选择不同的撰写方法与策略，如在主流平面媒体可以考虑用比较庄重、正式的方法撰写，非主流平面媒体可以考虑用比较轻松、有趣甚至诙谐的方法来撰写。总之，不能与投放媒体的整体风格格格不入，否则会给人很别扭的感觉。

软文的撰写方法多种多样，越是有创意的撰写方法，越能收到不同凡响的效果。以下是软文撰写的几种策略与方法。

**1. "感心为上"法**

这种方法是现在的软文撰写用得最多的方法，而且广告效果屡试不爽，特别是药品、保健品软文广告，表现得尤其明显。所谓"感心为上"，大多以"亲情""爱情""爱心""孝心"为主线，动之以"情"，再晓之以"理"，容易取得良好的效果。不能老盯着消费者的口袋让人家掏钱买你的东西，要言出由衷，流露真诚。要本着一个敢于承担社会责任或宣传人性真、善、美及社会美德的真心去撰写，再尽量实事求是地推介你的产品卖点，才可能为广大消费者所接受与认可，达到品牌宣传和促进销售的目的。这种方法的要旨是找到产品卖点与情感主线的必然联系。这种方法运用较成功的典型案例如太太口服液的软文广告。

**2. "语不惊人死不休"法**

"没有创意就没有灵魂""没有创意就去死吧"！广告大师们非常强调创意与灵魂，这种方法更侧重在软文文字的提炼上，特别是标题的提炼。在谐音的关键字上大做文章，先声夺人，既能给人以非常深刻的印象，又能体现产品的功能及主要卖点。并且以心照不宣的形式，明确传达满足消费者需求的信息。这种方法运用较成功的典型案例如战"痘"的青春系列软文，以及爱仕达无油烟不粘锅的软文广告文案（《从家庭"煮"妇到家庭主妇》，通过"煮"与"主"的谐音，给读者一定的想象空间，主题诉求是：通过用爱仕达的无油烟不粘锅，家庭主妇才能真正实现"当家做主"）。

**3. "一石激起千重浪"法**

这种方法又称为"奇兵为谋"法，也就是说这种方法以出奇招制胜，具有非常大的风险性，因此在撰写、投放这样的软文时必须慎之又慎，充分评估投放后可能承担的风险。一般持续稳定发展的主导品牌不会采取这样的软文投放策略和方法，因为一旦产生负面作用，它的破坏力所造成的后果实在难以预测和评估。但话又说回来，一旦正面作用得到淋漓尽致的发挥，它又可以达到使企业起死回生的效果，因此，不乏陷入困境的企业，因为精心策划的一篇广告软文而峰回路转，“柳暗花明又一村”。

案例

多年前，当时籍籍无名的苏泊尔在推出其新标准压力锅时，用软文辅助推广，使其他品牌措手不及。其产品特点是人无我有，再加上中央电视台焦点访谈的跟进，使其在炊具市场上气势如虹，一举确立了在压力锅行业的龙头地位。

**4. “扯虎皮撑大旗”法**

借助相关主管部门的权威发布来撰写广告软文，激发、引导消费者的购买欲望，往往会取得事半功倍的效果。

案例

**爱仕达铝压力锅的以旧换新软文**

爱仕达借当时的国内贸易部发出的消费警示来提醒广大消费者：铝压力锅的正常使用寿命为八年，超过使用期限及老标准生产的压力锅就有“爆”锅隐患，爱仕达推出以旧换新大行动，旧铝压力锅折价××元，敬请广大消费者赶快行动起来！

案例

**爱仕达厨房销烟大行动（爱仕达无油烟不粘锅的推广软文）**

中国室内装饰协会室内环境监测中心发出环境污染警示：厨房油烟危害健康。

随着人们生活水平的提高，健康、环保意识也得到了逐步加强，人们开始反思以往生活中的不利于健康的陋习，厨房有害物质排放的问题也应该引起重视。我国饮食文化讲究煎、炒、烹、炸，而这些烹调方式可产生大量油烟，家庭“煮”妇须防烟害。油烟随空气侵入人体呼吸道，进而引起疾病，医学上称为油烟综合征。作为国内炊具业的行业龙头，爱仕达公司以悉心呵护家庭“煮”妇的身心健康为己任，推出了爱仕达六层无油烟锅，充当了厨房油烟的终结者，掀起爱仕达家庭“煮”妇销烟大行动，掀开无烟厨房的炊具消费新时代，从源头上与厨房油烟斗争到底，营造健康家庭和无烟厨房，从此使每一个健康家庭告别油烟之苦，敬请选用爱仕达六层无油烟锅。

**5. “傍名秀”法**

时下，在广告宣传上比较流行“傍大腕”“傍名牌”，在软文的撰写上也可以结合知名度很高的人、物、事，同样可以取得良好的效果。

案例

推广、普及爱仕达的不粘锅时，有一篇非常成功的软文。爱仕达的不粘锅是使用美国杜邦公司的“特氟龙”不粘涂料，笔者偶尔在翻阅杜邦的一些资料时了解到美国自由女神（The Statue of Liberty）像的金属结构是用杜邦的“特氟龙”不粘涂料来进行防锈的，因此，在推广爱仕达的不粘锅时，自然而然不会放过这个比较好的软文标题：自由女神用什么来防锈？然后再推出爱仕达的不粘锅产品，发表在《中国妇女报》上，结果反响非常好。

如果没有这个知识点，再怎么有创意，也不会想到让远在大洋彼岸的“自由女神”来为不粘锅做“终端导购员”。所以平时的知识积累是种植伟大创意的沃土。

**6. “别出心裁”法**

这种方法主要在软文的体裁、形式、措辞的传神技巧上做文章，力求给人耳目一新的感觉。

**案例**

**奥美广告公司（Ogilvy & Mather Advertising）征求——号角鹄**

**（广告大师大卫·奥格威（David Ogilvy）的“号角鹄”（Horn Swan）招聘广告）**

号角鹄是北美产的一种鹄，叫声非常洪亮，奥格威认为这种鸟“具有天赋异禀的创意才华和振奋人心的领导能力”（gifted with creative talent and inspiring leadership）。

一次，当奥美广告公司需要登“征人启事”时，奥格威就对公司的人打了这么一个比喻，奥美广告公司需要的就是这种“号角鹄”式的人。富于创意的广告人员就用他的这张便条，登了一个有名的广告：在我的经验中，广告界的创意指导有五大类：

① 精通策略，拙于执行。

② 优秀的经理人，凡事不会出错，但他不会创造出杰出的广告活动。

③ 无药可救的一群。

④ 才华洋溢，但却是一败涂地的领导人。

⑤ 号角鹄——天赋异禀的创意才华，并且具有振奋人心的领导能力。

我们的海外分公司正有一个空缺等待这种稀有鸟类来栖息。

**7. “软硬兼施”法**

这种方法主要是将软广告和硬广告结合在同一个版面投放。这种投放方式中，往往广告软文占很大的版面，通常以整版和半版投放，尽量照顾读者对广告信息充斥生活每一个角落的厌烦情绪。软广告占了绝大部分的版面，而且不露声色，看不到任何广告的痕迹，通篇不谈任何产品和品牌，只是让你猜谜一样地提出、分析消费者关注的问题。然后，在同一版面的某个角落以豆腐块大小揭露谜底的形式推出硬广告，介绍产品的品牌、功能，从而与大篇幅的软文遥相呼应。使读者最后有了一种“豁然开朗”的感觉，如果这个篇幅的软文对了读者的胃口，他会为你的良苦用心所折服，即使让他有一种“上当”的感觉，最多也是一笑置之。这种方法适用于保健品、特效药品、特殊功能性产品、个性化消费产品或市场细分程度较深的产品等。

**8. “拟人”法**

把企业、产品、服务或产品卖点诉求拟人化，以增加软文的可读性、趣味性。爱仕达在推广无油烟不粘锅时，曾撰写过一篇广告软文，在标题上就采用了拟人化的手法，该文标题是《细数厨房油烟的种种恶行》。

**9. “图文并茂”法**

图文并茂，相辅相成，以图片与文字相结合的形式传达信息，在形式上比较直观。图片可采用卡通的形式，也可用数幅图片故事连载的形式，在故事叙述时把产品的卖点诉求隐蔽地表露出来；还可用夸张的富有视觉冲击力的图片，甚至可以采用“超现实主义”的方式表现图片效果，先把消费者的目光吸引过来，便会顺理成章地达到你希望的广告效果。例如，格力空调在《深圳特区报》的头版头条位置，让一“只”格力空调破“报”而出的图片，再增加“重拳出击”的文案软文，整体令人过目难忘。

**10. 图表比较法**

通过与同类产品的功能性比较，以简单的图表一目了然、非常直观地把产品的卖点展示出来。

**11. 问卷调查法**

巧妙设计测试性的问卷，然后在同一版面以计分的形式给出问卷结果，不同的分值有不同的结论，不管是什么样的结论你的产品都可以解决这些问题。这种方法用于非处方药品、保健食品、家居用品、洗涤用品、化妆品、房地产等。

**12. “借题发挥”法**

这种方法的要旨是结合事件，巧立名目，褒贬参半，名贬实褒。比较典型的案例是吉利美日（Geely Meiri）与日本丰田（TOYOTA）的官司之争，不管官司胜与败，吉利都是赢家，吉利美日的品牌知名度通过这场官司得到了很大的提高。

**13. “小题大做”法**

从不起眼的事件中找出与企业及产品的内在联系，然后集中力量，旁征博引，命中目标，要旨是一鼓作气，把气球吹大。已经故世的前麦当劳老总因为一个词有辱麦当劳员工，致公开信给美国总统，并结合其他有力举措，实现了麦当劳的中兴。

## 五、撰写软文的注意事项

**1. 不能与现行的法律、法规相抵触**

广告软文撰写者必须要熟悉软文广告发布的相关法律、法规，发布的软文要以不与现行的法律、法规相抵触为前提，以免受到相关执法部门的查处，甚至引起官司缠身。研究相关法律条款，可以使你在创作软文时更加张弛有度。

**2. 切忌宣传口径不统一**

软文广告需由企业总部市场部或企划部统一把关，以免二级代理公司或驻外机构在执行软文广告发布时宣传口径不一，直接影响广告效果。

**3. 切忌诋毁其他竞品**

撰写软文时尽量只说自己的好，不说别人的坏，更不能充当害群之马，惹得同行群起而攻之，这样你将没有立锥之地。

**4. 不制造垃圾广告，不生产“鸡肋”**

软文广告投放宁缺毋滥，撰写软文要言之有物，精心打造，不要千篇一律。

## 六、跨境电商营销软文撰写“利器”

据行为经济学、心理学和神经经济学最新研究定义，有 4 个魔法词（magic word）直接击溃客户第一直觉防线，进而把客户吸引至潜意识阶层，最终轻松促使客户下单，买卖就这样敲定了。

你只要把以下 4 个魔法词加入你的市场营销软文和产品描述中，那么提高转化率就是小菜一碟了。

### （一）“你”（“You”）

“你”是整个英语语言环境中最有魔力的一个词。使用“你”这个词，会让你的客户感觉到你在跟他进行面对面讲话，这样产生的亲切感高于任何词。不管你承认也好，不承认也罢，人都是自私的。一些促销海报、产品信息描述或广告，都会把内容焦点放在我们自己身上。这样的话，就不自觉地跟客户创建了一种强大的潜意识联系。

这有个很好的例子跟你分享：某个在线零售商是如何在产品信息描述中使用“你”字来大大提高转化率的。产品信息描述为：“超便携式桌面投影屏幕是专门为出差人士打造的。不论你是城际穿越，还是陆上跑或空中飞的出差，这款小巧玲珑的投影屏幕都是你的黄金搭档，让你在旅途中轻松搞定业务报告。当你准备简报的时候，这款超便携式桌面投影屏幕独特的一体设计，使你在 30 秒内就能在任何一个桌面上做好开工准备。50° 以内的屏幕角度任你调节。当你准备收工关机的时候，它更能快速轻松存储，这只花费你几秒钟的时间。”在这篇营销文案中，“你”字巧妙地出现了很多次。你有没有注意到：此文案的主要卖点就集中在这件商品如何让买家的生活更轻松，并解决了大多数潜在客户的很多问题。现在，你可以抽时间看一下你所能找到的产品描述，判断它们能否清楚明了地指向它的潜在客户。

### （二）“新”（“New”）

看到“新”这个词，你可能潜意识中会联想到“改进的”“令人兴奋的”“我想要”。行为心理学研究表明，新出产品、创意方案及冒险精神都会把客户吸引到有“新”标签的产品。下面来看一下苹果公司是如何来描述 iPhone 5s 的设计的：“全新设计，全新技术，打造全新的 iPhone”（New Design, new technology, new iphone）。当你看到有那么多“新”字的时候，似乎觉得有点过犹不及，但是这真的管用。Bianca Wittman 博士是一位认知神经学家，专门研究营销策划文案是如何使用语言来影响客户的购买行为的。她在这里引用的是有关糖果行业创意使用“新”产品来营销的例子：“喜欢什么样的巧克力，我有我自己的口味选择。但是，当有另外一种口味的巧克力打广告说是‘全新推出的改良口味’（It's a brand-new, improved flavor）时，我的好奇心就会刺激我选择这种口味，而不是我一贯喜欢的口味。”一般跟“新”沾上边的东西，客户都会喜欢。例如，我们一直都想要拥有一辆新车、一件新衣服和一项新技术。作为电商，尤其要好好利用这一点。打个比方，你是服装电商卖家，那你就可以专门腾出一块区域来展示你的所有新增产品，并在你的产品描述、媒体报道及博客帖子上都使用“新”这个词，并主打新产品。

### （三）“免费”（“Free”）

“免费”这个词，与其说是价格免费，不如说它是强大情感的触发器，还是兴奋的源泉。很多人都清楚“当你置身美味自助餐，虽然已经很撑了，却还是不停地吃，就因为它是免费的”这是什么感觉。或者在一个展会上看到 3 支免费的笔，虽然可能不会用到它们，但是还是有人会把它们拿走。对吧！“免费”真乃是一利器也！没有人像 1999 年的亚马逊那样更了解“免费”这个词的魅力了。就在这一年，亚马逊开始推出：只要订单不低于 99 美元，都可以享受包邮的服务（Free Shipping is available for orders not less than $99）。从此之后，亚马逊尝到了里面的甜头，就一直在这方面不断改进和优化他们的市场营销及文案策划方案。很多情况都是，客户于心不忍，又在自己的购物车里增加了一本书（价值 10 多美元），就为了省下那仅仅 3.95 美元的运费。Sparring Mind 的创始人 Gregory Ciotti 曾说：“免费”这个词暴露了人性里的厌恶损失的一面。从经济学来讲，厌恶损失说的就是人们通常会选择不愿白白失去什么（如金钱），而不是努力去争取获得什么，即使争取获得的东西有更高的价值。为了证实这一点，Gregory Ciotti 还专门向著名的行为经济学教授 Dan Ariely 求证。经过一系列的实验，Ariely 最终发现客户都会选择免费的产品而不是有一些成本的产品，尽管有时候这些低成本的产品有更高的价值。有一次，Ariely 给客户提供了两个选择，一个是 15 美分的瑞士莲巧克力糖（Lindt chocolate），打 5 折；另一个是价值一美分的好时（Hershey’s）。结果，73%的人因为表面价值选择了瑞士莲。但是，当两者的价值都降低一美分，即 14 美分和免费的时候，69%的客户又都会选择免费的好时。那么，根据上面这个调查，和亚马逊“免运费”的例子，你该如何学以致用增加销售额呢？

还有一个例子，美国西北部有一个零售商，针对特定价值的订单提供包邮服务。刚开始的时候，这个零售商对那些订单价值大于等于 50 美元的买家提供免运费服务。而客户在其网站的实际花费大都大于 50 美元，选择包邮服务。但是到了 2012 年 11 月，它的营销策略就变成：最低订单价值在 75 美元以上的才能提供包邮服务。结果，这个零售商网站上的平均订单价值几乎都到了 80 美元。这就是客户都想得到“免费”包邮的结果。所以，根据一定价值的订单，提供免费包邮服务可以作为电商创业的一大妙计。

另外，也可以在邮件活动主题中使用“免费”字样，这也能大大提高潜在客户打开链接的概率。还有，Marketing Over Coffee 播客联合主持 Christopher Penn 也曾指出，即使在邮件主题中使用“免费”字样会让你逃不过垃圾邮件过滤软件的魔爪，但是这非常值得去尝试。因为这真的能大大提高客户打开链接的概率。要知道，客户就是喜欢不劳而获的免费的东西，你也不能因此责怪他们吧！

### （四）“保证”（“Guarantee”）

虽然那些讨人厌的二手车推销员常用的陈词滥调通常也是跟“保证”有关。但是“保证”这个词，也是一篇电商营销文案成功的强大利器。“保证”可以说是客户感情的触发器，让他们自然想到安全，产生信任。这就像是布下了一张安全承诺网，让客户相信他们在这个商家下单可以满意而归。行为经济学研究表明：人性天生害怕损失。每个人在网购的时候，选择一件商品的同时肯定也有不选择另外一件商品的理由。你要做的就是确保客户认为，他们的选购能把损失的可能性降到最低。例如，万一客户买了商品，却发现实际并不喜欢，他们可以退货。

所以，作为电商，你们应该在营销文案中加入“保证”或“退款保证”（money-back guarantee）字样，或者在产品信息页面加入“无条件退款”（unconditional refund）等。你还应该有自己的一套退货政策。毫无疑问，就是把“保证”坚持到底。

## 七、跨境电商网站故事性软文撰写的基本要素

现在，品牌营销不再是说服和宣传，也不是简单表面的价格竞争，而是创造与受众的情感连接、价值认同及参与。再也没有比一个令人信服的故事更能打动和连接受众的心了。

好的网站会讲故事，那么如何写出一套会讲故事的品牌网站文案？

这要从品牌的五个基本要素出发，这五要素分别是：①品牌名称；②品牌标识；③品牌信条；④品牌受众；⑤品牌故事。

接下来，通过一些成功跨境电商的案例来说明一下，如何通过结合品牌的基本要素，一步一步地写出一套好的网站文案。

### （一）品牌名称

一个品牌需要一个名称，品牌名称是品牌与受众的第一接触点。它是这个品牌独有的名称和专用名词，这是一个品牌的个性专属，可以区别于其他同类和竞争者，也可以在搜索上占据一个优势地位。只要将名称植入受众的头脑和心智中，一搜索就可以找到这个品牌。

好的品牌名称，要简单、易记、有故事，可以是一个字，也可以是一组有意义的词组合。

例如，中国香港有一家时尚垂直电子商务网站 lotsofbuttons.com，它的品牌名称“lots of buttons”（很多纽扣）就是一组有意义的词组，也符合联合创始人 Ken Lee 和 Jong Lee 对它的品牌定位——一个全球最大的在线纽扣商店。再如 ternbicycles.com 的“tern bicycles”（燕鸥自行车），从名称文字产生美好积极的联想和意念，从听觉上让受众感受品牌认识。如果再在这个品牌名上添加一个故事，那就更能让受众印象深刻，长久记忆。

### （二）品牌标识

品牌标识一般为图像标识，即从图像上区别于其他品牌，从视觉上让受众感受品牌特征，让受众加深视频和形象在头脑中的印象和记忆。

lotsofbuttons.com 网站的标识是一个由别针、剪刀和衣物纽扣等元素构成的一个较复杂的图像组合，符合 lotsofbuttons.com 自身定位和相关积极正向的联想。而 ternbicycles.com 则运用文字和象形（飞燕）组合作为其标识，也切合其品牌定位。

### （三）品牌信条

品牌信条，可以是一个理念使命/口号/广告语，也可以是一个定位。

品牌信条通常是简洁、洗练，同时能明确表达品牌主张的观点，是用来拉近和说服受众的一种独特的概念。信条可以随着你的市场和受众不断地产生变化，但始终要符合品牌的核心价值观和准则。希望受众如何看待自己，就将这个信念确定为自己的信条。因为信条是用

来赢得他人信任的，或者用来与受众快速产生认同和共鸣的。例如，Yellowberrycompany.com 的 The bra industry for young girls（内衣产业为年轻女孩而生）。再如，lotsofbuttons.com 的 The largest button website in the world（全球最大的在线纽扣商店）。

品牌信条，也可以是风趣幽默的，让人想到不禁可以会心一笑。例如，Eatingtools.com 的 Don't Eat With Your Hands（不要用手吃东西）、bambibaby.com 的 We deliver everything BUT the baby（我们运送除了婴儿以外的所有东西）、worldtoilet.org 的 A world body on toilets（世界上每个人都需要马桶）。

创作一个好的品牌信条，不仅可以让受众很快了解品牌所传递的价值，还可以使其话题化，让受众谈论并口碑相传。

### （四）品牌受众

品牌受众，是指品牌定位的服务对象。例如，lotsofbuttons.com 的品牌受众主要是针线、缝纫工作者，服装制作、设计师，而 ternbicycles.com 的品牌受众主要是不主张搭车而喜欢自由运动的城市族群，以及 yellowberrycompany.com 的品牌受众主要是运动时尚的青少年女性。表达品牌的受众，可以让目标群体快速识别，以及要不要选择你的品牌。

### （五）品牌故事

再平凡的产品都有一个故事，再微不足道的创业者/企业都有一个梦想！一个品牌需要受众传播，怎么能没有故事呢？

为品牌讲一个故事，不管是关于产品、创始人、客户，还是其他，只要跟品牌的价值、精神相关就可以。品牌故事可以让品牌的受众为你的品牌做话题、口碑和传播。

讲故事的方式，不局限于文字、图片、音频、视频，还可以组合起来，以达到最佳效果。讲故事也不只是在讲，更重要的是践行，是品牌为受众、社会创造价值，履行对品牌服务的承诺。例如，lotsofbuttons.com 讲了一个全球在线价格最优、规模最大的纽扣商店的故事：lotsofbuttons.com 放眼世界，满足全球的不同需求的客户对纽扣的要求，只因它生产并采购于成本较低的中国，其总部位于高度发达的全球物流中心——中国香港。再如，yellowberrycompany.com 讲的是一个专注于运动时尚的青少年女性的故事。

写一个好的文案品牌故事，主旨在于向目标受众传递品牌价值，建立情感上的连接和认同，也是获取受众的信任和支持。因此，文案故事必须基于客观和真实。任何文案品牌故事离开了真实可信都是不可取的。而故事事件也不在大小，只要能打动受众的心，引起受众共鸣都是好故事。

以上是写出打动受众的品牌网站文案的五个基本的要素，也是打造一个会讲品牌故事的网站的最主要的五个要素。

如果说打造一个品牌就像种植一棵大树，那么里面的五个要素就是品牌大树的骨干。除了这几个骨干，还有其他很多打造品牌大树的枝叶，如“关于公司团队”（about the team）、“新闻媒体”（news media）、“条款说明”（the terms and conditions）、“隐私声明”（the privacy statement）和“联系我们”（contact us）等，这些也是组成一套完善的网站文案的必备元素。

## 任务实施

### 根据下列软文的标题或内容来判断其类型

（1）判断如下图片软文内容的类型。

（2）“牛皮癣，真的可以治愈吗？”

（3）“一天断货三次，西单某厂家告急。”

（4）“品今时代推广免费制作网站了。”

（5）“印第安人的秘密。”

（6）“写给那些战‘痘’的青春。”

（7）“洗血洗出一桶油。”

（8）“曝国产全新奇骏，预售 20 万起，2014 款奥迪 A5 上市，52.5 万起。”

### 温馨贴士

**成功软文之必备要素**

**一、软文要具备分享功能**

当今社会是一个信息共享的社会，特别是搜索引擎的出现和发展更是让信息共享得到了更大的发展。一篇好的软文需要有极高的可分享性，这些分享能够和读者产生共鸣，形成思想上的互动，而不是仅仅让作者把自己的广告植入到读者的思想中，需要读者主动进行植入，并且主动进行宣传，这样才能实现软文的价值，提高软文的传播能力。

**二、软文的可读性强**

我们知道，脑白金的广告让人印象非常深刻，这是为什么呢？因为它的可读性非常强，人们看了一遍就能记住它。其实软文也一样，软文也需要讲究可读性，这是今后软文发展的方向。一篇可读性强的软文能够帮助你获得更好的营销效果，别人也会读得有滋有味。

**三、正确的排版格式**

软文的排版格式也是需要注意的，我们要保证软文排版格式的正确性。这点在提高用户阅读速度，以及不让用户产生审美疲劳的基础上，可以将软文的质量最优化。读者都喜欢段落分明而且标题简单的文章，这样一目了然，而且让人看着很舒服。

## 实训演练

广告传播中有个五要素原则，即你的广告在对谁说、说什么、如何说、何时说、何地说。作为广告的另一种表现形式，撰写软文同样适用于广告传播五要素原则，而且五项要素缺一不可。

（1）对谁说：软文的目的就是把你所表达的信息传达给目标受众者，因此对谁说就是锁定要传达的对象。

（2）说什么：把你要表达的概念、核心思想或信息准确地说出来。

（3）如何说：通过何种表达方式将思想有效地传递给目标受众者，让其在潜移默化中接受你的引导。“如何说”是软文写作五要素中最重要的一个环节，直接关系到软文质量的优劣。

（4）何时说：选择什么时候投放软文。虽然投放软文是一项长期不断的宣传策略，但事实上在投放时段上还是有一定的技巧性的。

（5）何地说：选择在什么样的媒体上投放。每一种媒体都有自己的定位，有自己的特定阅读群体。

请根据以上五要素，选择某一产品或项目，撰写一篇软文。

任务要求：

（1）原创写作，内容和标题原创，不能抄袭。

（2）让更多人来 www.ufogogo.com 购物，突出其优势，如美国直邮、正品保证、价格优势、60 天退货保证等。

（3）有新颖、吸引眼球的标题，让人一看就有点击查看的冲动。

（4）字数在 800~1 200 字为佳，软文导向性强，能让消费者看了产生购买的欲望。

（5）软文内容要融入产品信息，题材切合当前的时事热点、网络热门事件；图文并茂，可读性强；要显得自然、富有趣味，无明显广告倾向，以利于软文的推广与传播。

（6）适合在新闻门户网站、论坛、博客、社区等媒体上发布。

# 06 学习情景六 国际会展服务礼仪

## 开篇语

虽说当下国内外经济形势风起云涌，朝夕瞬变，可仍然无法阻挡诸多企业涉猎外贸领域的勇气与韧力。对外贸企业而言，无论是产销一体还是产销割裂，是专攻某一行业还是百货大杂卖，参加国际展会（international exhibition）无疑是公认的高效营销方式之一。它不仅为企业提供了一个极好的商业平台，而且还能现场收获客户资源。

参加国际展会一般有展前、展中、展后三个阶段，在不同的阶段有不同的服务技巧，如果发挥得当，则可以让展会取得事半功倍的效果！

## 学习子情景一　展前邀请礼仪

### 知识目标

- 了解邀请礼仪的重要性。
- 认识展前邀约的必要性。
- 掌握客户邀请的基本步骤。

### 能力目标

- 能够选择适合的客户邀请方式。
- 重视邀请礼仪对展会的影响力。
- 学会运用合适的邀约技巧。

### 情景引例

某外贸公司决定参加下一季度在莫斯科的专业展会，外贸总监安排业务员负责提前给当地目标客户发送邀请函。但是该业务员由于工作繁忙忘记了这件事，直到展会开始前一周才突然想起来，于是就急急忙忙给一些客户随便发了电子邀请函，而且邀请函的设计用了大量的黄色元素。最终，展会上客商寥寥无几，更不用说订单成交量了。

常言道：有备无患，不打没把握的仗！展会前的客户邀请工作是整个参展流程中的首站，不容忽视！

# 知识准备

## 一、邀请礼仪的重要性

当前社会经济高速发展，各种 B2B 平台、社交媒体软件在实际业务中发挥着越来越大的作用。但是，展会作为“走出去”的重要宣传渠道，在整个外贸工作流程里仍然有着不可替代的影响力。展会经济不仅可以在现场高效地推广企业产品，还能帮助企业更好地树立国际形象，所以展会无论对于产品还是企业来说都是一种非常重要的营销手段。而在整个展会营销的过程中，邀请客户是首要工作。如果可以把邀请工作提前做好，对参展企业而言，既可以优先获得客户资源优势，也能在参展过程中更大限度地接触到目标客户。

## 二、注重展前邀请礼仪的必要性

人无礼不立，事无礼不成。礼仪体现了个人乃至国家的素质和修养，外贸企业面向的是全世界各国的客商，而不同的国家有着不一样的风俗习惯，在展前邀约的工作中，需要正视各国的风俗及礼节差异。例如，案例中的业务员由于不了解俄罗斯人比较忌讳黄色，在电子邀请函中运用了大量的黄色元素，引起客户的反感，造成意料不到的后果。对外贸从业人员来说，写一封电子邀请函通常都不是难事，但一封缺乏礼仪的邀请函，其内容也缺乏情感，往往难以打动客商。

所谓知己知彼，百战百胜。在展前邀约之前，建议大家先了解不同国家及地区客商的商业习惯和社交礼仪，以便能脱颖而出，获得客商的青睐。

## 三、展前邀约的步骤

展前的客户邀约（invitation）属于展前沟通与营销的一部分，一般会从以下几个方面进行。

### （一）对邀约客户的辨别工作

企业确定参展后，便需要开始对手头上合适的客户群体进行界定与分辨，以便能有的放矢地开展邀约工作。总的来说，客户群体会分为如下图所示的三个部分。

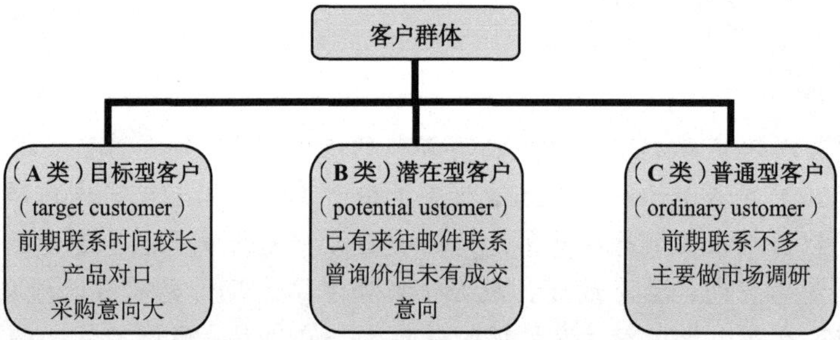


A 类客户通常属于展会的专业采购商，与其达成贸易关系的概率最高；B 类客户则是成交的“潜力股”，比较适合做产品及企业的展示，需要更多的耐心及谈判技巧；而 C 类

客户则为展会的一般观众，很大程度只是过来观摩及做市场、价格的调研。

### （二）展前客户邀请工作

展前的邀请工作实质上就是把企业将要参加的某个地方的某个展会的信息传递给合适的客户，并且能够使其愿意前来展位参观、交流。

**1. 展前客户邀约的作用**

（1）提高参展企业的知名度。

（2）进行有效的产品展示。

（3）增加展位参观者的流量。

（4）促进订单成交。

**2. 展前客户邀约的方式**

（1）电子邀请函：制作邀请函，通过电子邮件或其他网上工具将其送达客户处。（这是使用最广泛的客户邀约方式之一，需要选择恰当的时间，对有针对性的客户进行一对一发送）

（2）公开发布：在各大社交媒体软件，如LinkedIn、Facebook、Twitter等，公开发布企业参展信息。（社交媒体软件的运营效果不容忽视，如果使用得当，营销效果将会得到极大的提升。需要考虑发布内容的独特性及发布的时效性）

（3）电话邀请：针对极为重要的客户，除了发送电子邀请函，还可考虑电话邀请，直接加强沟通的效果。

（4）其他方式：还可以考虑联系当地的商会、行业协会等，毛遂自荐。

### （三）展前客户邀约需要注意的问题

（1）注意邀约的时间安排。一般展前15天需要开始进行密集的邀约工作，对重点的A类客户，除了发送电子邮件，必须进行电话沟通，确定其前来观展的具体行程安排。到达当地布展期间应当再次联系客户，并告知自己的联系方式，尽力把客户邀请过来。

（2）邀请函的设计及措辞需要考虑国家的礼仪差异。邀请函需要经过精心设计，既能体现企业形象，又能凸显邀请的诚意，这样才可以引起客户的关注，切忌千篇一律或网上抄袭，在措辞上尤其应充分考虑当地的商业礼仪和社交习俗。

（3）邀请函的内容保证严谨、准确。邀请函的内容应包括展会具体地点、摊位号码、联系方式等，可附上简单的摊位图，以方便客户准确找到方位。

## 任务实施

**完成以下展会前准备工作**

（一）地点：威海会展中心

（二）时间：××××年5月22~26日

（三）展位面积（4个，$4\times12\ m^2$）

（四）会展物品：准备现场解说或放些轻音乐

（五）着装礼仪要求

（六）入场前物品准备分工

（七）5月22日早上7点，入场安排

**温馨贴士**

**邀请专业对口客户的渠道**

（1）已联系过的目标客户群体。
（2）通过专业的行业协会、商会、政府相关部门。
（3）通过展会主办方的信息互享。
（4）通过新媒体渠道。

**小知识：如何在展会中有效利用社交媒体软件**

互联网时代下，展会越来越多地与各种社交媒体软件融合在一起，如LinkedIn、Facebook、Twitter等，如果善于运用，不仅可以让宣传效果事半功倍，还有助于与客户建立更密切、更深入的关系，以及挖掘新的人脉关系。

运用社交媒体软件的几个关键点：

（1）注意信息发布的最佳时间，关注社交媒体软件的实时性。
（2）巧妙地选择及编排内容，图文并茂，选用高质量的图片素材。
（3）抓住成为热议焦点的可能性，提升热度比。

## 实训演练

### 一、请按以下场景拟写一封电子邀请函

迪拜国际建材展览会
参展地：迪拜
展馆：Dubai World Trade Center
时间：2017 年 5 月 1~5 日
摊位号：B3 馆 101 号

### 二、请分析以下的邀请函示例，指出其优点与缺点

Dear Mr. Ahad Mohammed,

We sincerely invite you to visit our booth at the HongKong Exhibition Center from June 20th to June 25th, 2017. Our booth number is 8A39.

It will be great pleasure to meet you at the exhibition. We look forward to cooperating with you further.

Best Regards,
Ms. Susan Liu
Export Manager
×××× company

（点评：这封邀请函内容包括展会的时间、地点、摊位号等信息，但如果能再加以润饰会更好，可以加上交通路线指引、自己的联系方式、现场展示产品的简单信息等内容。）

# 学习子情景二　展中服务礼仪

### 知识目标

- 了解礼仪在会展服务中的作用。
- 认识展中服务礼仪的重要性。
- 掌握展中服务礼仪的基本要领。

### 能力目标

- 能够掌握展会接待期间的礼仪规范。
- 学会不同类型的展会礼仪沟通技巧。
- 学会塑造自己的礼仪风范。

### 情景引例

某外贸公司一行 4 人参加美国拉斯维加斯（Las Vegas）的专业展会，展会现场客户

川流不息，每天接待任务繁重，该公司的一名女业务员穿着T恤与超短裙，慵懒地靠在接待台旁玩弄手机，对客户的询问爱理不理，最终错过了某大采购商的订单洽谈。

在展会接待期间，参展人员需要保持热情的态度和礼貌的风度，才能给前来的采购商留下美好的印象，从而树立企业良好的商业品牌形象，有效转化订单。

## 知识准备

### 一、礼仪在会展服务中的作用

参加国际展会是外贸企业有效获取客户的途径之一。展会一旦正式开始，企业全体参展人员就必须保持热情的服务态度和良好的礼仪意识。礼仪是人类文明的产物，且随着社会的发展不断进步，很多地方尤其是西方发达国家的人们会特别注重业务人员的礼仪表现。展会中与外国客商交往增多，我们个人的礼仪修养在这短短数日内显得尤为重要。得体地展现自己及企业的风范，可以为企业发挥展会效用创造契机。服务礼仪就是使服务具体化的手段，使无形的服务转换成有形、系统、规范、标准的服务。

### 二、认识展中服务礼仪的重要性

大家都知道，一个展会成功与否需要全方位的策划及运作，也与整个市场的发展态势密不可分，而展中的服务礼仪是其中不可或缺的一环。假如参展人员始终呈现一种懒散、随意、傲慢的状态，势必会影响采购商对企业的第一印象。现场参展人员是企业在展会中的一张脸面，从他们的工作态度就可以洞察企业的管理方式、工作氛围及行为风范。服务就是一种无形商品，看不见也摸不着，而体现其价值的往往就是服务礼仪。参展人员学习并合理运用服务礼仪，不但可以提升自我形象，而且可以提高企业的核心竞争力。

### 三、展中服务礼仪的内容

#### （一）良好的仪表形象（good appearance）

人与人之间交流，相互传递的信号主要分视觉、声音、语言三种。展会就是利用集中陈列的展品，通过企业参展人员现场的宣传、交流，对客商进行讲解、介绍、沟通。在这个过程中，企业参展人员的整体外部形象是非常重要的，因为他们在展会上代表的是企业的形象，如果其形象邋遢、随意，势必会影响客商对企业的信任度。

**1. 合宜的着装形象**

在大型的国际展会上，客商通常会先通过企业参展人员的着装来对企业人员的精神面貌打分，得体、适宜的着装往往是业务人员无形的名片，很有可能达到锦上添花的效果。

为了表示对客商及展会的尊重，着装要求干净、整齐、合宜，如果条件允许，统一着装更好，可凸显企业的纪律性及协作性。

着装的选择应考虑三个基本因素：时间、地点和场合。

（1）时间：要求参展人员的着装在不同的时间里应有所不同。

（2）地点：要求参展人员的着装在不同的国家、地区里应有所不同。

（3）场合：要求参展人员的着装在不同的情况、不同的展会里应有所不同。

男士：男士以舒适的商务正装为主（若天气炎热，可不穿西装外套，只穿衬衫），西装首选深色调（如黑色、深蓝、褐色）；衬衫最好选择长袖，以净色（如白色、浅蓝等）为主，花里胡哨反而显得不够庄重；领带佩戴与否则要看展会的层次及级别，一般纯真丝领带产生的职业效果最棒；别忘了皮鞋的细节，最好选用黑色或深棕色，这属于保险色，而且要注意保持鞋面光滑干净；袜子的颜色应该和衣服相协调，黑皮鞋白袜子的做法不可取；另外，男士身上的小饰物也不宜过多，尤其应避免佩戴看似廉价的劣质饰物。

女士：女士以冷色调的商务西装/套裙为主，上衣及下装应选同一种面料为宜，避免过于休闲和夸张的穿着，衣服切忌暴露，裙子长度不宜过短，还需要了解当地是否有特殊的着装习惯；衣服要选取与自己的身材、肤色和气质相搭配的款式，增强自己的职业感，如同色套裙可考虑与不同色的衬衫、胸针、丝巾等搭配点缀；鞋子尽量选择舒适感较强的材质，因为展会需要长期站立，“恨天高”式高跟鞋会加重站立的疲累感；注意选用质量好、不易勾丝的丝袜。

**2. 合宜的发型及妆容**

除了着装，一个人的发型及妆容在社会活动中也是构成第一印象的主要因素之一，发型及妆容得体与否会影响客商对参展人员专业能力的判断。

男士的发型一般要求整洁干净，避免大幅度遮住额头或后面发尾拖沓至衣领部位，除非天生脱发，否则应尽量避免剃成光头；男士的妆容要求较为简单，保持脸部清爽滋润，注意整理胡须鬓发，不要留长指甲及保持清新的口气即可。

女士的发型应保持适当的长度，商务场合一般不宜长于肩部，发型需保持干净、文雅，尤其注意双肩是否有头皮屑掉落现象，切忌怪异的发型，刘海不要过长遮挡眼睛；在社交场合，女士化妆是一种礼貌，脸部妆容以淡妆为宜，浓妆艳抹反而会显得不够庄重；保持口气清新且牙缝不要带有食物残渣；女士另外一个很重要的问题就是香水的选择，切忌喷洒味道太浓重或太怪异的香水，以气味清淡、芬芳为宜；不要涂抹颜色太多、夸张鲜艳的指甲油；如在展会现场需要补妆，应避开在公众场合进行。

### （二）得体的仪态风范（proper manners）

礼仪的核心是尊重与重视，人们在日常人际交往中，尤其是在正式场合，要遵守举止有度的原则。展会上客商在选择产品的同时，也在考察企业的实力、企业文化、行为标准等，参展人员的仪态风范一定程度上代表着企业对外宣传的脸面，因此要求所有参展人员的行为举止要文明、优雅、得体。

**1. 站姿与坐姿**

所谓“站有站相，坐有坐相”，展会上企业参展人员的站姿及坐姿都会反映出企业的精神面貌。展会上站立不应倚靠接待台或座位等，应保持上身正直，挺胸收腹，不驼背，不交叉腿，站立时要避免重心不稳，双手不能叉在腰间或抱在胸前，以免给客户造成压抑感；如果站累了也不能东歪西倒，无精打采，可适当走动一下，活动血气。

当有客商进入展位，双方可能需要坐下来进行进一步的谈话，坐姿需要保持一定的稳重及优雅。可先让客商入座，入座时要从轻、从稳，神态需保持淡定自如。当双方入座后，要保持上身挺直，显现尊重、热情但不卑不亢的仪态，如果是女士入座，尤其要注意衣裙的整理，但幅度不宜过大，且双脚并拢，不能伸到对方的座位区域。

**2. 走姿**

展会上要进行客户接待、产品展示等活动，避免不了来回走动，因此走姿也是最引人关注的仪态，最能体现一个人的仪态风度及魅力。走姿的基本要求是淡定、平稳，应昂首挺胸，面带微笑，走路时切忌摇头晃脑、左顾右盼，避免手插裤袋或与其他人勾肩搭背。

**3. 握手礼节**

在展会现场，通常客户离开时都会涉及双方握手这一环节，一般可由参展人员主动先握手，但如果是男女之间，则应由女士先伸手。在握手礼节中，一般手太冷或手汗过多都会造成对方的不悦，而且握手时切忌不看对方或死死盯着对方看，更不要戴着手套去握手。

**4. 名片礼节**

展会中交换名片是必不可少的环节，当有客商到访，可主动递上自己的名片并邀请对方进行交换，先递名片也是对对方的一种尊重。递名片时应该起身站立作相迎状，将名片的正面面对对方，双手交予对方，切忌单手或用手指夹着名片递交。接收到对方名片时应马上进行查看，且现场放进名片本里，不能随意乱放。

### （三）合适的接待方式（appropriate reception）

接待客户是展会中最重要的环节，是与客商面对面直接交流的过程，如果参展人员能做好迎来送往的工作，无疑可为下一步与客商的深入沟通打下坚实的基础。

（1）对于客商的到访，展会接待人员首先需要保持真诚、自然、热情的态度，各就各位，站立迎宾，任何坐卧不起的行为都是对客商的怠慢表现。对每一个靠近展位的客商应面带微笑，并应主动与对方打招呼。如果客商不愿意进入展位也切忌强拉硬拽或无理轻视，丧失应有的待客风度。

（2）如果客商进入展位，参展人员必须意识到这有可能是一个潜在客户，应当重视自己的服务技巧。对客户进行产品解说更应坚持实事求是的原则，注意扬长避短，如果条件允许，可现场进行产品演示，进一步让客商对企业产品的质量、层级有更深的感触。

（3）与客商在展会现场进行价格、订单等谈判时，尽量保持诚挚友好、不卑不亢的精神面貌，切勿与客商进行长时间的争辩或抗衡，如果遇到现场无法马上解决的事项，可先记录下来，会后再给予客商及时的反馈。

（4）参展人员更应充分运用合适的肢体语言进行接待工作，如引导客商参观时手心向上、手指自然并拢；给客商进行产品解说时应保持微笑且双目向前平视；与客商谈话应保持精神集中并给予合适的反应。

## 任务实施

根据学习子情景一任务实施部分的展会具体情况，为该展会期间所涉及的事情做个表格，明确分工。

提示如下：

（1）所有物品盘点，会展期间的物品保管。

（2）现场总指挥，人员调度。

（3）产品介绍。

（4）报纸及产品手册的发放。

（5）午餐安排。

（6）每日会展结束前物品的清点。

（7）可在展厅存放的物品的规整、存放。

（8）当日需运回公司的物品及存放。

（9）当日来访经销商、意向商的陪同及安排。

（10）其他未尽事宜根据现场需要，听从统一调度，互相协作。

**温馨贴士**

**展会现场接待如何选择与客商谈论的话题**

展会短短数日，却有机会让业务人员一次性接触到数量庞大的客商，其中少不了与形形色色的客商谈天论地的机会，究竟什么话题可以聊，什么话题不可以聊呢？

**1. 不建议选择的话题**

（1）涉及政治、宗教、丑闻。

（2）涉及个人隐私，如收入、年龄、体重、宗教信仰、婚恋状态等。

（3）显得过分殷勤、过分关心的内容。

**2. 可选择的话题**

（1）容易引起双方共鸣的内容，如休闲、度假、时尚、风土人情、景色、天气等。

（2）格调高雅的话题，如历史、哲学等。

（3）与产品、行业相关的话题，如最近原材料的涨跌、产品的最新研发等。

**小知识：细节决定成败**

老子说："天下难事，必作于易；天下大事，处作于细"。展会的成败也源于细节的把握。展会中，我们所接触的大部分是陌生人，给对方留下的第一印象与展中的礼仪表现密不可分。

男士看看自己的胡子是否刮干净了？衬衫衣领是否有脏兮兮的痕迹？女士留意自己的衬衫透明度是否得体？丝袜有无勾丝？诸如此类，都是很小的细节，却往往有可能决定事件的走向。细节往往是一种精神，现在是一个注重细节的时代，各个行业的专业化程度要求也越来越高，参展人员更应注重培养"工匠精神"，让企业的展会因细节而精彩，因细节而灿烂！

## 实训演练

### 思考并根据提示练习

#### （一）如何留给别人良好的第一印象

- 自信不自负
- 真诚不虚伪
- 谦恭不傲慢
- 自然不做作

#### （二）如何提升在展会现场流利使用外语的能力

（1）对待外国客商应避免卑躬屈膝或无端傲慢，首先要清除自己的心理障碍。

（2）正视现实。外语非母语，使用起来有些小毛病是再正常不过的事，不要害怕被讥笑、犯错误。一定要敢于多开口讲，碰到似是而非的问题要大胆提问，不能不懂装懂。

（3）每次谈话都应该有备而来。展会上是直接与客商交流，不像平常写邮件可以有查字典、翻资料的空隙，大部分谈话内容都非常考验参展人员的现场反应能力。所以一定要在参展前做好准备，包括企业情况（company profile）、产品信息（product information）、价格范围（price range）、行业动态（industry trend）等范畴，避免现场与客商无话可说。

请记住，凡事熟能生巧！

## 学习子情景三　展后跟进礼仪

### 知识目标

- 了解展后跟进对会展的作用。
- 认识展后跟进礼仪的重要性。
- 掌握展后跟进礼仪的基本方式。

### 能力目标

- 能够理解展后跟进的礼仪规范。
- 学会展后跟进的不同技巧。
- 掌握展后跟进的及时性。

### 情景引例

某外贸公司对展后跟进有明确的制度，要求每位参展人员参加展会后3天内一定要给予现场所有潜在客户发送联系邮件，需要回复清楚客户现场未能即时得到解决的问题，且务必持续性跟进，因此每次展会后该公司的成单率都非常可观。

企业参加一次国外展会的成本是比较高的，既然参加了就应该尽全力让它有所收获，除了在展会现场需要把握住与客户交流的机会，展后跟进工作也同样重要，有效的跟进是展后成单的“多巴胺”！

## 知识准备

### 一、展后客户跟进的重要性

有统计报告表明，80%的销售行为都是在第4~11次跟进后完成，所以客户跟进是非常重要的！展会现场短短几天，由于时间紧凑，很多客户通常不会真的花很多时间去详细沟通，即便在展会现场谈得再好，如果回来跟进得不及时，一样很难拴住客户的心。除非客户能够在展会当场就付款下单，否则，当他们离开了展位，又会接触到其他供应商的产品和信息，接着就会把你忘记。所以，展后跟进是每位外贸业务人员的“必修课”，只有做好了这项工作，才可能把展会的效果发挥到极致！

### 二、展后邮件跟进的礼仪技巧

展会结束后紧跟的就是一系列跟进客户的工作，而邮件追踪依然是目前主要的手段之一。如何把可能性变成现实，跟进技巧显得尤为重要！首先，在发送邮件前必须研究清楚在展会上收集到的客户名片上的信息，即他们的公司、姓名、职位、产品类别，这些都是非常关键的信息；其次，只要是已了解的客户的详细资料，在首封邮件中切记要有对方的称谓，避免只是“Dear Sir”或“Dear Madam”，因为这样会让客户很迷惑甚至怀疑这只是一封群发邮件而已，显得不够尊重；最后，邮件的撰写内容务必要符合客户国家的风俗习惯，以此表达你的重视和真诚，对于在展会上已有明显采购意向的客户，邮件内一定要有针对性的内容，包括客户在现场提及的还未来得及解决的疑惑。

### 三、展会后其他应注意的礼仪细节

参加完展会以后，参展人员需要根据在展会上获得的客户资料和需求，抓紧时间与客户联系，以求能把订单落实，在这中间有几个细节可以体现我们的专业度。

#### （一）懂得分类整理

展会每天会收集到很多客户的名片和资料，要学会分类及整理，特别是把重点客户的信息挑选出来，根据现场沟通的实际情况，尽快整理跟进的方案。而非重点客户的信息也不容忽视，但跟进速度可以稍缓。

#### （二）掌握跟进方式

客户跟进需要把握合适的尺度及礼仪，不催似乎不行，但催得过急又会让对方反感，从而影响对方对自己的感观。对于现场已经有明显成单意向的客户，在展会现场可考虑一起愉快合照，展会结束后再发回给客户。这样，在第一次跟进时便可最大限度地唤起对方的美好回忆，且体现自己的仪态风范。假如在展会就报过价的，在邮件中可以再次提及当时交流的一些细节，如产品型号（product model）、报价（quoted price）、付款方式（terms of payment）等，这也是给客户释放一个讯息——我是非常关注你的！当然，如果面对在现场没有真正交谈过的客户，第一封跟进邮件也应保持礼貌、热情的态度，不要浪费一次宣传的机会，对于小语种区域国家客户，还可考虑使用当地语言进行跟进，毕竟现在的网络翻译工具非常方便！

**（三）勿忘及时、到位**

在展会收效的问题上，我们一直强调“沟通”的重要性。实际上，展后跟进很大程度取决于沟通是否“及时”“到位”！如今各行各业的竞争日趋严峻，同时间参加同一个展会的企业如漫天星辰，客户攫取信息的渠道也越来越多，因此谁能把握住时机，谁就能有机会腾飞。展会结束后，参展人员一般都是身心俱疲，但仍不能忘记及时跟进客户，否则其他同行就有可能捷足先登，而且不趁热打铁也会“催冷”客户采购意愿！

**（四）培养严谨细致的工作作风**

为了体现自己的礼仪风范及专业度，参展人员都会花心思在展中的环节去进行表现，但实际上展后跟进的细心、严谨也是最重要的能力之一。细心的人往往为人踏实、稳重，容易得到别人的信任，因为凡事仔细，所以出现纰漏的概率会低很多，也不容易犯错误。对客户而言，展中短短的见面交流还不足以彻底了解业务人员的工作态度，所以在后续跟进工作中，业务人员的表现就是一面重要的镜子。如果做事认真、仔细，自然会替客户考虑周详，在执行过程中也会尽量把疏漏降到最低，最终自然而然就会得到客户的反馈及依托。

## 任务实施

以下是展会后给客户的一封邮件，请翻译以下内容，并对所涉及的邮件礼仪进行分析。

Hi, sir

This is Davis from ××××, we met in the CANTON FAIR this afternoon. Regarding the mortise your selected on the fair, please find the detail specification with best offer in attachment. Our factory is only 1.5 hrs from fair, more products and samples can be provided if you can have a visit in these days, car and driver will be ready at anytime if needed.

Hope to get good news from you! Thanks.

Best Regards!

Davis Ho ( cell phone : ××××××× )

### 温馨贴士

**展会：万里长征第一步**

很多企业都以为，只要在展会上充分展示产品且人潮汹涌，就代表展会一定会有巨大的成效。但其实，那只是万里长征的第一步而已！更重要的还在后头，如何让业务人员在展后进行有效的跟进才是完成目标的关键性战斗环节。因此，需要企业在参展前就得制订全套展后跟进的计划，从而保证整个展会的各个环节有始有终。

### 小知识：快速建立与客户之间的信任关系

展后跟进面临的第一个大问题就是如何与展会上碰过面的客户迅速建立起有效的联系。当然，有针对性的电邮是一个直接的途径，但是如果业务人员发了 2~3 次邮件都并未得到回复，就需要考虑其他可行的方法，如打电话、挖出客户的即时聊天 ID、网络搜索客户公司其他相关联系人和联系方式等。

请记住，展会只有短短数日，展后缺乏有效的跟进，展会的效果就会稍纵即逝，所以如果邮件得不到回复，别吝啬拿起你的电话，也别害怕你蹩脚的英语，勇敢地跟客户再次“面对面”交流吧！

## 实训演练

### 一、邮件沟通练习

假设你刚参加完一个国际展会回来，需要马上拟写一份客户跟进的邮件。提醒：撰写邮件应注意称谓、内容及目标。

### 二、电话沟通练习

尝试与你的同伴分饰角色，一人扮业务员，一人扮客户，进行业务电话沟通。演练时注意：

（1）打电话时保持放松的心态。

（2）关注给外国客户打电话的时差问题。

（3）留意电话沟通的基本技巧及用语。

（4）打电话前应明确自己的用意及谈话内容。

（5）切忌无核心、无重点。

# 07 学习情景七

# 跨境电商沟通礼仪

## 开篇语

作为外贸人士，无论是线上交易还是线下交易，与客户的沟通至关重要。很多外贸人士因为沟通不当或沟通礼仪缺失导致痛失订单。在跨境电商发展突飞猛进的今天，很多外贸小额订单实现了在线交易、在线支付。因此，在线沟通显得越来越重要，沟通缺失必要的礼节会导致客户误会或遭到客户投诉。在国际贸易电子商务平台中与国外客户交流最密切的是速卖通 Aliexpress 平台。Aliexpress 汇集了来自全球 220 个国家和地区的买家，客户服务是其非常重要的环节。本模块通过售前、售中、售后三个环节，清晰地再现了在跨境电商沟通中的技巧与礼仪。

## 学习子情景一　速卖通客服售前沟通礼仪

### 知识目标

- 了解店铺已上架产品的基本属性。
- 熟悉不同地区客户的消费心理。
- 掌握回复客户询盘的技巧。
- 掌握答复客户咨询的基本语言规范。

### 能力目标

- 能够回答客户提出的有关产品的相关知识。
- 学会通过分析客户的提问了解客户的真实需求。
- 使客户享受到令人满意的售前服务，尽可能地促使客户下单。

### 情景引例

**案例背景：**美国客户 Chad Belinsky 咨询 motocross gloves 是否有货。

Q: Hi, is it available?

A: Hi Chad, Thank you for your inquiry. Yes, we have this item in stock. And to show our apology for delayed response, we will offer you 10% off. Please place your order before Friday to enjoy this discount.

Please let me know if you have any further questions. Thanks.

**提示：**在这个案例里面，客服专员 Arthur 及时回复了产品的库存，并告之买家该产品的促销情况，提醒客户在周五前下单会享有 10%的折扣。

**沟通礼仪运用：**

（1）对客户的询盘表示感谢。

（2）直接解答客户的问题，即是否有存货。

（3）若不是第一时间回复应做出道歉。

（4）为促使客户下单，设置在指定日期前购买可享受一定的折扣，抓住客户购买心理。

## 知识准备

### 一、买家咨询产品

速卖通客服在售前经常会收到客户针对产品有关存货、价格、尺码、颜色等信息的咨询，作为客服人员应该真诚地面对每一位前来咨询的客户，要亲切、自然并表示出你的热情，尽量在初步沟通时把产品元素介绍清楚。对客户提出的疑问要快速、准确地进行解答，不要让客户等得太久；对自己不明白的问题，不可妄下结论，要询问主管后再回答客户，也不可自主地夸大产品功能等信息。

**案例**

西班牙客户 Nicolas Seclen Hidalgo 要购买 compression socks，向你咨询价格。

Q: Beige means that is not white like in picture? Do you have any discount if I order 3 different colors?

A: Hi Nicolas, Thanks for your inquiry. The color is like the picture in the page. Well, if you buy 3 different colors , we can offer you a 5% discount. Once we confirm your payment, we will ship out the items for you in time. Please feel free to contact us if you have any further questions.

Yours Sincerely,

×××

译文：

问：这个米色不像图片上那么白，如果我订购 3 种不同的颜色能否有折扣？

答：您好 Nicolas，谢谢您的询盘。这个颜色与页面上是符合的。如果您要三种不同颜色的，我们可以给您 5%的折扣。一旦您确定付款，我们会及时发货。如果有其他问题您可以随时联系我们。

您真诚的朋友

×××

**沟通要点及礼仪：**

（1）首先感谢对方的咨询。

（2）重视对方的提问，及时解答对方的问题，根据顾客下单量为其争取相应的折扣。

（3）表现出很愿意回答对方提问的情感。

（4）有礼貌地结束交流。

## 二、买家要求折扣

主题与实际案例内容表述欠符，主题“买家要求折扣”，可理解为店铺没有折扣活动，案例表述中表达卖家已有折扣活动，提醒买家下单。最好不要让买家觉得是店铺已经有促销活动所以同意给折扣，而是引导买家是买家购买达到了折扣数量才获得了折扣。

速卖通客服在收到客户讨价还价的要求的时候，应根据不同的情况做出说明，要让客户感觉到你的诚意。

**案例**

**对于客户要求享受折扣的回复**

Dear buyer,

Thanks for your message. Well, if you buy both of the ×× items, we can offer you a ××% discount. Once we confirm your payment, we will ship out the items for you in time.

Please feel free to contact us if you have any further questions.

Thanks & Best regards!

译文：

亲爱的客户：

感谢您的留言。如果您购买了××个产品，我们可以为您提供××%的折扣。一旦我们确认您的付款，我们将为您及时发货。如果您有任何进一步的问题，请随时与我们联系。谢谢！

**沟通要点及礼仪：**

（1）首先感谢对方的留言。

（2）告知对方折扣与数量的关系。

（3）表现出很愿意解答对方的提问。

（4）适当地运用祝福语。

**案例**

**针对买家议价回复**

Dear buyer,

Thank you for taking interests in our item. I’m afraid we can’t offer you that low price you bargained as the price we offer has been carefully calculated and our profit margin is already very limited. However, we can offer you a ××% discount if you purchase more than ××pieces in one order. If you have any further questions, please let me know. Thanks!

译文：

亲爱的客户：

感谢您对我们的产品感兴趣，但很抱歉我们不能给您如此低的议价。因为我们的价格已经经过了精心计算且利润空间十分有限。但如果您一个订单购买超过××件，我们将给您××%的折扣。如果还有任何问题请联系我。谢谢！

**沟通要点及礼仪：**

（1）首先感谢对方对我们的产品感兴趣。

（2）告知对方我们报价的真实性，折扣与数量的关系。

（3）表现出很愿意解答对方的提问。

（4）适当表示感谢。

## 三、面对批发客户

速卖通客服在与客户沟通时，有时候也会碰到需要小额数量的订单客户，针对这类客户，要善于发现其是否是批发客户，并报出一个较为诱人的价格，以促使对方下大订单。

### 案例

英国客户 Mo Dita 对一款 cycling gloves 感兴趣，在线咨询该产品的批发价格。

Q:Hi there。I am interested in these gloves. What type of packaging to they come with please?

A:Hi friend。Thanks for your interests in our items, we package the gloves with bags, like these pictures.

Q:Thank you for the quick response. Much appreciated. I am a sports accessories retailer and I'm looking to expand my product range. I am interested in these gloves as they look like good quality gloves. How much 100 pairs? Please let me know.

Many Thanks!

A:We cherish this chance to do business with you very much. The order of a single sample product costs $15.98USD with shipping fees included.

If you order 100 pairs in one order, we can offer you the bulk price of 12.98USD/pair with free shipping via DHL, it's estimated to arrive in 5~7 days in normal conditions, look forward to your reply.

Regards!

Great! I will place the order asap. Thank you.

大意：

在这个案例中，客户首先咨询了产品的包装，客服专员及时拍了若干产品包装图片并发给客户，客户进一步咨询该产品小批量的价格。客服判断该客户是一个英国零售商，为了争取合作，客服报了一个具有优势的 DHL 包邮价格，最终达成交易。

**沟通要点及礼仪：**

（1）首先感谢对方对我们的产品感兴趣。

（2）通过对方的报价判断客户的类型。

（3）及时专业地解答客户提出的问题。

（4）给予相当诱人的批发价格，促成合作。

## 任务实施

当有大额订单出现询价时，客服人员的回答如下，请进行翻译并找出沟通的要点与礼仪。

Dear buyer,

Thanks for your inquiry. We cherish this chance to do business with you very much. The order of a single sample product costs $××USD with shipping fees included. If you order ××× pieces in one order, we can offer you the bulk price of ××USD/piece with free shipping. I look forward to your reply. Regards!

翻译如下：

______________________________________________

______________________________________________

______________________________________________

沟通要点及礼仪：

______________________________________________

______________________________________________

______________________________________________

### 温馨贴士

**客服沟通的要点**

沟通的要点一就是要站在客户的立场上，想客户所想，为客户省钱、赚钱。用最少的钱做最大的生意。在省钱的同时，追求效益的最大化。并急客户所急，把客户的事当成自己的事，帮助客户解决各种困难和问题。

沟通的要点二就是先交友，后做生意。业务关系说穿了就是人际关系，所以，如何与客户做朋友很重要。我们提倡熟悉客户、研究客户，在研究客户的基础上进行沟通，让客户感觉你是内行，对市场和产品很了解，对经营有帮助，从而乐意交友，并听从劝告。

## 实训演练

当买家要求免运费时，客服人员的回答如下。请完善客服人员的回复，另写一封邮件，并注意必要的礼仪。

Dear buyer,

Sorry, free shipping is not available for orders sent to ××××××××××××. But we can give you a ××% discount of the shipping cost.

重新回复如下：

______________________________________________

______________________________________________

______________________________________________

______________________________________________

# 学习子情景二　速卖通客服售中沟通礼仪

### 知识目标

- 了解速卖通平台客户付款的方式。
- 掌握产品的备货时间、物流方式、预计到达时间。
- 掌握使用折扣的准确时机。

### 能力目标

- 能根据订单的进度进行适时的跟进沟通。
- 能够有效运用沟通礼仪使客户尽早付款。
- 针对缺货的订单，能够提出相应的解决方案，并熟练运用相关礼仪。

## 情景引例

**案例背景：**美国客户 Winkler Rainer 下单后未付款。

Dear Winkler Rainer,

We appreciated your purchase from us. However, we noticed you that haven't made the payment yet. This is a friendly reminder to you to complete the payment transaction as soon as possible. Instant payments are very important; the earlier you pay, the sooner you will get the item.

If you have any problems making the payment, or if you don't want to go through with the order, please let us know. We can help you to resolve the payment problems or cancel the order.

Thanks again！ Looking forward to hearing from you soon.

Best Regards！

**提示：**

（1）买家忘记付款，客服专员每周 3 次跟进。

（2）对于买家不知道怎么付款的情况，我们可以告知买家付款的方法。

（3）对于不愿意付款的客户，我们可以在第三次催款的环节，给予一定折扣，促使客户付款。

（4）了解客户不愿意付款的原因，讲述自身产品优点，吸引客户下单。

**沟通礼仪运用：**

（1）感谢客户下单。

（2）友情提醒对方未付款，建议对方及时付款。

（3）通过反问来了解对方未付款的原因，并提供相应的解决方法。

（4）再次表示感谢，并期待对方的回复。

## 知识准备

### 一、未付款订单

提醒买家付款：

Dear customer,

Thank you for your order. The item you selected is a high quality one with competitive price. You would like it. Instant payment can ensure arrangement to avoid short of stock. Thank you and awaiting your payment.

译文：

亲爱的客户：

谢谢您的下单。您选的这款产品价廉物美，您会喜欢的。即时付款能避免缺货，确保向您发货。期待您尽快支付，谢谢！

**沟通要点及礼仪：**

（1）对客户的下单表示感谢。

（2）认同客户的选择，让客户对自己的选择产生信心。

（3）从客户的角度催促客户尽快支付。

### 二、已付款订单

买家付款后，有货：

Dear Valuable Customer,

Thank you for choosing our products. Your item will be arranged within 24~48 hours to get courier No. And it would take another two days to online for tracking. We would check the product quality and try our best to make sure you receive it in a satisfactory condition. Thanks for your purchase again and we will update courier No. to you soon.

译文：

亲爱的重要客户：

谢谢您选择我们的产品。您的商品将会在24~48小时内安排发货。线上查询还需要等两天。我们会帮您把关产品的质量，确保您收到货物的时候能满意。再次感谢您的购买，我们会尽快更新你的快递单号。

**沟通要点及礼仪：**

（1）对客户选择我们的产品表示感谢。

（2）主动与客户沟通产品的质量、发货与物流信息，预估到达时间并告知买家，让买家有等待的心理准备。

（3）积极跟进产品的物流信息，让客户感觉到对他的重视。

## 三、订单缺货

买家付款后，无货：

Dear Customer,

Thanks for your order. However, the product you selected has been out of stock. Would you consider whether the following similar ones are also ok for you.

××××××

If you don't need any other item, please apply for cancel the order. And please choose the reason of "buyer ordered wrong product". In such case, your payment will be returned in 7 business days. Sorry for trouble and thanks so much for your understanding.

译文：

亲爱的客户：

谢谢您的订单。但您选择的产品目前没有存货了。您能否考虑下其他的类似款。如果您不需要其他产品，您可以申请取消订单，然后选择理由"买家选错产品"。这种情形下货款会在7个工作日内返还给您。非常抱歉对您造成的不便，希望您能谅解。

**沟通要点及礼仪：**

（1）对客户选择我们的产品表示感谢。

（2）告知客户缺货的现状，并提出几种解决方案。

（3）对造成的不便要诚恳地道歉，并尽可能取得客户的谅解。

## 任务实施

### 一、已付款订单跟进

针对已付款订单，客服进行了跟进交流，请翻译以下客服的沟通话术，并分析其沟通的要点与礼仪。

Dear Federico Farias,

Thank you very much for your order. It is our pleasure to service for you, the items are in stock.We can send the parcel out for you by China Post Registered Air Mail within 72 hours.

It usually takes 15~60 business days arrive, please wait to receive it patiently. Any questions, please feel free to message us, we will get back to you within 24 hours.

Have a nice day!

Kind regards!

翻译如下：

______________________________

______________________________

沟通要点及礼仪：

______________________________

______________________________

### 二、缺货订单处理

针对缺货的订单，客服人员首先对客户表示歉意，并提出解决方案，更换产品，或者退款给客户。请翻译以下客服的沟通话术，并分析其沟通的要点与礼仪。

Dear my friend,

I'm sorry to bother you, we just check our stock and found the white size M of this color are out of stock now, it will take 1 or 2 month for the factory to produce.So would you mind to change another color green instead? Very sorry for any inconvenience caused, waiting for your reply asap.

Yours Sincerely,

××

翻译如下：

______________________________

______________________________

沟通要点及礼仪：

______________________________

______________________________

**温馨贴士**

**与买家沟通的技巧及注意事项**

首先，如果您卖的是很受欢迎的商品，可能会收到不少竞标或询问。如果商品描述不够详细，您毫无疑问也会收到买家的进一步咨询。我们还是建议您回答所有的客户提问。如此为之，肯定会提高您商品的销售可能性。

如果有买家购买了您的商品，而您想给买家留下一个好印象，最好能够发送一封电子邮件，告诉客户，货物已开始运输。定期查询物流运输情况并反馈至买家，使买家感到被重视，提升买家体验度。很多海外买家都喜欢这种方式，因为他们可以由此推算出到货时间。如果您有包裹追踪号码，最好也能一并提供。

我们建议您在货物送出的数天或数周后和客户确认是否到货，并咨询一下买家是否喜欢该货物。最好能够在跟踪邮件中加入感谢的词句。您应当感谢每一个有过合作的买家，并表示出希望以后继续交易的愿望。当今社会，虽然很多客户的确希望能再次合作，但已经很少有卖家愿意为此表示谢意了。写些感谢的词句虽然会占用您几分钟时间，但它们有时就会成为客户再次上门的理由。

## 实训演练

### 未付款订单处理

未付款订单客户要求修改价格，客服修改完价格后再次催款，请把以下中文的客服沟通话术翻译成英文，并分析其沟通的要点与礼仪。

亲爱的客户：

您好！我们已经为您重置价格并给您原运价××%的折扣。如您所知，运输成本非常高，而我们提供的价格比市场价格低，我们从这个产品中赚取不了多少利润。希望您满意，并随时与我们联系。

提示：请填写运费折扣。

翻译如下：

______________________________

______________________________

沟通要点及礼仪：

______________________________

______________________________

______________________________

# 学习子情景三　速卖通客服售后沟通礼仪

## 知识目标

- 了解客户未收到货的原因。
- 了解客户对订单不满意的原因。
- 掌握影响货物运送时间的因素。

## 能力目标

- 能够及时告知客户发货信息，并跟进货物的相关进程。
- 对已收到货物的客户定期推送相关的新品和保持必要的联系。
- 能够处理售后产生的相关争议和问题，以提高客户的满意度。

## 情景引例

**案例背景：**因运单号查不到信息，客户未收到货。

Q:Due to shipping delays, please extend delivery date by 14 days.

A:Dear friend,

I'm sorry that you still wait the parcel, we check the tracking number and found there was something wrong with the tracking system.

We are contacting the China Post whether the parcel has arrived, please don't worry and wait patiently.

Sorry for any inconvenience caused, hope you can understand.

Yours Sincerely,

××

**提示：**客户未收到货的大部分问题主要是包裹滞留在运输途中。首先我们需要对客户做好解释和安抚沟通工作，争取客户谅解。针对物流不正常的订单应及时延长收货期。

**沟通礼仪运用：**

（1）对于客户延迟收到货物表示抱歉。

（2）主动找出原因，并做出解释。

（3）实施行动，做出补救措施以确保客户收到货物。

（4）再次对给客户带来不便表示抱歉。

## 知识准备

### 一、正常情况下，速卖通客服售后沟通技巧与礼仪

#### （一）在产品发货后，告知买家相关货运信息

Hello Lush kin,

It's a pleasure to tell that the postman just picked up your item from our warehouse. It's by

CPAM, 25~30 working days to arrive.

Tracking number is：RB800790711CN.

Tracking web is：http://www.17track.net/index_en.shtml.

You can view its updated shipment on the web, which will be shown in 1~2 business days. Also our after sales service will keep tracking it and send message to you when there is any delay in shipping.

We warmly welcome your feedback.

Thanks and Best Regard!

译文：

Lush kin：

您好！

非常高兴地告知您，邮递员刚刚取走您所买的产品。您的产品将通过 CPAM 的方式，在 25~30 个工作日内到达。

物流单号为：××××。

物流查询地址：××××。

物流信息更新到网页上需要 1~2 个工作日，我们的售后服务会实时跟踪物流信息，如果物流出现耽搁，我们会及时地告知您。

期待您的回馈。向您致以诚挚的问候！

**沟通要点及礼仪：**

（1）告知买家产品已经发货，并给买家一个初步的交易等待时间区间。如果使用小包或碰到物流堵塞的意外，也可以通过邮件告知买家，做好产品延迟到达的心理准备。

（2）售后除了撰写专业的告知函外，还应该注意语言表达上的规范，以及必要的首尾礼貌用语。

### （二）货物到达海关后，提醒货运相关进展

Hello Sir/Madam,

This is ××. I am sending this message to update the status of your order.The information shows it was handed to customs on Jan.19.Tracking number：××××. You can check it from web:××××.

You may get it in the near future. Apologize that the shipping is a little slower than usual. Hope it is not a big trouble for you.

Best Wishes.

译文：

先生/女士：

您好！

我是××。告知您一下您订单的最新进展情况，最新的信息显示，您的产品已经在 1

月 19 日到达贵国海关。物流单号为××××，您可以通过这个链接查询到您的包裹运输动态××××。

您很快能收到您的产品。邮递时间较平时有些迟延，敬请谅解，希望这不影响您对产品的使用。

祝您好运！

**沟通要点及礼仪：** 在产品入关的时候告知客户货物的投递进展。如果遇到货物拥堵情况，对买家表示歉意。如果产品需要报关，可以在此通知买家提前准备。

### （三）货物到达邮局，提醒买家给予好评

Hello Sir/Madam,

This is ××. I am sending this message to update the status of your order. The information shows it is still transferred by Sydney post office.

Tracking number：××××. Please check the web ××××.

You will get it soon. Please note that package delivery. Hope you love the product when get my products. If so please give me a positive feedback.

The feedback is important to me. Thank you very much.

Best Wishes!

译文：

先生/女士：

您好！

我是××。告知您一下您订单的最新进展情况。最新的信息显示，您的产品正在被悉尼邮局所派送。您的物流单号为××××，您可以在××××查询物流信息。您马上就要收到货物了，请注意查收。希望您能够喜欢我们的产品。如您喜欢，请您给我们一个好评。您的评价对我们非常重要，谢谢！

祝您好运！

**沟通要点及礼仪：** 在投递过程中提醒客户注意不要错过投递信息，保持手机开机。同时，可以提醒客户给你留好评。这样能有效降低坏评出现的可能性，提高买家对于你的服务的评价。

### （四）感谢评价，为此后二次交易做铺垫

Hello Sir/Madam,

Thank you for your positive comment. Your encouragement will keep us moving forward. We sincerely hope to see you again in the future. I will give you the best discount, when you buy again. And my store has some good price products, welcome to my store website: http://www.aliexpress. com/store/.

Best Wishes.

译文：

先生/女士：

您好！

谢谢您给予我们的好评，您的鼓励会让我们做得更好。真心希望您能够再次光顾我们的店铺，当您下次购买时，我一定会给您最优的折扣。我们的店铺还有一些其他不错的产品，欢迎到我们的店铺主页选购：http://www.aliexpress.com/store/。

祝您好运！

**沟通要点及礼仪：**在对买家的好评表示感谢的同时，你可以像此封邮件里写得那样表示出一种服务的意向。也可以针对买家的购买意向，推荐你对应的热销产品。还可以通过有竞争力的价格，引导买家继续下单。

## 二、有争议情况下，速卖通客服售后沟通技巧与礼仪

### （一）客户未收到货物

最常见的售后问题之一是客户未收到货，造成该问题的主要原因有：运单号查不到信息、包裹仍在运输途中、包裹被海关扣留、发错地址、包裹原件退回等。

**案例**

**包裹仍在运输途中，客户等不及要退款**

Q:I didn’t receive the staff yet.I demand full refund.

A:Dear Ido Amrani,

Per the checking, the parcel status is normal:

Status: It has been in China Air portion $9^{th}$ Dec and would take few days to your country.

Status: It has arrived your country on $18^{th}$ Dec, it would take few days for delivery to you.

You may refer to the following for details: www.17track.net.

We are also expecting very much that the parcel would deliver to you early. However, shipping to your country needs about 7~21 business days. Sometimes it might need longer time due to some occasional reasons, such as custom strictly screening or bad weather, etc; hope you can cancel the dispute and keep waiting. We appreciate your patience.

Kind Regards!

译文：

问：我没有收到货物，我要求退款。

答：亲爱的 Ido Amrani，

经过核对，您的包裹目前处于正常状态。您的包裹于 12 月 9 日从中国起飞，12 月 18 日能到达贵国，派送到您手上还需几日。你可以在 www.17track.net 上查询详情。

我们也希望您能早日收到您的包裹。但是，运送到贵国需要 7~21 个工作日。有时候

可能因为一些偶然原因会更长，如海关查验较为严格或天气比较糟糕等。希望您能取消这个申请，再等待一段时间，感谢您的耐心等待。

祝您好运！

**沟通要点及礼仪：**客户未收到货的大部分问题主要集中在包裹滞留在运输途中。首先我们需要对客户做好解释和安抚沟通工作，争取客户谅解。针对物流不正常的订单应及时延长收货期。

### （二）客户对订单不满意

最常见的售后问题之二是客户对订单不满意，造成该问题的主要原因有：颜色/尺寸/材质不符、质量问题、产品数量不符、产品破损等。

**案例**

**颜色/尺寸/材质不符，客户传来相关的照片佐证**

Dear Sir/Madam,

The photos were received with thanks. Sorry that we failed to check out the problem and we would pay more attention on this part.

Actually we haven't notice this difference until you tell us, we will ask our factory to improve this kind gloves in next produce.

Anyway, we will refund you $3 for compensating or may you just accept this time and we would like to provide bigger discount for your next order? So sorry about the trouble. Please feel free to let us have your comment, Thanks!

译文：

亲爱的先生/女士：

谢谢您提供的照片。非常抱歉出现这些问题，我们以后会在这方面引起重视。我们直到您提出来有差异才留意到这个问题，下批生产中我们也会联系工厂去改进这款手套。当然，如果您接受这个订单，我们会支付 3 美元的赔偿金给您，或者在下次您下单的时候给您最大优惠。非常抱歉给您添麻烦了，有什么意见请及时反馈给我们，谢谢！

**沟通要点及礼仪：**客户对订单不满意，如果不及时处理，很容易引起纠纷，影响产品的好评率和店铺的 ODR。针对该类问题，首先我们要主动表示抱歉，并做到及时有效沟通，提出解决方案。

## 任务实施

### 一、货物扣留海关的处理

货物扣留海关时，客户沟通如下，请翻译以下对话并分析客服沟通的要点与礼仪。

Q:The product falls into the operative oversight, charging station 8 USD rates, I will not pay for it.

A:Dear friend,

We checked the tracking number RJ004434679CN and found your parcel has arrived at your city, here is the status:Londrina / PR, Waiting for withdrawal. Address: R MAESTRO EGIDIO C AMARAL 246 - LONDRINA -, Centro, Londrina / PR.

Please contact the local post to get your parcel, or it will be returned back.

About the customs, please understand buyer has the responsibility to pay for the customs. Hope you can understand.

Yours Sincerely,

××

翻译如下：

______________________________________________

______________________________________________

______________________________________________

______________________________________________

沟通要点及礼仪：

______________________________________________

______________________________________________

______________________________________________

______________________________________________

## 二、产品质量问题处理

关于热熔胶枪质量发生问题时的沟通处理如下，请翻译以下对话并分析客服沟通的要点与礼仪。

Q:The product came damaged judging by the box, then turned the glue gun into the socket in the end the gun doesn't work, it still constitutes the main cost of the parcel, so I want my money back for a non-working gun, with the exact same set costs 2 times cheaper from other sellers. I think the part that will be delivered to me fully pays for this defective glue gun.

A:Dear,

I am very sorry to hear about that since I did carefully check the order and the package to make sure everything was in good condition before shipping it out. I suppose that the damage might have happened during the transportation. But I'm still very sorry for the inconvenience this has brought you. I guarantee that I will give you more discounts to make this up next time you buy from us. Thanks for your understanding.

Best Regards.

翻译如下：

沟通要点及礼仪：

温馨贴士

## 售后沟通注意事项

提高买家满意度可以给卖家带来额外的交易，能够影响产品的排序、曝光，也会影响其他买家的购买行为，以及对卖家的星级和享受到的资源也会产生影响，因此，买家满意度对卖家非常重要。

售后买家可能对交易还存在诸多疑问，这时就需要掌握一些沟通技巧，做好售后服务，及时化解纠纷，让老买家成为您的交易“稳定器”。售后的沟通需要注意以下几点：

**1. 主动联系买家**

卖家在交易过程中最好多主动联系买家。卖家付款以后，还有发货、物流、收货和评价等诸多过程，卖家需要将发货及物流信息及时告知买家，提醒买家注意收货。这些沟通，既能让卖家即时掌握交易动向，也能够让买家感觉受到卖家的重视，促进双方的信任与合作，从而提高买家的购物满意度。此外，出现问题及纠纷时卖家也可以及时妥善处理。

**2. 注意沟通方式**

一般情况下，卖家尽量以书面沟通的方式为主，应该避免与国外买家进行语音对话。用书面的形式沟通，不仅能让买卖双方的信息交流更加清晰、准确，也能够留下交流的证据，利于后期可能有纠纷处理。卖家要保持在线，并经常关注收件箱信息，对于买家的询盘要即时回复。否则，买家很容易失去等待的耐心，卖家也很可能错失买家再次购买的机会。

**3. 注意沟通时间**

由于时差的缘故，在卖家日常工作（北京时间 8:00~17:00）的时候，会发现大部分国外买家的即时通信都是离线的。当然，即使国外买家不在线，卖家也可以通过留言联系买家。不过，我们建议卖家应尽量选择买家在线的时候联系，这意味着卖家应该学会在晚上的时间联系国外买家。因为这个时候买家在线的可能性最大，沟通效果更好。

**4. 学会分析买家**

首先要了解买家所在地的风俗习惯，了解不同国家的语言文化习惯，以便沟通时拉近距离，并且有针对性地对买家进行回复。其次要学会从买家的文字风格判断买家的性格脾气。例如，买家使用的语言文字简洁精练，则可判断其办事风格可能是雷厉风行、不喜欢拖泥带水的。卖家若根据买家的性格脾气积极调整沟通方式，能促进双方沟通的顺利进行。

## 实训演练

### 一、物流信息通知邮件练习

客户下单的货物已经发货，请联系客户告知对方相关信息。提示：请填写订单号、发货单号、运输方式和发货日期。

Dear Sir/Madam,

______________________________________________________________

______________________________________________________________

______________________________________________________________

______________________________________________________________

______________________________________________________________

Best Regards!

### 二、沟通礼仪练习

你认为当客户未收到货物或对订单不满意时与客户沟通的要点与礼仪有哪些？

答题建议：

（1）在留言回复的各个环节均可适当使用“表情”（笑脸）工具，拉近与买家客户的距离。

（2）建议在售后环节中若出现包裹丢失的情况，先向买家道歉并给予解决措施（首先向买家协商重新发货，若买家不同意就给予退款处理）。

# 08 学习情景八 主要贸易伙伴商务礼仪与禁忌

## 开篇语

作为一个国际商务人士，你是否因不知某一国家（地区）的礼节和风俗而陷入过尴尬的境地？你是否有过在某次大型活动前不知如何着装的经历？你是否在拿起电话或写信件时无所适从……

不同的国家（地区）有不同的惯例和习俗，细细品味，每个国家（地区）都有其鲜明的特色，了解它、接受它，我们会做得更好。尤其对于那些经常与外国人打交道的国际商务人士，掌握好国际商务礼仪是必修课，认真学好它，一定会让你的人际交往能力和事业更上一个台阶。

## 学习子情景一　欧盟主要国家商务礼仪与禁忌

### 知识目标

- 熟悉欧盟主要国家在商务场合中的见面、服饰、宴请等礼仪细节。
- 熟悉欧盟主要国家在商务场合中的言谈、餐饮、行为、馈赠等方面的禁忌表现。

### 能力目标

- 能在与欧盟主要国家的商务往来中合理使用各种商务礼仪，展现出良好的礼仪风范。
- 能在与欧盟主要国家的商务往来中尊重他国的风俗禁忌，表现出良好的个人修养。

### 情景引例

国内某公司，有一次在准备接待来中国西藏旅游的德国游客时，为了表示友好，决定送每人一件小礼品。于是，该公司订购了一批藏刀，因为藏刀能够代表西藏，具有纪念意义。为表示盛情，接待人员还特意用咖啡色包装纸包装藏刀，并用丝带扎好。

接待人员带着包装精美的藏刀到机场迎接来自德国的客人。欢迎词也十分得体。在车上，接待人员代表公司把包装好的藏刀作为礼品赠送给客人时，没想到车上一片哗然，议论纷纷，客人显示出很不高兴的样子。接待人员心慌了，好心好意送人家礼物，不但得不到感谢，还出现这般景象。中国人会以为“礼多人不怪”，这些外国人为什么怪罪起来了？

在德国，送给对方刀具之类的礼品是犯忌讳的。另外，德国人忌用白色、黑色或咖啡色的包装纸装礼品，选咖啡色做包装也是不对的，所以送礼非但没有得到对方的欢心，反而招致了不满。

## 知识准备

### 一、德国

#### （一）德国人商务礼仪细节

**1. 握手礼仪**

在德国商务场合一般行握手礼。与德国人握手时必须注意两点：一是握手要用右手，伸手动作要大方，且握手时务必要坦然地注视着对方；二是握手的时间宜稍长一些，晃动的次数宜稍多一些，握手时所用的力度宜稍大一些。如果对方身份高，则须等他先伸手，再与之握手，而与熟人、朋友和亲人相见时，一般行拥抱礼。

**2. 称呼礼仪**

重视称呼，是德国人在人际交往中的一个鲜明特点。对德国人称呼不当，通常会令对方大为不快。一般情况下，切勿直呼德国人的名字。称其全称，或者仅称其姓，大都可行。

与德国人交谈时，切勿疏忽对“您”与“你”这两种人称代词的使用。对于熟人、朋友、同龄者，方可以“你”相称。在德国，称“您”表示尊重，称“你”则表示地位平等、关系密切。

**3. 服饰礼仪**

德国人在正式场合露面时，必须要穿戴得整整齐齐，衣着一般多为深色。

在商务交往中，他们讲究男士穿三件套西装，女士穿裙式服装。无论你穿什么，不要把手放在口袋里，因为这被认为是无礼的表现。

德国人在穿着打扮上的总体风格是庄重、朴素、整洁。在一般情况下，德国人的衣着较为简朴。男士大多爱穿西装、夹克，并喜欢戴呢帽。女士则大多爱穿翻领长衫和色彩、图案淡雅的长裙。

**4. 送礼礼仪**

在德国商务交往中，送礼之习十分盛行。应邀到德国人家里做客，最好带点礼品。按照德国送礼的习俗，送高质量的物品，即使礼物很小，对方也会喜欢。在德国不兴厚礼，一瓶香水、一条领带、一张贺卡、自制的蛋糕等都是送人的最好礼物。但不宜选择刀、剑、剪刀、餐刀和餐叉，以免所送的礼物伤害到友谊。德国人对礼品的包装纸特别讲究，忌用白色、黑色或咖啡色的包装纸装礼品，更不要使用丝带做外包装。去德国人家里，鲜花是送给女主人的最好礼物，但必须要单数，一般五朵或七朵即可，但不宜选择玫瑰或蔷薇，因为前者表示求爱，后者则专用于悼亡。收到礼品后，德国人会马上打开看，并向送礼人表示感谢。

#### （二）德国人商务活动禁忌

**1. 餐饮禁忌**

德国人在用餐时，有以下几条特殊的规矩：

（1）吃鱼用的刀叉不得用来吃肉或奶酪。

（2）若同时饮用啤酒与葡萄酒，宜先饮啤酒，后饮葡萄酒，否则被视为有损健康。

（3）食盘中不宜堆积过多的食物。

（4）不得用餐巾扇风。

（5）忌吃核桃。

**2. 言谈禁忌**

与德国人交谈时，不宜涉及纳粹、宗教与党派之争。在公共场合窃窃私语，德国人认为是十分无礼的。

**3. 行为禁忌**

德国人对于四个人交叉握手或在交际场合进行交叉谈话也比较反感。因为这两种做法，都被他们看作是不礼貌的。

**案例**

**谁该站在右侧**

新生代偶像团体苏打绿在歌里唱道："电扶梯一对情侣相依偎，你看我我看你挡在走道左边……为何这城市为所欲为……"于是有人问挡在走道左边有什么奇怪的呢？让我们看看德国人是怎么解释的。

德国的公共场所都有电梯或者电扶梯，却很少在扶手电梯上看见有人并排站着，无论人多人少、结伴而行或者情侣。如果你询问德国人，他们会解释说上楼下楼时站在右侧，可以把左边的通道留出来给有急事的人用，这就是生活习惯、日常生活中的礼仪。

**启示**：其实"以右为上"在生活中随处可见。男士走在左侧，让同行的女士走在右侧，怕的是过往的车辆碰到女士；小辈走在左侧，长辈走在右侧，很多人都习惯了用右手搀扶老人；进出大门时，主人走在左侧，客人走在右侧，主人主动去拉门把手……这些习惯的出发点，都是为了给对方以照顾。德国人以"严谨""自律"的形象闻名于世界，在公众场所的礼仪之道值得我们学习。

**4. 其他禁忌**

对于"13"与"星期五"，德国人极度厌恶；10:00 前，16:00 后，不宜订约；圣诞节与复活节前后两周勿拜访德国客户，科隆嘉年华期间也应避免拜访。

## 二、法国

### （一）法国人商务礼仪细节

**1. 见面礼仪**

在人际交往中，法国人所采用的见面礼节，主要有握手礼、拥抱礼和吻面礼。在商务场合，法国人与人见面时，经常相互握手为礼。他们握手的时间一般不长，握手的力度较轻，并且很少在握手时互相使劲儿晃动手。法国人会和每个人握手，他们和所有今天会见到的人都握手之后，才开始工作。但是，他们不会在一天里和同一个人握两次手。拥抱礼和吻面礼只用于与久别重逢的亲朋好友见面时。在行礼的过程中，他们往往要在对方的双颊上交替互吻三四次，而且还讲究亲吻时一定要连连发出声响，但并非真的要亲在对方脸上，往往只是弄出“空响”，意在表示亲切友好。

**2. 称呼礼仪**

法国人只在好友和家人之间才会使用昵称。同级的同事之间私下里会称呼昵称，但在公开场合往往会称呼姓氏。无论什么关系，最好邀请地位更高的人（级别更高的人或年长者）使用你的昵称。称呼别人“先生/夫人/小姐”的时候，不用加姓氏。无论是 18 岁还是更年长，已婚和未婚的女士都可以称呼为夫人（除了女服务生，法国人常称呼她们小姐）。法国人非常反感被称为“老人家”“老先生”“老太太”等，有时候甚至认为这是一种侮辱性的称呼，因为他们忌“老”。法国人所用的谦称，多为第一人称复数，或者第三人称，意即“敝人”或“敝公司”。

**3. 服饰礼仪**

法国人对于衣饰的讲究，在世界上是最为有名的。所谓“巴黎式样”，在世人耳中即与时尚、流行含义相同。一般人都认为，法国人最善于穿着打扮，他们在选择发型、手袋、帽子、鞋、手表、眼镜时，都强调与着装的协调一致。

商务场合，男士可以穿彩色、白色或条纹的衬衫配传统的西装。女士可以穿盛装，但是在商务场合要穿得保守些。一般女士多穿裙子和礼服，很少穿裤子。出席庆典仪式时，一般要穿礼服，男士所穿的多为配以蝴蝶结的燕尾服，或者黑色西装套装；女士所穿的则多为连衣裙式的单色大礼服或小礼服。

### （二）法国人商务活动禁忌

**1. 言谈禁忌**

法国人注重隐私，忌讳别人打听他们的政治倾向、工资待遇及个人的私事。与别人交谈时，法国人往往喜欢选择一些足以显示其身份、品位的话题，如历史、艺术等。对于恭维美国、英国、德国，贬低法国的国际地位与历史贡献，谈论其国内经济滑坡、种族纠纷等问题的话题，他们则不大愿意发表观点。

**2. 送礼禁忌**

向法国人赠送礼品时，宜选品位高雅和有纪念意义的物品，不宜选刀、剑、剪刀、餐具，尤其不喜欢别人送有明星广告或公司标志的礼品。忌送香水等化妆品给女士，因为它有过分亲热或图谋不轨之嫌。送礼物时可附带上私人卡片，不要用名片。在接受礼品时若不当着送礼者的面打开其包装，是一种无礼的表现。如果是初次见面应该避免送礼，因为他们认为初次见面就送礼是不善交际的表现，甚至还会认为这种行为很粗鲁。

**3. 其他禁忌**

法国的国花是鸢尾花。法国人不喜欢菊花、牡丹、杜鹃、水仙、金盏花和纸花。法国的国鸟是公鸡，法国人认为它象征着勇敢、顽强。他们忌讳仙鹤的图案，视孔雀为恶鸟，认为大象象征着笨汉，它们都是法国人反感的动物。

法国人忌讳数字“13”和“星期五”，他们认为“13”“星期五”都是不吉利的。在一般情况下，法国人绝对不喜欢 13 日外出，不会住 13 号房、坐 13 号座位，或者 13 个人同桌进餐。如果 13 号恰逢星期五，他们甚至认为是大祸临头的一种预兆。

法国人大都喜爱蓝色、白色与红色，对于粉红色也比较喜欢。法国人忌讳墨绿色，对黄色也极为反感，因第二次世界大战期间纳粹军服是墨绿色，据说这种颜色会使他们联想起当年侵占法国的德国法西斯军队。

## 三、意大利

### （一）意大利人商务礼仪细节

**1. 见面礼仪**

如果可能的话，为了表示对意大利人的尊敬，让第三者将你介绍给意大利人，他们比较喜欢这样的介绍。

意大利人握手的时候非常坚定，同时他们的目光会和你的目光接触。

朋友之间，包括男性，会在问候的时候互相拥抱。他们还会亲吻彼此的脸颊。熟人之间也可能亲吻彼此的脸颊。

13:00 之前碰面，他们会说“Buon giorno”，就是“早上好”或“上午好”的意思。13:00 之后他们会说“Buona sera”，也就是“下午好”或“晚上好”的意思。

“Ciao”是“你好”或“再见”的意思，但是只限于朋友之间非正式的问候或道别。不要对陌生人使用这句问候。

一些意大利男性可能“空吻”女性的手，就是他们的嘴唇并没有真正碰到女士的手。不过外国人不能这样做。

**2. 称呼礼仪**

在意大利国有企业工作的意大利人使用职称和姓氏，不直呼对方名字，除非对方要求你这么称呼他，公司主管和下属之间通常不直呼对方的名字。而在跨国公司工作的意大利人则迅速转变为直呼别人的名字。一般情况下，年轻人比那些上了年纪的人转变得要快得多。

意大利女性在做生意或签署有关法律文件的时候，总是习惯用她们结婚前的姓氏。在业务以外的其他领域，她们普遍使用自己结婚后的姓氏。

**3. 服饰礼仪**

意大利是欧洲时装的中心。意大利人穿着优雅而保守，他们热爱时髦，总是穿着最新的流行款式。即使那些生活在小城镇的人也会在他们的衣物上花费大量的金钱。意大利人不喜欢那些穿着破旧衣服的人，你很少会看到有人穿着这样的装束。

在意大利，男性和女性在出席商业或娱乐活动的时候，穿着保守和正式。

（1）男性在正式场合一般穿深色、合体的西装或运动外套，配以昂贵、经典的领带。饰品主要为袖扣、领带夹和别致的手表。而去电影院和歌剧院，他们一般穿深色西装并配以领带。

（2）女性在正式场合一般穿晚礼服、女性西装或套装。大多数意大利女性在夏季不穿袜子。她们喜欢用颜色亮丽的饰物搭配颜色暗淡的晚礼服。而去电影院和歌剧院，她们一般穿鸡尾酒会礼服和高跟鞋。

**4. 餐桌礼仪**

如果有人邀请你赴宴，不要忘了恭维他，意大利人以他们热情好客为骄傲。吃沙拉的时候只能用叉子，不能用餐刀。除了吃葡萄和樱桃，吃其他水果的时候要用餐刀和叉子。意大利人吃鱼的时候从来不放奶酪，而且面食中也从来不会放鱼。当有人劝你夹菜的时候，先少来一点。因为女主人会第二次劝你夹菜的，如果拒绝将是不礼貌的。主人给自己倒酒的时候，不要拒绝，如果你不想再喝了，就尽量保持自己的杯子是满的。

### （二）意大利人商务活动禁忌

**1. 言谈禁忌**

在意大利受欢迎的话题包括：意大利的文化，如建筑、艺术和电影；美食和葡萄酒，以及歌剧；体育，尤其是足球；意大利的美女；你的母国的文化、历史，以及当前的大事。

不受欢迎的话题：批评意大利的商业惯例，即使你的意大利同事或客户在抱怨税收、效率低下、裙带关系等不良的商业风气的时候，你也不要加入；意大利的负面现象，即使开玩笑也不行；个人话题，不要问一个人住在哪里，他们的职业等。

**2. 送礼禁忌**

在意大利，交换商务礼物是很常见的。虽然意大利人一般不会在第一次会议上交换礼物，不过最好在公文包中带上一些小礼物。这样，如果意大利同事送你礼物，你可以有礼物回敬给他。意大利人在送礼物方面非常慷慨，且重视品牌，如果你送一个廉价的礼物，意大利人会瞧不起你。利口酒、美食或送礼人本国制造的工艺品等物品是最佳礼品选择。切勿赠送明显带有贵公司商标的物品。如果打算赠送意大利人葡萄酒，必须确保葡萄酒的质量，因为许多意大利人都是名酒品尝家。忌送刀子或剪刀，这些在意大利人看来是代表坏运气的物品。意大利人忌以手帕为礼送人。他们认为手帕是擦泪水用的，是一种令人悲伤的东西。所以，用手帕送礼是失礼的，同时也是不礼貌的。

**3. 其他禁忌**

意大利人忌讳“13”和“星期五”。他们认为“13”象征着“厄兆”，“星期五”也是极不吉利的。他们忌讳菊花。因为菊花是用于葬礼的花，故人们把它视为“丧花”“妖花”。他们忌讳别人用目光盯视他们，认为目光盯视人是对人的不尊敬，可能还有不良的企图。永远不要模仿意大利人的动作，这种做法会严重冒犯意大利人。

在空间观念上，意大利人习惯与大家挤成一团并且彼此间非常接近地工作。在两个对话者之间，80 厘米的距离让意大利人感到很舒适。如果你从这个距离再往后退，他们会认为你在逃避他们，或者发现他们身上有什么不妥。如果跟他们更贴近一点会使他们感觉自己很受欢迎。

### 案例

**彼此的“距离”**

有一位意大利小姐在同一位美国男士会谈时，意大利小姐按自己的习惯不由自主地挨近美国男士，弄得这位美国男士连连后退，致使这位意大利小姐不知所措。最后，意大利小姐非常尴尬，以为对方讨厌自己，两个人弄得气氛非常不和谐……

**启示**：了解和掌握对话双方的距离，对谈话的进展将是十分重要的。在世界各地，不同民族的人在交谈时保持的距离也是不一样的。因此，对于这些涉外礼仪，一定要掌握得非常清楚，才不会出现类似这种尴尬的局面。

## 任务实施

### 案例分析

**入乡随俗为上**

一天傍晚，巴黎的一家餐馆来了一群中国旅客，老板安排了一位中国侍者为他们服务，交谈中得知他们是某市的一个考察团，今天刚到巴黎。饶有兴致的中国游客们按照自己的习惯点了好几道冷菜、热菜。见此情景，侍者耐心地向他们解释法国菜的点菜顺序，并热情地介绍了一些法国菜。在用餐时，兴奋的中国游客们互相敬酒、谈笑风生，侍者友善地提醒道："在法国，人们习惯在温馨恬静的氛围中用餐。"中国游客们注意到了餐厅典雅的环境，感受到了法国人的浪漫。于是，在愉快享用美食的同时，也学习了西餐的点餐技巧和用餐礼仪……

思考与讨论：法国人与中国人在点菜顺序、用餐礼仪上有哪些差异呢？

### 温馨贴士

**西方人为什么会忌讳"13"**

关于西方人为什么会忌讳"13"，主要有以下两种说法。

其一，传说耶稣（Jesus）受害前和弟子们共进了一次晚餐。参加晚餐的第 13 个人是耶稣的弟子犹大（Judas）。这个犹大为了 30 块银圆，把耶稣出卖给犹太教当局，致使耶稣受尽折磨。参加最后晚餐的是 13 个人，晚餐的日期恰逢 13 日，"13"给耶稣带来苦难和不幸。从此，"13"被认为是不幸的象征，是背叛和出卖的同义词。

其二，西方人忌讳"13"源于古希腊。希腊神话说，在哈弗拉宴会（Havila Banquet）上，出席了 12 位天神。宴会当中，一位不速之客——烦恼与吵闹之神洛基（God of Trouble and Noise Loki）忽然闯来了。这第 13 位来客的闯入，导致受天神宠爱的柏尔特（Baldur）送了性命。

这类的传说很多、很广，特别是关于《最后的晚餐》（The Last Supper）的传说，在西方已经深入人心，达·芬奇还画了名画《最后的晚餐》，流传甚广。因此，"13"成了西方世界最为忌讳的数字。

## 实训演练

（1）摆出一系列花卉，模拟德国人对各种花卉的反应，指出其喜欢和反感的，并说明原因。

（2）练习法国人的用餐礼仪，着重注意餐具、刀叉的使用规范得体。

（3）分别练习初次见面时、老朋友相聚时、一般人往来时，意大利人对对方的称呼的运用。

## 学习子情景二 美国商务礼仪与禁忌

### 知识目标

- 熟悉美国人在商务场合中的称呼、握手、交谈、拜访、馈赠等礼仪细节。
- 熟悉美国人在肢体语言、言谈、饮食、商务送礼等方面的禁忌表现。

### 能力目标

- 能在与美国的商务往来中合理使用各种商务礼仪，展现出良好的礼仪风范。
- 能在与美国的商务往来中尊重该国的风俗禁忌，表现出良好的个人修养。

### 情景引例

美国一公司是我国某公司的客户，当美国公司的经理到中国来考察的时候，中国公司决定赠送一套小礼物：中国的折扇和茶叶。因为夏天即将到来，这两样都是消暑用品，且具有中国特点。折扇采用中国文人喜欢的黑色，上面印有诗词和绘画；茶叶用精美竹盒包装，外面再用包装纸包好。在美国客人回国前，中方将礼物送给客人，结果客人没有接受。

本案例中，送美国客人黑色的折扇是不对的。因为，西方人认为黑色不吉利，赠送礼物时应注意东西方的文化差异。

## 知识准备

### 一、美国人商务礼仪细节

**1. 称呼礼仪**

在美国，12 岁以上的男子享有“先生”的称号，但多数美国人不爱用先生、夫人、小姐、女士之类的称呼，认为太郑重其事。他们喜欢别人直接叫自己的名字，并视为这是亲切友好的表示。美国人很少用正式的头衔来称呼别人。

**2. 握手礼仪**

美国人在商务场合与人会面时，一般都以握手为礼。他们习惯手要握得紧，眼要正视对方，微弓身，认为这样才算是礼貌的举止。如果两人是异性，要等女性先伸出手后，男性再伸手相握；如果是同性，通常应是年长者先伸手给年轻人，地位高的伸手给地位低的，主人伸手给客人。他们的另外一种礼节是亲吻礼，这是在彼此关系很熟的情况下施的一种礼节。

**3. 交谈礼仪**

跟美国人交谈时，与之保持适当的距离是必要的。美国人认为，个人空间不容侵犯。

因此，在美国，碰到了别人要及时道歉，坐在他人身边要先征得对方认可，谈话时距对方过近是失敬于人的。一般而言，与美国人交谈时与之保持 50~100 厘米的距离才是比较适当的。

美国人与他人交际时，惯于实事求是、坦率直言。即使自我介绍时，他们也喜欢对自己的情况据实说出，愈真实愈好。对那些谦虚、客套的表白他们是看不习惯的。过分的客套对他们来说是一种无能的表现，过头的谦虚可能会被他们误认为心怀鬼胎。

**4. 拜访礼仪**

美国人很珍惜时间，浪费他们的时间等于侵犯了他们的个人权利，因此拜访美国朋友须预先约好。美国商界流行早餐与午餐约会谈判。当你答应参加对方的宴会时，一定要准时赴宴，如果因特殊情况不能准时赴约，一定要打电话通知主人，并说明理由，或者告诉主人什么时间可以去。

因商务活动往来应邀去美国人家中做客或参加宴会，最好给主人带上一些小礼品，如化妆品、儿童玩具、本国特产之类。对家中的摆设，主人喜欢听赞赏的语言，而不愿听到询问价格的话。赴宴时，当女士步入客厅时，男士应该站起来，直到女士找到了位子才可坐下。

**5. 馈赠礼仪**

美国人在商务交往中，彼此关系没熟悉之前不要送礼，送礼宜在双方关系融洽和谈判成功后。礼品最好是价格在 25~30 美元的中档商品，且要有讲究的礼品包装。如果礼品是花，切记枝数应是单数，但是 3 和 13 是一定要避免的。

## 二、美国人商务活动禁忌

**1. 肢体语言禁忌**

与美国人接触时，会发现美国人喜欢运用手势或其他体态语来表达自己的情感。但是要注意以下四个禁忌：

（1）盯视他人。

（2）冲着别人吐舌头。

（3）用食指指点交谈对象。

（4）用食指横在喉头之前。

美国人认为，以上体态语言都有侮辱他人之意。

在公共场合，不要蹲在地上，也不要双腿叉开坐。美国人忌讳有人在自己面前挖耳朵、抠鼻孔、打喷嚏、伸懒腰、咳嗽等，认为这些都是不文明的，是缺乏礼教的行为。若喷嚏、咳嗽实在不能控制，则应头部避开客人，用手帕掩嘴，尽量少发出声响，并要及时向在场人表示歉意。他们忌讳有人冲他们伸舌头，认为这种举止是污辱人的动作。

**2. 言谈禁忌**

商务交谈方面，千万不要把黑人称作“Negro”，最好用“Black”一词，黑人对这个称呼会坦然接受。因为 Negro 主要是指从非洲贩卖到美国为奴的黑人。跟白人交谈如此，跟黑人交谈更要如此。否则，黑人会感到你对他的蔑视。

在交谈上，美国人还有三大忌：一是忌问他的年龄；二是忌问他买东西的价钱；三是忌在见面时说“你长胖了”（You look a little chubby these days）。因为年龄和买东西的价钱都属于个人的私事，他们不喜欢别人过问和干涉。至于“你长胖了”这句中国人习惯的“赞赏话”，在美国人看来是贬义的。因为在美国有“瘦富胖穷”的概念，他们认为富人有钱游山玩水，身体练得结实，容貌普遍消瘦；胖人没多少钱，更无闲暇去锻炼，体态往往偏胖。

**3. 饮食禁忌**

在商务宴请上应注意，美国人忌食各种动物的五趾和内脏；不吃蒜；不吃过辣食品；不爱吃肥肉；不喜欢清蒸和红烩菜肴。他们不喜欢他人在自己的餐碟里剩食物，认为这是不礼貌的。美国堪萨斯州的法律规定，星期天不准公民吃蛇肉，违反者要被处以监禁。在印第安纳州的威诺纳湖区规定，星期天不准在柜台吃冰激凌。在新泽西州，如果谁在餐馆里喝汤时发出咕嘟咕嘟的声音，就会被警察拘留。在内布拉斯加州的活特卢，法律规定，7:00 到 19:00，理发师吃洋葱是违法的。在印第安纳州的加里规定，吃过大蒜以后的 4 小时之内不准乘电车或去影剧院。

**4. 商务送礼禁忌**

商务送礼方面，不适宜送给美国人的礼品有香烟、内衣、香水、药品及广告用品。礼品颜色忌讳黑色，他们认为黑色是肃穆的象征，是丧葬用的色彩。他们特别忌讳赠礼是带有送礼人公司标志的便宜礼物，认为这是在做广告宣传，不能表达出送礼人的心意。

## 任务实施

### 案例分析

**签字仪式中的“学问”**

我国沿海某市的一家大型企业，经过漫长的艰苦谈判，终于同美国一家大公司谈成了一笔大生意。中外双方都十分满意，达成协议后，共同决定举行一次正式的签字仪式。中方为签字仪式做了精心的准备，还专门邀请了市里的领导和新闻单位参加，以示对这一活动的重视。但在仪式即将正式举行时，美国公司却出乎意料地表示拒绝参加，让中方代表不知所以。原来中方在签字桌上摆放中美两国国旗时，按照中国传统“以左为上”的习惯，把美国国旗摆在了签字桌的左边，而将中国的国旗摆在了签字桌的右边。对此美方代表看了十分恼火，认为中方有意贬低美方，故拒绝参加签字仪式。后来经过解释和调解，这场误会得以平息，但给参加的人们留下了教训。

思考与讨论：商务谈判时的签字礼仪有哪些？

### 温馨贴士

**美国人的肢体语言**

（1）你和谈话方的标准距离应为 60 厘米左右。如果近于这个距离，多数美国人会感到不自在。

（2）一般来讲，同性朋友不会拉手。如果男人们手拉手，会被认为具有同性恋倾向。

（3）召唤某人时，五指张开挥手或手掌向上，食指做向下铲的动作。

（4）通常有两种姿势表示同意。一个是拇指和食指构成圆形表示“OK”的手势；另一个是攥紧拳头，拇指向上的跷拇指动作。

（5）手掌向外或向内，食指和中指分开向上竖起，做出“V”状，表示成功“Victory”的意思。

（6）拍打后背以示友好。

（7）召唤服务生的方法很多：目光交流，翘眉毛；挥挥手吸引其注意力，口述你所需的服务，如“水”“咖啡”等。召唤服务员埋单时，可做出写字的动作或说“结账”（“The check, please.”注意：餐馆的账单，英式英语叫“bill”，美式英语叫“check”）。

### 实训演练

（1）观察你身边的美国朋友，总结他们在礼仪方面有哪些特点并与所学做对比。

（2）练习美国人吃西餐时的礼仪。

## 学习子情景三　东盟主要国家商务礼仪与禁忌

### 知识目标

- 熟悉东盟主要国家在商务场合中的见面、服饰、宴请等礼仪细节。
- 熟悉东盟主要国家在商务场合中的言谈、餐饮、行为、馈赠等方面的禁忌表现。

### 能力目标

- 能在与东盟主要国家的商务往来中合理运用各种商务礼仪，展现出良好的礼仪风范。
- 能在与东盟主要国家的商务往来中尊重他国的风俗禁忌，表现出良好的个人修养。

### 情景引例

王芳是一名白领丽人，她机敏漂亮，待人热情，工作出色。有一回，王芳所在的公司派她和几名同事一道，前往东南亚某国洽谈业务。可是，平时向来处事稳重、举止大方的王芳，在访问那个国家期间，竟然由于行为不慎，而招惹了一场不大不小的麻烦。事情的经过是这样的：王芳和她的同事一抵达目的地，就受到了东道主的热烈欢迎，在随之为他们特意举行的欢迎宴会上，主人亲自为每一位来自中国的嘉宾递上一杯当地特产的饮料，以示敬意。轮到主人向王芳递送饮料之时，一直是“左撇子”的王芳不假思索，自然而然地抬起自己的左手去接饮料，见此情景，主人神色骤变，重重地将饮料放回桌上。

以右为上是国际惯例，右手被称为“尊贵之手”，可用于进餐、递送物品及向别人行礼。在东南亚国家，左手则被视为“不洁之手”，用左手递接物品，或者与人接触、施礼，被人们公认为是一种蓄意侮辱。

# 知识准备

## 一、新加坡

### （一）新加坡人商务礼仪细节

**1. 见面礼仪**

新加坡人见面、告别都行握手礼，华裔老人中还有相互作揖的习惯，马来人行摸手礼，而印度人行合十礼。不论什么民族，都可以先生、小姐、太太相称。英国文化对新加坡有一定的影响，生活礼节中有较多西方礼仪，不过在一般情况下，他们对于西式的拥抱或亲吻是不太习惯的。商务交往中名片必不可少。大多数新加坡人用双手递交名片，外来者应注意这一礼节，也用双手递交或接受名片。接到名片后应放在桌子前方或放入胸前的口袋，不要在名片上写字或放入后面的口袋。新加坡政府规定，官员不使用名片。

**2. 宴请礼仪**

在新加坡，商务交往中常相互宴请，应邀赴约要准时，迟到会给人留下极坏的印象。如不能及时到达，必须预先通知对方，以表示尊重。新加坡官员不接受社交性宴请，因此与他们打交道时要慎重。

**3. 服饰礼仪**

新加坡人的国服，是一种以胡姬花作为图案的服装。在日常生活里，不同民族的新加坡人的穿着打扮往往各具其民族特色。华人的日常着装多为长衫、长裤、连衣裙或旗袍。马来人男子头戴一顶叫“宋谷”的无边帽，上身穿一种无领、袖子宽大的衣服，下身穿长及脚踝的沙笼；女子上衣宽大如袍，下穿沙笼。新加坡的年轻人也穿各式各样的休闲服装。

在国家庆典和其他一些隆重的场合，新加坡人经常穿着自己的国服。在一些商务活动的重要场合，男子一般都是白色长袖衣和深色西裤，并且打上领带；女子则穿套裙或长裙；访问政府办公厅仍应着西装、穿外套，政府部门对其职员的穿着要求较为严格，在工作期间不准穿奇装异服。在许多公共场所，穿着过分随便者，如穿牛仔装、运动装、沙滩装、低胸装、露背装的人往往被禁止入内。例如，在许多公共场所，通常贴有“长发男子不受欢迎”的告示，以示对留长发的男子的反感和警告。

### （二）新加坡人商务活动禁忌

**1. 言谈禁忌**

与新加坡人攀谈之时，不仅不能口吐脏字（新加坡人忌讳口吐脏言，认为脏话会影响下一代成长），而且还要记住多使用谦、敬语。与此同时，对于话题的选择务必加以注意。最受新加坡人青睐的话题，主要是运动、旅游、传统文化及有关经济建设方面的成就。对于新加坡国内政治、宗教、民族问题，执政党的方针、政策，以及新加坡与邻国的关系问题，最好不要涉及。特别需要注意的是，新加坡人对“恭喜发财”这句祝颂词极其反感，在他们看来，“发财”有“横财”之意，祝愿对方“发财”无异于教唆别人去发不义之财，是一种损人不利己的行为。忌谈个人性格、当地政治和种族关系等问题。

**2. 行为禁忌**

在新加坡，人们普遍讲究社会公德。政府通过采用“法”与“罚”这两大法宝，去促使人们提高社会公德意识。在今日的新加坡，讲究社会公德，可以说是有法可依，有法必依，执法必严，违法必究。例如，在新加坡，在公共场所人们不准嚼口香糖，过马路时不能闯红灯，在公共场合不准吸烟、吐痰和随地乱扔废弃物品。不然的话就必受处罚，需要缴纳高额的罚金，有时还会吃官司，甚至被鞭打。在肢体上，忌双手叉腰，用食指指人；用餐时不得将筷子置于盘碗上或交叉摆放。另外，他们也认为触摸头部是很不礼貌的行为，很忌讳别人这样做，尤其是小孩子的头部。在社交场合或商谈时，忌跷二郎腿，尤其忌讳将鞋底朝向他人。

**案例**

**孩子别怕，有叔叔在**

李彬是一家国际旅行社的导游，他接待了一个从新加坡来的旅游团，一路讲解，他做得非常称职，游客对他也很满意。一天中午，大家结束了上午的行程，在宾馆休息。忽然，他听到有孩子哭泣，于是走出门外，原来是一对年轻的新加坡夫妻带的小孩，找不到自己的房间，害怕地哭起来了。他赶忙走上前去，拍着孩子的头安慰道：“宝宝，别怕，叔叔带你找妈妈去。”这一幕恰被从房间里出来找孩子的夫妻看见了，他们不但没有感激李彬，反倒一把拉起孩子回自己房间了。李彬很委屈，自己帮助他们照顾孩子，他们怎么还生气了呢?

**启示**：很多国家认为头部是神圣不可侵犯的，尤其是小孩的头部，新加坡就是这样的一个国家，所以李彬这样做是十分犯忌讳和惹人厌恶的。

**3. 信仰禁忌**

在新加坡，各民族有各自的宗教禁忌，新加坡的伊斯兰教禁食猪肉、使用猪制品和以猪为图案的装饰品，也忌讳谈论有关猪的话题。新加坡人忌讳乌龟，他们认为乌龟是一种不祥的动物，给人一种侮辱的印象。新加坡的马来人和印度人忌讳用左手服务和抓食东西，认为用左手是一种很不礼貌的行为。在商业上，反对使用如来佛的形态和侧面像。

**4. 其他禁忌**

新加坡人对“4”与“7”这两个数字的看法不太好，在华语中，“4”的发音与“死”相仿，而“7”则被视为一个消极的数。在新加坡华人看来，“3”表示“升”，“6”表示“顺”，“8”表示“发”，“9”则表示“久”，都是吉祥的数字。在色彩方面，绝大多数新加坡人都非常喜欢红色，他们认为红色是热烈、喜庆、吉祥的象征，而过多地采用黑色、紫色等代表不吉利的颜色则是不为新加坡人所欢迎的。到清真寺参观，到新加坡人家里做客，忌穿鞋进入。

## 二、马来西亚

### （一）马来西亚人商务礼仪细节

**1. 见面礼仪**

马来西亚有马来人、中国人、印度人三个主要群体，不同民族采用不同的见面礼仪。

对于年轻的或受过外国教育的马来西亚人，握手是最普通的打招呼方式。马来西亚标准握手更像是攥手，不是绵软无力，而是持续 10~12 秒。

马来族人一般是穆斯林。传统上，穆斯林男人和女人之间没有身体的接触。（事实上，如果一个虔诚的穆斯林男人被女人摸了一下，他必须履行严格的仪式清洁自己，然后才能再祈祷。）有鉴于此，女人不应主动与马来族男人握手，男人也不应主动与马来族女人握手。当然，如果一个西化的马来族人主动伸手来握，那就握之无妨。

马来西亚人传统的问候方式是“摸手礼”。它的具体做法为：与他人相见时，一方将双手首先伸向对方，另一方则伸出自己的双手，轻轻摸一下对方伸过来的双手，随后将自己的双手收回胸前，稍举一下，同时身体前弯呈鞠躬状。

马来西亚的华人与印度人同外人见面时，则大多以握手作为见面礼节。

**2. 服饰礼仪**

长袖衬衣“巴迪”被称为马来西亚“国服”，多以蜡染的花布做成，在正式交际场合穿用。在一般情况下，马来族男子通常上身穿“巴汝”，下身则围以一大块布，叫作“沙笼”。马来族的女子，则一般要穿无领、长袖的连衣长裙，围以头巾。

在商务场合，马来西亚人可以穿着西装或套裙。

马来西亚人的服饰偏好红色、橙色和其他一些鲜艳的颜色。他们认为黑色属于消极之色，黄色也不适于作为服装之色。受伊斯兰教影响，马来人对绿色十分喜爱。去马来西亚人家里做客，进门前必须首先脱下鞋子，并且摘下墨镜。

**3. 餐饮礼仪**

马来西亚以伊斯兰教为国教，饮食习俗禁酒，喜欢饮用椰子水、红茶、咖啡等。马来西亚的穆斯林不吃猪肉，不吃自死之物和血液。不使用一切猪制品。通常吃米饭，喜食牛肉，极爱吃咖喱牛肉饭，并且爱吃具有其民族风味的“沙爹”烤肉串。

马来西亚的印度人不吃牛肉，但是可以吃羊肉和家禽肉。

马来西亚人一般十分好客，他们认为：客人在主人家里若不吃不喝，等于不尊敬主人。平常用餐时只用右手抓食食物，左手被视为“不洁之手”，禁用其取食食物或饮料。只有在十分正规的宴请中，马来西亚人才以刀叉进餐。

### （二）马来西亚人商务活动禁忌

**1. 行为禁忌**

其一，不要触摸被其视为神圣不可侵犯的头部与肩部。其二，不要在其面前跷腿、露出脚底，或者用脚去挪动物品。其三，不要用一手握拳，去打另一只半握的手，这一动作在马来西亚人看来是十分下流的。其四，与其交谈时，不要将双手贴在臀部上，因为这种行为表示发怒。其五，同马来西亚人握手、打招呼或馈赠礼品时，千万不可用左手。马来西亚人认为左手是不干净的，不能用左手为别人传递东西。在不得不用左手时，一定要说对不起。

**2. 送礼禁忌**

马来西亚反贪局实行严格的禁止行贿受贿的法律，所以要避免赠送那些会被理解为贿赂的礼品。朋友之间才送礼物，在与马来西亚人建立起个人关系之前不要送他们礼物，否则看起来就像贿赂。马来西亚人不当着送礼物的人的面打开礼物包装，这样做意味着接受礼物的人贪婪没有耐心。猪肉和酒为信奉伊斯兰教的人所忌讳，所以不要送这些礼物给马来西亚人。马来穆斯林认为狗是不洁的，不要送玩具狗和带有狗图案的礼物。外国的男性商人个人送礼物给一个马来西亚女士时，为了避免误解，必须让每个人都知道他只是转交他的妻子赠送的礼物。

**3. 其他禁忌**

如果有机会被邀请到马来西亚人家里做客时，要带上礼品，忌用纸包装。家宴只有男人，女人不露面。马来西亚人忌讳乌龟，忌讳数字“0”“4”“13”；忌用黄色，一般不单独使用黑色，最喜欢红色、橙色；忌讳使用猪皮革制品，忌用漆筷，忌谈及猪、狗的话题；在公众场合不得露出胳膊和腿部，不穿黄色衣服。

## 三、泰国

### （一）泰国人商务礼仪细节

**1. 服饰礼仪**

泰国人非常注重个人穿着和仪表。在参加王室、官方或其他正式活动时，男士应该穿深色西服、打领带，女士应穿着端庄的裙装。在一般商务活动中，男士可穿长袖白色衬衣和西装裤、打领带，女士可穿套装、衬衣或裙子、裤子。

**2. 见面礼仪**

泰国人性格含蓄，不喜欢与他人有身体上的接触，本国人见面不握手，而是双手合“十”放在胸前，双手抬得越高，越表示对客人的尊重，但双手的高度不能超过双眼。但外国人与泰国人会面时可礼貌性地握手，对异性则行合掌礼，指尖的高度大约与下颚平齐，头稍稍前倾。地位较低或年轻者，应先向地位较高者或年长者致合掌礼，后者则应向前者合掌还礼。向僧侣行礼时手要举得更高，而僧侣则不必还合掌礼。面见国王和王室成员，通常行鞠躬礼。泰国人通常以名加上先生或女士相称，而熟悉的人之间则以昵称或以兄弟姐妹相称。

泰国人认为左手是不干净的，因此在交换名片的时候只用右手。如果想表达特殊敬意，也可以用左手托住右手肘。

**3. 交谈礼仪**

和泰国商人闲聊时，不要自我夸耀，也不要询问对方收入、住房、婚姻等私事。即使讨论十分活跃的时候，也不要提高自己的音量，不要表现出你的不满甚至愤怒，应不惜一切代价避免造成冲突或公开的对峙。避免使用可能使别人难堪或对别人造成羞辱的语言。不要在他人面前责备或批评你的泰国同事或下属。

**4. 宴请礼仪**

泰国人特别喜爱吃辣椒，而且越辣越好，“辣椒酱”是他们每餐必备的；他们也非常喜欢用味精和鱼露调味，所以准备这些可以让他们觉得亲切。泰国人饭后有吃水果的习惯，在吃西瓜或菠萝时，不仅爱放些冰块，而且也习惯蘸上些盐末或辣椒末一起吃，认为这样吃起来显得别有风味。他们早餐喜欢吃西餐，午餐和晚餐大多爱吃中餐。他们用餐时，不习惯使用筷子，有的人爱用叉子和勺（右手拿勺，左手拿叉），有的人乐于以手抓饭取食。

泰国人饮食有以下几个特点：

① 讲究菜品要鲜嫩，注重风味特色。

② 口味最好带咸，爱辛辣味。

③ 以米饭（糯米）为主食，面食吃得不多，对水饺和汤面也感兴趣，乐于吃小蛋糕及干点心。

④ 副食中爱吃鱼、虾、其他海鲜品、羊肉、鸡、鸡蛋等，也喜欢青菜、辣椒、豆腐、粉丝等；调味品爱用鱼露、味精、咖喱、香菜、蒜、辣椒酱、黄油、果酱等。

⑤ 对炸、煎、溜、炒等烹调方法制作的菜肴偏爱。

⑥ 喜欢中餐，喜爱中国的川菜、粤菜、京菜、沪菜。很欣赏芙蓉鸡片、羊肉狮子头、冬瓜盅、潮州鱼丸、回锅肉、青椒肉、炸虾球、锅贴鸡、干烧鳜鱼、鸡片汤等风味菜肴。

⑦ 喜欢啤酒、葡萄酒；爱喝矿泉水、桔子水、橙汁、咖啡、可乐、牛奶等；尤其喜欢喝红茶。

⑧ 喜欢吃水果中的橘子、葡萄、西瓜、菠萝、荔枝、龙眼、苹果、鸭梨等；爱吃杏仁、腰果等干果。

### （二）泰国人商务活动禁忌

#### 1. 肢体语言禁忌

泰国人非常重视人的头部，而轻视两脚，认为头是灵魂所在，是神圣不可侵犯的，切记勿触摸别人的头——即使摸小孩的头也不行。泰国人认为头部被他人触摸是奇耻大辱。

在泰国，切记别随意把你的脚指向任何东西。无论站着或坐着，应注意不要把你的脚斜放在惹人注目的位置，或者让人看到你的脚底，因为泰国人认为这是极其不礼貌的。另外，他们把戴着墨镜用手指着对方说话视为一种不礼貌的行为。

**案例**

**礼仪故事阅读之约翰逊访泰**

20 世纪 60 年代，美国总统约翰逊访问泰国。在受到泰国国王接见时，约翰逊竟毫无顾忌地跷起了二郎腿，脚尖正对着国王，而这种姿势，在泰国是视为侮辱的，因此引起泰国国王的不满。更为糟糕的是，约翰逊在告别时竟然用得克萨斯州的礼节紧紧拥抱了王后。在泰国，除了泰国国王外，任何人都不得触及王后，这使泰国举国哗然。约翰逊的举动产生了不小的遗憾，也成了涉外交往中的典型笑话。

#### 2. 言谈禁忌

和泰国商人相处，不要夸耀自己国家的经济，不要盘问对方有几个太太，否则他们会认为你太傲慢，在以后的交往中，有可能会有意地为难你。因此，在泰国商人面前，显得越谦虚越好，这样他们才能很好地与你配合。交谈时也要回避有关政治、王族和宗教方面的话题。

#### 3. 信仰禁忌

泰国人忌讳用红笔签字和用红颜色刻字，认为用红色是对死人的待遇。他们睡觉忌讳头西脚东，认为只有死人停尸才头西脚东。泰国人认为门槛下住着神灵，所以千万不要踩踏房子的门槛，否则会引起误会。狗在泰国是禁忌图案。

**4. 其他禁忌**

在泰国，如果对寺庙、佛像、和尚等做出轻率的举动，被视为“罪恶滔天”。拍摄佛像尤其要小心。比如，以为佛像好玩，人骑到上面，很可能就会惹出大风波。曾有观光客由于跨在佛像拍照而被判刑。进入泰国人的私宅或寺庙，务必脱鞋。到当地人家里做客，如果发现室内设有佛坛，你得马上脱掉脚上穿的鞋和袜，戴帽子的人也必须立刻脱去帽子。在泰国，和尚的地位崇高无比，因此，客商必须“入境随俗”，不能大意，为了接待和尚，洽谈业务的事往往只好让位。在泰国观光，到处可见卖佛像的工艺品店，买到佛像要十分敬重，切不可当它是一种玩物，随意放置或粗手粗脚地动它，这种行为会引起泰国人的不快。

## 任务实施

### 案例分析

“好走”在中国不过是送别的客套话，但在马来西亚，这句话却给一位华商惹上了麻烦。这位华商在送顾客出门时，说了一句“好走，好走”，被该顾客申诉至当地报纸。

思考与讨论：为什么该顾客会不高兴?

### 温馨贴士

**马来西亚人的肢体语言**

（1）在马来西亚，除了握手之外，两性之间没有公开的接触。公开场合不要亲吻或拥抱异性——即使是自己的配偶。另外，可以允许同性之间接触。男人之间可以拉手甚至可以挽着胳膊一起走，那只是他们之间友谊的表示。

（2）穆斯林和印度教徒都认为左手是不洁的，只能用右手吃东西。可以用右手，就尽量不要用左手碰任何人或物。用右手接受礼物或拿现金（显然，需要双手并用时，可以用两只手）。

（3）脚也被认为是不洁的。别用脚移动任何东西，或者碰任何东西。

（4）不要露出脚底或鞋底，这决定了人的坐姿：可以从膝盖交叉双腿，但不能把一只脚的脚踝放在另一条腿的膝盖上。不过在马来西亚，任何形式的交叉双腿而坐，都是很随便的姿势。有马来西亚皇室在场时，不要交叉双腿。

（5）不要把脚跷到任何不是为脚准备的器具上，如桌子。

（6）用食指指着人是不礼貌的。马来西亚人只用食指指动物。很多马来西亚的印度人觉得用两根手指都是不礼貌的，如果必须指明某人或某物，用右手整个手掌（掌心向外）。也可以用右手拇指，其他四根手指都要向下蜷起来。

（7）马来西亚人认为攥紧拳头砸向另一只手的手心是淫秽的手势，应避免这个动作。

（8）站立时，双手叉腰在马来西亚人看来是愤怒、咄咄逼人的姿势。

## 实训演练

（1）查阅资料，统计习俗中以被触摸头部为忌讳的国家，并进行详细的解释和说明。

（2）模仿与泰国人交谈，注意话题的选择，态度自然而友好，避开泰国人忌讳的问题。

（3）由一名学生演示新加坡人忌讳的种种行为和动作，由其他同学指出其中的问题，加深印象。

# 学习子情景四　英国商务礼仪与禁忌

### 知识目标

- 熟悉英国人在商务场合中的见面、服饰、宴请等礼仪细节。
- 熟悉英国人在商务场合中的送礼、言谈等禁忌表现。

### 能力目标

- 能在与英国的商务往来中合理使用各种商务礼仪，展现出良好的礼仪风范。
- 能在与英国的商务往来中尊重该国的风俗禁忌，表现出良好的个人修养。

### 情景引例

一位英国老妇来中国拜访某公司，对接待她的公司小姐评价颇高，认为公司小姐服务态度好，语言水平也很高，便夸奖该公司小姐说："你的英语讲得好极了！"（You speak English very well.）小姐马上回应说："我的英语讲得不好。"（My English is not good.）英国老妇一听生气了："英语是我的母语，难道我不知道英语该怎么说？"（English is my native language. Don't I know how to speak English?）

老妇生气无疑是公司小姐忽视东西方礼仪的差异所致。英国人讲究一是一、二是二，英国人夸奖别人是真诚的、实心实意的，而中国人讲究的是谦虚，凡事不张扬。

## 知识准备

### 一、英国人商务礼仪细节

**1. 见面礼仪**

在商务活动中，握手礼（handshake）是英国人使用最多的见面礼仪。行礼时，距对方约一步，上身稍前倾，伸右手，四指并齐，拇指与之分开伸向受礼者。切忌一脚门里一脚门外与人握手，尤忌四人交叉握手。和初次见面的女人通常不握手，只行鞠躬礼（bow）。同男人握手越紧，表示友情越深，和女人握手则需轻些。引荐客人也有自己的礼仪规矩：把地位低的人引荐给地位高的人；把青年人引荐给老年人。

**2. 服饰礼仪**

英国人在交际应酬中的衣着，非常注意体现其“绅士”“淑女”之风。过去，英国绅士参加交际活动，身穿燕尾服，头戴高筒礼帽，手持文明棍或雨伞（wear a tuxedo and a tall hat, holding a stick or umbrella），这一形象已给世人留下了很深的印象。直至今日，英国人在正式商务场合的穿着，仍然十分庄重而保守。一般情况下，男士要穿三件套的深色西装，在夏天，可以不穿西服，只穿短袖衬衫，但也得打领带。男性衬衫应该没有口袋，即使有口袋也不要用它装东西。男性不要佩戴条纹领带，英国“军团”领带是条纹的，你可能被看作刻意模仿。女士则要穿深色的套裙，或者素雅的连衣裙。总之，庄重、肃穆的黑色服装往往是英国人优先的选择。

**3. 宴请礼仪**

在英国，不流行邀对方早餐谈生意。一般来说，他们的午餐比较简单，对晚餐比较重视，视为正餐；英国商人一般不喜欢邀请至家中饮宴，聚会大都在酒店、饭店进行。英国人的饮宴，在某种意义上说是俭朴为主。他们讨厌浪费的人。例如，要泡茶请客，如果来客中有三位，一定只烧三份的水。

在正式的宴会上，一般不准吸烟。进餐吸烟被视为失礼。好多英国人在穿戴上依然比较讲究，因此在会客、拜访或参加酒会、宴会、晚会时仍要穿西服打领带。如果约请英国人出去，最好名单中包括背景相同、专业层次相似的人物。如果你是主人，一定要把最尊贵的座位让给级别最高的人物。他或她可能会推辞，会坚持把它留给主人，你不妨优雅地接受。英国人总是用左手拿餐叉。围绕餐桌传递东西时，一定要向左传递。要一直把手放在桌子上，但不能把肘部也放在桌上。出去进餐时，询问周围看到的食物是一种不礼貌的行为。招呼侍者过来的时候，简单举起手即可。英国人始终保持传统习俗，为女性开门，并在女性进入房间的时候起身迎接。如果你去做客，一定要自己提出离开，因为主人是不会暗示你他们想结束晚宴的。

## 二、英国人商务活动禁忌

**1. 送礼禁忌**

送礼物不是英国人做生意不可缺少的部分。一般情况下，英国人不会在商务会议或达成某项共识的时候互赠礼物。尽管他们能够接受这种做法，但是，他们不愿意这样做。在圣诞节的时候，如果你送给英国同事礼物，他们通常不会回赠你。

受邀去往英国人家中时，作为礼物可以送鲜花（不要送百合和菊花，英国人十分忌讳，另外也不要送给他们蔷薇和菊花，因为这些花是为悼念去世的人用的）、白酒、香槟酒或巧克力。不要选择带有送礼人公司标记的纪念品，也不要选择涉及私生活的服饰、香皂之类的物品。钢笔、图书、办公桌装饰品等是受欢迎的礼物。礼物无须过于贵重，否则会有行贿之嫌。

**2. 言谈禁忌**

与英国人交谈时，避免谈论英王、王室、教会及英国各地区之间的矛盾等话题，特别是不要对女王和北爱尔兰独立问题说三道四。不要拿“你是做什么的”（What do you do?）当话题的开头语，因为英国人认为这是一个私人话题；也要回避其他隐私问题，即使“你来自英格兰的哪个部分”（Which part of England are you from?）这样的问题也要回避。尽管英国人经常自我批评，拜访者却不能效仿他们的批评方式。同样，如果他们想与你分享抱怨，你也不要参与。

**3. 其他禁忌**

英国人平时十分宠爱动物，尤其喜欢狗和猫（黑色的猫例外），但是他们讨厌大象、孔雀与猫头鹰。英国人不喜欢的颜色是墨绿色。在握手、干杯或摆放餐具时无意之中出现了类似十字架的图案，他们也认为是十分晦气的。在英国如果碰洒了食盐或打碎了玻璃，都被认为是很倒霉的事情。他们忌讳数字“13”和“星期五”，他们认为“13”是代表厄运来临的数字。如果 13 日恰好是星期五，那就更不吉利了。与英国人打交道时，需要了解的英国人的主要民俗禁忌还有下列五条：一是忌讳当众打喷嚏；二是忌讳用同一根火柴连续点燃三支香烟；三是忌讳把鞋子放在桌子上；四是忌讳在屋子里撑伞；五是忌讳从梯子下面走过。在英国，动手拍打别人，跷起“二郎腿”，右手拇指与食指构成“V”形时手背向外，都是失礼的动作。

## 任务实施

### 案例分析

一位女士，在英国伦敦留学时曾在一家公司打工，女老板对她很好，在很短的时间内便给她加了几次薪。一日，老板生病住院，这位女士打算去医院看望病人，于是她在花店买了一束红玫瑰花。在半路上，她突然觉得这束花的色彩有点儿单调而且看上去俗气，就去买了十几枝菊花，并与原来的玫瑰花插在一起。结果她的老板见到她的时候，先是高兴，转而大怒。

思考与讨论：这位送花的女士哪里做得不到位了？

### 温馨贴士

**英国人的会餐**

在过去，英国的烹饪被认为口味清淡或引不起人的食欲。但是，今非昔比，如今的英国拥有几家世界上最好的饭店。英国的美味佳肴会让人食欲大增。英国人喜欢和别人共餐，与欧洲其他国家相比，如果英国人邀请你在家吃饭，你就可以更加爽快地接受他们的邀请。

**早餐：**一份便餐通常由谷类食品、吐司面包、咖啡或茶组成。一份英式早餐通常包括果汁、谷类食品、熏肉、香肠、鸡蛋、吐司面包、油炸蘑菇或油炸西红柿。

**下午茶：**一般情况下，旅馆在 15:30—20:30 向客人提供这类便餐。这种便餐通常由小片三明治、小点心、馅饼皮、蛋糕，以及涂有果酱和奶酪的烤饼组成。

**茶点：**一般情况下，英国人在 17:00—19:00 吃这种晚餐。

**正餐：**这种餐点更为正式，同时也更加实惠。它主要由鸡尾酒（cocktail）、开胃食品（appetizers）、鱼或肉（fish or meat）、马铃薯（potato）、蔬菜（vegetables）、沙拉（salad）、餐后甜点（dessert）、干酪及胡桃夹（cheese and walnuts）组成。英国人在 19:00—20:00 吃正餐。

**星期日聚餐：**这是一个传统的聚餐日，其主要特征是烧烤（barbecue）、约克郡布丁（Yorkshire pudding）及其他比较传统的英国菜。

### 实训演练

（1）由两名同学模仿英国人在与人交谈时的行为礼仪，注意掌握好与对方的距离。
（2）查阅资料，掌握英国酒文化的历史和知识，列举出来并做出对比。

## 学习子情景五　中国香港地区商务礼仪与禁忌

### 知识目标

- 熟悉香港人在商务场合中的见面、称呼、宴请等礼仪细节。
- 熟悉香港人在商务场合中的送礼、言谈等方面的禁忌表现。

### 能力目标

- 能在与香港地区的商务往来中合理使用各种商务礼仪，展现出良好的礼仪风范。
- 能在与香港地区的商务往来中尊重该地区的风俗禁忌，表现出良好的个人修养。

### 情景引例

杨丽被派到一位香港来京工作的专家家里做服务性工作。因为她热情负责，精明强干，起初专家夫妇对她的印象很不错，她也把自己当成了专家家庭里的一名成员。

有一个星期天，那位香港专家偕夫人外出归来。小杨在问候他们以后，如同对待老朋友那样，随口便问："你们去哪里玩了？"专家迟疑了良久，才吞吞吐吐地相告："我们去建国门外大街了。"小杨当时以为对方累了，根本未将人家的态度当成一回事，于是她接着话又问："你们逛了什么商店？"对方被迫答道："友谊商店。""你们怎么不去国贸大厦和赛特购物中心看看，秀水街的东西也挺不错的。"小杨好心好意地向对方建议说。然而，她的话还没有全部说完，专家夫妇却已转身离去了。两天后，杨丽就被辞退了。对方提出的理由是："杨小姐令人生厌，她对主人的私生活太感兴趣了。不然，她打听这个打听那个干什么？我们去哪一家商店关她何事。"

香港人与内地人相比，更注重个人隐私，忌讳他人过多询问个人的私事。虽然杨丽所讲的话是出于善意，在内地人看来是热情友善的表现，但这对香港夫妇认为她的所作所为已经妨碍了他们的私生活，所以才忍无可忍了。

## 知识准备

### 一、香港人商务礼仪细节

**1. 见面礼仪**

香港人在商务场合与客人相见时，一般是以握手为礼。亲朋好友间相见时，也有用拥抱礼和贴面颊式的亲吻礼的。香港人见面，在一群人里要首先认出级别最高或年纪最长的那个人，并对他打招呼，礼貌地询问他的健康状况。

**2. 称呼礼仪**

一般男士称为“先生”，女士称为“小姐”。如果遇到年纪大的男子就称作“阿叔”或“阿伯”，年长的女子称作“阿婶”。而对男侍者和售货员称作“伙计”，对女侍者称作“小姐”。

用英语书写名字的时候，香港人通常用连字符连接名字中的两个字。例如，李浩明可能把自己的名字写作 Li Hao-Ming。在内地，多半不用连字符，而是把两个字连在一起写作 Li Haoming。

**3. 宴请礼仪**

宴请（Banquet）是香港文化中很重要的一部分。为了庆祝富有成效的商业会谈，或者一个新联盟的成立，都会精心准备一次宴请。他们一般会在享有盛誉的酒店举办宴会和娱乐款待。在香港，一流的酒店通常能够提供所需的设施。宴请通常有 8~12 道菜，最好的菜通常在中间时段上。米饭被看作一种填充物，所以不要吃得过多。上最后一道菜的时候要保证米饭还剩有很多，如果米饭所剩无几则暗示着食物不够充足。商务晚宴很少邀请配偶一起出席。

### 二、香港人商务活动禁忌

**1. 送礼禁忌**

送礼物在香港地区是一种复杂且重要的习俗。商人原本出于好意，但是送以下这些礼物会激怒合作伙伴：钟（与“终”同音，意味着死亡）；书（与“输”同音，对好赌的人来说不吉利）；毯子（压制了收礼者的兴旺）；剪刀或其他锐利的物品；不包装的礼物（粗鲁的行为）；用蓝色作为包装的礼物（蓝色代表哀悼）；绿色的帽子（意味着妻子不忠）。

**2. 言谈禁忌**

香港人忌讳别人打听自己的家庭地址。因为他们不欢迎别人去他家里做客，一般都乐于到茶楼或公共场所会客。香港人忌讳询问个人的工资收入、年龄状况等情况，认为个人的私事不需要他人过问。他们对“节日快乐”之语很不愿意接受。因为“快乐”与“快落”谐音，是很不吉利的话。

**3. 其他禁忌**

香港人忌讳“4”字。因为“4”与“死”谐音，故一般不说不吉利的“4”。送礼等也避开“4”这个数，非说不可的情况下，常用“两双”或“两个二”来代替。在香港地区，酒家的伙计最忌讳首名顾客用餐选“炒饭”，因为“炒”在香港话中是“解雇”的意思。开炉闻“炒”声，被认为不吉利。千万不要在公共场所乱丢垃圾、随地吐痰，否则你会被处以 1500 港元罚款。因为香港地区十分注重环境卫生，对破坏社会公德的处罚相当严厉。

## 任务实施

### 案例分析

王峰在大学读书时学习非常刻苦，成绩也非常优秀，几乎年年都拿特等奖学金，为此同学们给他起了一个绰号“超人”。大学毕业后，王峰顺利地获取了在美国攻读硕士学位的机会，毕业后又顺利地进入一家美国公司工作。一晃八年过去了，王峰现在已成为公司的部门经理。今年国庆节，王峰带着妻子儿女回国探亲。一天，在大剧院观看音乐剧，刚刚落座，就发现有三个人向他们走来。其中一个人边走边伸出手大声地叫：“喂！这不是‘超人’吗？你怎么回来了？”这时，王峰才认出说话的人正是他高中的同学贾征。贾征大学没考上，自己跑到南方去做生意，赚了些钱，如今回到上海注册公司当起了老板。今天正好陪着两位从香港地区来的生意伙伴一起来看音乐剧。这对生意伙伴是他交往多年的一对年长的香港夫妇。此时，王峰和贾征彼此都既高兴又激动。贾征大声寒暄之后，才想起了王峰身边还站着一位女士，就问王峰身边的女士是谁。王峰这时才想起向贾征介绍自己的妻子。待王峰介绍完毕，贾征高兴地走上去，给了王峰妻子一个拥抱礼。这时贾征也想起该向老同学介绍他的生意伙伴了。

思考与讨论：上述场合的见面礼仪有无不符合礼仪的地方？若有，请指出来，并说明正确的做法是什么。

### 温馨贴士

**香港人的饮食习惯**

香港人对西餐、中餐均能适宜，但对中餐格外偏爱。他们对各自的家乡风味更加厚爱，若到内地旅游，也愿品尝当地的名贵佳肴。他们绝大多数人都使用筷子，个别人也使用餐叉用饭。

香港人在饮食嗜好上有如下特点。

① 注重：讲究菜肴鲜、嫩、爽、滑，注重菜肴营养成分。

② 口味：喜清淡，偏爱甜味。

③ 主食：以米为主食，也喜欢吃面食。

④ 副食：爱吃鱼、虾、蟹等海鲜及鸡、鸭、蛋类、猪肉、牛肉、羊肉等；喜欢茭白、油菜、西红柿、黄瓜、柿子椒等新鲜蔬菜；调料爱用胡椒、花椒、料酒、葱、姜、糖、味精等。

⑤ 制法：对各种烹调技法烹制的菜肴均能适应，偏爱煎、烧、烩、炸等烹调方法制作的菜肴。

⑥ 中餐：对国内各种风味菜肴均不陌生，最喜爱粤菜、闽菜。

⑦ 菜谱：很欣赏什锦拼盘、冬瓜盅、脆皮鸡、烤乳猪、蚝油牛肉、龙虎斗、五彩瓤猪肚、鼎湖上素、佛跳墙、雪花鸡、淡糟炒鲜竹、桔汁加吉鱼等风味菜肴。

⑧ 水酒：喜欢鸡尾酒、啤酒、果酒等，饮料爱喝矿泉水、可乐、可可、咖啡等，也喜欢乌龙茶、龙井茶等。

⑨ 果品：爱吃香蕉、菠萝、西瓜、柑橘、洋桃、荔枝、龙眼等水果；爱吃腰果等干果。

## 实训演练

### 一、资料收集

查阅资料，探究香港与内地礼仪与禁忌方面的异同。

### 二、情景模拟

李阳是丰华公司的总经理。为了与香港地区的合作伙伴洽谈生意，他邀请香港地区方面的代表谢先生来公司商谈合作事宜。当谢先生及其夫人到达广州后，李阳准备为谢先生及其夫人接风洗尘。晚宴将在嘉兴华美达酒店举行。李阳夫妇开车去蓝天宾馆接谢先生夫妇二人。到了华美达酒店上电梯，就座，服务生斟酒、上菜，李阳祝酒。

演员：李阳夫妇、谢先生夫妇、饭店服务生。

# 学习子情景六　日本商务礼仪与禁忌

### 知识目标

- 熟悉日本人在商务场合中的问候、名片、宴会、馈赠等礼仪细节。
- 熟悉日本人在商务场合中的言谈、信仰、饮食等方面的禁忌表现。

### 能力目标

- 能在与日本的商务往来中合理使用各种商务礼仪，展现出良好的礼仪风范。
- 能在与日本的商务往来中尊重该国的风俗禁忌，表现出良好的个人修养。

### 情景引例

李响是一家外贸公司的职员，一天他接到任务要去接待几位日本的商人。接到客人后，大家相处得也很愉快。到了中午进餐时间，他招待客人去了一家很有名气的饭店，大家谈得也很开心。吃完饭，李响从兜里掏出一盒中华烟，很客气地一一递给各位客人，出乎意料的是，大家都没有接受，而且脸上还露出不高兴的表情。送走客人后，李响很纳闷，难道是客人嫌自己的香烟档次太低了吗？

在日本，人们在生活或商业交际中，都不习惯别人给自己敬烟，同时也不会给别人敬烟。因此，我们的外贸人员应该了解在涉外交往中注意尊重对方国家礼仪与禁忌的习惯。

## 知识准备

### 一、日本人商务礼仪细节

#### 1. 问候礼仪

在日本，一切言语问候都伴随着鞠躬，鞠躬几乎可以代替任何言语问候。鞠躬弯腰的深浅不同，其含义也不同。弯腰最低且最礼貌的鞠躬称“最敬礼”，微微一鞠躬称为“会释”。鞠躬的形式男女也有别，男士双手垂下贴腿鞠躬，女士一只手压着另一只手放在前面鞠躬。

日本人初次会见客人时，总会先花几分钟时间询问一下客人在途中的情况，并询问他们以前见过的该客人的某位同事的情况。然后，他们会停顿片刻，希望客人们做出同样的行动。接下来，日方高层会述说一下日方同客方公司之间的各种关系，此时，客人最好向日方转达本公司高层的问候。请留意，如果日方在询问时有意漏过某人，则暗示他们不喜欢此人。

**案例**

**意外的受伤**

一位日本人与一位美国人从未见过面，他们对对方的文化背景了解得比较少，这两人都是第一次来到新加坡参加会议。两人约好在大厅先见面谈谈，届时两人准时到达。日本人很快注意到了美国人比自己年长，准备以日本最礼貌的鞠躬问候对方。日本人在距离美国人两步之遥时，突然停住，双手扶膝，在美国人的正前方来了一个90°的鞠躬。与此同时，美国人伸出的手却打到了日本人的眼镜，造成了日本人的不快。

**启示：**日本向来是以鞠躬为见面礼节，而美国人喜欢随意的打招呼方式，因为对对方的习俗不熟知，导致了不愉快的发生。

#### 2. 名片礼仪

对日本人来说，交换名片是人际交流最简洁而又不使双方感到尴尬的方式。在日本，社会等级非常森严，在使用名片时，要注意以下事项：

第一，印名片时，最好一面印中文，一面印日文，且名片中的头衔要准确地反映自己在公司的地位。

第二，在会见日本商人时，记住要按职位高到职位低的顺序交换名片。交换名片时，把印有字的一面朝上并伸直手，微微鞠躬后，各自把对方的名片接到右手上。

第三，接到名片后，一定要研究一下它的内容。之后，要说“见到你很高兴”之类的话，并复读其名，同时再鞠躬。记得在其名后加上“SAN”的发音（日语“先生”的读音，男女均如此）。在同交换过名片的日本人再会面时，千万不能忘记对方的名字。否则，日本人会认为你是在污辱他。

**3. 宴会礼仪**

日本人吃饭，通常将各种菜肴一次端上来。吃的顺序是，先喝汤，然后从各盘、碗中挑夹些菜。在就餐过程中，吃得很慢，总是用左手端汤、饭碗；用筷子另一头从公盘中夹菜；在结束前，不撤走空盘。而且，在开始吃饭时要说“我要吃饭了”，吃完还要说“我吃饱了”。

日本人对他们的独特烹饪术非常自豪。如果懂得一些欣赏、品尝日本菜的知识，往往会赢得日本人的尊重。还有，日本人认为善饮者才是好汉，要是他们问你要不要喝点，正确回答是“要”。

**4. 馈赠礼仪**

礼物在日本社会极其重要。在日本，商业性送礼是件很花钱的事，他们在送礼上的慷慨大方有时令人咋舌。赠送礼物时，通常是在社交性活动场所，如在会谈后的餐桌上。最好说些“这不算什么”之类的话。另外，要注意日方人员的职位高低，礼物要按职位高低分成不同等级。如果总经理收到的礼物同副总经理一样，那前者会觉得受了侮辱，后者也会感到尴尬。

## 二、日本人商务活动禁忌

**1. 言谈禁忌**

日本人有不少语言忌讳，如“苦”和“死”，就连谐音的一些词语也在忌讳之列，如数字“4”的发音与死相同。“13”也是忌讳的数字，许多宾馆没有“13”楼层和“13”号房间，羽田机场也没有“13”号停机坪。在喜庆场合，忌说“去”“归”“返”“离”“破”“薄”“冷”“浅”“灭”“重复”“再次”“破损”“断绝”等不吉和凶兆的语言。商店开业和新店落成时，忌说“烟火”“倒闭”“崩溃”“倾斜”“流失”“衰败”及与“火”相联系的语言。交谈中忌谈人的生理缺陷，不说如大个、矮子、胖墩、秃顶、麻子、瞎、聋、哑巴等字眼，而称残疾人为身体障碍者，称盲人为眼睛不自由者，称聋子为耳朵不自由者等。第二次世界大战为与日本人交谈忌讳的话题。

**2. 信仰禁忌**

日本人大多数信奉神道和佛教。他们不喜欢紫色，认为紫色是悲伤的色调；最忌讳绿色，认为绿色是不祥之色。他们还忌讳 3 人一起“合影”，认为中间的人被左右两人夹着，是不幸的预兆。日本人忌讳荷花，认为荷花是丧花。日本人不愿接受有菊花或菊花图案的东西或礼物，因为它是皇室家族的标志，一般人不敢也不能接受这种礼物或礼遇。日本人喜欢的图案是松、竹、梅、鸭子、乌龟等。

**3. 行为禁忌**

日本有纪律社会之称，人们的行为举止受一定规范的制约。在正式商务场合，男女须穿西装、礼服，忌衣冠不整、举止失措和大声喧哗。在日本，用手抓自己的头皮是愤怒和不满的表示。进入日本人的住宅时必须脱鞋。在日本，访问主人家时，窥视主人家的厨房是不礼貌的行为。

**4. 饮食禁忌**

日本人在饮食中一般不吃肥肉和猪内脏，也有人不吃羊肉和鸭子；招待客人忌讳将饭盛的过满过多，也不可一勺就盛好一碗；忌讳客人吃饭一碗就够，只吃一碗被认为是象征无缘；忌讳用餐过程中整理自己的衣服或用手抚摸、整理头发，因为这是不卫生和不礼貌的举止；日本人使用筷子时忌把筷子放在碗碟上面。在日本，招呼侍者时，得把手臂向上伸，手掌朝下，并摆动手指，侍者就懂了。

**5. 其他禁忌**

日本人接待客人不是在办公室，而是在会议室、接待室，他们不会轻易领人进入办公机要部门。日本不流行宴会，商界人士没有携带夫人出席宴会的习惯。商界的宴会是在大宾馆举行的鸡尾酒会。日本人没有互相敬烟的习惯。在日本，没有请同事到家与全家人交往的习惯。日本人从来不把工作带到家里，妻子也以不参与丈夫的事业为美德。

## 任务实施

### 案例分析

小王因为公务去日本出差，闲暇时间去购物。当他进入日本的商店时，立刻被商店里那琳琅满目的商品吸引了。他看中了一个新款的电子产品，售货员礼貌地接待了他。当他得知售价后，觉得有点儿贵，就问售货员："能不能便宜些啊？"售货员微微一笑没有回答，他又追着人问："你要是不便宜我就不买了。"售货员没有答话转身离开了，小王非常生气，这售货员怎么这种态度呢？

思考与讨论：日本购物习惯与中国有何不同？

### 温馨贴士

**日本人用筷之"八忌"**

日本人同中国一样也使用筷子。不过，日本人用筷有八忌，称为"忌八筷"，即舔筷，迷筷（持筷子在菜上游移，拿不定主意），移筷（夹动了一个菜不吃，又去动另一个菜），扭筷（扭动筷子），插筷（把筷子插在饭菜中或用筷子插食吃），掏筷（在菜中央用筷子掏着吃），跨筷（筷子跨放于碗或盘上），剔筷（用筷子剔牙）。

## 实训演练

以小组为单位，一名学生模仿日本人，演示日本的鞠躬礼，一名学生模仿接待人员行会面礼节。

# 学习子情景七 韩国商务礼仪与禁忌

## 知识目标

- 熟悉韩国人在商务场合中的见面、拜访、交谈、餐桌等礼仪细节。
- 熟悉韩国人在商务场合中的言谈、送礼等方面的禁忌表现。

## 能力目标

- 能在与韩国的商务往来中合理使用各种商务礼仪，展现出良好的礼仪风范。
- 能在与韩国的商务往来中尊重该国的风俗禁忌，表现出良好的个人修养。

## 情景引例

小王是一家中国知名公司驻韩国的区域经理，负责整个韩国的业务往来。在这里，他结交了很多生意上的朋友。小王工作期满就要回国去了，韩国的生意伙伴为了给小王送行，邀请他去家里做客。席间，因为是席地而坐，坐了一会儿，他觉得腿有点儿麻，心想“反正在桌子下面，大家也看不见”，就把腿伸直，很是舒服。主人不断地给他夹菜，他没有推托马上接受了，即便已经吃饱了但怕盘子里有剩余也强忍着都吃完了。但他发现，主人没有露出高兴的表情，反而很惊慌的样子，一个劲儿和自己道歉说招待得不周。

与韩国人吃饭应遵守用餐礼仪，席地而坐不能将双腿伸开，这是不礼貌的行为。另外，用餐时，应在盘里留些食物，而不能都吃干净，以免让主人尴尬。

## 知识准备

### 一、韩国人商务礼仪细节

**1. 见面礼仪**

韩国人在商务场合与客人见面时，习惯以鞠躬并握手为礼。握手时，用双手或右手，只是韩国人习惯握手为礼仅限于同性之间，而且主要是男士之间使用。女士一般不与男士握手，她们大多只是以鞠躬向他人致意。在商务交往中，将韩国人称为“先生”“夫人”或“小姐”都是可以的。韩国语有敬语法，在称呼上多使用敬语和尊称，很少会直接称呼对方的名字。要是对方在社会上是有地位头衔的，韩国人更是使用敬语和尊称。

韩国女子出门必须化妆。男子在商务场合亦重视衣着仪表，正式场合多着正装，不会过于前卫；女子亦可着传统韩服。

**2. 拜访礼仪**

在韩国，商务拜访必须预约。韩国人和外国人打交道时，喜欢准时。在商务场合，宜持英文、朝鲜文对照的名片，且可在当地速印。进主人的屋子或饭馆时要脱鞋。韩国人很重视业务交往中的接待，宴请一般在饭馆或酒吧间举行，他们的夫人很少在场。韩国人吃饭时所有的菜会一次上齐。到韩国人家里做客，最好带些鲜花或一些小礼物，要双手递给主人。主人一般不当着客人的面打开礼物。

**3. 交谈礼仪**

韩国人在人际交往中感情细腻，注重礼貌，讲究“温、良、恭、俭、让”。与人相见时，他们总要以真挚的微笑去面对对方，并无一例外地热情问候一声：“您好！”与他们交谈时，聊一聊传统文化、修身养性、专业技术等较为庄重的话题，会很受欢迎。在韩国，信佛教、儒教、天道教、基督教的人都不少，因此在交谈中不要涉及宗教问题。除此之外，还应有意识地主动回避政治、意识形态、妇女解放等问题。

**4. 餐桌礼仪**

韩国人口味偏清淡，不喜油腻，但特别喜欢吃辣味菜肴。他们通常吃烤、蒸、煎、炸、炒、汤类菜，喜食的菜肴有干烧鳜鱼、豆瓣鱼、肉丝炒蛋、细粉肉丝、香干绿豆芽、四生火锅、炸虾球、辣子鸡丁、干炸牛肉丝、鱼肉饺子等。辣泡菜和汤这两种食品是不可缺少的。

在餐桌上，韩国人的礼俗也不少。他们习惯于菜齐了之后一齐上桌，在进餐时不可边吃边谈；忌戴帽子，他们认为就餐中戴帽子，有终生受穷的意思。如果是韩式餐厅，男子需盘腿就座，而着裙装年轻女子则须跪坐。无论是谁，绝不能将双腿伸直或叉开，否则会被视为不懂礼貌或侮辱人。在韩国，勺子用于盛汤、喝汤、捞汤里的菜、装饭、吃饭等，而筷子一般只负责夹菜。筷子不用时，传统的韩国做法是将其放在右手方向的桌面上，两根筷子拢齐，2/3 在桌面上，1/3 在桌外，方便再次使用。勺子不用时架在饭碗或其他食器上。吃饭时，手中总应拿着筷子或勺子，否则主人会认为你不愿意吃或已经吃饱了。但不要同时用双手拿筷子和勺子，不用的餐具轻轻放下，不能发出声音。

## 二、韩国人商务活动禁忌

**1. 言谈禁忌**

韩国人在语言词汇上有许多忌讳。因为他们的语音文字与中国的文字语音有着不可分割的联系，故同音字和一词多义的也很多，如“私”“师”“事”“四”等字同“死”的发音类同。因此，人们对这些都很敏感，许多人还很忌讳，传统上都认为与“死”同音的字是不吉利的，“4”也是个预示厄运的数字。他们对“李”字的解释方法也有忌讳。韩国人也有李姓，但在解释“李”字的写法时，绝不要解说为“十八子”李。因为在韩国语中，“十八子”的读音与一个淫秽的词近似，听起来令人反感，尤其是男人在女人面前，绝不能说这种话，否则会被认为你是有意侮辱人。交谈时，他们忌讳有人在面前擤鼻涕、吐痰、掏耳朵或衣衫不整，他们认为这些都是不礼貌的举止。韩国人以韩语为傲，如以韩语与其对话，会令其倍感亲切与尊敬。韩国老人因历史原因，不喜欢日语。

**2. 送礼禁忌**

礼物是表达、联络情感的良好方式。韩国人好送礼，收到礼物亦是心情愉快。初次见面，韩国人喜欢送土特产等有意义且小巧的礼物，以示友好。对此可不必拒绝，应表示高兴并对其物品表示赞扬。非正式场合收到礼物时，可当场打开，以示喜欢。送韩国人礼物应慎重选择，不需太贵重、太多，但要有深意。送小孩子礼物应慎重，需征得其家长同意。

礼物一般以韩国产品为主，送礼时数目的选择要注意，忌讳“4”（与韩语的“死”字同音）等，不可触犯韩国数字禁忌。

**3. 其他禁忌**

韩国人对人的感情非常敏感，他们非常注意人们的反应和感情，因此他们也希望你与他们的感情协调起来。他们不愿意说“不”字来拒绝人家，同时，他们也不希望你说出“不”字来伤他们的面子。因此需要说“不”字时，要考虑如何才能表达得更委婉些，而不致伤害了对方。

韩国人希望他们的合作伙伴避免直接的批评或没有必要的无礼。虽然通常韩国人比日本人更加直接，但是他们自己仍然对能感觉到的怠慢非常敏感。

## 任务实施

### 案例分析

小李为了要见一位韩国商人，一大早就到理发店做了一个漂亮的发型，清清爽爽地去接机，一见面给韩国商人的印象很好。但接下来的几天里，小李为了让这个漂亮的发型一直保持，就没有洗发，头发开始散出了油和汗的气味。慢慢地，小李发现韩国商人不爱离他近了，并且刻意地对他疏远，每次看他的眼神都怪怪的。

思考与讨论：与韩国商人在一起，在个人卫生方面要注意什么？

**温馨贴士**

**韩国的“男尊女卑”文化**

在韩国，男性的社会地位要高于女性。在韩国民间，仍讲究“男尊女卑”。进入房间时，女人不可走在男人前面；进入房间后，女人须帮助男人脱下外套。男女一同就座时，女人应自动坐在下座，并且不得坐得高于男子。通常，女人还不得在男子面前高声谈笑，不得从男子身前通过。

韩国女性极少涉足商界。在韩国商务场合，看见女人给男人开门，并让男人先行通过的现象切勿感到惊奇，而西方职业女性则拒绝遵循这些规则。

## 实训演练

练习韩国席地而坐的吃饭礼仪，体验在跪式的情况下韩国餐桌上的用筷、喝酒、聊天等细节。

# 学习子情景八　中国台湾地区商务礼仪与禁忌

## 知识目标

- 熟悉台湾人在商务场合中的见面、宴请、服饰等礼仪细节。
- 熟悉台湾人在商务场合中的送礼、言谈等方面的禁忌表现。

## 能力目标

- 能在与台湾地区的商务往来中合理使用各种商务礼仪，展现出良好的礼仪风范。
- 能在与台湾地区的商务往来中尊重该地区的风俗禁忌，表现出良好的个人修养。

## 情景引例

大陆一家餐厅内，来自台湾地区的旅游团在此用餐。当服务员发现一位 70 多岁的老人面前是空饭碗时，就轻步走上前，柔声说道："请问老先生，您还要饭吗？"那位先生摇了摇头。服务员又问道："那先生您完了吗？"只见那位老先生冷冷一笑，说："小姐，我今年 70 多岁了，自食其力，这辈子还没落到要饭吃的地步，怎么会要饭呢？我的身体还硬朗着呢，不会一下子完的。"

在这个对话中，服务员用词不合语法、不合规范，不注意对方的年龄，尽管出于好心，却在无意中伤害了客人。

## 知识准备

### 一、台湾人商务礼仪细节

**1. 见面礼仪**

台湾人在商务场合见面时，一般都以握手为礼。亲朋好友相见时，习惯施以拥抱礼或吻面颊的亲吻礼。台湾地区的高山族雅美人在迎客时，一般惯施吻鼻礼（用自己的鼻子轻轻地擦吻来宾的鼻尖），以示最崇高的敬意。台湾地区信奉佛教的人社交礼节为双手合十礼。

**2. 宴请礼仪**

台湾人宴请通常是在饭店而不是家里。台湾地区的饭菜极其丰盛，一顿饭可能有 20 道菜，所以在开始阶段要吃得少些以留有余地。祝酒是常见的。"干杯"的意思是一饮而尽，杯底朝天。筷子与瓷调羹是台湾地区常用的餐具。登门访问台湾人时，宜带一样小礼品，如水果、糖果或糕点。递送礼品或其他物品时应用双手奉上。接受宴请后写一封感谢信是必需的，并且受主人欢迎。

**3. 服饰礼仪**

台湾地区的公司里，男人应穿着正式西装，打领带。会议期间，如果与会者先脱掉外衣，你可效仿之。女性应该穿着长裙和宽松上衣或西装。参加休闲娱乐活动时也应注意穿着。女性穿着暴露被视为人品低劣。年轻人可穿短裤。穿衣整洁、干净至关重要。

## 二、台湾人商务活动禁忌

**1. 送礼禁忌**

台湾人忌讳以扇子赠人。他们认为扇子到天凉即不用，送扇子给人意味着迟早要抛弃对方，所以他们有“送扇无相见”之说。他们忌以手巾送人，因为他们有“送巾断根”之说。他们忌讳把剪刀送人，因其有“一刀两断”之说，送这种物品会让人觉得有一种威胁之感。他们忌讳以雨伞当作礼物送人，因为台湾地区方言中，“雨”与“给”谐音，“伞”与“散”谐音，“雨伞”与“给散”谐音，这样难免引起对方的误解。他们忌以甜果为礼送人，因其逢年过节常以甜果祭祖拜神，以甜果赠人容易使对方感到有不祥之兆。他们忌讳把粽子当作礼品送人，因其会被误解为把对方当作丧家。

**2. 言谈禁忌**

台湾人忌讳别人打听他们的工资、年龄及家庭住址，因为他们不愿意别人过问他们的私事。

**3. 其他禁忌**

台湾人最讨厌有人冲他眨眼，认为这是一种极不礼貌的行为。他们忌讳数字“4”，因其与“死”音近似，所以人们极为反感，故产生怕遇到数字“4”的心理。他们平时无论干什么都要设法避开“4”，或者改“4”为“两双”来说。

# 任务实施

### 案例分析

最近一段时间，有幸和台湾朋友相聚交流，在一些小事上，深深感受到台湾人的礼仪。

当朋友介绍台湾客人时，他们会主动走上前来，伸出手来和你握手，同时上体微微前倾，然后在掏出自己的名片时，也是双手恭敬递上，并连声说着“请多关照，请多关照”。

和台湾人在一起吃饭时，他们都会先吃完自己盘中的食物，然后才开始夹在自己附近的菜肴。当热情的主人用公筷替他们奉菜时，他们一定会起身弯腰，双手端着自己的盘子，同时嘴中说着：“谢谢！”

在酒桌上端起酒杯敬台湾地区的客人时，他们无论男女，都会双手举杯起立，连声说着：“谢谢！您请随意。”而当他们敬你酒时，他的杯子一定会低于你的酒杯。一般在酒桌上，绝大多数人是不抽烟的，也有少数人有抽烟的习惯，但如果桌上有孩子，不管烟瘾多大，他们是绝对不抽的。如果有女士，他们会礼貌地问一声：“我可以抽烟吗？”得到肯定以后，他们会拿出自己随身带的香烟。很奇怪，他们只抽自己的烟，也不敬烟。问及缘由，原来这是他们的习惯，因为各人有自己抽烟的喜好，如果你敬人家烟，而人家又不喜欢抽，这不是一种尴尬吗？

思考与讨论：请总结上述案例中台湾人有哪些值得我们学习的地方？

### 温馨贴士

**台湾地区用语与大陆用语**

| 台湾地区用语 | 大陆用语 | 台湾地区用语 | 大陆用语 |
|---|---|---|---|
| 网咖 | 网吧 | 随身碟 | U 盘 |
| 部落格 | 博客 | 水准 | 水平 |
| 公共汽车 | 公交车 | 警察局 | 公安局 |
| 捷运 | 地铁 | 保存期限 | 保质期 |
| 计程车 | 出租车 | 司机 | 师傅 |
| 先生、小姐 | 服务员 | OK 绷 | 创可贴 |

### 实训演练

查阅资料，探究台湾地区与大陆礼仪与禁忌方面的异同。

## 学习子情景九　澳大利亚商务礼仪与禁忌

### 知识目标

- 熟悉澳大利亚人在商务场合中的问候、名片、拜访、宴请等礼仪细节。
- 熟悉澳大利亚人在商务场合中的肢体语言、言谈等方面的禁忌表现。

### 能力目标

- 能在与澳大利亚的商务往来中合理使用各种商务礼仪，展现出良好的礼仪风范。
- 能在与澳大利亚的商务往来中尊重该国的风俗禁忌，表现出良好的个人修养。

### 情景引例

日本的钢铁和煤炭资源短缺，渴望购买煤和铁。澳大利亚生产煤和铁，并且在国际贸易中不愁找不到买主。按理来说，日本人的谈判者应该到澳大利亚去谈生意。但日本人总是想尽办法把澳大利亚人请到日本来谈生意。

澳大利亚人一般都比较谨慎，讲究礼仪，而不会过分侵犯东道主的权益。澳大利亚人到了日本，使日本方面和澳大利亚方面在谈判桌上的相互地位就发生了显著的变化。澳大利亚人过惯了富裕的舒适生活，他们的谈判代表到了日本之后没过几天，就急于想回到故乡别墅的海滨和妻儿身旁去，在谈判桌上常常表现出急躁的情绪；而作为东道主的日本谈判代表则不慌不忙地讨价还价，因此掌握了谈判桌上的主动权。结果日本方面仅仅花费了少量款项做“鱼饵”，就钓到了“大鱼”，取得了大量谈判桌上难以获得的东西。

日本人在了解了澳大利亚人恋家的特点之后，宁可多花招待费用，也要把谈判争取到自己的主场进行，并充分利用主场优势掌握谈判的主动权，使谈判结果最大限度地对己方有利。

## 知识准备

### 一、澳大利亚人商务礼仪细节

**1. 问候礼仪**

澳大利亚人第一次见面时习惯互相握手。不过有些女子之间不握手，女友间相逢时常亲吻对方的脸。澳大利亚人大都名在前，姓在后。称呼别人先说姓，接上先生、小姐或太太之类。熟人之间可称小名，熟悉之后就直呼其名并且喜欢紧紧地握手。男人往往把他们的朋友亲密地唤作 mate（伙计）。

**2. 名片礼仪**

在澳大利亚经商或从事类似的工作，携带名片是很重要的。名片是向对方提供其身份的证明，收到名片的人通常会将它保存起来作为对你的地位的记录，并知道如何与你进行联系。国人赠送给澳大利亚人的名片应当用中文和英文或中文和拼音文字印上其姓名、在公司中的职务及公司名称、电话、电传等。

**3. 拜访礼仪**

商务约会一定要准时，在澳大利亚，人们时间观念特别强，历来十分重视办事效率，对约会讲究信义，有准时赴约的良好习惯。商务约会迟到勿超过半小时，如果你不得已而迟到，最好先打电话通知对方，并告诉他你将会到达的时间，对方会欣赏你的做法。

如果澳大利亚人邀请你晚上到他家里做客或吃晚饭，一般做法是带一件不太昂贵的礼物，如鲜花、巧克力或一瓶红酒。问清楚男主人或女主人应什么时间到达，并问明穿着要求是正式还是随意。若是聚餐，可问明应不应带点自制的食品。女主人会照例带头开始用餐，先让客人取用主菜，然后自己才用。多数澳大利亚人都率直，如果不喜欢吃某样东西，只需说“不，谢谢你”。如果你喜欢吃传给你的东西，就接下来，说“谢谢”即可。临近结束时，主人或女主人如有疲倦的迹象，则意味着该是告辞的时候了。宴会之后数天，打一个电话或寄一张简短的致谢函（call or send a short thank-you note），会令主人感到欣慰。礼尚往来，如果礼仪周到，应该在几个星期之后回请一次。

**4. 宴请礼仪**

澳大利亚人把工作时间和休闲时间严格分开，界限分明，认为工作是在办公室里做的事情，下班后应该全部忘掉，因此，他们通常不喜欢在餐桌上谈论公事，唯恐因此而倒了胃口。澳籍美国移民后裔则恰恰相反，他们特别喜欢边吃边谈，内容包括生意在内的一切公事，而且常常谈得很带劲，他们的许多生意就是在餐桌上谈成的。如果请吃饭，要问清楚对方有没有不吃的东西，很多澳洲人饮食上有信仰方面的忌讳，问清楚一些，对方会认为是一种礼貌。尽量谈轻松的话题，如当地的天气（local weather）、风俗（customs）等。

## 二、澳大利亚商务活动禁忌

**1. 肢体语言禁忌**

在澳大利亚，即使很友好地向人眨眼（尤其是女士），也会被认为是极不礼貌的行为。在商务场合，忌讳打哈欠、伸懒腰等小动作。

**2. 言谈禁忌**

澳大利亚人讨厌议论种族、宗教、工会和个人私生活及等级、地位问题，不喜欢听“外国”或“外国人”这一称呼。他们认为这是抹杀个性的失敬行为，因为人与人是不同的，应当区别对待，过于笼统的称呼比较失礼。

虽然不少澳大利亚人私下里会对自己与英国存在某种关系而津津乐道，但在正式场合，他们很反感将本国与英国处处联系在一起。

**3. 其他禁忌**

在公共场所大声喧哗，特别是隔门喊人，是最失态、最无礼的行为。澳大利亚人极其厌恶在公共场合制造噪声，当地银行、邮局、公共汽车站等公共场所都秩序井然。

周日是澳大利亚基督徒的“礼拜日”，所以一定不要在周日与其约会，这是非常不尊重对方的举动。

澳大利亚人对兔子特别忌讳。他们认为兔子是一种不吉祥的动物，人们看到它都会感到倒霉，因为这预示着厄运将要临头。因此出口澳大利亚的商品须注意避免使用诸如兔子等不受当地人欢迎的动物图案做商标，以免招致人们的冷落。前往澳大利亚开展商务活动，最好选择在 3 月至 11 月进行，其他时间多为节假日，应避免前往。

# 任务实施

### 案例分析

中国一家外贸企业的业务员小李某日接待来自澳大利亚的商业代表团。为表示出中国人的热情，小李与澳大利亚人见面时用双手紧紧地握住对方的手，并直呼其名。对方立马后退了几步，脸上流露出不满的表情。

思考与讨论：小李哪里做得不到位了？与澳大利亚人相处时应该注意什么？

**温馨贴士**

**了解澳大利亚的语言**

英语是澳大利亚的官方语言，95%的澳大利亚人讲英语。澳大利亚的语法和拼写是英式英语与美式英语的混合体。例如，澳大利亚的多数党——工党被拼写成“Labor”（美式拼法），而不是“Labour”（英式拼法）。

尽管大多数澳大利亚人都讲英语，但是他们同外国人用英语沟通起来却可能存在困难，这种困境确实经常出现。历史上澳大利亚的英语形成了大量的口音和俚语，造就了奇特的澳大利亚口语。一些意义上不同的成语包括：

"Full bottle"=见多识广，知识渊博的

"No worriers"=没问题

"Fair dinkum"=真的

澳大利亚人习惯于把单词缩短到一个音节，然后在词尾增加一个长音[i:]。所以"户外烧烤"（barbecue）简化成"Barbie"，"蚊子"（mosquito）变成了"mozzi"，澳大利亚人自己也变成了"Auzzies"而不是"Australians"。交谈时不要使用"stuffed"这个词汇（这是美国人用来表示"吃饱了"的用语），也要避免使用"rooting"（在美国指为最喜欢的球队打气加油），这些词语在澳大利亚都有粗俗的含义。

## 实训演练

模拟会见澳大利亚外宾的场景，进行身份介绍的练习。

# 学习子情景十　印度商务礼仪与禁忌

### 知识目标

- 熟悉印度人在商务场合中的见面、餐桌、服饰等礼仪细节。
- 熟悉印度人在商务场合中的信仰、饮食等方面的禁忌表现。

### 能力目标

- 能在与印度的商务往来中合理使用各种商务礼仪，展现出良好的礼仪风范。
- 能在与印度的商务往来中尊重该国的风俗禁忌，表现出良好的个人修养。

## 情景引例

云南省的一家外贸公司与印度某商贸公司新近做成一笔生意。为使合作愉快，加强两公司今后的联系，努力成为密切的商业伙伴，中方决定向印方赠送一批具有地方特色的工艺品——皮质的相框。中方向当地的一家工艺品厂定制了这批货，这家工艺品厂也如期保质保量地完成了。当赠送的日子快要临近时，这家外贸公司的一位曾经去过印度的职员突然发现这批相框是用牛皮做的，这在奉牛为神明的印度是绝对不允许的。很难想象如果这批礼品赠送给印方会产生什么样的后果，幸好及时发现，才使中国的这家外贸公司没有犯下错误，造成损失。他们又让工艺品厂赶制了一批新的相框，这回在原材料的选择上特地考察了一番。最后在将礼品送给对方时，对方相当满意。

在对外交往中，双方互赠礼品是常见的事。礼品可以表达彼此的敬意和良好祝愿。要使赠送礼品达到最好的效果，就必须遵守相关国家或地区的礼仪规范，否则，可能会事与愿违。

## 知识准备

### 一、印度人商务礼仪细节

**1. 见面礼仪**

印度人相互见面的礼节有合掌、举手示意、拥抱、摸脚、吻脚。一般两手空着时，口念敬语“纳马斯堆”，同时要施合掌礼。合掌之高低，对长者宜高，两手至少要与前额相平；对晚辈宜低，可齐于胸口；对平辈宜平，双手位于胸口和下颌之间。若一手持物，则口念“纳马斯堆”，同时要举右手施礼。对于长辈，或者对某人表示恳求时，则施摸脚礼（用手摸长者的脚，然后再用手摸一下自己的头，以示自己的头与长者的脚相接触）。摸脚跟和吻脚礼是印度的最高礼节。印度东南部的一些少数民族的人与客人相见时，总把自己的鼻子和嘴紧紧贴在对方的面颊上，并用力地吸气，嘴里还要叨念着“嗅一嗅我”，以示其对客人的崇敬。印度安达曼群岛上的森蒂纳尔人，在与久别挚友重逢时，双方要交替互坐膝头，并热烈地拥抱数分钟，以表示相逢后的喜悦心情。印度伊斯兰教徒的见面礼节是按其传统宗教方式，用右手按胸，同时点头，口念“真主保佑”。在现代商务场合中的印度男人们，也开始运用握手礼节了，但印度妇女除在重大外交场合外，一般不与男人握手。

**2. 餐桌礼仪**

在印度人的餐桌上，主人一般会殷勤地为客人夹菜，客人不能自行取菜。同时，客人不能拒绝主人给你的食物和饮料，食品被认为是来自上帝的礼物，拒绝它是对上帝的忘恩负义。盘中吃不完的食品，不要夹给别人，一旦你接触过那些食品，它就变为污染物。许多印度人在就餐前还要弄清他们的食物是否被异教徒或非本社会等级的人碰过。

当快吃完的时候，主人往往会给每人端上一小碗温水，上面还漂着一块柠檬，这水可千万不能喝，它是用来洗手的。饭后，还会端上一盘绿色麦粒状的香料，供大家咀嚼，以消除口中的异味。

**3. 服饰礼仪**

印度人着装朴素、清洁，但各民族有异。印度斯坦族男子一般着装：上身“吉尔达”，即宽松圆领长衫，下身穿“陀地”，即以一块白布缠绕在下身、垂至脚面的围裤。在正式活动中，则在“吉尔达”之外再加外套。妇女着纱丽，由一大块丝制长巾披在内衣之外。印度教徒戴白色船形帽，伊斯兰教徒戴伊斯兰小帽，锡克教徒包裹头巾。

在印度初次访问公司、商会或政府机关，宜穿西服，并事先订约。印度人在服装色彩方面喜欢红、黄、蓝、绿、橙色及其他鲜艳的颜色。

首饰是印度人日常生活中一种不可缺少的装饰品。即使是家境清贫的女子，也要佩戴一些不值钱的金属或塑料首饰。自古以来，印度人就认为，向女子赠送首饰是男子应尽的义务，女子也应充分利用首饰来打扮自己。

## 二、印度商务活动禁忌

**1. 信仰禁忌**

印度人大多信奉印度教，一小部分人信奉伊斯兰教、基督教、锡克教、佛教等。他们忌讳白色，认为白色表示内心的悲哀，习惯用百合花当作悼念品。他们忌讳弯月的图案。他们把“1”“3”“7”视为不吉利的数字，所以总要设法避免这些数字的出现。他们忌讳左手传递东西或食物，也不愿见到有人使用双手与他们打交道。

印度耆那教教徒有忌杀生、忌食肉类、忌穿皮革和丝绸的宗教习俗。他们甚至把飞虫等都列入不能误伤的忌项。

**2. 饮食禁忌**

印度人食素者特别多，而且社会地位越高的人越忌荤食。根据教规，印度教教徒和锡克教教徒不吃牛肉，伊斯兰教教徒不吃猪肉。

印度人忌吃蛇肉、笋类、蘑菇和木耳。还有不少印度人甚至不吃鸡蛋。印度人喜欢吃中餐，喜欢分餐制，不习惯用刀叉和筷子。印度人吃饭大多使用盘子，千万注意，吃饭时，用右手抓着吃（抓饭时大多只用 3 个手指，即拇指、食指和中指）。印度人认为吃饭中很多快感来自触觉，更重要的是，用手抓饭可以了解食物的温度，且只准用右手递接食物，不能用左手。与印度人接触时，切忌用左手递东西给他，因为他们认为左手肮脏，右手干净。吃饭用右手抓取，不但吃米饭用手抓，就连稀粥也能用手抓入口中。在印度，除上洗手间外均不使用左手。伸左手就是对别人的侮辱，弄不好他们会把你用左手递的东西砸烂，盛怒之下，还可能臭骂你一通。

**3. 其他禁忌**

就餐的时候，印度人最忌讳在同一个容器里取用食物，也不吃别人接触过的食物，甚至别人清洗过的茶杯，也要自己再洗涤一遍后才使用。

印度人用手也是有忌讳的，那就是他们只用右手抓食物，而左手绝对不得用来触碰食物。印度人认为，左手是专门用来处理不洁之物的，因此吃饭时，他们的左小臂一般沿桌边贴放，手垂放于桌面以下，或者干脆把左手藏在隐蔽的地方。

在市场上陈列的花朵，禁止人们用鼻子嗅或用手摸，有上述行为将被人们厌恶。

印度忌吹口哨，特别是妇女。在饭店、商店等服务性行业中，用吹口哨的方式来招呼侍者被视为冒犯他人人格的失礼行为。

头是印度人身体上最神圣的部分，故不可直接触摸他们的头部。

## 任务实施

### 案例分析

在一次印度代表团前来我国某城市的一家外贸公司进行访问时，为了表示我方的诚意，有关方面做了积极准备，就连印度代表下榻的饭店里也专门换上了宽大、舒适的牛皮沙发。可是，在我方的商务公关人员事先进行例行检查时，这些崭新的牛皮沙发却被责令立即撤换掉。

思考与讨论：为什么要更换牛皮沙发？

**温馨贴士**

**印度人的肢体语言**

（1）印度人认为头部是灵魂的寄居地点。永远不要触碰别人的脑袋，更不要拍孩子的头。

（2）直立的时候把手放在臀部。“双手叉腰”的姿势会被解释为一种愤怒、攻击的姿势。

（3）在印度，两人站立时恰当的距离依据具体的文化而定。通常而言，印度人会相隔一米左右。

（4）用手指指点点是一种粗鲁的方式，印度人用下颚指点。

（5）在任何场合下吹口哨都是一种不礼貌的行为。

（6）眨眼睛会被认为是一种侮辱，或者异性之间的挑逗。

（7）被印度人抓住耳朵意味着真挚或悔意。耳朵在印度人看来是神圣的附属物，拉扯或打某人的耳朵是莫大的侮辱。

（8）永远不要用脚指向别人，因为脚被认为是不洁之物。如果你的鞋或脚碰到了别人，要进行道歉。

**实训演练**

演练印度不同民族的见面礼节。

## 学习子情景十一　俄罗斯商务礼仪与禁忌

**知识目标**

- 熟悉俄罗斯人在商务场合中的称呼、拜访、交谈、餐桌等礼仪细节。
- 熟悉俄罗斯人在商务场合中的言谈、饮食等方面的禁忌表现。

**能力目标**

- 能在与俄罗斯的商务往来中合理使用各种商务礼仪，展现出良好的礼仪风范。
- 能在与俄罗斯的商务往来中尊重该国的风俗禁忌，表现出良好的个人修养。

**情景引例**

俄罗斯的餐桌上放有两个杯子：一个是水杯，另一个是盛伏特加的酒杯。注意，一旦打开一瓶伏特加酒，你就必须把它一饮而尽。许多伏特加酒瓶没有再密封的瓶盖。

俄罗斯人坚信自己即便狂饮也能保持清醒的头脑，因此他们更乐意在你喝醉的时候和你谈生意。在俄罗斯，人们不喜欢同时混着喝几种不同的酒。

## 知识准备

### 一、俄罗斯人商务礼仪细节

**1. 称呼礼仪**

在正式场合，俄罗斯人采用“先生”“小姐”“夫人”之类的称呼。在俄罗斯，人们非常看重人的社会地位。因此对有职务、学衔、军衔的人，最好以其职务、学衔、军衔相称。

俄罗斯人的姓名分为三部分，其排列顺序为本人名字、父亲名字、姓氏。俄罗斯人初相识时，一般称姓。对晚辈可直呼其名，对成年人则称其名和父称，也可称其职务，或者对方引以为傲的头衔。在同对方的主要决策者交往时，也要利用自己的身份头衔，给人留下深刻的印象。

依照俄罗斯民俗，在用姓名称呼俄罗斯人时，可按彼此之间的不同关系，具体采用不同的方法。只有与初次见面之人打交道时，或者在极为正规的场合，才有必要将俄罗斯人的姓名的三个部分连在一起称呼。

**2. 拜访礼仪**

前去拜访俄罗斯人时，进门之后请立即自觉地脱下外套、手套和帽子，并且摘下墨镜，这是一种礼貌。拜访时若要送礼，俄罗斯人认为礼物不在贵重而在于别致，太贵重的礼物反而使受礼方过意不去，常会误认为送礼者另有企图。

**3. 交谈礼仪**

俄罗斯商人非常注重礼貌，与对方相见，总要相互问好；经常会把“对不起”“请”“谢谢”等谦语挂在嘴边。他们对比较生疏的人，常以相当于汉语里的“您”字表示尊敬和客气。在正式场合，介绍、问候时的称呼应合乎礼仪，体现尊重和友好。

俄罗斯商人具有较高的商务礼仪修养，在工作中变礼貌为服务，让礼貌带来效益。随着市场经济和现代化的发展，传统的礼仪文化不但没有消融，反而更加详尽、更加严格、更加规范、更加职业化。

**4. 餐桌礼仪**

在饮食习惯上，俄罗斯人讲究量大实惠，油大味浓。他们喜欢酸、辣、咸味，偏爱炸、煎、烤、炒的食物，尤其爱吃冷菜。

俄罗斯人以面食为主，他们很爱吃用黑麦烤制的黑面包。除黑面包之外，俄罗斯人大名远扬的特色食品还有鱼子酱、酸黄瓜、酸牛奶等。吃水果时，他们多不削皮。

在饮料方面，俄罗斯人很能喝冷饮。具有该国特色的烈酒伏特加，是他们最爱喝的酒。此外，他们还喜欢喝一种叫“格瓦斯”的饮料。

用餐时，俄罗斯人多用刀叉。他们忌讳用餐发出声响，并且不能用匙饮茶，或者让其直立于杯中。通常，他们吃饭时只用盘子，而不用碗。

参加俄罗斯人的宴请时，宜对其菜肴加以称道，并且尽量多吃一些。俄罗斯人将手放在喉部，一般表示已经吃饱。

## 二、俄罗斯人商务活动禁忌

**1. 言谈禁忌**

俄罗斯人忌讳的话题有政治矛盾、经济难题、宗教矛盾、民族纠纷、苏联解体、阿富汗战争及大国地位问题。

**2. 饮食禁忌**

俄罗斯人在饮食上，一般不吃乌贼、海蜇、海参和木耳等食品；还有些人对虾和鸡蛋不感兴趣。境内的鞑靼人忌吃猪肉、驴肉和骡子肉。境内的犹太人不吃猪肉，不吃无鳞鱼。伊斯兰教徒禁食猪肉和使用猪制品。

**3. 其他禁忌**

俄罗斯特别忌讳“13”这个数字，认为它是凶险和死亡的象征。相反，他们认为“7”意味着幸福和成功。俄罗斯人不喜欢黑猫，认为它不会带来好运气。俄罗斯人认为镜子是神圣的物品，打碎镜子意味着灵魂的毁灭。但是如果打碎杯、碟、盘则意味着富贵和幸福，因此在喜筵、寿筵和其他隆重的场合，他们还特意打碎一些碟盘表示庆贺。俄罗斯人通常认为马能驱邪，会给人带来好运气，尤其相信马掌是表示祥瑞的物体，认为马掌既代表威力，又具有降妖的魔力。俄罗斯人有“左主凶右主吉”的传统思想观念，认为左手握手或左手传递东西及食物等，都属于一种失礼的行为。遇见熟人不能伸出左手去握手问好。

在进行商务交谈时，俄罗斯商人对合作方的举止细节很在意。站立时，身体不能靠在别的东西上，而且最好挺胸收腹；坐下时，两腿不能抖动不停。在交谈前，最好不要吃散发异味的食物。在会谈休息时可以稍微放松，但不能做一些有失庄重的小动作，如伸懒腰、掏耳朵、挖鼻孔或修指甲等，更不能乱丢果皮、烟蒂和吐痰。

## 任务实施

### 案例分析

一俄罗斯民间艺术团体应邀来我国访问，负责接待的我方人员很早就到达了机场，准备好了鲜花等待对方的到来。当飞机到达后，客人们走下飞机，我方人员热情地迎了上去，并和对方一一握手。为了表达我们与对方的亲近，我方一工作人员热情地搂着对方的肩膀往外走，但是出乎大家意料的是，这位客人很自然地甩开了，并且有意地在保持距离。

思考与讨论：与俄罗斯人初次见面时应注意哪些方面的礼仪？

**温馨贴士**

**在俄罗斯应避免的几种错误行为**

俄罗斯人通常用同样的标准评判本国人和外国人。下面列举几种错误的行为：

（1）进入公众场合（特别是剧院）时，身着外套（脚穿长筒靴）。你应把外套存放在衣帽间。在音乐厅、餐厅等场所，人们不应穿着外套。许多办公大楼也设有衣帽间。

（2）站立或溜达时，双手放在口袋里。在公众场合，尤其应当杜绝这种行为。

（3）穿着不太正式的职业装，如白领的彩色衬衣。

（4）在室内吹口哨。这不仅是一种错误的行为，而且被迷信地认为这种行为会让人伤财。

## 实训演练

（1）模仿接见俄罗斯商人和友人的细节，着重注意接待方面的礼仪，力求做到细致、得体。

（2）假如你要去一位俄罗斯朋友的家拜访，应该挑选什么礼物？

# 09 学习情景九 外贸人士求职面试礼仪

## 开篇语

“细节决定成败。”面试的成功离不开对细节的把握，求职者只有在清楚面试流程的基础上，充分了解各个环节，注重各环节的礼仪表现，才能够在面试中脱颖而出。面试是面对面的情感交流，而面部表情是一个人情感的“晴雨表”。人的内心世界的复杂活动，都通过面部表情不断变化表现出来，而且这比语言表达得更丰富、更深刻。加州大学洛杉矶分校的一项研究表明，个人给他人留下的印象，7%取决于用词，38%取决于语音语调，55%取决于非语言交流。而非语言交流包括前一学习情景中提到的仪表礼仪，也包括本学习情景里要学习的面试举止礼仪。一个人的举止仪态是一种无声的语言交流，但此处无声胜有声。在面试中，恰当使用非语言交流的技巧，将为你带来事半功倍的效果。

## 学习子情景一　面试仪表礼仪

### 知识目标

- 了解外贸行业的仪表要求。
- 了解求职面试时挑选服装符合 TOP 原则。
- 了解求职面试时四季着装规范。

### 能力目标

- 面试时呈现适宜的妆容。
- 面试时选对服装和配饰。
- 会制作求职简历。

### 情景引例

小眉到一家外企去应聘秘书。去面试之前，她对自己进行了精心修饰：身着时下最流行的牛仔套裙，脚蹬一双白色羊皮短靴，橘色的挎包。为和这身打扮配套，小眉还化了彩妆，并对自己的打扮相当满意。

来到公司，小眉发现自己在众多应聘者中显得那么与众不同，她甚至感到一点得意。正在这个时候，小眉碰见了恰好来此处办事的好朋友丽丽。“你也来找人吗？”丽丽问。“我是来应聘的。”“应聘？你的这身打扮更像约人去喝下午茶。”快人快语的丽丽说道。

“是吗？”小眉疑惑起来。她环顾了一下四周，果然其他人都穿素色的职业套装。小眉的心里一下子变得不稳定起来，开始的自信也动摇了。在后面的面试中，小眉完全乱了阵脚，结果也就可想而知。

同样的，另有一名男生因穿着运动裤、球鞋参加招聘面试惨败而归。主考官这样评价他：“如果他有职业水准的话，就不会那样做。虽然在工作的时候未必一定要穿得非常正式，但在面试时的标准应该提高。”

关于“面试的时候应该穿什么衣服”的问题，负责招聘的面试官们的答案几乎是一致的：“穿适合该行业和该职业的服装。”外贸行业企业对从业人员的仪容仪表要求较之一般的公司更高。仪表礼仪既是一个人审美观的表现，也是文化素养的具体反映。参加面试时，合乎自身形象的着装会给人干净利落、有专业精神的印象。男士应显得干练大方，女士应显得端庄、雅致。有时候，一些看起来毫不起眼的小小的“失误”常会令求职者功败垂成。请记住，用自己的仪表形象，向招聘者表明“我是最合适的人选”。

## 知识准备

### 一、根据 TOP 原则挑选面试着装

着装的“TOP”原则，即着装要考虑到时间（Time）、地点（Place）、场合（Occasion）。面试一般都会选择白天在室内进行，面试时的着装要适合求职这一主题。

你可以提前几天去即将面试的公司观察员工的穿着打扮、仪容仪表，以及该公司的企业文化，做足功课，从而确定面试当天你将呈现怎样的妆容及着装。

如果你没时间做功课，那保守的商务职业着装总是最安全的，也显示了你对此次面试的重视。

### 二、根据四季来选择面试着装

一年四季的变化是大自然的规律，人们在着装时也应遵循这一规律。穿着应该体现时间的协调性，做到冬暖夏凉、春秋适宜。夏季以轻柔、凉爽、简洁为着装格调，服饰色彩与款式的选择要充分考虑他人视觉与心理上的感受，同时也使自己感觉轻快凉爽。夏装切忌拖沓烦琐、色彩浓重，以免给自己与他人造成生理与心理上的负担。尤其是女士更要注重这个问题，否则，层叠褶皱过多的服饰会使人燥热难耐，而且一旦出汗还会影响面部化妆的效果。冬季应以保暖、轻便为着装原则，避免着装过厚而显得臃肿不堪、形体欠佳，也要避免为了形体美观而着装太薄，影响体温而面青唇紫、龟缩一团。

### 三、注意三个重点、一个感觉

企业人力资源经理根据多年的招聘经历，总结出面试要看三个重点及一种感觉，即头发、首饰配件、鞋子与对人物的感觉。

**1. 头发**

头发代表一个人的个性与整洁的习惯，如油腻的头发说明这个人整洁习惯欠佳。所以求职者在面试的时候，一定要记住头发的整洁远比发型更重要。衡量头发整洁的标准有：

发型款式大方，不怪异，不太长也不太短，前发以不要遮眼遮脸为好，男士鬓角的头发不要过耳；头发干净整洁，无汗味，没头屑，不要过多使用发胶。

**2. 首饰**

首饰不但说明了一个人的品位，也代表了对自我的要求。从地摊、精品店或其他地方购得的首饰，道出了个人的生活水平与消费品位。然而价格并不能代表品位高低，搭配是否得体才能体现品位。总的来说，平时不戴首饰的人，在面试时也最好不戴，要知道简单就是品位。以男生为例，面试当天千万不能打扮过头，不要佩戴镶宝石的领带夹、闪亮的袖扣、造型夸张的眼镜或手表等引人注目的配件。

在面试非时尚媒体类的工作岗位时，最好也不要戴耳环。女生如果戴首饰，在面试时也应选择秀气、高雅的首饰来佩戴，千万不可佩戴贵重的珠宝。在佩戴时，也要注意不让首饰发出声音。

**3. 鞋子**

鞋子是最容易被忽略的部分，往往最能透露某种信息。一位服装仪容看起来都很完美的人，只是在交谈的过程中，被面试官无意地瞥见了藏在裤管底下的肮脏鞋子，先前的所有努力可能将全部付之东流。鞋子虽然不起眼，却能体现个人做事的细心程度，因此公司在选人时也很注意这一点。穿鞋的时候应注意的要点有：如果男生穿的是西服，那么就应该穿皮鞋。运动鞋、布鞋、凉鞋与西服是不兼容的。鞋子体现稳健最好，别出心裁的鞋样在这里没有市场。绝对不要为了显出你不羁的生活方式而拒绝穿袜子，袜子一般要和裤子的颜色相适合，不妨选择黑色或深色的，袜子要有一定的长度，长到在你坐下或交叉两腿时不露出白腿为宜。女生的鞋要和衣裤相适应，不穿鞋跟太高太细的鞋，长筒靴和带扣的鞋也会显得不合时宜。如果有鞋掌，最好选择塑料质地，金属质地的鞋掌使你的脚步声如同马蹄声，效果不好。

**4. 感觉**

感觉是件很抽象的事情，一般的面试都是理性进行，因为面试时主要比较求职者的客观条件而非主观条件。例如，有些公司在面试时，除了注重求职者已有的资历和学识，对于自己公司的人才需求也有自己的特定感觉。这种感觉可以是视觉、听觉、触觉等。在此以视觉为例进行阐述。一位资深的人力资源经理说："即使讲究科学的资讯业也可以利用个人的感觉找到工作机会。资讯业是所有产业里最注重企业形象、企业识别标志与企业文化的行业，每一家资讯公司都有代表该企业的标识与特定颜色，求职者如果在面试当天的服装色调上，巧妙融合该公司的代表色彩，那么你的积极程度更能取悦主考官。"举例来说，应征百事可乐公司的人可以从红和蓝当中选择其一。如果所应征的公司还没有采用标识色彩时，求职者可以从应征工作的属性来选择面试当天所穿服装的色彩。如果你所应征的是管理工作，那么深蓝色就相当适合，它给人一种稳定感；如果应征充满活力与健康的工作，代表朝气的红色和浅蓝色就相当适合；应征女性产品销售员的人则可选择粉红、粉紫、粉绿等粉色系，男性求职者则可选择天蓝色等代表阳光、健康的服装，借以制造易于亲近的感觉。

## 四、面试前的物件准备

求职者在参加面试前，化好妆容，穿戴好衣服、配饰后，还要注意做好面试前的物件准备，如公文包、求职记录笔记本、多份打印好的简历、面试准备的材料、个人身份证、所获奖励证书、登记照等，所有准备好的文件都应该平整地放在一个文件夹或牛皮纸信封里。假如说着装是你面试时的“战袍”，那么公文包等物件就是你面试时的“武器”。

**1. 公文包**

求职时带上公文包会给人以专业人员的感觉。公文包不要求买很贵重的真皮包，但应看上去大方典雅，大小应可以平整地放下 A4 纸大小的文件。

**2. 笔记本**

笔记本可以记录参加过求职面试的时间、各公司名字、地址、联系人和联系方式，还可以对面试过程进行记录等。求职记录本应带在身边，以便记录最新情况或供随时查询。

**温馨贴士**

**面　试**

（1）刚离开校园的面试者们着装应该正式而不是活力，向日葵图案 T 恤、草编凉鞋、情人送的玻璃手镯等都会显得你幼稚、脆弱、好幻想，让人怀疑你肩上禁不起重担。同样，面试时着装也别太前卫。漂染黄发，穿漆皮鞋、喇叭裤，它会使人觉得你观念怪诞、自由散漫、缺乏合作精神。

（2）化妆一定要突出自己的自然美，修饰自己的先天不足，要以淡雅的妆容给人留下最深刻的印象。

（3）面试前巧用洗手间：在到达面试单位后，进入面试办公室前，先去洗手间补个妆，对镜整理自己的仪容仪表，再从容进入面试办公室。

## 任务实施

（1）假设你将进行第一次面试，讨论面试着装应该注意的要点。

（2）制作一份个人求职简历（一页简历，且中英文对照）。

## 实训演练

将同学分成若干组，每组5~6人。假设明天要去一个外贸公司应聘业务员一职，请大家组内讨论，面试应该从哪些方面做准备。

# 学习子情景二　面试举止礼仪

### 知识目标

- 了解面试流程。
- 掌握面试过程中举止礼仪的要求。

### 能力目标

- 会正确敲门进入。
- 面试中展现得体的站姿、坐姿等礼仪。
- 礼仪规范地递接物品。
- 面试中合理运用目光与面部表情。
- 礼仪规范地起身告别、离开面试场地。

### 情景引例

某公司招聘外贸业务员，三位毕业生同时去应聘。面试前，他们坐在会客室等候。当总经理经过会客厅时，看到了这样的情形：两位同学坐在沙发上，一位跷着“二郎腿”，而且两腿还不停抖动；另一位身体松懈地斜靠在沙发一角，两手还攥握手指“咯咯”作响；只有一位同学端坐在椅子上。总经理非常客气地对坐在沙发上的两位同学说：“对不起，你们二位的面试已经结束了。”两位同学面面相觑，不知何故面试已经结束。

讨论与思考：总经理为什么说“对不起，你们二位的面试已经结束了”？

## 知识准备

### 一、准时赴约

守时是一种美德，也是一个人良好素质修养的表现。因此，面试时一定要准时守信。迟到，既是一个人随随便便、马马虎虎、缺乏责任心的表现，同时也是一种不礼貌、对面试官不尊重的行为。特别是外贸企业，对不守时的员工随时都会解雇，更何况是在面试的时候。面试时，一般最好提前5~10分钟到达，这样既可以熟悉一下面试场地周围的环境，也有时间让自己调整心态，稳定情绪，以避免仓促上阵。

### 二、尊重接待人员

到达面试地点后，应主动向接待人员问好，并做自我介绍，同时要服从接待人员的统一安排。要知道，有些单位对你的考核也许从这一刻就已经开始。

## 三、敲门的学问

有些单位是由工作人员直接把求职者领进面试考场，有些单位则需要求职者自己敲门进场。在敲门的时候不宜过于急促，节奏应稍慢一些。敲门声不能太小，以免面试官听不见，或者显得求职者没有自信，做事畏首畏尾；敲门声也不要太大，太大的声响会显得没有礼貌，像是查房。面试官同意求职者进场之后，求职者进门要双手扶门，反手将门轻轻关上。整个过程要自然流畅，不要弄出大的声音，以显示个人良好的习惯。

## 四、走姿与打招呼

进场时应不急不慢，手臂摆放自然。在走的时候不要东张西望，眼神要自然。走到面试官面前，要站稳之后再鞠躬，鞠躬的时候幅度要稍微大一点，动作要慢一点，头要低下去，表示诚恳和尊重。不要在鞠躬的时候又抬头看面试官，这样的姿势很不雅观。鞠躬完毕可向面试官问好，但要注意不要边鞠躬边问好。做完上述动作之后等待面试官的指示，在面试官示意请坐的时候，不要忘记说声“谢谢”。

## 五、专业化的握手

面试时，握手是最重要的一种身体语言。专业化的握手能创造出平等、彼此信任的和谐氛围。你的自信也会使人感受到你能够胜任并且愿意做任何工作。这是创造好的第一印象的最佳途径。怎样握手？握多长时间？这些都非常关键。因为这是你与面试官的初次见面，这种手与手的礼貌接触是建立第一印象的重要开始，不少企业把握手作为考察一个应聘者是否专业、自信的依据。所以，在面试官的手朝你伸过来之后就握住它，要保证你的整个手臂呈L形（90度），有力地摇两下，然后把手自然地放下。握手应该坚实有力，有“感染力”。双眼要直视对方，自信地说出你的名字，即使你是位女士，也要表示出坚定的态度，但不要太使劲，更不要使劲摇晃；不要用两只手，用这种方式握手在西方公司看来不够专业。而且手应当是干燥、温暖的。如果面试官伸出手，却握到一只软弱无力、湿乎乎的手，这肯定不是好的开端。如果你刚刚赶到面试现场，用凉水冲冲手，使自己保持冷静。如果手心发凉，就用热水捂一下。

## 六、坐姿

在面试中，就座能体现出落座者有无教养。作为面试者，坐姿是否优美，是影响印象的重要因素。一般来说，坐着时姿势要端正，应挺胸、收腹，两脚自然放下、并拢，正视对方，即使男生也不要将双腿分得太开。如果没有桌子，手放在双膝上；如果有桌子，手最好放在桌面上，爱动的求职者可以把双手交叉搁放。端坐时挺直腰板，身体在略微放松的同时保持适度的紧张。坐椅子时最好坐满 2/3，上身挺直，这样显得精神抖擞；保持轻松自如的姿势，身体要略向前倾。不要弓着腰，也不要把腰挺得很直，这样反倒会给人留下死板的印象，应该很自然地将腰伸直，并拢双膝，把手自然地放在上面。有两种坐姿不可取：一是紧贴着椅背坐，显得太放松；二是只坐在椅边，显得太紧张。这两种坐法，都不利于面试的进行。要表现出精力和热忱，松懈的姿势会让人感觉到你疲惫不堪或漫不经心。切忌跷二郎腿并不停抖动，两臂不要交叉在胸前，更不能把手放在邻座椅背上，或者加些玩笔、摸头、伸舌头等小动作，容易给别人一种轻浮傲慢、有失庄重的印象。如果对方请你坐下，就座前，别忘了说声“谢谢”。

## 七、递接资料

需递接资料及物品时，应站起身双手捧上，资料正面朝向对方，表现出大方、谦逊和尊敬。

## 八、眼神和微笑

适当微笑，显现出一个人的乐观、豁达、自信。进入面试场地之后，求职者应该用眼神向所有的面试官打招呼，不管考官有没有抬头注视，因为注视对方、表示关注是一种礼貌，在不言之中，展现出自信及对对方的尊重。眼睛是心灵的窗户，恰当的眼神能体现出智慧、自信及对公司的向往和热情。注意眼神的交流，这不仅是相互尊重的表示，也可以更好地获取一些信息，与面试官的动作达成默契。正确的眼神表达应该是：礼貌地正视对方，注视的部位最好是考官的鼻眼三角区（社交区）；目光平和而有神，专注而不呆板；如果有几个面试官在场，说话的时候要适当用目光扫视一下其他人，以示尊重；回答问题前，可以把视线投在对方背面墙上，两三秒钟做思考，不宜过长；开口回答问题时，应该把视线收回来。在答题过程中，无论题目答得怎么样，考生的目光都要坚定有力，充满自信。

## 九、礼貌告别

面试结束时，应道声“谢谢”，起身站起，将椅子放回原处，走到门前，再转身微笑地道一声“再见”，把美好的印象留给面试官。

温馨贴士

**面试动作小知识**

**一、合理使用手势**

说话时做些手势，加大对某个问题的形容和力度，是很自然的，可手势太多也会分散人的注意力，因此需要适度配合表达。中国人的手势往往特别多，而且几乎都一个模子。尤其是在讲英文的时候，习惯两个手不停地上下晃，或者单手比画，这一点一定要注意。平时要留意外国人的手势，了解中外手势的不同。另外，注意不要用手比画一二三，这样往往会滔滔不绝，令人生厌。而且中西方手势中，一二三的表达方式也迥然不同，用错了反而造成误解。交谈很投机时，可适当地配合一些手势讲解，但不要频繁耸肩，手舞足蹈。有些求职者由于紧张，双手不知道该放哪儿，而有些求职者过于兴奋，在侃侃而谈时舞动双手，这些都不可取。不要有太多小动作，这是不成熟的表现，更切忌抓耳挠腮、用手捂嘴说话，这样显得紧张、不专心交谈。很多人都有为表示亲切而拍对方肩膀的习惯，但这样对面试官很失礼。

**二、禁忌小动作**

求职过程中，面试可以说是压力最大的一个环节。要想在面试中成为胜利者，要做好多方面的准备，就连一些不经意的小动作也不能忽略。例如，边说话边拽衣角。求职者在面谈时，由于紧张或不适应，无意间会拽衣角或摆弄纽扣。这个小动作很容易让考官看出你的紧张焦虑，给人留下不成熟、浮躁的印象。再如，跷二郎腿或两手交叉于胸前。不停地轮换交叉双腿，是不耐烦的表现，而一直跷着二郎腿则会让考官觉得你没有礼貌。如果再把两手交叉放在胸前，那就表达出了拒绝或否决的心情。因此，求职时一定要注意坐姿端正，双脚平放，放松心情。

## 任务实施

### 一、靠墙站立训练

目标：熟练掌握正确站立的训练方法。

要求：每位学生按照“五点一线”，尽量收腹贴墙站立，训练时间为15分钟，全班同学分两组轮流练习。一组学生进行站立训练，另一组学生进行检查，最后教师点评。

### 二、微笑练习

对着镜子，进行微笑练习，并说明为什么长时间保持，才能训练出职业风范。

## 实训演练

**仪态举止“现场秀”**

**（一）训练过程**

（1）每组 5~6 人，由组长带领，自行设定情境，限时 10 分钟。

（2）在小组内进行面试时敲门、站、坐、行、递接物品的演练。

（3）按顺序进行上台表演，每组限时 3 分钟，各组可派代表进行表演，也可由全组成员进行现场秀。

**（二）关键点提示**

（1）情境设计思路是否流畅、具有整体故事性。

（2）情境过程是否涵盖较多礼仪内容。

（3）上台表演者的礼仪举止是否规范、得体。

# 学习子情景三　面试交谈礼仪

### 知识目标

- 了解并熟练掌握回答问题的技巧。
- 了解并熟练掌握面试的方式。

### 能力目标

- 能够掌握面试时说话的礼仪。
- 能够清楚知道面试时说什么样的话。

### 情景引例

一天，达尔文先生应邀参加一个晚宴。刚落座，邻座的一位美貌女子想挖苦他一下，故意问道：“您说人是从猿猴变来的，那么您也是？”这时，同桌的人都饶有兴趣地看着他们。达尔文笑着说：“对呀，人是猿猴变的。只不过，我是一只普通的猴子变的，而您呢，是一只迷人的猴子变的！”

## 知识准备

### 一、恰当的称呼（proper address）

正确、适当的称呼，反映着自身的教养和对对方尊重的程度。在求职面试中，称呼要合乎常规，一般来说，刚刚进去面试的时候，可能还不知道面对的是谁，所以进去以后，如果面试官是一个人，那么就称呼“您好”“老师好”或“领导好”。在面试的过程中，面试官会自我介绍，所以在面试结束的时候，可以称呼对方“姓+职务”，如陈经理，道谢并且说再见。如果面试官有多个人，就称呼“各位老师好”，面试结束的时候，如果面试官只有两三个人，并且你也记得他们各自的信息，那就和之前一样，称呼“姓+职务”，道谢并且说再见。

## 二、顺其自然地交谈（talk naturally）

对面试官提出的问题要对答如流，恰到好处。留意对方反应，不误解话题，不过于固执，不独占话题，不插话，不说奉承话。交谈中很重要的一点是把握谈话的气氛和时机，这就需要随时注意观察对方的反应。如果对方的眼神或表情显示对你所涉及的某个话题已失去了兴趣，应该尽快找一两句话将话题收住。

## 三、良好的语言习惯（good language habits）

面试过程中不仅要表达流利，用词得当，还要注意说话方式。当然，语言习惯要靠平时慢慢养成，才能够在临场面试时表现自如。

（1）发音清晰。有些人个别音素发音不准，如果影响讲话整体质量，应少用或不用含有这个音素的字或词。

（2）语调得体。得体的语调应该是起伏而不夸张，自然而不做作。

（3）声音自然。音调不高不低，不失自我，不仅听来真切自然，而且有利于缓解紧张情绪。

（4）音量适中。音量以保持听者能听清为宜。

（5）语速适宜。要根据内容的重要程度、难易度，以及对方注意力情况来调节语速和节奏。

此外，还要警惕容易破坏语言意境的现象，如过分使用语气词、口头禅等。这不仅有碍于人们的连贯理解，还容易引人生厌。

## 四、端正的交谈心态（correct conversational attitude）

作为应届毕业生初次参加招聘，摆正自己的心态，是非常重要的。

（1）展示真实的自己。面试时切忌伪装和掩饰，一定要展现自己的真实实力和真正的性格。有些毕业生在面试时故意把自己塑造一番，如明明很内向，不善言谈，面试时却拼命表现得很外向、健谈。这样的结果既不自然，又很难逃过有经验的招聘者的眼睛，也不利于自身发展。即便通过了面试，人力资源部往往会根据面试时的表现安排适合的职位，这样对个人日后的职业生涯发展也是有害的。

（2）以平等的心态面对面试官。面试时如果能够以平等的心态对待面试官，就能够避免过度紧张的情绪。

## 五、礼貌的交谈礼仪（polite conversation etiquette）

（1）注视对方。和对方谈话的时候，要正视对方的眼睛和眉毛之间的部位，和对方进行目光接触，即使边上有其他人。如果不敢正视对方，会被人认为你害羞、害怕，甚至觉得你“有隐情”。

（2）学会聆听。好的交谈是建立在“聆听”基础上的。聆听是一种很重要的礼节，全神贯注是对面试官最大的尊重。不会听，也就无法回答好主考官的问题。聆听就是要将注意力集中在面试官身上，身体微微前倾，表明你准备好聆听对方的话。一面听，一面点头、微笑，或者在需要澄清的时候问个相关的问题。这样，你向对方表达了一个非语言信息——你“在聆听”，对对方说的话表示出兴趣。在面试过程中，主考官的每句话都可以说是非常重要的。你要集中精力，认真地去听，记住说话人讲话的内容重点，要自然流露出敬意，这才是一个有教养、懂礼仪的人的表现。

**温馨贴士**

### 面试说话六大忌

**1. 忌缺乏自信**

最明显的就是问：“你们要几个人？”对用人单位来讲，招一个人是招，招 10 个人也是招，问题不在于招几个人，而是你有没有实力和竞争力。“你们要不要女的？”这样询问的女性，首先给自己打了“折扣”。

**2. 忌过于表现**

有的求职者为了获取主考官的好感，总喜欢抢着表现自己，例如，在谈话上往往喜欢试图控制着对方。应该说，爱插话的真正目的也许是出于好奇心，但人们往往非常讨厌这种现象。所以在面试的时候，不论当时多么激动，不论见解多么独到和超群，也不论别人的看法和观点多么不够成熟或近于荒谬，求职者都必须竭力避免插话，只有这样，才能显示出求职者的沉着和稳重。

**3. 忌急问待遇**

“你们的待遇怎么样？”“你们管吃住吗？”“电话费报销吗？”有些求职者一见面就急着问这些问题，不但让对方反感，而且会让对方产生“工作还没干就提条件，这样的人没法用”等对求职者不利的想法。谈论报酬待遇关键要看准时机。一般在双方已有初步聘用意向时再委婉提出来。

**4. 忌不合逻辑**

面试的考官问：“请告诉我你的一次失败经历。”回答：“我想不起我曾经失败过。”这样的回答在逻辑上讲不通。又如，考官问：“你有什么缺点？”回答：“我可以胜任一切工作。”这也不符合实际。

**5. 忌报有熟人**

面试中急于套近乎，不顾场合地说“我认识你们单位的某某”“我和某某是同学，关系很不错”等这种话，主考官听了会反感。如果你说的那个人是他的顶头上司，主考官会觉得你在以势压人；如果你说的那个人正好和主考官关系不好 ，那就意味着你可能会提前“自取灭亡”。

**6. 忌拿腔拿调**

在和主考官交谈时，切记不要用对方难以听懂的方言、行话或专业术语，否则让人觉得你是在有意卖弄或故弄玄虚。忌讳“你晓不晓得”“你明不明白”或“你懂不懂”之类的口头禅，更别滥用某些形容词如“真是一级棒”“简直是天方夜谭”等。

## 实训演练

### “听与说”游戏

#### （一）内容与要求

请6名同学参加角色扮演，具体角色如下：

（1）孕妇，怀胎八月。

（2）发明家，正在研究新能源汽车。

（3）医学家，经年研究艾滋病的治疗方案，已取得突破性进展。

（4）宇航员，即将远征火星，寻找适合人类居住的新星球。

（5）生态学家，负责热带雨林抢救工作。

（6）流浪汉，一无所有。

#### （二）游戏背景

私人飞机坠落在荒岛上，只有6人存活。这时，逃生工具仅有能容纳一人的热气球，没有水和食物。

#### （三）游戏方法

针对由谁乘坐气球先行离岛问题，各自陈述理由（2~3分钟）。先复述前一人的理由再陈述自己的理由。

#### （四）实训成果与检测

大家根据6位同学复述别人逃生理由的完整性与陈述自身理由的充分性，决定一人可先行离岛。教师根据同学的表现对其表达的优劣进行评价。

## 学习子情景四　面试应答礼仪

### 知识目标

- 了解面试的各种形式。
- 了解并熟练掌握面试应答礼仪。

### 能力目标

- 熟悉面试常见问题及应答。
- 灵活应对面试官的各种问题。

## 情景引例

面试问题解析：林佳，你是哪里人啊?

问题分析：面试官询问应试者的家乡，一是出于人天生的好奇心，二是希望营造轻松的气氛。

普通回答一：哦，我是佛山人。

**点评一**：这个答案犯了明显的“挤牙膏”的错误。问一答一，永远不是上乘的交流技巧。而且，这样紧张的一问一答并没有使气氛放松。

普通回答二：哦，我来自肇庆，您去过吗?

**点评二**：一般来说，我们不鼓励应试者“反问”面试官，尤其是这种有关个人信息而不是商业信息的私人问题。而且，如果面试官没有去过肇庆，气氛岂不有点尴尬?

回答示范：哦，我来自肇庆，不过很多人说我看上去像北方人，因为我父亲母亲都是北方的，他们都是二十多岁的时候从山东搬迁到广东来的。

**点评**：这是一个很好的回答，全面地说明了自己的家庭背景，表明应试者很健谈。而且，在紧张的面试气氛中保持健谈，也体现出他良好的心理素质。

## 知识准备

### 一、常见面试类型

**1. 根据面试标准化程度分类**

（1）结构化面试：指面试题目、面试实施程序、面试评价、面试官构成等方面都有统一明确的规范而进行的面试。这一类面试通常用于公务员面试和一些银行、国企统一组织的面试，在一些具有一定规模和实力的跨国公司中也会用到结构化面试。

（2）非结构化面试：对与面试有关的因素不做任何限定的面试，也就是通常没有任何规范的随意性面试，如一些企业聊天式的提问面试。

（3）半结构化面试：指只对面试的部分因素有统一要求的面试，如规定有统一的程序和评价标准，但面试题目可以根据面试对象而随意变化，如无领导小组讨论等。

**2. 根据面试对象分类**

（1）单独面试：指面试官个别地与应试者单独面谈。

（2）小组面试：指多位应试者同时面对面试官的情况，如无领导小组讨论。

**3. 根据面试进程分类**

（1）一次性面试：指用人单位对应试者的面试集中于一次进行。

（2）分阶段面试：可分为两种类型，一种叫“依序面试”，另一种叫“逐步面试”。依序面试一般分为初试、复试与综合评定三步；逐步面试，一般是由用人单位面试小组成员按照由低到高的顺序，依次对应试者进行面试。

**4. 根据面试风格分类**

（1）压力性面试：将应试者置于一种人为的紧张气氛中，让应试者接受诸如挑衅性的、刁难性的刺激，以考察其应变能力、压力承受能力、情绪稳定性等。

（2）非压力性面试：在没有压力的情景下考察应试者有关方面的素质。

**5. 根据面试内容设计的重点分类**

（1）常规面试：指主考官和应试者面对面以问答形式为主的面试。

（2）情景面试：突破了常规面试官和应试者那种一问一答的模式，引入了无领导小组讨论、公文处理、角色扮演、演讲、答辩、案例分析等人员甄选中的情景模拟方法。

（3）综合性面试：兼有前两种面试的特点，而且是结构化的，内容主要集中在与工作职位相关的知识技能和其他素质上。

**6. 根据面试途径分类**

（1）电话面试：指不需直接面对面而是以电话交流为途径的面试。

（2）视频面试：指通过视频聊天的方式对应试者面试。

（3）现场面试：指面试官与应试者面对面直接交流沟通。

## 二、面试应答技巧

如今，面试手法五花八门，推陈出新，有时是单独一种方式进行，有时是多种方式并用，但万变不离其宗。总的来说，面试的要点不外乎通过观察、倾听为应试者进行评分。针对各种形式的面试，总结如下应答技巧。

（1）结构化面试：应试者在注意仪表、仪态的同时，还要注意分析判断、语言表达、组织领导、沟通协调等能力的培养，回答问题时做到实事求是，自如应答。

（2）情景模拟面试：应试者应落落大方，自然和谐地进入情景，去除不安和焦灼的心理，只有这样，才能发挥出最佳效果。在经验性面试中，也就是用人单位让你描述你之前工作中的做法经验时，可采用“STAR”行为表现面试法：当时做那件事的情况（Situation），我的任务是什么（Task），我是如何做的（Action），事情的结果（Result）。

（3）无领导小组面试：注意精确把握问题的方向。基本思路为：问题是什么、要求（规则）是什么、我可以（不可以）做什么、我如何做、是否有更好的办法、为何选择此办法处理。注意：根据职位来选择是否要主动。

（4）文件筐测试：即公文处理测试，一般用于管理人员选拔，要沉着冷静、严谨并注意写作格式。

外贸行业的招聘者往往还会通过多种方式考察求职者的综合能力和素质，如用外语与其交谈，要求即时作文或即席演讲，或者要求写一段文字，甚至操作一下计算机等，以考察其外语水平、文字、书法及口才表达、计算机水平等各方面的能力。

## 三、面试常见问题及应答技巧

**问题一：“请你自我介绍一下”**（Could you please make a self-introduction?）

回答提示：自我介绍在面试中是不可缺少的环节。一般人回答这个问题过于平常，只说姓名、年龄、爱好、工作经验，而这些简历上都有。其实，企业最希望知道的是求职者能否胜任工作，包括：最强的技能、最深入研究的知识领域、个性中最积极的部分、做过的最成功的事、主要的成就等，这些都可以和学习无关，也可以和学习有关，但要突出积极的个性和做事的能力。企业很重视一个人的礼貌，求职者要尊重考官，在回答每个问题之后都说一句“谢谢”，企业喜欢有礼貌的求职者。

应聘者应该做到：介绍内容与个人简历相一致；表述方式上尽量口语化；切中要害，不谈无关、无用的内容；条理清晰，层次分明；有训练有素的演讲语气和肢体语言。

怎样让面试官重视你：个人自我介绍是面试实战非常关键的一步，因为众所周知的“前因效应”的影响，这 2~3 分钟见面前的自我介绍，将是你所有工作成绩与为人处世的总结，也是你接下来面试的基调，面试官将基于你的材料与介绍进行提问。这在很大程度上决定了你在各位面试官心里的形象，形象良好，才能让面试官重视你。

**问题二：“你有什么业余爱好”**（What do you like to do in your spare time?）

目的是了解应聘者的性格、观念、心态、思维的深度等。为了深入了解应聘者的爱好程度，会提出更加深刻的问题。例如，应聘者喜欢流行音乐，就会问相关的问题：“您什么时候开始喜欢的？您最喜欢哪个歌手？她的演唱风格如何？她的成名曲是哪一首？您最喜欢她的哪一首歌曲？为什么？”一个真正有这方面业余爱好的应聘者应该对答如流，遗憾的是，许多应聘者不能做到。有的应聘者喜欢读书，有关问题就更加尖锐：“您最喜欢哪一位作家？您最喜欢这个作家的哪一本书？这本书的中心思想是什么？您阅读了这本书后有什么感悟？对人生的启示又是什么？”能够应答这类问题的应聘者寥寥无几。

应聘者应该做到：事先做好这方面的准备；不要说自己没有业余爱好；不要说自己有那些庸俗的、令人感觉不好的爱好。

**问题三：“谈谈你的缺点”**（What are your shortcomings?）

目的是了解应聘者是否认真思考过自己，分析过自己，反省过自己。如果一个人能认清自己的缺点，并有改进的愿望和方法，他可能是一个不可多得的人才。

应聘者应该做到：不宜说自己没有缺点，因为人一定是有缺点的；不宜说出严重影响所应聘工作的缺点；对于自己真正的缺点，就认真对其进行剖析，并用积极的心态去面对，去修炼。

**问题四：“讲一下人生中最失败的经历”**（What was your biggest failure?）

目的是了解应聘者的胆量和勇气，是否陷入了选择性知觉的陷阱，是否进行了深刻的反省，是否接受了深刻的教训。

应聘者应该做到：不宜说自己没有失败的经历；宜说明失败之前自己曾信心百倍、尽心尽力；明确说明失败是主要由主观原因导致的；失败后自己曾做了深刻的反省，很快振作起来，以更加饱满的热情面对以后的学习或工作。

**问题五：“你为什么选择我们公司”**（Why do you want to work for our company?）

目的是了解应聘者求职的动机、愿望及对此项工作的态度。大多数面试官十分欣赏对公司很了解的应聘者。

应聘者应该做到：建议从行业、企业和岗位这三个角度来回答；参考答案——“我十分看好贵公司所在的行业，我认为贵公司十分重视人才，而且这项工作很适合我，相信自己一定能做好。”

**问题六：“对这项工作，你有哪些可预见的困难”**（Are there any foreseeable problems or difficulties you would face with this job?）

目的是了解应聘者的预测能力，并希望应聘者有应对方法。绝大多数的应聘者做不到。

应聘者应该做到：说出从技术、知识、经验等方面预见到的困难；说出自己对困难所持有的态度——“工作中出现一些困难是正常的，也是难免的，但是只要有坚忍不拔的毅力、勤奋的学习态度，良好的合作精神及事前周密而充分的准备，任何困难都是可以克服的。”

**问题七：“在工作中，与上级意见不一致，你将怎么办”**（What will you do if you disagree with your supervisor?）

目的是了解应聘者的执行力、人际关系的沟通能力和协调能力、对工作的责任性。

应聘者应该做到：首先给上级以必要的、私下的解释和提醒，在无效的情况下，又不会给公司造成重大损失，表示会服从上级的意见；如果上级的决定会给公司造成重大损失，而解释和提醒无效时，希望能向更高层领导反映。

**问题八：“我们为什么要录用你”**（Why are you the best person for the job?）

目的是考察应聘者是否能够站在招聘单位的角度来回答，换位思考。

应聘者应该做到：企业会录用这样的应聘者——基本符合条件、对这份工作感兴趣、有足够的信心；说出自己的观点——“我符合贵公司的招聘条件，凭我目前掌握的知识、技能、高度的责任感、良好的适应能力及学习能力，完全能胜任这份工作。我十分希望能为贵公司服务，如果贵公司给我这个机会，我一定能成为贵公司的栋梁!”

**问题九：“你是应届毕业生，缺乏经验，如何能胜任这项工作”**（As an inexperienced fresh graduate, why do you think you are qualified for this job?）

企业不是真正在乎“经验”，关键是应聘者的心态，是否有克服自身困难的信心和决心，工作是否有责任性。

应聘者应该做到：对这个问题的回答最好要体现出应聘者的诚恳、机智、果敢及敬业；说出自己的观点——“作为应届毕业生，在工作经验方面的确会有所欠缺，因此在读书期间，我一直利用各种机会在这个行业里做兼职。我也发现，实际工作远比书本知识丰富、复杂。但我有较强的责任心、适应能力和学习能力，而且比较勤奋，所以在兼职中均能圆满完成各项工作，从中获取的经验也令我受益匪浅。请贵公司放心，学校所学及兼职的工作经验使我一定能胜任这个职位。”

**问题十：“你希望与什么样的上级共事”**（What type of supervisor do you prefer?）

目的是通过应聘者对上级的“希望”可以判断出应聘者对自我要求的意识，这既是一个陷阱，又是一次机会。

应聘者应该做到：最好回避对上级具体的“希望”，多谈对自己的要求；说出自己观点——“作为刚步入社会的新人，我应该多要求自己尽快熟悉环境、适应环境，而不应该对环境提出什么要求，只要能发挥我的专长就可以了。”

## 温馨贴士

**大学生面试技巧之思维导图**

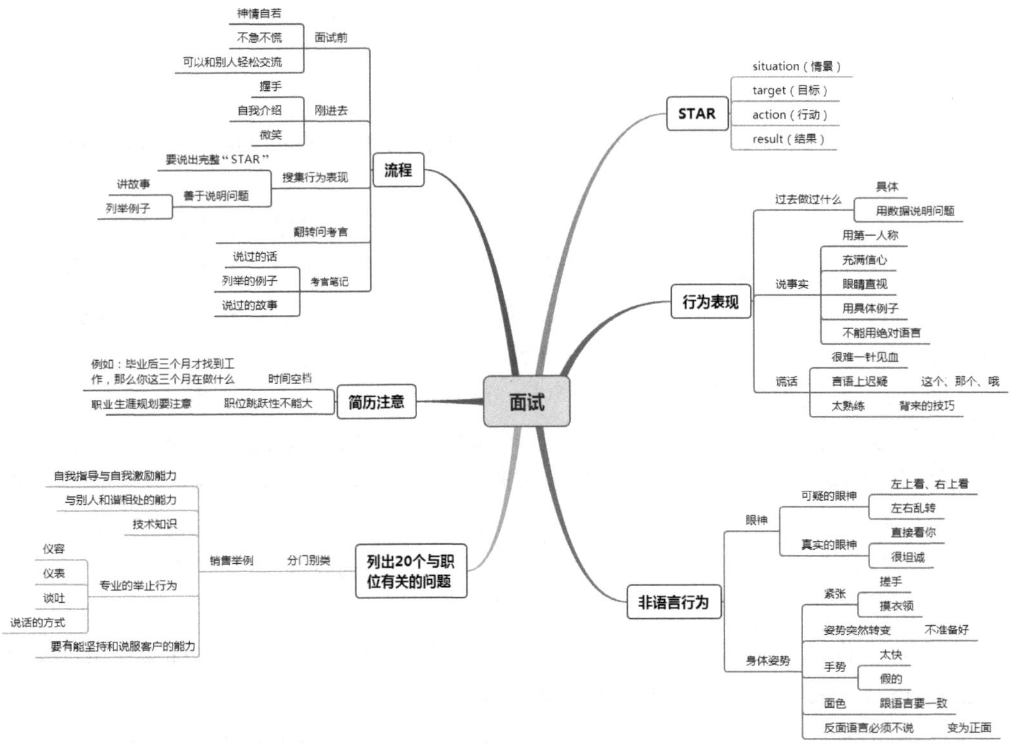


## 任务实施

将班级同学分成若干组，每组 3~4 人，小组内模拟面试，逐个回答上述常见的 10 个面试问题。

## 实训演练

将学生分为 5~10 人为一组，同学之间相互扮演考官和求职者，在课堂上进行求职面试的模拟演练。模拟时间为 15 分钟，点评时间为 7~8 分钟。

# 参考文献

[1] 王艳．商务礼仪与沟通[M]．北京：中国财政经济出版社，2012.
[2] 王艳．商务实战“礼”能量[M]．北京：中国财政经济出版社，2015.
[3] 张岩松．现代商务沟通[M]．北京：北京交通大学出版社，2012.
[4] 张晓明．商务沟通与礼仪[M]．北京：中国水利水电出版社，2013.
[5] 黄丽萍，王丽娟．职业形象与商务礼仪训练教程[M]．北京：中国轻工业出版社，2014.
[6] 杨玉荣．国际商务礼仪[M]．北京：清华大学出版社，北京交通大学出版社，2012.
[7] 李嘉珊．国际商务礼仪大讲堂[M]．北京：中国海关出版社，2009.
[8] ［美］玛丽·默里·博斯罗克（Mary Murray Bosrock）．欧洲商务礼仪手册[M]．李东辉，译．北京：东方出版社，2009.
[9] ［美］特里·莫里森，韦恩·A．康纳维，乔治·A．伯顿．国际商务礼仪大全[M]．魏春宇，赵雪，译．北京：电子工业出版社，2006.
[10] 许湘岳，蒋璟萍，费秋萍．礼仪训练教程[M]．北京：人民出版社，2012.
[11] 徐美萍．现代礼仪[M]．上海：上海大学出版社，2010.
[12] 庄铭国．国际礼仪与海外见闻[M]．台北：五南图书出版股份有限公司，2003.
[13] 纪亚飞．优雅得体中西餐礼仪[M]．北京：中国纺织出版社，2014.
[14] 出国留学网．吃自助餐的礼仪[EB/OL]．http://www.liuxue86.com/a/2551078.html，2015-8-12/2017-5-1.
[15] 刘永厚，郑双．礼貌策略在商务英语信函写作中的应用[J]．上海对外经贸大学学报，2015，22（1）.
[16] 王莹莹．对日商务活动中的电子邮件使用礼仪[J]．张家口职业技术学院学报，2007，20（2）.
[17] 袁俊．商务英语信函写作中的礼貌[J]．宁波教育学院学报，2014，16（3）.
[18] 百度文库. 文书礼仪[EB/OL]. https://wenku.baidu.com/view/73b71dca79563c1ec5da71c8.html，2015-12-14/2017-5-1.
[19]福大经管学生职业发展与服务中心. 商务信件及电子邮件礼仪[EB/OL]. https://sanwen8.cn/p/1a5SN4K.html，2016-5-25/2017-5-1.
[20] 征集网．请柬的写法礼仪[EB/OL]．http://www.zhengjicn.com/Item/100598.aspx，2016-8-5/2017-5-1.
[21] 百度文库．商务礼仪：如何写请柬才合“礼”[EB/OL]．https://wenku.baidu.com/view/

e2244ba6a417866fb84a8ed9.html，2016-5-28/2017-5-1.

[22] 百度文库．商务英语请柬的写法[EB/OL]．https://wenku.baidu.com/view/134b56bb69dc5022aaea00b9. html，2013-4-23/2017-5-1.

[23] 百度文库．商务邮件范例以及格式注意事项[EB/OL]．https://wenku.baidu.com/view/c4444055767f5acfa1c7cd6b.html，2013-7-20/2017-5-1.

[24] 口岸汇社区．做跨境电商，营销文案的四大利器你造吗？[EB/OL]．https://www.sohu.com/a/31133290_188686，2015-9-9/2017-5-1.

[25] 百度文库．广告软文撰写技巧 19 点秘诀[EB/OL]．https://wenku.baidu.com/view/84cd053683c4bb4cf7ecd16c.html，2012-3-31/2017-5-1.

[26] 李巍．商务礼仪[M]．北京：北京大学出版社，中国农业大学出版社，2009.

[27] 翟晓君，邱岳宜．国际商务礼仪模拟实训教程[M]．北京：中国商务出版社，2007.

[28] 孙玲，顾秀英．商务礼仪实务与操作[M]．北京：对外经济贸易大学出版社，2014.

[29] 刘国柱．现代商务礼仪[M]．北京：电子工业出版社，2005.

[30] 吴晓路．国际商务礼仪[M]．北京：中国纺织出版社，2018.

[31] 陈光谊．现代实用社交礼仪[M]．北京：清华大学出版社，2009.

[32] 李逾男，刘爱芳．商务礼仪[M]．北京：高等教育出版社，2014.

[33] 史锋．商务礼仪[M]．北京：高等教育出版社，2018.

[34] 黄玉萍．职业形象与商务礼仪训练教程[M]．北京：中国轻工业出版社，2014.